Cultivando diferenças

SERVIÇO SOCIAL DO COMÉRCIO
Administração Regional no Estado de São Paulo

Presidente do Conselho Regional
Abram Szajman
Diretor Regional
Danilo Santos de Miranda

Conselho Editorial
Ivan Giannini
Joel Naimayer Padula
Luiz Deoclécio Massaro Galina
Sérgio José Battistelli

Edições Sesc São Paulo
Gerente Marcos Lepiscopo
Gerente adjunta Isabel M. M. Alexandre
Coordenação editorial Clívia Ramiro, Cristianne Lameirinha
Produção editorial Rafael Fernandes Cação
Coordenação gráfica Katia Verissimo
Coordenação de comunicação Bruna Zarnoviec Daniel

Coleção Sesc Culturas
Coordenação Marta Colabone
Organização Iã Paulo Ribeiro
Colaboração Isaura Botelho
Apoio José Olímpio Zangarine

Michèle Lamont & Marcel Fournier
organizadores

Cultivando diferenças
Fronteiras simbólicas e a formação da desigualdade

Tradução: Renata Lucia Bottini

Colaboradores • Herbert J. Gans • Michèle Lamont • Marcel Fournier
Paul DiMaggio • Diana Crane • Joseph R. Gusfield • Nicola Beisel
David Halle • Richard A. Peterson • Albert Simkus • Vera L. Zolberg
Randall Collins • Cynthia Fuchs Epstein • John R. Hall
Jeffrey C. Alexander • Alan Wolfe

edições Sesc

Preparação Cristina Marques
Revisão André Albert, Luiza Delamare
Projeto gráfico Ouro sobre Azul / Ana Luisa Escorel
Capa a partir de obra de Sergio Romagnolo
Assistência de projeto gráfico e diagramação Ouro sobre Azul / Erica Leal

C8992
Cultivando diferenças: fronteiras simbólicas e a formação da desigualdade /
Organização de Michèle Lamont e Marcel Fournier; Tradução Renata Lucia Bottini;
Prefácio de Herbert J. Gans. – São Paulo : Edições Sesc São Paulo, 2015. – 440 p.

ISBN 978-85-7995-092-6
Inclui referências bibliográficas

1. Cultura. 2. Antropologia cultural. 3. Estrutura social. 4. Classes sociais. 5. Gênero.
I. Título. II. Lamont, Michèle. III. Fournier, Marcel.

CDD 305

Título original: *Cultivating Differences: Symbolic Boundaries and the Making of Inequality*
Licenciado por The University of Chicago Press, Chicago, Illinois, U.S.A.

© The University of Chicago, 1992
© Edições Sesc São Paulo, 2015
Todos os direitos reservados

Edições Sesc São Paulo
Rua Cantagalo, 74 - 13º/14º andar
03319-000 São Paulo SP Brasil
Tel. 55 11 2227-6500
edicoes@edicoes.sescsp.org.br
sescsp.org.br

NOTA À EDIÇÃO BRASILEIRA

Mais do que debater diferenças, relacionadas à nacionalidade, língua, família, religião, educação, este livro reflete sobre o quanto a desigualdade instituída pelo conceito de classe tem influência sobre a cultura. A classe, bem como as (im)possibilidades determinadas por ela, modelam a produção, circulação e fruição da cultura segundo perspectivas que envolvem a alta cultura e a cultura popular, a cultura de entretenimento e a cultura intelectual-estética. O impacto quanto ao gênero e às diferenças étnicas, bem como a delimitação, positiva ou negativa, provocada pelas fronteiras complementam esse quadro.

Ao longo dos textos, percebem-se quantas questões ainda circundam os pesquisadores e quantos estudos comparativos, qualitativos e quantitativos poderiam vir a ser realizados a fim de compreender a, não rara, surpreendente formação do gosto e da cultura entre diferentes indivíduos e sociedades.

Para o Sesc, ainda que não explore experiências brasileiras, *Cultivando diferenças* apresenta aspectos importantes para o conhecimento de diferentes públicos de cultura, visto que trata da complexidade fragmentária da contemporaneidade em relação à noção de classe, além de ponderar quanto às relações entre cultura e prestígio, cultura e distinção social.

SUMÁRIO

Prefácio ✳ *Herbert J. Gans* — 9

Agradecimentos — 19

✳ **1.** Introdução ✳ *Michèle Lamont & Marcel Fournier* — 21

Parte I. A institucionalização das categorias culturais

✳ **2.** Fronteiras culturais e mudança estrutural: a extensão do modelo de alta cultura ao teatro, à ópera e à dança, 1900-1940 ✳ *Paul DiMaggio* — 43

✳ **3.** Revisitando a disputa alta cultura *versus* cultura popular: uma reconceituação de culturas gravadas ✳ *Diana Crane* — 91

✳ **4.** O corpo da natureza e as metáforas do alimento ✳ *Joseph R. Gusfield* — 113

✳ **5.** Construindo uma fronteira moral mutável: literatura e obscenidade nos Estados Unidos do século XIX ✳ *Nicola Beisel* — 149

Parte II. Alta cultura e exclusão

✳ **6.** O público para a arte abstrata: classe, cultura e poder ✳ *David Halle* — 183

✳ **7.** Como os gostos musicais marcam os grupos de *status* ocupacional ✳ *Richard A. Peterson & Albert Simkus* — 207

✳ **8.** Barreira ou nivelador? O caso do museu de arte ✳ *Vera L. Zolberg* — 255

Parte III. Recursos para a demarcação de fronteiras: o caso do gênero e da etnicidade

✳ **9.** Mulheres e a produção de culturas de *status* ✳ *Randall Collins* — 285

✳ **10.** Sininhos e *pin-ups*: a construção e reconstrução de fronteiras de gênero no trabalho ✳ *Cynthia Fuchs Epstein* — 307

✳ **11.** O(s) capital(is) das culturas: uma abordagem não holística a situações de *status*, classe, gênero e etnicidade ✳ *John R. Hall* — 339

Parte IV. A exclusão e a organização política

✳ **12.** Cidadão e inimigo como classificações simbólicas: o discurso de polarização da sociedade civil ✳ *Jeffrey C. Alexander* — 379

✳ **13.** Democracia *versus* sociologia: fronteiras e suas consequências políticas ✳ *Alan Wolfe* — 403

Índice remissivo — 425

PREFÁCIO ✳ Herbert J. Gans

I ✳ Este livro é sobre cultura, classe, gênero e limites, quatro conceitos complicados que cientistas sociais e humanistas usam para tentar compreender ordenamentos sociais ainda mais complicados. Um simples prefácio não pode pretender resumir um livro muito amplo, mas posso, pelo menos, escrever um pouco do que aprendi com ele e como por ele fui estimulado. O autor de um prefácio é, entre outras coisas, um substituto inicial dos leitores de um livro, e se eu representar de algum modo os leitores mais recentes, posso garantir que eles terminarão *Cultivando diferenças* com um grande aprendizado e muitos estímulos.[1]

Muitas disciplinas usam *cultura* como conceito básico e, com certeza, dão significado a coisas diferentes com a mesma palavra. Não vou examinar essas diferenças conceituais; será suficiente dizer que atualmente muitos sociólogos americanos favorecem a noção de cultura como um *kit* de ferramentas e estratégias de ação para lidar com a vida social, elaborada por Ann Swidler. A metáfora do *kit* de ferramentas, de Swidler, é gráfica e útil, pois nos diz de imediato que pessoas diferentes têm acesso a *kits* de ferramentas de custos e "completude" diferentes.

Isso é apenas para estabelecer de outra maneira o que considero ser um tema básico deste livro: que a cultura é moldada, acima de tudo, por classe e, portanto, particularmente por desigualdades econômicas e outras a elas relacionadas. É verdade, entre outras coisas, que a cultura também é moldada por gênero, mas, como uma seção avançada do livro nos lembra, o gênero é, em si, fundamentalmente afetado pela classe. Enquanto as mulheres da classe trabalhadora têm suas diferenças com os homens da mesma classe, elas também têm diferenças bem marcadas com mulheres da classe média alta. O movimento feminista, como

---

1. Dada a ampla variedade de abordagens dos temas em que os colaboradores deste livro se envolveram, represento apenas alguns dos futuros leitores, provavelmente aqueles com inclinação mais estrutural e empírica, e deste lado do oceano Atlântico. Por sua vez, os organizadores deste livro abrangem uma faixa ainda mais ampla e, no início de sua introdução ao volume, também representam várias tradições simbólicas e simbólico-interacionistas, com especial atenção àquelas do lado europeu do oceano. Embora essa divisão de trabalho seja perfeitamente adequada, foi completamente não intencional; escrevi meu prefácio antes de ver as primeiras duas seções da introdução deles.

o movimento dos direitos civis e outros movimentos políticos, sofreu da inabilidade de compreender em que medida o gênero, a raça e outros *status* são influenciados, e subdivididos, pela classe.

II ❉ Neste livro, *cultura* é usada principalmente de duas maneiras. Vários autores escrevem, primeiro, sobre mídia e cultura popular, ou seja, o que o *kit* de ferramentas fornece para entretenimento ou diversão, e, em segundo lugar, sobre a cultura como tradução da palavra alemã *Kultur*, isto é, o que o *kit* de ferramentas oferece para a experiência intelectual-estética. Em gerações passadas, os intelectuais europeus, principalmente da direita, mas também os da esquerda, reclamavam da cultura das massas, denunciando publicamente o que concebiam ser o desejo das massas por entretenimento, em lugar de experiência intelectual-estética. Certos ou errados, assumiam que, como intelectuais, procuravam principalmente a última e evitavam o primeiro, enquanto, para as massas, era exatamente o contrário. Os intelectuais da esquerda pensavam que as massas podiam ser mobilizadas para desistir do entretenimento trocando-o por uma experiência mais intelectual-estética – e isso durante o mesmo processo em que seriam convertidas ao socialismo. Os intelectuais da direita, ao contrário, acreditavam que as massas eram estúpidas e vulgares demais para desistir da cultura de massas.

Nos Estados Unidos, esse debate foi reenquadrado como uma escolha entre alta cultura e cultura popular, com alguns aceitando o argumento europeu de que todo mundo realmente deveria escolher a alta cultura. Entretanto, outros, inclusive eu, argumentamos que era injusto esperar que trabalhadores se comportassem como profissionais de classe média alta, visto que não poderiam obter acesso ao tempo, dinheiro, aprendizado e outras oportunidades dessa camada profissional. Além disso, em uma sociedade individualista, as pessoas têm o direito à cultura de sua escolha, desde que essa escolha não prejudique ninguém.

Esse debate finalmente terminou, pelo menos por enquanto, durante o final dos anos 1970 ou início dos anos 1980, em parte por causa da inabilidade dos dois "lados" em dizer algo de novo. Contudo, mais ou menos naquela época, a distinção entre alta cultura e cultura popular também se tornou nebulosa. Uma nova geração de profissionais, administradores e técnicos apareceu e decidiu que não tinha de imitar os gostos das gerações mais velhas e que, para usar em outro sentido uma palavra corrente, poderia ser multicultural. Ou seja, as pessoas poderiam escolher tanto da cultura alta como da popular, da arte dos museus e da dos pôsteres, da música clássica e de *jazz* e *rock* – sem qualquer perda de *status* cultural ou social. Isso produziu análises teóricas e empíricas – que também aparecem neste livro – indicando terem sido consideravelmente reduzidas velhas diferenças entre alta cultura e cultura popular. Alguns até afirmaram – mas ninguém neste livro – que essas diferenças tinham desaparecido completamente e que os Estados Unidos pareciam estar desenvolvendo uma cultura única, sem limites, embora internamente variegada, que servia tanto para diversão quanto para experiência intelectual-estética.

Algumas das pessoas que defendiam esse argumento estavam extrapolando com base em constatações empíricas sobre mudanças em escolhas culturais, que refletiam modificação em gostos, alterações na estrutura de classe americana e revisões relacionadas aos limites da cultura alta e da popular. Contudo, outros autores, notadamente conservadores, estavam usando o que viam como o fim da distinção entre a cultura popular e a alta para afirmar que a classe e as diferenças de classe estavam desaparecendo nos Estados Unidos. Os conservadores sempre foram muito bons em fazer afirmações empíricas soar como ideológicas, mas as diferenças de classe permanecem na cultura americana, não importa como a *cultura* seja definida. Mais ainda, as diferenças de classe, econômicas e políticas, tornaram-se novamente mais pronunciadas durante os aumentos da desigualdade de renda e de recursos nos anos 1980 e início dos anos 1990, patrocinados pelo governo, embora as consequências culturais do novo crescimento das desigualdades ainda estejam por ser estudadas.

Podemos ilustrar como gostos em modificação afetam a concepção de cultura popular e de cultura alta com os dados de Peterson e Simkus sobre classe e música *country*. Eles indicam que tal música é conservada não mais apenas por pessoas de baixa renda no meio rural de pequenas cidades. Eles também fornecem algumas evidências a sugerir que, ao serem as posições de classe atribuídas a níveis de gosto, é a posição da classe da audiência, e não as qualidades culturais da música, que determina a atribuição – o que diz, de outra maneira, ser a classe que molda a cultura. Não é a mesma coisa para todas as culturas, e é provavelmente menos verdadeiro para a cultura intelectual-estética do que o é para o entretenimento. Por exemplo, em alguns aspectos, a ficção é mais diversificada do que a música *country*, e os romances de Philip Roth são mais complicados do que aqueles de autores populares como Sidney Sheldon.

Pelo critério da complexidade, Roth é "mais alto" do que Sheldon, embora a escolha do critério da complexidade, geralmente oferecido pelos partidários da alta cultura, não seja coincidência. A habilidade de lidar com a complexidade literária correlaciona-se com anos de educação acadêmica e, portanto, com classe. Entretanto, os níveis de complexidade relacionados à classe são menos relevantes na determinação de quem prefere quais tipos de música *country*. (E o que diriam os sociólogos, sobre gosto e classe, em uma sociedade em que as camadas educadas escolhem Sheldon e música *country*, enquanto os não educados preferem Roth e música de câmara?)

Embora seja verdade que alguns limites – vulgares, médios ou altamente intelectuais – tenham sido derrubados ou superados, outros permanecem, e assim vão continuar enquanto houver diferenças de classe, gênero, raça e gosto que os reflitam. Por exemplo, a despeito de seus esforços frequentes, embora superficiais, os museus de arte ainda não conseguiram atrair, para ver arte, públicos da classe média baixa e da classe trabalhadora.

III ❋ Achei este livro particularmente útil para mais reflexões sobre as diferenças entre cultura como entretenimento e cultura como experiência intelectual-estética. Embora não seja frequente a pesquisa social empírica enfatizar essas diferenças, é provável que o entretenimento de alguns seja a experiência intelectual-estética de outros, e vice-versa. Um problema foi o preconceito da classe acadêmica, pois acadêmicos, especialmente na área de humanas, têm escrito sobre "nossa" cultura intelectual-estética e o entretenimento "deles". Os sociólogos também foram tocados por esse preconceito, e o resultado é que não prestaram suficiente atenção empírica a como os eruditos entretêm a si mesmos ou onde os grupos de baixa renda conseguem sua cultura intelectual-estética. Nem as similaridades e diferenças entre o entretenimento e a experiência intelectual-estética de todas as classes foram exploradas suficientemente.

As diferenças entre esses tipos de cultura também complicam a relação geral entre cultura e classe, e este livro fornece considerável evidência de que essa relação dificilmente é direta. As classes mais altas, sejam elas definidas por dinheiro, sejam por prestígio, pagam parte da conta da alta cultura (e usam o poder de sua classe para conseguir que os governos paguem o resto), mas não constituem um público leal a ela. Suas preferências culturais parecem ser mais para culturas médias, seja para entretenimento, seja para experiências intelectuais-estéticas.

David Halle, em uma análise, nos mostra que, embora a classe trabalhadora tenda a comprar pinturas de paisagens, enquanto as classes mais altas escolhem arte abstrata, é frequente essas últimas verem paisagens nas abstrações que adquirem. Portanto, parece que, literal ou figuradamente, quase todo mundo termina com paisagens nas paredes. Mais ainda, para seu entretenimento eletrônico, as classes mais altas parecem escolher os mesmos filmes e programas de televisão que as outras pessoas, embora possam ainda passear em iates, enquanto os de renda mais moderada optam por barcos a motor ou vão remar.

De qualquer modo, alta cultura não é a cultura da classe alta, mas a de uma camada profissional que ganha a vida na criação, distribuição, análise e crítica de vários trabalhos identificados como alta cultura, bem como a de um pequeno conjunto de amadores culturais, muitos deles em profissões relacionadas, que se agregam ao público total da alta cultura. Embora sejam amadores, esses últimos veem a cultura como se fossem eles os criadores ou críticos culturais profissionais, o que pode dar o motivo para serem chamados *cultos* ou *cultivados*. A esse respeito, diferem radicalmente de outros públicos de alta cultura – e também de cultura popular –, que querem ser tratados como públicos e, como tal, ser satisfeitos, não se preocupando muito com as questões intelectuais-estéticas com que os criadores lidam em seu trabalho. (Em minha obra *Cultura popular e alta cultura*,[2] chamei os primeiros de *criador orientado*, e os últimos, *público orientado*; e ainda considero útil tal distinção.) Como Paul DiMaggio informou,[3] o público profissional de alta cultura é, de alguma forma, o sucessor daquele grupo de pessoas que foi importado da Europa no final do século XIX pelos *brahmins*[4] de Boston, para trazer alta cultura a Boston – e, aos *brahmins*, uma nova fonte de prestígio.

Embora o estudo das *instituições* da alta cultura esteja no momento [1992] seguindo sua trajetória nos Estados Unidos, ainda sabemos muito

---

2. Herbert J. Gans, *Cultura popular e alta cultura*, Edições Sesc São Paulo, 2014.
3. Paul DiMaggio, "Cultural entrepreneurship in nineteenth-century Boston: the creation of an organizational base for high culture in America", em Richard Collins *et alii* (orgs.), *Media, culture and society: a critical reader*, Beverly Hills, CA: Sage, 1986.
4. Em português, "brâmanes", a casta mais alta do hinduísmo, que compunha sua classe sacerdotal. Aqui, trata-se da denominação dada, por analogia, às ricas famílias tradicionais da Nova Inglaterra, grupo social caracterizado por um estilo de vida discreto e modos "aristocráticos", cujos filhos estudam de preferência na Universidade Harvard. Esse "apelido" é emprestado até mesmo a seu sotaque peculiar. (N.T.)

pouco sobre as pessoas que fazem essas instituições funcionar. Ainda não estudamos as fontes sociais e as inspirações de suas diretrizes intelectuais-estéticas, ou como e por que essas pessoas tomam essas e outras decisões criativas. A mídia dos noticiários cobre apenas as lutas em que às vezes entram, com conselhos de curadores, com profissionais de *marketing* que promovem salas de concerto e museus (para maximizar o tamanho de seu público) e, ultimamente, com o governo federal. Também precisamos estudar as vidas culturais privadas dessa camada profissional. Provavelmente eles conseguem sua cultura intelectual-estética em seu trabalho, e daí talvez também seu entretenimento, embora, em regra, não tenhamos perguntado o que fazem para se divertir – ou mesmo se praticam o que pregam a respeito das virtudes da alta cultura. (Perguntas similares poderiam ser feitas sobre os profissionais que criam cultura popular, em Nova York, Hollywood e alguns outros lugares, mas também isso terá de esperar até que os estudiosos de sociologia das profissões desenvolvam um interesse maior em sociologia da cultura.)

Por último, mas talvez não menos importante, está a relação entre cultura e prestígio. No início do século XX, era assunto comum de discussão e de crítica haver pessoas que escolhiam sua cultura por questão de prestígio, ou seja, que iam à ópera para ser vistas e dormiam quando o espetáculo começava. Isso pode ter sido apenas um padrão da alta classe, ou um estereótipo erudito de gente rica de cultura mediana, mas, embora se saiba que a procura e a competição por prestígio não morreram, não sabemos muito sobre como, onde e entre quem elas têm lugar nos dias de hoje (nas classes mais baixas, assim como nas mais altas).

Mais e mais, os americanos comuns consomem seu entretenimento e sua cultura intelectual-estética dentro de casa, mas é provável que a mobília e os quadros nas paredes – e, nas classes mais educadas, os livros na mesa de centro – ainda sejam usados para impressionar parentes, amigos, vizinhos e outros visitantes. E sabemos ainda menos sobre se, e como, os pobres, que não têm muito dinheiro para gastar com intenção de impressionar quem quer que seja, usam a cultura para competir por prestígio e obtê-lo. E permanecemos ignorantes sobre as atuais estratégias das pessoas para aquisição de prestígio em geral. Mais ainda: enquanto sabemos que a pressão de colegas, os grupos de referência e o ouvir falar ainda influenciam a escolha cultural, não sabemos quais colegas, grupos de referência ou bocas são levados em consideração pelas diferentes classes ao escolher entre os vários tipos de cultura.

Não somente entre os consumidores ou o público, mas também entre profissionais, as conexões entre cultura e prestígio são relevantes, em parte porque há distinções de *status* relativas aos gostos entre tipos de trabalho cultural. Os criadores de alta cultura ainda parecem ter mais *status* que os da cultura popular, mesmo os últimos sendo muito mais ricos. Comparações semelhantes, entretanto, podem ser feitas em vários campos culturais. Há equivalentes da alta cultura e da cultura popular não só em arquitetura, em parte por suas conexões com a arte, mas também em sociologia.

Os sociólogos profissionais acham que seu trabalho é melhor e mais prestigiado que o dos sociólogos *pop*; e, na sociologia profissional, os acadêmicos continuam a tratar com desdém seus colegas que se dedicam à pesquisa de mercado e à pesquisa aplicada. Dentro da academia, as pessoas que "fazem teoria" com frequência obtêm mais prestígio que aqueles que realizam estudos empíricos, especialmente os que escrevem livros didáticos. Até certo ponto, a classificação está relacionada à complexidade percebida do produto cultural, mas também tem a ver com o *status* do consumidor final. Como em todas as profissões, aqueles que lidam com clientes de *status* mais alto superam em prestígio aqueles que lidam com os de *status* mais baixo – e esta é a razão pela qual os autores de livros didáticos de sociologia para estudantes de escola secundária têm baixa classificação na escala de prestígio profissional.

IV ✳ Este livro também é um trabalho sobre fronteiras, e, de passagem, já fiz referências a limites culturais. Como outros ordenamentos sociais, as culturas têm fronteiras – e antes que o conceito de fronteiras se tornasse popular, os sociólogos falavam de subculturas como uma forma primitiva de lidar com tais limites. Os *conceitos* culturais também estabelecem fronteiras, senão se fundiriam em outros conceitos e os *kits* de ferramentas ocupacionais dos sociólogos da cultura estariam mais vazios do que estão. Quando sociólogos e antropólogos discutem cultura, rapidamente os limites conceituais se tornam evidentes, mas, então, os cientistas sociais protegem suas esferas de atividade como adolescentes protegem seus territórios.

Como refugiado da Alemanha nazista que escapou bem a tempo, sempre tive um medo saudável de fronteiras. Fico particularmente nervoso com fronteiras oficialmente abertas que são guardadas com armas, e não me acalmo nem com aquelas que são guardadas de modo mais pacífico. Trago à tona a distinção entre fronteiras guardadas e abertas por ser algo importante também para etnógrafos, cujo trabalho de campo começa com descobrir se os acessos aos grupos ou instituições que querem estudar estão sob guarda e de quem eles precisam obter permissão para cruzar tais fronteiras. Ao procurar ver se os limites estão completamente abertos ou guardados – e, se estiverem guardados, como e por quê –, muito pode ser aprendido sobre grupos e instituições.

Muitas fronteiras, especialmente as sob guarda e as fechadas, existem para proteger desigualdades e para que se certifique de que os "subiguais" não possam entrar; ou apenas demonstrando uma submissão polida apropriada possam fazê-lo. E ainda temos de examinar as fronteiras culturais, para determinar se suas funções estão associadas para manter a desigualdade, quando elas estão associadas e como se associam.

A maior parte das instituições culturais discutidas neste livro, de um modo ou de outro, é comercial, o que significa que suas fronteiras são guardadas, principalmente, para coletar dinheiro e manter do lado de fora pessoas suficientemente desiguais do ponto de vista econômico, que não possam pagar o preço da entrada. Ainda assim, como em muitos tipos de instituições, a desigualdade também é mensurada pelo grau de pureza e impureza. Os governos estão cada vez mais interessados em promover a cultura oficial, guardando ferozmente tipos de "pureza moral" de círculos políticos influentes, enquanto os museus que colecionam e mostram cultura "museológica" se esforçam muito para manter fora o que consideram ser cultura impura, ou não museológica. A cultura mais aberta é, provavelmente, a cultura folclórica e suas versões mais recentes, entre elas a cultura popular não comercial, que as pessoas criam – ou adaptam da cultura comercial – para cerimônias comunitárias e familiares.

A cultura folclórica ou não comercial – em sua abertura e ausência de limites governamentais ou lucrativos – é, de alguma forma, a cultura equivalente à sociedade civil. Atualmente, a sociedade civil é celebrada por cientistas sociais, e com razão, embora algumas das sociedades civis que, no final dos anos 1980, emergiram na maior parte dos países do Leste Europeu estejam, no momento em que escrevo, se tornando partidos políticos de classes alta e média, ou virando claques, com bem pouco interesse em seus semelhantes economicamente menos afortunados.

A cultura folclórica é celebrada também – especialmente quando o povo desistiu dela e ela está prestes a se tornar cultura de museu –, mas a cultura popular não comercial ainda não parece ter quaisquer celebrantes intelectuais.

Uma das distinções mais significativas entre os limites é aquela entre os visíveis e os invisíveis, porque os últimos algumas vezes são mais difíceis de cruzar do que os visíveis – como negros tentando comprar casas em subúrbios privilegiados, e acadêmicos com sotaques de classe trabalhadora candidatando-se a cargos no corpo docente de famosas universidades de "elite". Especialmente as organizações de prestígio tentam manter seus limites invisíveis, pois seria inadequado se não o fizessem. Essa é uma razão pela qual frequentemente se sentem pouco à vontade os visitantes de museus advindos da classe trabalhadora.

Em uma idade de democracia e universalismo, as fronteiras são feitas para ser cruzadas, mas, como lembra Alan Wolfe, há grupos socialmente úteis que não conseguem sobreviver se elas não estiverem fechadas. Úteis ou não, nós também parecemos estar presos a grupos *in* e grupos *out*, mas, em uma democracia, é preciso discutir permanentemente quais grupos têm direito a fronteiras fechadas ou abertas. O atual interesse nesse assunto pode produzir novos *insights* e dados para tal discussão, bem como para outros assuntos sociais.

Entretanto, precisamos lembrar também que, afinal, fronteiras são conceitos úteis, principalmente por iluminarem os grupos e conceitos que delimitam. Dito de outro modo, fronteiras, como tempo e espaço, são universais, e há limites para o que os pesquisadores sociais podem dizer a respeito delas como universais. Mais ainda, mesmo fronteiras específicas são, por fim, de menor importância, pois, em última análise, os grupos e instituições – e as estruturas sociais maiores – os moldam, e não o contrário. Se pudéssemos dar fim às classes e a outros tipos de desigualdades, as fronteiras onde tais conceitos se aplicam, ouso dizer, deixariam de existir.

AGRADECIMENTOS

Este livro reflete nossas recentes divagações teóricas, algumas das felizes afinidades que desenvolvemos, e prazeres intelectuais que experimentamos enquanto trabalhávamos em nossos respectivos livros *Money, morals and manners* e *Marcel Mauss*. Ele também revela intercâmbios emergentes, expressos ou velados, entre muitos dos sociólogos envolvidos no projeto. Oferecemos esses ensaios na esperança de gerar intercâmbios animados, pesquisas inovadoras e esforços intelectuais comuns.

Seis dos trabalhos aqui incluídos foram escritos expressamente para este livro. Embora os outros trabalhos tenham sido preparados para públicos diferentes, eles "naturalmente" complementam os seis originais. Um capítulo foi apresentado no Mellon Colloquium Series on Cultural Diversity, organizado na Universidade de Princeton, em 1990. Dois foram apresentados em uma sessão sobre limites simbólicos, realizada em reuniões da International Sociological Association, em Madri, em 1990. Dois foram incluídos em um número da revista *Sociologie et Sociétés* que organizamos, como convidados, em 1990. (Um desses artigos, o de Randall Collins, foi criado a partir de um texto publicado no nono volume do *Journal of Family Issues*, em 1988. Já a história do capítulo restante é complexa demais para ser contada.)

Este projeto não teria sido possível sem a ajuda de Doug Mitchell, Craig Gill e Joseph H. Brown, da University of Chicago Press. Agradecimentos calorosos a todos os colaboradores que entregaram suas contribuições em tempo recorde.

Michèle Lamont & Marcel Fournier

1. INTRODUÇÃO ✷ Michèle Lamont & Marcel Fournier

Se há uma proposição fundamental em que os sociólogos da cultura concordam é que, longe de formar uma sociedade única, a humanidade é feita de grupos sociais diferenciados por suas práticas, crenças e instituições. Como Marcel Mauss escreveu em seu ensaio "La Civilisation", "o domínio da vida social é essencialmente um domínio de diferenças". Entre os grupos e a sociedade sempre houve, e sempre vai haver, fronteiras e diferenças. Os exemplos são numerosos:

Israel detesta Moab, que cozinha cordeiro no leite da mãe do animal, e é essa a razão pela qual nós ainda não comemos carne às sextas-feiras. O tuaregue se alimenta apenas do leite de seu camelo fêmea e acha o leite de vaca repulsivo exatamente como nós achamos que o leite de uma égua é repulsivo [...] Não aprendi a esquiar, enquanto meus jovens compatriotas dos Vosges gostam dessa atividade.[1]

Dessa perspectiva, a circuncisão não passa de uma tatuagem, um "símbolo tribal ou mesmo nacional". Criem ou não distinções ou interdições, esses símbolos são expressões do desejo de um grupo de "concentrar a si próprios, separar a si próprios dos outros".[2] Cientistas sociais discordam sobre a importância dos fatores simbólicos e naturais em determinar tais fronteiras, como ilustrado por debates em torno de assuntos como sociobiologia e teorias feministas essencialistas. Entretanto, um dos desafios mais importantes que encaramos hoje é compreender como criamos fronteiras e quais são as consequências sociais de tais ações.

I ✷ Três abordagens distintas foram usadas pelos sociólogos para conceituar fronteiras simbólicas e suas origens. Enquanto alguns as localizam na cabeça das pessoas, ou então as veem como produto das interações entre indivíduos, outros argumentam que elas são impostas por

---

1. Marcel Mauss, "La civilisation: eléments et formes", em *Oeuvres*, 2, Paris: Minuit, 1969, pp. 456-479, 471-472. [Aqui e nas demais citações desta obra originárias de edições francesas, a tradução para o português foi feita a partir da tradução do original em francês para o inglês feita pelo autor (N.T.).]

2. *Idem, ibidem.*

forças sociopolíticas. Tais abordagens nos lembram de três importantes dimensões da vida cultural, quais sejam, as dimensões cognitiva, comunicativa e política. Essas três dimensões nos auxiliam na comparação de teorias de fronteiras simbólicas ao relacionarem-nas a tradições sociológicas centrais.

Para a escola sociológica francesa, as questões de inclusão e exclusão tiveram tal importância que alguns de seus inimigos se referiram a Durkheim e seus colaboradores como o clã "totem e tabu". Esse grupo de intelectuais estava preocupado, principalmente, com formas de solidariedade humana, e compartilhava um interesse especial pelo estudo da moralidade. Eles nos ensinaram que os grupos sociais sobrevivem devido à integração e à ação normativa, e que um dos princípios da unidade desses grupos é de natureza simbólica ou, mais adequadamente, cultural. Também nos ensinaram que todos os grupos sociais delimitam e estruturam sua vida social comum. O melhor exemplo disso é a distinção entre o sagrado e o profano, encontrada em todas as religiões. Essa distinção não somente cria dois espaços, dois mundos, mas também impõe rituais muito elaborados para a passagem de um mundo ao outro.[3]

Em *Primitive classification*, Durkheim e Mauss aventaram uma proposição atrevida, sugerindo uma correspondência entre classificação e organização social: "Era porque os homens estavam agrupados, e pensavam neles mesmos sob forma de grupos, que em suas ideias eles agrupavam outras coisas".[4] Tal afirmação foi amplamente criticada, mas, para antropólogos e sociólogos da cultura e do conhecimento, a noção de classificação permaneceu central: os seres humanos nomeiam e classificam coisas e pessoas. Criam etiquetas por meio de contraste e inclusão.

Os membros da escola sociológica francesa tinham dois objetivos: esclarecer as relações de interdependência existentes entre os vários tipos de fatos sociais; e demonstrar que uma das bases da solidariedade social é "o acordo de espíritos". O último livro de Durkheim, *The elementary forms of religious life*, vai além dos limites da sociologia da religião para abordar questões centrais na sociologia do conhecimento. Seu tópico são as representações coletivas – ou seja, as noções de tempo, espaço, números, causas etc. que são "essenciais" e "permanecem como o ali-

---

3. Émile Durkheim, *The elementary forms of religious life* (Capítulos 6 e 7), Nova York: Free, 1965. A primeira edição do livro é de 1912.

4. Émile Durkheim & Marcel Mauss, *Primitive classification*, Chicago: University of Chicago Press, 1963, p. 82.

cerce da inteligência humana".⁵ Nesse livro, Durkheim afirma que a cultura é, acima de tudo, uma forma de conhecimento.

Seja estruturalista ou cognitiva em sua orientação, a antropologia cultural de meados do século XX desenvolveu-se a partir da tradição da escola sociológica francesa, renovando-a metodologicamente ao fazer empréstimos da linguística e da psicologia. Mesmo tendo rejeitado o sociologismo de Durkheim, Claude Lévi-Strauss reconheceu seu débito com Mauss, adotando a noção de que estudar uma sociedade significa essencialmente esclarecer classificações simbólicas, que em geral são organizadas em torno de oposições binárias.⁶ De modo similar, trabalhos recentes em etnociência analisam a organização de taxonomias populares em vários domínios (botânico, zoológico etc.).⁷ Aqui, novamente, as fronteiras que separam os grupos são vistas como essencialmente simbólicas ou cognitivas: são divisões constituídas por categorias mentais contrárias em vários tipos de propriedades (alto/baixo, masculino/feminino, natureza/cultura, direita/esquerda e assim por diante). Finalmente, quando Mary Douglas estuda as noções de exclusão e de poluição, ela adota a distinção de Durkheim entre sagrado e profano para aplicá-la não apenas à vida religiosa, mas à vida social em geral.³ Ela afirma que, enquanto as classificações desempenham um papel de importância crescente na organização da vida social, a sua produção, cada vez mais, está sob responsabilidade de especialistas e profissionais que definem os critérios institucionais para rotular indivíduos como racionais ou criminosos.⁹

Os termos *rótulo* e *rotular* imediatamente nos lembram a psicologia social e, mais especificamente, o interacionismo simbólico, que analisa não as ferramentas cognitivas que as pessoas usam para constituir uma identidade social para si, mas os processos sociais que levam à constituição da identidade. De frente para nós, sempre encontramos "o outro", de cujos olhos e julgamentos não podemos escapar. Principalmente desde a publicação de *Outsiders*, de Howard Becker, no início dos anos 1960, percebemos que atos desviantes conduzem à exclusão social so-

---

5. Émile Durkheim, *Elementary forms of religious life*, op. cit., p. 33.
6. Claude Lévi-Strauss, "Introduction à l'oeuvre de Marcel Mauss", em Marcel Mauss, *Sociologie et anthropologie*, Paris: Presses Universitaires de France, 1950.
7. Stephen Tyler, *Cognitive anthropology*, Nova York: Holt, Rinehart & Winston, 1969.
8. Mary Douglas, *Purity and danger: an analysis of concepts of pollution and purity*, Londres: Routledge & Kegan Paul, 1966.
9. Mary Douglas, *How institutions think*, Londres: Routledge & Kegan Paul, 1986.

mente quando tais atos são socialmente definidos como tal.[10] A vida social ocorre nos contextos de interações face a face e de comunicações verbais e não verbais. Erving Goffman mostrou da melhor maneira que a vida social é uma forma de teatralização, com o palco, seu proscênio e os bastidores, máscaras e maquiagem. Suas descrições revelam que as distâncias ou fronteiras que separam indivíduos nunca são, mesmo em instituições, totais, puramente físicas. Elas são representações simbólicas que, com muita frequência, assumem a forma de estigmas.[11]

Os processos de integração e exclusão social raramente se localizam exclusivamente no nível de intercâmbios interindividuais. O contexto macrossociológico, seja de natureza política, seja econômica, também é crucial: os indivíduos se localizam em organizações e instituições, pertencem a grupos de interesses e formam forças políticas. A cultura é não só um código ou um modo de comunicação: é também uma forma de dominação, uma ideologia a serviço das classes dominantes, como os marxistas costumavam dizer. O marxismo estrutural de Louis Althusser e de Nicos Poulantzas habilitou uma abordagem que, aplicada à cultura, era simplista demais: enfatizava a autonomia dos âmbitos político, ideológico e econômico; esclarecia o papel do aparato ideológico do Estado; e conceituava as fronteiras que dividem indivíduos, grupos e coletividades como produto da dominação e da exploração.[12]

A noção de dominação também é central à perspectiva multidimensional weberiana: não só há classes, há também grupos de *status*, que competem pelo monopólio dos recursos; e grupos políticos, que se mobilizam para promover os interesses de seus membros. Entre esses grupos, há fronteiras que são de natureza cultural ou simbólica.[13] Por outro lado, a dominação e a autoridade só são eficientes se forem legítimas. A violência não é só física. Também é simbólica, como Bourdieu mais tarde ressaltou.[14]

---

10. Howard Becker, *Outsiders: studies in the sociology of deviance*, Nova York: Free, 1963.

11. Erving Goffman, *The presentation of self in everyday life*, Garden City, NY: Doubleday, 1959; e, do mesmo autor, *Stigma: notes on the management of spoiled identity*, Englewood Cliffs, NJ: Prentice-Hall, 1963.

12. Louis Althusser, *Essays on ideology*, Londres: Verso, 1984; ver, também, Nicos Poulantzas, *Pouvoir politique et classes sociales*, Paris: Maspero, 1975.

13. Max Weber, *Economy and society*, Nova York: Bedminster, 1968.

14. Pierre Bourdieu, *Outline of a Theory of Practice*, Cambridge: Cambridge University Press, 1977.

II ✳ Como ocorre com todas as categorizações, a distinção entre conhecimento, comunicação e dominação é esquemática demais: distingue entre abordagens que, de fato, são bastante indistintas e, muitas vezes, facilmente transgredidas. Sabemos bem demais que – novamente nas palavras de Marcel Mauss –:

> todas as oposições entre escolas são jogos fúteis da mente ou manifestações de uma competição em andamento entre professores, filosofias ou teologias. Etnólogos verdadeiramente importantes foram tão ecléticos na escolha de seus problemas teóricos quanto o foram em sua escolha de método, adaptando o último aos primeiros.[15]

Portanto, na teoria sociológica, as fronteiras são como limites na vida diária: são arbitrárias, mesmo se estivermos relutantes em reconhecê-las como tal. Uma vez que isso seja reconhecido, nosso desafio é deslocar e violar tais fronteiras, e desenvolver um conceito de cultura multidimensional. Como escreveu Wittgenstein, "no domínio do pensamento, certos avanços importantes são comparáveis ao deslocamento de volumes de uma biblioteca para outra: os deslocamentos são feitos, mesmo que nada nos leve a pensar que a nova posição vai ser aquela que persistirá".[16] No mundo da pesquisa, só um permanente questionamento das posições tomadas podem levar a avanços genuínos.

Nos últimos vinte anos, tais esforços corretivos foram inicialmente definidos em oposição a um marxismo ortodoxo que muitos esperavam redirecionar ou transcender. Para grande número de cientistas sociais, a melhor maneira de demonstrar que a dominação não estava no centro de todas as coisas era analisar empiricamente vários tipos de resistência e várias subculturas.[17] O trabalho de Jürgen Habermas, na Alemanha; aquele dos sociólogos da escola de Birmingham, na Inglaterra; e o trabalho de Michel Foucault e Pierre Bourdieu, na França, empurraram a sociologia e a antropologia uma em direção à outra. Esses escritos indiretamente também levaram ao questionamento das tradicionais distinções entre macro e microssociologias. De modo similar, as abordagens

---

15. Marcel Mauss, "La Civilisation", op.cit., p. 459.
16. Ludwig Wittgenstein, Le cahier bleu et le cahier brun, Paris: Gallimard, 1965, p. 90; tradução, para o inglês, dos autores.
17. Ver, por exemplo, Paul Willis, Learning to labor: how working class kids get working class jobs, Nova York: Columbia University Press, 1981.

interpretativas e hermenêuticas ganharam espaço em nosso campo.[18] Na sociologia da ciência, a crítica do positivismo, por um lado, e a influência da etnometodologia, por outro, trouxeram a disciplina em direção a uma perspectiva cada vez mais relativista, como ilustrado no trabalho de Latour e Woolgar ou no de Knorr-Cetina.[19] Em lugar de estudar "fatos sociais como coisas sociais", os sociólogos culturais se tornaram cada vez mais interessados em descrever vários processos de construção social, centrando-se menos em "por que" e mais em "como" as coisas aconteceram, revivendo, portanto, não só a tradição simbólico-interacionista (que florescera na escola de Chicago desde a virada do século XX) mas também os influentes escritos fenomenológicos dos anos 1960, como aqueles dos sociólogos Peter Berger e Thomas Luckmann.[20]

Uma das posições mais controversas e influentes hoje propostas pelos sociólogos é a de Pierre Bourdieu e seus colaboradores. Agrupada no Centre de Sociologie Européenne, da École des Hautes Études en Sciences Sociales, em Paris, essa equipe de pesquisadores estudou, na segunda metade do século XX, esferas de atividades tão diferentes quanto literatura, arte, moda e esportes, para desenvolver ferramentas conceituais que nos ajudariam a entender a natureza da atividade simbólica. Desenvolveram uma teoria da ação (ou da prática) que se articula com uma teoria da sociedade (ou das classes sociais). O próprio Bourdieu, ao se opor tanto ao objetivismo como ao subjetivismo, tomou emprestado o caminho do que ele chama *construtivismo estrutural* para propor uma economia política de bens simbólicos que leva em consideração a dinâmica das relações sociais e a de vários campos de atividade.[21] Segundo Bourdieu, se há um princípio de organização em todas as formas de vida social, é a lógica da distinção. Em qualquer sociedade diferenciada, indivíduos, grupos e classes sociais não podem escapar a essa lógica – que os une ao mesmo tempo que os separa uns dos outros. As fronteiras que

---

18. Para uma perspectiva interdisciplinar, ver Paul Rabinow & William M. Sullivan (orgs.), *Interpretive social sciences*, Berkeley: University of California Press, 1979.

19. Bruno Latour & Steven Woolgar, *Laboratory life*: the social construction of scientific facts, Beverly Hills, CA: Sage, 1979; Karin D. Knorr-Cetina, *The manufacture of knowledge*: an essay on the constructivist and contextual nature of society, Oxford: Pergamon, 1981.

20. Peter Berger & Thomas Luckmann, *The social construction of reality: a treatise in the sociology of knowledge*, Garden City, NY: Doubleday, 1966.

21. Pierre Bourdieu, "Social space and symbolic power", *Sociological Theory*, 7, (10):14-25, 1989.

criamos são simbólicas, mas também são políticas, pois "congelam um determinado estado de luta social, isto é, um dado estado de distribuição de vantagens e obrigações".[22] O consumo cultural desempenha papel central nesse processo. Portanto, analisar as diferentes relações que as pessoas têm com objetos culturais nos ajuda a compreender melhor a dominação.

Bourdieu é apenas um de muitos cientistas sociais que leem as relações de poder entre os grupos por meio de suas relações com a cultura. Por exemplo, os historiadores sociais britânicos e a escola de sociólogos de Birmingham consideraram como a classe trabalhadora define sua identidade em oposição às pessoas de outras classes. Muitos historiadores americanos seguiram esse caminho em seu estudo da cultura popular, analisando como as forças históricas constroem raça, classe e gênero, fornecendo desse modo uma compreensão mais sofisticada dos processos hegemônicos.[23] De modo similar, sob a influência de Derrida e Foucault, os pós-estruturalistas ressaltaram como a identidade é definida de modo relacional e como é moldada por relações de poder entre grupos. Portanto, adicionaram um viés político a escritos semióticos anteriores que analisavam códigos culturais e diferenças simbólicas, mas sem referência à política da cultura. Do mesmo modo, tanto em materiais etnográficos como em textos literários, a antropologia reflexiva pós-geertziana e o novo historicismo na crítica literária vão ler dominação e hegemonia,[24] enquanto estudiosos do pós-modernismo documentam o declínio das

---

22. Pierre Bourdieu, *Distinction: a social critique of the judgement of taste*, Cambridge, MA: Harvard University Press, 1984, p. 477.

23. E. P. Thompson, *The making of the english working class*, Nova York: Vintage, 1963. Para uma revisão, ver Chandra Mukerji & Michael Schudson (orgs.), *Rethinking popular culture*: contemporary perspectives in cultural studies, Berkeley: University of California Press, 1991. Ver também Lynn Hunt (org.), *The new cultural history*, Berkeley: University of California Presss, 1989.

24 . Ver, por exemplo, James Clifford & George E. Marcus (orgs.), *Writing culture*: the poetics and politics of ethnography, Berkeley: University of California Press, 1986. Para uma análise dessas mudanças na antropologia, ver Sherry Ortner, "Theory in Anthropology since the Sixties", *Comparative Studies in Society and History*, 26, (10):126-166, 1984. Seria tão injusto caricaturar a sociologia norte-americana contemporânea como uma disciplina positivista estreita, povoada de pesquisas e questionários, quanto o seria definir a antropologia cultural contemporânea exclusivamente por meio da herança cultural de Evans-Pritchard.

hierarquias culturais e o colapso das fronteiras simbólicas universais.²⁵ Finalmente, em estudos afro-americanos e estudos sobre mulheres, têm sido ferozes os debates, importantes, que opõem fronteiras e natureza, bem como as interpretações construtivistas e essencialistas das diferenças étnicas e raciais. Todas as *ciências humanas*, como Wilhelm Dilthey gostava de chamá-las, foram assombradas por conceitos como identidade, exclusão e dominação²⁶ – raramente, no passado, tantos cientistas sociais e humanistas se preocuparam com assuntos semelhantes. A forte influência que os escritos de Foucault, e mais recentemente Bourdieu, tiveram sobre essas disciplinas foi sustentada pelas preocupações críticas que eles compartilharam com o marxismo em geral e com a escola de Birmingham e a teoria crítica alemã em particular.²⁷

Estudiosos que fizeram da relação entre cultura e exclusão um tema central adotaram, muitas vezes sem saber, ou uma perspectiva "esquerdo-weberiana" que reforça a criação de grupos de *status* e o monopólio de recursos, ou uma perspectiva durkheimiana que se centra na exclusão gerada pelos valores comunitários compartilhados. Infelizmente, ignoraram demasiadas vezes a conexão entre seus interesses recém-descobertos e a tradição sociológica, enfatizando suas afiliações a teorias europeias da moda que dão prestígio a seus próprios esforços intelectuais. Agora precisamos superar diferenças disciplinares, e particularmente metodológicas, para fazer um balanço de nossas realizações e trabalhar para melhorar sistematicamente nossa compreensão. Deveríamos também começar a tirar conclusões mais amplas no que toca aos processos de formação de fronteiras que vão além de casos específicos. Os ensaios originais reunidos aqui são oferecidos com o objetivo de facilitar essa empreitada.

Em uma época em que a classe média alta norte-americana está cada vez mais isolada de outras classes sociais,²⁸ quando a desigualdade so-

---

25. David Harvey, *The conditions of postmodernity*: an *inquiry into the origins of cultural change*, Oxford: Blackwell, 1989.

26. Wilhelm Dilthey, "The construction of the historical world in the human studies", em H. P. Rickman (org.), *Selected writings*, Londres: Cambridge University Press, 1976.

27. Sobre o desenrolar deste movimento interdisciplinar, ver Michèle Lamont & Marsha Witten, "Surveying the continental drift: the diffusion of French social and literary theory in the United States", *French Politics and Society*, 6 (3):17-23, 1988.

28. Robert Reich, "The secession of the successful", *New York Times Magazine*, 20 de janeiro de 1991, pp. 16-45.

cial está crescendo rapidamente,²⁹ quando a etnicidade e a raça estão cada vez mais no centro dos conflitos sociais e quando os obstáculos que as mulheres e as minorias encaram no local de trabalho parecem estar crescendo novamente, compreender a natureza e a dinâmica dos limites simbólicos é uma tarefa particularmente urgente. Uma contribuição sociológica para essa empreitada seria fornecer algumas das ferramentas conceituais, como a noção de limites simbólicos, que podem unir partes de pesquisas que permeiam a crítica literária, a história, a antropologia, o direito e a ciência política, bem como os estudos sobre as mulheres e os afro-americanos. Na sociologia propriamente dita, embora esteja disponível um grande número de estudos construtivistas e um número ainda maior de estudos sobre desigualdade, raramente os pesquisadores norte-americanos juntaram esses dois focos de pesquisa de forma sistemática.

III ❊ Poucos dos ensaios aqui reunidos lidam com o papel desempenhado, na criação da desigualdade, por instituições como a família, os militares ou o sistema escolar. E poucos lidam com as dimensões econômicas da desigualdade, que foram amplamente estudadas nos anos 1960 e 1970 tanto por estruturalistas como por marxistas. Em vez disso, esses estudos vão centrar-se nos aspectos propriamente culturais da desigualdade, que os especialistas em estratificação tendem a negligenciar. Tratam de muitas dimensões nas quais frequentemente se fazem distinções, sejam elas tipos de atividade (consumo de alta cultura, gastronomia), sejam categorias de pessoas (gênero, etnicidade).³⁰

Estes ensaios ilustram algumas das principais direções que a sociologia cultural seguiu durante a década de 1980. Ao longo dos anos, começamos a conceituar cada vez mais a cultura como repertórios institucionalizados que têm um efeito tão poderoso quanto o das forças econômicas na estruturação da vida diária.³¹ Por conseguinte, mostramos como o

29. Bennett Harrison & Barry Bluestone, *The great u-turn: corporate restructuring and the polarizing of America*, Nova York: Basic, 1988.
30. Limitações de espaço impedem que examinemos aqui as complexas questões relativas aos limites raciais.
31. Clifford Geertz, *The interpretation of culture*, Nova York: Basic, 1973; Ann Swidler, "Culture in action: symbols and strategies", *American Sociological Review*, 51 (2):273--286, 1986; Robert Wuthnow, *Meaning and moral order: explorations in cultural analysis*, Berkeley: University of California Press, 1988; John R. Hall, *Gone from the Promised Land*: *Jonestown in American cultural history*, New Brunswick, NJ: Transaction, 1987.

cultural é estrutural, conceitualizando cultura como categorias estruturadas com as quais organizamos nossas ações.[32] Também começamos a prestar cada vez mais atenção aos efeitos da cultura sobre o posicionamento social dos indivíduos, analisando como são mobilizados sinais culturais em práticas de exclusão que resultam na criação de grupos de *status*.[33] O processo pelo qual a cultura molda grupos começou a ser examinado em estudos sociológicos dos papéis desempenhados pelas fronteiras simbólicas na definição das identidades sociais. Outros tópicos que estimularam discussão recentes incluem o processo pelo qual se tornaram institucionalizados pontos de vista contraditórios do sagrado e do profano; como, em conflitos de grupo, são mobilizadas definições conflitantes de *cultura legítima* (capital cultural); e como vários tipos de desigualdade são reproduzidos no processo de demarcação.[34]

Os temas-chave deste livro cobrem muitas dessas questões. A primeira parte diz respeito à institucionalização dos repertórios culturais e às fronteiras simbólicas que os definem. Centrando-se na institucionalização das categorias artística e moral, os estudos nessa seção analisam ou a evolução histórica de tais categorias, ou suas condições de desenvolvimento no presente. A segunda parte centra-se em padrões de classe do consumo cultural e, indiretamente, nas maneiras específicas com que as culturas alta e popular podem ser usadas no processo de demarcação, ou seja, na criação dos grupos de *status*. A terceira parte envolve, essencialmente, como as fronteiras são construídas e usadas por grupos cujas identidades estão baseadas em características atribuídas a eles, notadamente mulheres e membros de grupos étnicos minoritários. A parte

---

32. Eviatar Zerubavel, *The fine line*: *boundaries and distinctions in everyday life*, Nova York: Free, 1991.

33. Ver, por exemplo, Jonathan Rieder, *Canarsie*: *the Jews and Italians of Brooklyn against liberalism*, Cambridge, MA: Harvard University Press, 1985; Judith Gerson & Kathy Peiss, "Boundaries, negotiations and consciousness: reconceptualizing gender relations", *Social Problems,* 32 (4):317-331, 1985.

34. Ver principalmente Pierre Bourdieu, *Distinction, op. cit.* Para uma discussão dessa literatura, ver Michèle Lamont & Robert Wuthnow, "Betwixt and between: recent cultural sociology in Europe and the United States", em George Ritzer (org.), *Frontiers of social theory*: *the new synthesis*, Nova York: Columbia University Press, 1990. Para uma discussão dos vários tipos de relações entre poder e cultura, inclusive fronteiras simbólicas, que são propostas nessa literatura, ver Michèle Lamont, "The power/culture link in a comparative perspective", *Contemporary Social Research*, 11: 131-150, 1989.

final discute como fenômenos de exclusão se manifestam em sistemas sociais mais amplos e quais são suas consequências políticas. Por todo o volume, os colaboradores levantam questões teóricas amplas em relação ao papel desempenhado pela cultura na criação da desigualdade social.

**1 \ A institucionalização das categorias culturais ** Uma das oposições mais frequentemente estudadas, característica de todas as sociedades modernas, é aquela entre a "cultura popular" e a "de elite" ou "alta cultura", que amplia a classificação de obras de arte até os gêneros "sagrados" e "profanos". Em um trabalho anterior, Paul DiMaggio mostrava que tais fronteiras são produto da história social. Mais especificamente, que, nos Estados Unidos, no início do século XX, um "modelo de alta cultura" foi estabelecido nas artes visuais (por exemplo, museus) e na música (por exemplo, orquestras sinfônicas) por um sistema organizacional distinto – a empresa sem fins lucrativos administrada por um curador.[35] Aqui, DiMaggio analisa diferenças na maneira como essa mudança ocorreu em três outros domínios: drama, ópera e dança, mostrando que, com o correr do tempo, as próprias categorias culturais usadas por grupos para "cultivar diferenças" tornam-se elas mesmas institucionalizadas.

Diana Crane aborda assuntos semelhantes enquanto redireciona a atenção para as sociedades contemporâneas. Ela argumenta que, com a reabilitação da cultura popular e a crescente interpenetração da alta cultura com a cultura popular, torna-se visível a arbitrariedade da distinção alta/baixa cultura. Convencida de que temos de definir culturas em termos dos ambientes em que elas são criadas, produzidas e distribuídas, e não em termos de seu conteúdo, Crane substitui a clássica distinção alta cultura/cultura popular pela distinção cultura da mídia/cultura urbana. A dinâmica do sistema cultural é caracterizada pela contínua tensão entre a dominação das culturas centrais de mídia e a proliferação de novas organizações culturais em culturas periféricas e locais. Crane documenta, assim, como os arranjos institucionais modelam os sistemas de classificação.

Analisando a cruzada moral do movimento de alimentos naturais, conduzida nos anos 1830 por Sylvester Graham (do famoso "Graham cracker") – que desenvolveu um sistema de ideias associado a alimentos

---

35. Paul DiMaggio, "Cultural entrepreneurship in nineteenth-century Boston: the creation of an organizational base for high culture in America", em Richard Collins *et alii* (orgs.), *Media, culture and society: a critical reader*, Beverly Hills, CA: Sage, 1986.

a serem evitados e a crenças em perigos para a saúde provenientes da tecnologia moderna dos alimentos –, Joseph R. Gusfield traça a genealogia de algumas de nossas ideias sobre poluição e alimento. Comparando as ideias de Graham com aquelas encontradas no atual movimento dos "alimentos naturais" nos Estados Unidos, Gusfield fornece uma fascinante análise de como o contraste entre aspectos substantivos e simbólicos do significado são transformados em declarações sobre fronteiras sociais entre comportamentos valorizados e desvalorizados, e entre pessoas saudáveis e doentes. Nos dois casos aqui considerados, o discurso sobre o corpo e o alimento sublinha a superioridade do natural sobre o artificial bem como os perigos presentes em sociedades mercantilizadas e em rápida transformação, onde as fronteiras e o controle social são permanentemente desafiados.

Nicola Beisel analisa a institucionalização das categorias culturais discutindo uma cruzada moral diferente, a de Anthony Comstock, nos anos 1870, que tentou redefinir a fronteira entre obscenidade e literatura, enquanto liderava uma cruzada contra Walt Whitman, e provocou a prisão de Alfred Knoedler, o proprietário de uma das galerias de arte mais importantes de Nova York. Simultaneamente, Beisel examina o interessante tema teórico da formação de fronteiras. Na linha de Stinchcombe, sugere que as pessoas usem as ideologias existentes para tentar transformar estruturas sociais e fronteiras morais.[36] Ela mostra que, para definir comportamentos poluidores, Comstock usa três conjuntos de categorias sociais: juventude, classe e etnicidade (ou estrangeirice).

Cada um desses quatro ensaios contribui de maneira diferente para a nossa compreensão do processo de formação de fronteiras. Enquanto DiMaggio e Crane centram-se nos processos institucionais envolvidos na definição de fronteiras, Gusfield e Beisel discutem como os repertórios culturais e os contextos de interpretação disponíveis são mobilizados no processo de demarcação. Contudo, essas contribuições abordam apenas dois dos vários domínios em que esse processo de demarcação ocorre.

**2 \ Alta cultura e exclusão ** Como a elite tem acesso privilegiado à alta cultura, muitos dos estudos disponíveis do processo de demarcação centraram-se historicamente em como a alta cultura é mobilizada para

---

36. Arthur Stinchcombe, "*The deep structure of moral categories*: eighteenth century French stratification and the revolution", em Eno Rossi (org.), *Structural Sociology*, Nova York: Columbia University Press, 1978.

avaliar ou sinalizar *status* ou para criar grupos de *status* e monopolizar privilégios: os trabalhos de Thorstein Veblen, W. Lloyd Warner e muitos outros nos apontavam essa direção há várias décadas.[37] Agora os sociólogos contemporâneos estão interessados em desenvolver uma compreensão mais refinada desses processos.

Em seu estudo empírico de quatro comunidades da região da cidade de Nova York, David Halle estuda o arcabouço experiencial que as pessoas mobilizam em sua apreciação da arte abstrata. Ele descobre que, se a alta cultura penetra apenas seções da classe dominante, ela não necessariamente contribui para a reprodução da classe: mover-se de uma cultura do gosto para outra nem sempre requer conhecimento especial, distribuído de maneira desigual entre as classes. Muitas vezes requer apenas a decisão de favorecer um tipo de decoração em lugar de outro. Consequentemente, o consumo da arte não necessariamente gera fronteiras sociais, como foi postulado pela teoria do capital cultural. Portanto, as descobertas de Halle levam a duvidar de abordagens que sugerem ser a cultura, primariamente, uma ferramenta de dominação e poder ou uma base para o domínio simbólico.

Em contraste com Halle, Richard A. Peterson e Albert Simkus argumentam que o gosto artístico continua a significar *status*. Usando uma classificação refinada de *status* ocupacional que leva em consideração o capital cultural relativo de cada ocupação, mostram que em todas as classes nos Estados Unidos há uma hierarquia de práticas culturais, isto é, que os grupos ocupacionais mais bem posicionados preferem a música clássica, enquanto os em posição inferior preferem música *country* ou *western*. Entretanto, os gostos musicais não estão claramente hierarquizados, pois, à medida que nos movemos para baixo na hierarquia dos gostos, há menos consenso quanto à classificação, com um número crescente de formas alternativas tendo, mais ou menos, igual valor de gosto. Portanto, essa hierarquia é mais bem representada não por uma esbelta coluna de gêneros de preferência, mas por uma pirâmide, tendo no topo um gosto da elite e, à medida que nos movemos para baixo, em direção à base, cada vez mais formas alternativas.

Nas sociedades contemporâneas, poder-se-ia facilmente concluir ser impossível a "democracia" em arte. O fato de museus de arte continua-

---

37. Thorstein Veblen, *The theory of the leisure class*, Nova York: B. W. Huelsh, 1912; W. Lloyd Warner & L. Hunt, *Social life of a community*, New Haven, CT: Yale University Press, 1941.

rem a atrair profissionais, administradores e estudantes educados tende a confirmar tal ponto de vista. Vera Zolberg levanta a dúvida: tal situação resulta da natureza das coleções ou das políticas dos museus de arte, que procuram um público de *status* alto? E afirma que a recente proliferação de novas formas e estilos de arte solapou a relação entre preferências artísticas e ocupação ou *status* social. Mesmo que um dos objetivos das administrações dos museus de arte seja a democratização, esse objetivo frequentemente não se realiza, pois as culturas organizacionais tendem a desvalorizar a ação educativa. Zolberg explora as implicações teóricas de suas descobertas pela relação variável entre consumo cultural e fronteiras de *status*.

**3 \ Gênero e etnicidade no processo de demarcação ** Se apenas nos altos escalões sociais a familiaridade com a alta cultura parece ser base para exclusão, membros de todas as classes sociais usam para isso outros sinais de *status*, embora com frequência desigual. É o caso especialmente quanto a gênero e etnicidade.

Randall Collins contribui para nossa compreensão da produção de fronteiras simbólicas em seu exame da divisão sexual do trabalho cultural. Ele argumenta que a produção das fronteiras culturais é uma especialidade feminina. Por exemplo, o papel de dona de casa é definido primariamente no âmbito da "produção de *status*" (limpeza, apresentação da comida), enquanto é mais frequente as mulheres encontrarem trabalho no setor produtor de cultura (como artistas, escritoras, professoras, vendedoras). No que se refere à mulher trabalhadora de colarinho branco, o papel de gestão da cultura inclui grande quantidade do que Collins denomina "mão de obra goffmaniana": secretárias, vendedoras e enfermeiras são a primeira linha da "autorrepresentação organizacional". As diferenças de gênero são associadas não só com a oposição acima/abaixo, mas também com as oposições produção/consumo e poder/ /cultura. Entretanto, longe de viver em um reino de ilusão, as mulheres podem muito bem constituir o recurso que mantém vivo o moderno capitalismo, através de seu envolvimento na produção e no consumo da cultura de *status*.

"Crença na diferença invariavelmente resulta em desigualdade", escreve Cynthia Fuchs Epstein. Estruturais por definição, as distinções de fronteiras são, inicialmente, mantidas por meios conceituais: palavras e categorias, como masculino/feminino, branco/preto, nunca são inocentes; ao contrário, é frequente expressarem conotações maleáveis. Elas também prescrevem atitudes e controlam comportamentos. Epstein, estendendo seu influente argumento contra o essencialismo ou o feminismo cultural, ressalta que categorias dicotômicas desempenham papel importante na definição das mulheres como "outros", e que há muito em jogo na rotulagem dos comportamentos e atitudes como femininas e masculinas. Por outro lado, a destruição das oposições de gênero sempre é problemática, porque nós todos temos um claro senso dos limites culturais, enquanto as maneiras legítimas de transgredir esses limites permanecem bem codificadas e bastante restritas. Aqueles que violam fronteiras de gênero de maneira ilegítima muitas vezes experimentam punições no local de trabalho. Isso força muitas mulheres a reassegurar a seus colegas homens seu respeito aos papéis tradicionais de gênero e seu compromisso com a família em detrimento do trabalho. Daí, Epstein abre caminho para uma análise mais sofisticada dos fatores que impedem mudanças nas fronteiras simbólicas.

É importante não tratar como fenômenos distintos determinadas fronteiras simbólicas, como aquelas baseadas em gênero ou etnicidade. John R. Hall levanta o tema das características comuns entre tipos de fronteiras em sua análise de situações de *status*. No processo de desenvolver uma crítica provocativa ao trabalho de Pierre Bourdieu, ele concorda com Halle e outros que a cultura é mais fluida e complexa do que foi sugerido pela teoria do capital cultural, e que precisamos reconhecer a existência de mercados heterogêneos, além de múltiplos tipos de capital cultural. Assim, Hall propõe um "estruturalismo cultural" que enfoque a multiplicidade das situações de *status*. A questão da etnicidade não pode ser vista como secundária na dinâmica da distinção: "o capital cultural étnico" nem sempre se reduz a capital cultural de classe. O mesmo se aplica aos recursos valorizados por grupos de *status* baseados em idade, religião, comunidade ou atividades de lazer compartilhadas. Hall fornece uma crítica à noção de um mercado global de capital cultural que é particularmente útil para compreender a interação entre o que ele chama de *formações econômicas* e *formações culturais*.

**4 \ A exclusão e a organização política ** A despeito do fato de a diferenciação ser um aspecto crucial da vida social, os indivíduos permanecem membros de comunidades maiores, isto é, de sociedades ou nações. A oposição entre cidadão/não cidadão é central. Ser um membro de uma sociedade ou uma nação é mais do que um atributo: é um privilégio e uma responsabilidade. As sociedades estabelecem suas fronteiras físicas e dão a seus membros certos privilégios ou direitos (sufrágio etc.). Jeffrey C. Alexander afirma que precisamos prestar atenção à dimensão simbólica da "sociedade civil", e mostra que o "discurso civil" é binário, ocorrendo em três níveis (motivos, relações e instituições), para dividir o mundo em "aqueles que merecem inclusão" e "aqueles que não a merecem". A democracia anda de mãos dadas com a racionalidade, a abertura, a igualdade e a liberdade: esse é o "discurso da liberdade", cujos princípios são considerados sagrados. Todo ataque contra qualquer desses princípios causa repressão e, algumas vezes, expulsão.

Também Alan Wolfe argumenta que a democracia é, por definição, inclusiva ou universalista: é uma maneira de acolher, em lugar de manter fora. Por outro lado, a sociologia nos ensina que esse ponto de vista é idealista: de fato, a vida social requer fronteiras, rituais de associação, espaço privilegiado e outras demarcações. Para os sociólogos liberais, a questão é, então, estabelecer como é possível compartilhar um compromisso democrático para com os direitos universais de agentes abstratos, dados os limites à inclusão inerentes à vida social. Para termos um mundo mais rico de significados, os danos causados pelas diferenças deveriam ser tolerados? Que tipos de fronteiras deveriam ser mantidas, e contra quais deveríamos lutar? Ao contrário dos teóricos do pós-estruturalismo, Wolfe argumenta que as fronteiras nem sempre são impostas pelo "outro" e que aquelas que são escolhidas pelos indivíduos para si deveriam ser respeitadas. Isso deveria se aplicar também àquelas que são o produto de uma introspecção moral, isto é, de uma decisão informada, tomada depois de considerar opções. É precisamente por fronteiras estarem aqui para ficar que precisamos ganhar uma compreensão mais específica de como e quando podem ser desafiadas.

IV ✽ Juntos, esses ensaios enriquecem nossa compreensão das várias facetas das fronteiras simbólicas que moldam o tecido social. Os colaboradores, cada um à sua maneira, esclarecem os sinais que são usados para ler *status*, os mecanismos das distinções culturais que operam na vida cotidiana, e as consequências de tais processos sobre a desigualdade. Muitos autores também aproveitaram, ou desafiaram, contribuições teóricas influentes para a sociologia cultural. Esperamos que a evidência empírica que oferecem vá gerar discussões frutíferas nos círculos sociológicos e em outros. De maneira mais geral, esperamos que este volume inicie, por um lado, um diálogo sobre a direção de pesquisas futuras no estudo da desigualdade, e, por outro, sobre cultura e fronteiras simbólicas. Nosso objetivo aqui não é tanto fornecer uma agenda clara de pesquisa, mas sugerir formas de ampliar a discussão. Muitas linhas de pesquisa parecem particularmente promissoras. Seria útil, por exemplo, perguntar mais sistematicamente, seguindo os passos de Epstein e outros, como e por que diferentes fronteiras (como as de gênero, nacionais, culturais ou raciais) são igualmente importantes para diferentes tipos de grupo. Há diferenças importantes nas fronteiras estabelecidas por grupos cujas identidades são definidas por características adquiridas compartilhadas? Ou alternativamente, por características atribuídas compartilhadas? Há variações no processo de demarcação produzido pelos membros de diferentes classes? Há variações no processo de demarcação típico de velhos grupos arraigados e no de grupos mais novos, sejam eles nações, associações de voluntários ou profissões? Responder a essas questões é essencial para ganhar uma compreensão melhor da dimensão cultural do sistema de estratificação.[38]

Seguindo os passos de Alan Wolfe, deveríamos também levantar questões pertencentes à natureza fundamental das fronteiras. Que características constituem o caráter das fronteiras?[39] Os rituais são sempre essenciais para a criação de fronteiras? Há diferenças nos tipos de transgressões ou iniciações que acompanham mais frequentemente determinados tipos de fronteiras? Alternativamente, quais fronteiras são temporárias e quais são permanentes? O que faz certas fronteiras serem estáveis e usadas em casa e no local de trabalho – como descrito por Epstein em seu ensaio –, enquanto outras são mais influenciadas por fatores contextuais?[40] Como as pessoas passam, nas interações de uma

---

38. A discussão que se segue aproveita em parte o estudo de Marcel Fournier sobre o trabalho de Marcel Mauss e o livro de Michèle Lamont, *Money, morals and manners: the culture of the French and the American upper-middle class*, Chicago: University of Chicago Press, 1992.

39. Pierre Bourdieu, *La noblesse d'état*, Paris: Minuit, 1989, mostra as similaridades entre títulos nobiliárquicos e títulos acadêmicos.

40. Luc Boltanski & Laurent Thevenot indiretamente enfocam a influência dos fatores situacionais sobre o processo de demarcação. Eles fornecem uma análise dos conflitos e negociações examinando como os indivíduos conseguem manter seu *status* ou honra quando são vítimas de injustiça. Esses indivíduos conseguem isso no nível discursivo, recorrendo a vários princípios de justificação para enquadrar sua própria compreensão da situação contra outros entendimentos; ver Luc Boltanski & Laurent Thevenot, *De la justification: les économies de la grandeur*, Paris: Gallimard, 1991.

disposição para outra, por exemplo, indo da demarcação de fronteiras culturais para a de fronteiras de gênero ou raciais? Para responder tais perguntas, poderia ser útil uma comparação sistemática, que leve a uma tipologia de fronteiras. Essa tipologia poderia descrever as similaridades e diferenças entre fronteiras, com base em sinais tão variados como direitos de nascimento, credenciais, cidadania, gênero, beleza; e, de maneira mais geral, com base em sinais observáveis *versus* não observáveis, ou em traços de caráter estáveis *versus* oscilantes.

Um terceiro conjunto fundamental de questões pertence às mudanças históricas na importância de fronteiras simbólicas específicas ou àquilo que Alexander chama de "construção, destruição e desconstrução da solidariedade cívica". Epstein nota que, em períodos de crescimento econômico, e quando as mulheres se libertam de fortes vínculos comunitários e estão menos integradas em redes familiares, as fronteiras de gênero se tornam menos importantes. Que fatores contribuem para a desinstitucionalização de outros tipos de fronteira? As diferenças culturais estão perdendo importância na sociedade multifacetada em que vivemos? Nosso consenso cultural está se enfraquecendo, enquanto a cultura americana contemporânea está se tornando menos nitidamente delimitada? No início dos anos 1970, Herbert Gans analisou como as distinções de classe são frequentemente mediadas por outros tipos de *status* (idade, etnicidade, gênero). Essa tendência está se tornando mais prevalente? Em outras palavras, as fronteiras baseadas em *status* moral, cultural ou socioeconômico estão sendo, cada vez mais, usadas para eufemisticamente traçar as fronteiras de gênero, de raça ou étnicas, em uma época em que as normas contra o processo de demarcação baseado em características atribuídas estão ganhando maior legitimidade? Como grande parte da literatura recente sugere, as características atribuídas podem realmente estar perdendo importância.[41]

Mesmo que grupos e indivíduos criem fronteiras entre eles próprios, a pressão dos interesses econômicos e a divisão do trabalho funcionam para derrubar os muros e forçar-nos a viver juntos. Nesse contexto, quais são os fatores que nos levam a segregar ou integrar, a fechar fronteiras ou a enxergar as diferenças de maneira positiva? São todos os tipos de fronteiras simbólicas igualmente conducentes à criação de fronteiras objetivas e de discriminação? Os diferentes tipos de fronteiras

---

41. Por exemplo, Matthijs Kalmijn, "Status homogamy in the United States", *American Journal of Sociology*, 97 (2):496-523, 1991.

simbólicas são igualmente transponíveis, resistentes e abertos ao conflito? Para citar John R. Hall, precisamos desenvolver uma "sociologia histórica comparativa de situações de *status* de configuração múltipla e combate [...] para melhor problematizar a relação entre reciprocidade e hierarquia, e compreender como os indivíduos ou grupos podem estar em uma situação de subordinação enquanto conectados por conjuntos de deveres e obrigações recíprocas".[42] Em outras palavras, deveríamos voltar à questão que Claude Lévi-Strauss levanta na conclusão de seu livro *Histoire de lynx*: a questão da viabilidade de produzir identidades alternativas e diferenças a partir de comunidades sociais.[43] Esperamos que os ensaios aqui oferecidos constituam um passo em direção à realização deste projeto intelectual compartilhado.

---

42. Ver Capítulo 11.
43. Claude Lévi-Strauss, *Histoire de lynx*, Paris: Plon, 1991.

PARTE I

A INSTITUCIONALIZAÇÃO
DAS CATEGORIAS CULTURAIS

2. FRONTEIRAS CULTURAIS E MUDANÇA ESTRUTURAL: A EXTENSÃO DO MODELO DE ALTA CULTURA AO TEATRO, À ÓPERA E À DANÇA, 1900-1940[1] ✻ Paul DiMaggio

Em antropologia e sociologia, relatos de fronteiras culturais tendem a retratá-las como enraizadas estruturalmente em diferenças – de casta, classe ou raça – entre pessoas, ou, quando tais fronteiras estão baseadas em diferenças de gosto ou disposição estética, como propriedades provenientes de interação. Mais ainda, a maior parte das obras sobre capital cultural – que, nas sociedades modernas, é um material de construção fundamental, a partir do qual são modeladas as hierarquias de *status* – ou documenta a desigualdade de sua posse em pessoas e grupos ou demonstra seus efeitos sobre vários tipos de realização e conquistas, principalmente no nível individual.

Tais trabalhos colocam entre parênteses um tópico diferente, mas igualmente importante: De que modo se valoriza o capital cultural como prestigiado? Por que alguns gostos e disposições servem de base à distinção vertical, enquanto outros são desacreditados ou neutros em relação a *status*? Essa questão nos leva a examinar a mudança institucional, pois a noção de capital cultural pressupõe a existência de instituições com o poder de estabelecer, com autoridade, o valor de diferentes formas de cultura. De fato, com poder para criar e defender fronteiras entre tipos variados de produtos e práticas estéticas (ou culinárias, ou religiosas, ou indumentárias). Embora transformar tais valorações em fronteiras culturais entre pessoas seja uma realização de interação local, a utilidade de tais classificações está baseada em sistemas institucionais que distinguem os produtos e práticas aos quais se referem.[2]

---

1. Agradeço, encarecidamente, à Fundação Ford, à Fundação Rockefeller e à Fundação Memorial John Simon Guggenheim, o apoio à pesquisa em que este artigo é baseado. Também sou grato a Brad Gray e Michèle Lamont, pelos úteis comentários a rascunhos anteriores. Quaisquer erros de fato ou de interpretação são apenas meus.

2. Paul DiMaggio, "Constructing an organizational field as a professional project: US art museums, 1920-1940", em Walter Powell & Paul DiMaggio (orgs.), *The new institutionalism in organizational analysis*, Chicago: University of Chicago Press, 1991.

Em outras palavras, para sua utilidade na criação de fronteiras entre pessoas, as distinções de gosto devem estar baseadas em fronteiras entre formas de prática cultural. A efetividade e a robustez de tais fronteiras são, em si, função dos recursos disponíveis aos patronos e aos profissionais que desejam construí-las. Para ilustrar isso, vamos considerar os processos pelos quais a ópera, o teatro e a dança foram anexados ao sistema de alta cultura nos Estados Unidos.

Distinções de gênero como fronteiras organizadas ✺ Durante a última metade do século XIX, a relação entre arte e sociedade foi transformada. Em todos os Estados Unidos, as elites urbanas desenvolveram instituições que definiram como sagrados certos tipos de cultura estética, separando-os da execução e exibição profanas, desenvolvendo audiências e formas de organização distintivas e articulando ideologias que legitimavam o gosto da elite.[3]

É certo que, nos Estados Unidos, as diferenças de gosto já eram associadas, havia longo tempo, à classe social, mas, antes do final do século XIX, sua importância era menor. Sem um sistema institucional distinto para definir e reforçar fronteiras entre diferentes formas de arte, a classificação das obras de arte em gêneros sagrados e profanos era constantemente tolhida pela avidez de empresários comerciais em atrair audiências as maiores possíveis. E, enquanto as fronteiras culturais fossem indistintas, o "gosto da moda", longe de incorporar autoridade cultural, era considerado esnobe, trivial e não democrático. A compreensão da cultura como hierárquica só se tornou tanto legitimada como difundida quando o gosto da elite foi atrelado a uma ideologia claramente articulada, incorporada nas mostras e espetáculos de organizações que selecionavam e apresentavam arte de uma maneira distinta daquela dos empresários comerciais, ou seja, tornou-se aquilo que chamo de *modelo de alta cultura*.

3. Por cultura *sagrada* quero dizer não arte e música religiosas, mas predominantemente trabalhos seculares (estatuária clássica, sinfonias de Beethoven) sobre os quais os empresários culturais começaram a falar e a pensar de novas maneiras, e a tratar como se incorporassem inspiração divina e a experiência que proporcionavam a quem os visse ou ouvisse estivesse marcadamente desconectada do mundo banal, ligado à vida diária. Em outras palavras, o *sagrado*, nesse sentido, tem menos a ver com o conteúdo da arte do que com os tipos de barreiras – cognitivas e organizacionais – que são construídas em seu entorno.

O instrumento que realizou isso foi a *trust*,[4] tipo de empresa sem fins lucrativos gerida por um *trustee*. Protegidos pelo sistema de garantias, que precedeu as *trusts* na música, os patronos forneciam fundos para séries de concertos organizados por empresários musicais. Não estava em seu poder contratar e despedir administradores ou artistas, nem, na maioria dos casos, sua participação era de longo prazo. Ao contrário, os provedores, síndicos ou curadores geriam com mão firme instituições não lucrativas, em cujos estatutos estavam incluídos objetivos beneficentes, e, coletivamente, a provedoria ou curadoria representava um compromisso permanente. Dado o tempo exigido – para estabelecer novas etiquetas de comportamento em exposições e concertos, isolar a alta cultura dos espetáculos e exposições comerciais, definir cânones de arte e música, e separá-los tanto da cultura profana como do público em geral –, era essencial o grau de controle permitido pela forma de corporação não lucrativa. Em 1900, museus de arte e orquestras sinfônicas administradas por tais sociedades sem fins lucrativos estavam bem estabelecidos nos centros urbanos mais importantes. Em 1930, eram comuns em cidades por todos os Estados Unidos.

Essa mudança fundamental na classificação e organização da produção e distribuição artística é reconhecida e compreendida por vários autores.[5] O que é menos entendido é como se generalizaram, para outras formas de arte, as formas de elite na organização e compreensão da arte provenientes da música clássica e das artes plásticas. Em 1940, para além das artes plásticas e da música clássica, o modelo de alta cultura se estenderia para o teatro, a ópera e a dança. Embora isso nos pareça

---

4. Não confundir com o truste. A *trust* é uma forma de organização baseada na confiança, em que uma propriedade é doada por um *grantor* (patrono ou doador), sob os cuidados de um *trustee* (provedor, síndico ou curador), para proveito de beneficiários. Propriedade, aqui, é entendida no sentido amplo de patrimônio: títulos, ações, dinheiro ou bens imóveis. Seu estatuto é semelhante ao das fundações. (N.T.)

5. Paul DiMaggio, "Cultural entrepreneurship in nineteenth-century Boston, 1", *Media, Culture and Society*, 4 (1):33-50, 1982a; e, do mesmo autor, "Cultural entrepreneurship in nineteenth-century Boston, 2", *Media, Culture and Society*, 4 (4):303-322, 1982b.; Lawrence W. Levine, *Highbrow/lowbrow: the emergence of cultural hierarchy in America*, Cambridge, MA: Harvard University Press, 1988; William M. Weber, *Music and the middle class in nineteenth-century Europe*, Nova York: Holmes & Meier, 1976; e, ainda, Tia DeNora, "Musical patronage and social change at the time of Beethoven's arrival in Vienna", *The American Journal of Sociology*, 97 (2):310-346, 1991.

natural hoje, tal prolongamento não foi nem automático nem inevitável: é uma mudança social que requer explicação.

A transformação do palco americano ✼ De todas as formas de arte a que o modelo de alta cultura se estendeu, o palco foi a mais improvável: era a de maior sucesso comercial; a que menos precisava de patrocínio da elite nos moldes em que isso se organizava durante o século XIX; e, por tradição e por seu caráter concreto e acessível, aquela mais sintonizada com a demanda popular. Comparado à música, o conteúdo temático concreto do teatro, sua dependência da palavra falada, não se presta facilmente a sublimações: não tendo a ambiguidade da música ou de certas imagens visuais, o teatro não se prestava ao discurso transcendente, quase religioso, empregado para sacralizar a música clássica ou as artes plásticas.

Como Levine apontou, as peças de Shakespeare, antes levadas aos palcos dos Estados Unidos para audiências de todas as classes sociais, foram apropriadas pela cultura de elite no final do século;[6] e o teatro clássico de Eurípides foi acomodado na academia. Mas dois ou três exemplares não fazem uma forma de arte: nenhum grande corpo de dramaturgia estava prontamente disponível para sacralização. Mais ainda, a associação do palco a artifícios e inautenticidade, e a reputação suspeita dos atores como classe, militaram contra a emergência do teatro entre as belas-artes. Em 1900, poucos poderiam prever que, em apenas trinta anos, críticos e produtores estariam fazendo distinções estritas, em larga escala, entre "mero entretenimento" e a "arte" ou teatro "intelectual" de "dramaturgos sérios", muitos deles figuras do século XX.

A aplicação do modelo de alta cultura ao palco pode ser vista já em 1910, quando o comitê de teatro do Twentieth Century Club, de Boston, relatou à comunidade "a situação da diversão" naquela cidade. Esses reformadores cívicos castigaram os proprietários do teatro da cidade em termos que lembravam os dos primeiros críticos de conjuntos musicais comerciais, mas com uma insistência influenciada por sua convicção de que o palco contemporâneo representava não apenas uma oportunidade desperdiçada, mas uma ameaça ativa à moralidade pública.

Um dos principais pecados dos proprietários de teatro foi não ter classificado as produções por qualidade e mérito, separando, assim, as melhores das menos merecedoras. "É notável", queixaram-se, "que as diferentes administrações dos teatros, exceto aqueles que oferecem bur-

---

6. Lawrence W. Levine, *Highbrow/lowbrow, op. cit.*

lesco e vaudevile, sequer tentam estabelecer uma clientela permanente [...] É difícil, por exemplo, compreender o que levou os Shuberts, depois de abrir seu novo teatro com duas semanas de Shakespeare [...] a levarem como segunda atração uma comédia musical tão banal como *The midnight sons*". Os administradores também foram acusados de violar a fronteira entre a audiência e o palco. Os esforços dos guardiões da moralidade pública, muitos anos antes, para banir "os primeiros assim chamados 'dançarinos descalços'", eram baseados não em um pudico temor de pés descalços, alegavam eles, mas no reconhecimento de que se tratava, "evidentemente, do início de um posterior rompimento das barreiras que separam a audiência e o artista no palco". Tais teatros eram culpados de "reduzir os padrões de moralidade do público e diminuir a eficiência média do cidadão individual". "O comparecimento constante a tais formas de entretenimento — caso se persista nisso por longo tempo — só pode deixar o espectador menos capaz de apreciar a genuína arte dramática."[7]

Mas o que *era* "genuína arte dramática"? O teatro americano tinha sido até então quase inteiramente comercial. Os padrões de crítica eram fracos, e ainda não havia se formado um cânone dramático comparável ao repertório padrão das orquestras sinfônicas. Pelo menos até o final dos anos 1920, a ausência de uma estética legitimadora bem definida atrapalhou os esforços para "melhorar" o palco.[8]

A falta de recursos ideológicos para definir um cânone é ilustrada nas dificuldades encaradas pela American Drama League, uma organização devotada à melhoria do teatro, ao escolher peças para patrocinar na década de 1910. Um espectador compassivo escreveu:

Por quais princípios vamos decidir que peça aprovar? Pelos princípios das coisas passadas? Então a experimentação será indevidamente prejudicada. Ou pelos princípios da novidade? Então devemos desistir de toda tradição e usos [...] Alguns pensavam que uma peça devia ser bem-feita; outros, que devia ter tendências inspiradoras. Alguns impediriam franqueza muito grande no tratamento de problemas, mas admitiriam franqueza apenas suficiente [...] Fica claro que não existem princípios absolutos.[9]

---

7. Twentieth Century Club (Comitê de Teatro), *The amusement situation in Boston*, Boston: TCC, 1910, pp. 3, 30-31, 8.
8. *Idem*, p. 14; ver, também, Lawrence W. Levine, *Highbrow/lowbrow*, op. cit.
9. *Apud* Thomas H. Dickinson, *The insurgent theatre*, Nova York: B. W. Huebsch, 1917, pp. 48-49.

Em 1917, o discurso sobre teatro (como o discurso sobre arte e música em 1850) dependia de um arcabouço moral de referência e estava incerto quanto aos critérios estéticos a que a arte deveria ser submetida.

Entre 1910 e 1940, os esforços para criar um teatro não comercial, devotado a princípios artísticos, fizeram progressos poderosos. Tais esforços tomaram diversas formas. Os primeiros foram os clubes sociais locais de teatro, análogos às sociedades musicais do início do século XIX: grupos de homens e mulheres de posses que encenavam elevadas representações dramáticas para seu próprio divertimento e de seus amigos.[10] Essas atividades geraram o movimento dos Little Theater, prenunciado em esforços de curta duração em Nova York e Boston na década de 1890, e que se iniciou de fato em Chicago, em 1906, com o "novo teatro" de Victor Mapes, e a ambiciosa reestruturação, feita por Laura Dainty Pelham, do Hull House Players, em 1907. Dali o movimento se espalhou para Nova York, Boston e outras cidades norte-americanas.[11]

No apogeu do movimento dos Little Theater, em 1929, havia mais de mil teatros não comerciais por todos os Estados Unidos. Quando muito ambiciosos, produziam "teatro sério" para pequenas audiências e ajudavam a definir um cânone dramático que, para além de Shakespeare e os clássicos, movia-se para dramaturgos modernos como Shaw, Ibsen, Galsworthy e, mais tarde, O'Neill e Odets. Entretanto, com exceção de um punhado de centros comunitários de esquerda e dos teatros rurais, seus pequenos palcos nunca pensaram atender nada além de um público de alto *status* – exceto pelos poucos que atraíam subsídios subs-

---

10. Esses, por sua vez, se originaram da difundida moda para teatro de salão nas décadas de 1860 e 1870, e muitas das formas que o compunham se destacaram no movimento de teatro rural da década de 1920 (por exemplo, máscaras e *tableaux vivants*). Para um estudo investigativo da teatralidade vitoriana americana, ver Karen Halttunen *Confidence men and painted women: a study of middle-class culture in America, 1830-1870*, New Haven, CT: Yale University Press, 1982.

11. Dos numerosos relatos contemporâneos acerca dos Little Theater e dos subsequentes a eles, os mais úteis – a principal base deste artigo – são: Thomas H. Dickinson, *The insurgent theatre*, Nova York: B. W. Huebsch, 1917; Kenneth MacGowan, *Footlights across America: towards a national theatre*, Nova York: Harcourt, Brace, 1929; Norris Houghton, *Advance from Broadway: 19,000 miles of American theatre*, Nova York: Harcourt, Brace, 1941; e, ainda, Jack Poggi, *Theater in America: the impact of economic forces, 1860-1967*, Ithaca, NY: Cornell University Press, 1968.

tanciais, o pequeno porte de suas instalações não lhes permitia cobrar ingressos que as classes trabalhadora ou média baixa pudessem pagar.

Por estar preso entre o mercantilismo de Cila e o diletantismo de Caríbdis, o movimento dos Little Theater não durou. A maioria lançava mão exclusivamente de talentos amadores na atuação, muitas vezes contratando um diretor remunerado com experiência profissional. Do punhado que pagava atores, poucos ofereciam um salário mínimo.[12] Depois dos sucessos iniciais, alguns deles se mudaram para instalações maiores, esperando financiar o crescimento com receitas de assinaturas e profissionalizar-se. Grande parte pereceu nessa tentativa.

Da maioria que permaneceu amadora, muitos se tornaram clubes sociais exclusivos.[13] Seu repertório degenerou-se no que Norris Houghton, produtor de Nova York, descreveu (em relatório à Fundação Rockefeller sobre os palcos regionais, no final dos anos 1930) como "escapismo [...] teatro como entretenimento. [...] Não há nada no programa de qualquer desses teatros comunitários para indicar se ele é ativo na Carolina do Sul ou Michigan, Arizona ou Pensilvânia. [...] Os repertórios deles são praticamente permutáveis. [...] Tão obcecados quanto os administradores da Broadway com 'o que o público deseja'",[14] os teatros amadores, pelos padrões de entretenimento da Broadway ou do cinema, "não dão o retorno adequado ao nosso dinheiro".[15]

No início, em lugar de patrocinar teatros, muitos apreciadores organizavam audiências, estabelecendo compras em bloco ou esquemas de

---

12. Os salários no Chicago Little Theater, de Maurice Browne, subiram de US$ 3,50 por semana, nos primeiros anos, para US$ 10-US$ 16 mais tarde. Em seu Teatro Hedgerow, nos subúrbios de Filadélfia, Jasper Deeter dava aos atores casa e comida, pagava despesas e uma participação nas receitas líquidas, quando havia; ver Kenneth MacGowan, *Footlights across America, op. cit.*, pp. 96, 298.

13. De fato, alguns deles começaram desse modo. O Plays and Players Club, da Filadélfia, que representava apenas para seus distintos membros de sangue azul, assumiu como objetivo "associar o talento histriônico amador e peças da comunidade, para o avanço e a produção de teatro amador, e para alfabetização e relações sociais"; e também para servir como "comitê que promove boas peças"; ver Thomas H. Dickinson, *The insurgent theatre, op. cit.*, p. 73. A organização dos Little Theater como clubes privados era bastante comum no sudeste, segundo Kenneth MacGowan, *Footlights across America, op. cit.*, pp. 85-86.

14. Norris Houghton, *Advance from Broadway, op. cit.*, p. 131.

15. *Idem, ibidem.*

assinatura para garantir lucros a produções itinerantes ou produtores independentes. A Drama League of America, criada em 1910, usava um sistema de comitê para selecionar produções para seus membros; por fim, acabou se tornando uma organização nacional de serviços, patrocinando conferências, aulas e encontros, e disseminando listas de peças recomendadas. A National Federation of Theatre Clubs também obteve curto sucesso organizando um público nacional para peças refinadas.[16] A New York Theatre Guild, o mais ambicioso desses empreendimentos, montou suas próprias produções e as levou a outras associações profissionais que organizou em seis cidades do leste e do meio-oeste, sendo os custos cobertos por mensalidades de uma audiência de 25 mil membros.[17]

Por não desafiarem sua estrutura econômica, esses esquemas de garantia não promoveram os palcos: embora procurassem produções de qualidade mais alta, não conseguiam assegurar que produtores comerciais as fornecessem.[18] A Organização Shubert, irritada pela deserção da Theatre Guild para seu concorrente Erlanger, criou a Dramatic League, um esquema próprio de assinaturas de "alta classe", para competir com ela.[19]

Entretanto, alguns desses teatros estabeleceram protótipos para organizar-se de forma não lucrativa, e deles, uns poucos sobreviveram. A Boston Repertory Company, de Henry Jewett, fundada em 1916, organizou-se como *trust*, incorporada com "objetivos educacionais, literários e artísticos". Colocando em seu conselho administrativo representantes de departamentos educacionais estaduais e municipais para sustentar sua reivindicação como instituição educacional, o teatro foi isento de impostos locais e recebeu consideráveis subsídios privados de bostonianos abastados.[20]

Alguns teatros prosperaram em moldes não lucrativos. A Cleveland Playhouse, fundada em 1915 como grupo amador sob direção profissional, adicionou atores pagos em 1921 e, em 1927, tornou-se inteiramente

---

16. Thomas H. Dickinson, *The insurgent theatre*, op. cit., pp. 55-56.

17. As atividades das associações profissionais contribuíram para a definição de um conjunto canônico de "boas" peças. "Descobri o repertório da Theatre Guild sendo repetido de novo e de novo por todo o país", reportou Kenneth MacGowan, em *Footlights across America*, op. cit., pp. 73, 194, ao relatar sua excursão de 14 mil milhas (cerca de 22,5 mil quilômetros) pelos palcos americanos não comerciais.

18. *Idem*, p. 47.

19. Jack Poggi, *Theater in America*, op. cit., p. 133.

20. R. L. Duffus, *The American Renaissance*, Nova York: Knopf, 1928, pp. 300-302.

profissional, com seu próprio teatro e um orçamento de US$ 100 mil.[21] Organizada intencionalmente nos moldes de uma orquestra sinfônica, foi caracterizada por seu diretor como "uma casa teatral de produções residentes, organizada profissionalmente e operada sem fins lucrativos, administrada em *trustee* por um grupo representativo de pessoas provenientes da vida cultural, social e de negócios da cidade de Cleveland".[22] Teatros em Detroit e Pasadena também se estabeleceram com sucesso durante essa época como organizações não lucrativas empregando atores profissionais.[23] Em 1929, a organização não lucrativa estava tão firmemente estabelecida no teatro que Kenneth MacGowan, encarregado pela Corporação Carnegie de mapear o campo, pôde generalizar que, "por estarem incorporados em uma base não lucrativa e devotados a propósitos educacionais, [os Little Theater] conseguiram escapar de certos impostos, assim como as escolas e os museus de arte".[24]

Muitos deles se afiliaram diretamente a museus de arte. Patronos criaram o Teatro Goodman, sob a asa do Chicago Art Institute, que forneceu uma casa. Outros foram fundados pela Associação dos Profissionais de Artes e Ofícios de Detroit (Detroit Arts and Crafts Guild) e pela Associação dos Artistas de St. Louis (St. Louis Artists Guild), e a Little Theatre Society, de Indiana, associou-se ao John Herron Art Institute.[25] Esse patrocínio era uma questão de importância tanto simbólica como financeira, pois representava o que um contemporâneo chamou "a associação do teatro, o pobre desajeitado das artes, com suas irmãs mais mimadas".[26] Thomas Wood Stevens, egresso do Departamento de Teatro do Instituto Carnegie para administrar o Goodman em 1925, tornou a conexão explícita: "O teatro não tem estilo ou tipo de peça especial a divulgar, não mais do que as galerias de exposições do Instituto existem para qualquer grupo especial de artistas. Em cada caso, a questão é se vale a pena reencenar uma determinada peça antiga ou se uma certa peça nova é apropriada para ser encenada".[27]

---

21. Kenneth MacGowan, *Footlights across America: towards a national theatre*, Nova York: Harcourt, Brace, 1929, p. 18.
22. Norris Houghton, *Advance from Broadway, op. cit.*, pp. 68-73.
23. Kenneth MacGowan, *Footlights across America, op. cit.*, pp. 77-78, 100.
24. *Idem*, p. 242.
25. *Idem*, p. 57; e, também, Thomas H. Dickinson, *The insurgent theatre, op. cit.*, pp. 206-207.
26. Thomas H. Dickinson, The insurgent theatre, *op. cit.*, p. 65.
27. R. L. Duffus, *The American Renaissance, op. cit.*, p. 289, citando Thomas Wood Stevens. Não surpreende que os teatros organizacionalmente mais próximos do modelo de alta cul-

Os pequenos haviam começado como um teatro de artistas composto, ironicamente, por necessidade econômica, de amadores. Lutavam por um meio de definir obras dramáticas sérias e, entre os mais ambiciosos, tentavam produzir peças que pudessem mudar o teatro e, em alguns casos, o mundo. Entre 1910 e 1940, os contornos de um cânone dramático emergiram de forma mais clara: um punhado de instituições de sucesso efetivamente havia implementado não só estilos de patrocínio mas também modos pioneiros de governança pelas elites. No final dos anos 1930, alguns participantes do Little Theater estavam, como colocou Houghton, "conscientemente batalhando pela cultura para o bem das aparências",[28] o que em si já era evidência do sucesso do movimento: cinquenta anos antes, tal equação do teatro com a cultura, e seu uso como fonte de distinção, teria parecido de fato muito estranha.

Vários fatores explicam a emergência dos teatros devotados à arte ou – no caso dos teatros esquerdistas, dos rurais e dos que atendiam às comunidades menos favorecidas – à mudança social e não tanto ao entretenimento. Como objeto de patrocínio, o teatro era particularmente atraente aos grupos excluídos da governança de museus e orquestras: entre os financiadores dos primeiros teatros de arte subsidiados, judeus e mulheres eram bastante proeminentes (embora os primeiros fossem excluídos dos mais "sociais"). Um ressurgimento do interesse no teatro clássico e a transformação de Shakespeare em objeto de culto ajudaram a definir os contornos de um cânone dramático.

Os movimentos do teatro livre na Inglaterra, Irlanda, Alemanha e Rússia chegaram aos Estados Unidos através da imigração de artistas como Max Reinhart e visitas influentes dos atores do Abbey, o Teatro Nacional Irlandês, e especialmente, nos anos 1920, do Teatro Artístico de Moscou, de Stanislavsky. Muitos atores acharam a visão e os métodos artísticos dos palcos europeus intrinsecamente atraentes. Mais ainda, sua seriedade estética e sua estrutura organizacional – em que diretores e atores,

---

tura eram mais semelhantes, tanto social como esteticamente, a orquestras e museus de arte. O Teatro Goodman passou por demissões em massa no final dos anos 1920 porque, nas palavras de um observador, "o padrão de suas atividades é o que 'os melhores cidadãos' pensam, e não o que 'os cidadãos' sentem; em outras palavras, porque seus padrões são provincianamente europeus, não autóctones"; ver Maurice Browne, "Suggesting a dramatic Declaration of Independence", em Oliver M. Sayler, *Revolt in the arts: a survey of the creation, distribution and appreciation of art in America*, Nova York: Brentano's, 1930, p. 207.

28. Norris Houghton, *Advance from Broadway*, op. cit., p. 244.

e não os administradores, desempenhavam o papel dominante – eram duplamente atraentes para atores que estavam tentando, com algum sucesso, reivindicar um *status* profissional.²⁹

Entretanto, mais importante do que esses fatores foi a evolução gradual do ambiente do entretenimento público entre 1880 e 1920, que abriu, para instituições dramáticas não comerciais, nichos anteriormente fechados. Dessas mudanças, três foram as mais importantes.

A primeira foi a estratificação das audiências e dos gêneros nos palcos comerciais. Enquanto, em 1850, os teatros eram diferenciados menos pelo repertório do que pelo ambiente e, em alguma medida, pelo estilo de apresentação, em 1900 os palcos estavam cada vez mais segmentados por classe e categoria. No fim da lista, o burlesco atraía audiências de homens da classe trabalhadora; e as mulheres e os bem-nascidos o evitavam. O teatro de variedades, originalmente também uma reserva masculina, diferenciou-se em vaudevile vulgar e "progressivo", quando empresários como Tony Pastor e B. F. Keith descobriram que poderiam fazer mais dinheiro investindo em casas luxuosas, removendo dos espetáculos o humor "baixo" e contratando talentos bem pagos e em moda nos palcos legítimos (isto é, dramáticos).³⁰ Enquanto isso ocorria, as apresentações dramáticas também eram diferenciadas mais ainda. Essa estratificação dos mercados comerciais acostumou o público a fazer distinções qualitativas entre os gêneros dramáticos.³¹

29. Benjamin McArthur, *Actors and American culture, 1880-1920*, Filadélfia: Temple University Press, 1984.

30. Douglas Gilbert, *American vaudeville: its life and times*, Nova York: Dover, 1940, p. 158. A cadeia vaudevile Keith-Albee-Orpheum era conhecida entre os artistas como o "circuito escola dominical". Keith, que começara sua carreira no vaudevile no final dos anos 1880 (e cuja esposa, católica devota, participava de seu negócio), não só baniu o humor grosseiro como proibiu seus espectadores de assobiar, fumar, gritar e cuspir, práticas usuais em casas voltadas à classe trabalhadora. Em 1893, quando ele abriu o Colonial Theatre, de Boston, para o vaudevile, até Chauncey Depew, guardião da sociedade nova-iorquina, foi persuadido a comparecer. Em 1922, o Cleveland Palace, de Keith, apresentava pinturas de Corot e Bouguereau no *lobby*, segundo Douglas Gilbert, *American vaudeville: its life and times*, op. cit., pp. 204-209. Se os teatros de vaudevile raramente entretinham as elites, apresentavam-se para muitas mulheres e crianças, e, em 1910, havia muitos agentes especializados em reservar espetáculos de vaudevile para as salas de visitas privadas dos ricos; ver Robert Grau, *The man of business in the amusement world*, Nova York: Broadway, 1910, p. 191.

31. Sobre o vaudevile, ver Robert Grau, *The man of business, op. cit.*; Douglas Gilbert, *American vaudeville, op. cit.*; e Robert Toll, *On with the show: the first century of show*

Em segundo lugar, nessa época, o controle local dos palcos reduziu-se marcadamente. Em 1896, a consolidação de uma *trust* teatral – "o Sindicato" –, que combinava os interesses de Marc Klaw, Abraham Erlanger, Charles Frohman e muitos outros gestores (*managers*) do circuito teatral, colocava produções sob o controle de um punhado de empresários (*entrepeneurs*) baseados em Nova York. Eles compraram muitas casas locais e, através de contratos, controlavam ainda outras mais. O Sindicato e seu concorrente, a organização Shubert, obtinham mais lucros com a gestão da casa do que com a produção de peças. Racionalizando o mercado para otimizar os lucros, eles arrancaram as cidades pequenas dos circuitos de turnês, encolhendo o fornecimento de produções: o número de casas de teatro legítimo caiu de mais de 5 mil, em 1890, para cerca de 1,5 mil, vinte anos mais tarde. O Sindicato fornecia, às cidades a que servia, um produto padronizado e inferior, reduzindo a atratividade do teatro e, mais importante, tornando o palco comercial menos acessível a muitos produtores e diretores (e menos prontamente aceito por eles), alguns dos quais haviam se tornado ativos no movimento do teatro artístico por razões tanto econômicas como artísticas.[32] Para eles, criar teatros sem fins lucrativos significava não só buscar a realização de objetivos artísticos mas também lutar contra um inimigo concreto e, para muitos, odioso.[33]

business in America, Nova York: Oxford University Press, 1976. Sobre a estratificação da cultura comercial, ver John F. Kasson, *Amusing the million: Coney Island at the turn of the century*, Nova York: Hill & Wang, 1978; Roy Rozenzweig, *Eight hours for what we will: workers and leisure in an industrial city, 1870-1920*, Nova York: Cambridge University Press, 1983; Lewis A. Erenberg, *Steppin' out: New York night life and the transformation of American culture, 1890-1930*, Chicago: University of Chicago Press, 1981; Kathy Peiss, *Cheap amusements: working women and leisure in turn-of-the-century New York*, Filadélfia: Temple University Press, 1986; e Lawrence W. Levine, *Highbrow/lowbrow: the emergence of cultural hierarchy in America*, Cambridge, MA: Harvard University Press, 1988.

32. Um livro sobre teatro comunitário nota que, em "pequenas comunidades [...] só através da mídia do cinema" há "vislumbres fugazes ocasionais [...] apanhados das peças que estão emocionando grandes cidades [...] Cidades muito distantes dos centros teatrais estão agora se dando conta de que, se quiserem ter peças de teatro, precisarão produzi-las"; ver Playground and Recreation Association of America, *Community drama: suggestions for a community-wide program of dramatic activities*, Nova York: Century, 1926, p. 3.

33. A abordagem indispensável sobre o Sindicato está na excelente história econômica do teatro americano de Jack Poggi, *Theater in America*, op. cit. Discussões úteis apare-

Finalmente, o cinema administrou o golpe de misericórdia ao trajeto do teatro, ao criar um novo público, e vasto, para os entretenimentos dramáticos e capturar boa parte do antigo. Bem antes do advento dos filmes "falados", em 1929, o cinema roubou, dos palcos considerados legítimos, a audiência da classe trabalhadora. Já em 1912, observadores comentavam que as galerias dos teatros, antes superlotadas com o público de baixa renda, estavam vazias; depois de 1920, foram construídos teatros sem galerias.[34] Nos anos 1910 e 1920, oferecendo entretenimento por um quinto do preço do teatro formal, o cinema também acabou por capturar a audiência de renda média. Em todo o território dos Estados Unidos, em cidades grandes e pequenas, novos "palácios" para cinema foram construídos, empresários converteram seus teatros em cinemas, pois estes eram mais lucrativos, e as empresas cinematográficas compraram outros teatros e os fecharam. Entre 1910 e 1925, o número de teatros legítimos fora de Nova York caiu de 1.490 para 564.[35] Em 1940, fora de Nova York, só havia 148 teatros em funcionamento e apenas três companhias teatrais de repertório profissionais; na maior parte dos Estados Unidos, o teatro ao vivo, se disponível, restringia-se a turnês esporádicas e a espetáculos de companhias amadoras e universitárias.[36]

---

cem em Robert Grau, *The man of business, op. cit.*; Kenneth MacGowan, *Footlights across America, op. cit.*; Robert Toll, *On with the show, op. cit.*; e Russell Lynes, *The lively audience: a social history of the visual and performing arts in America, 1890-1950*, Nova York: Harper & Row, 1985. Em 1917, Thomas Dickinson, autor do mapeamento do campo do movimento Little Theater, atribui "os primeiros sinais de rebelião no teatro" a "aqueles atores que se sentiam cercados por novos sistemas de negócio e procuravam escapar do estorvo de seu controle"; ver Thomas H. Dickinson, *The insurgent theatre, op. cit.*, pp. 20-21.

34. Jack Poggi, *Theater in America, op. cit.*, p. 41.

35. Kenneth MacGowan, *Footlights across America, op. cit.*, p. 71. Obtive esses números subtraindo a enumeração das "casas de primeira classe" da cidade de Nova York, feita por MacGowan, de uma contagem de teatros legítimos da Billboard, citada por MacGowan. Segundo Poggi, o número de teatros fora das áreas metropolitanas era: 1.549, em 1910; 674, em 1925; e 400, em 1928; ver Jack Poggi, *Theater in America, op. cit.*, p. 28.

36. Para estudos gerais da evolução do cinema e o impacto do cinema sobre o palco, ver Jack Poggi, *Theater in America, op. cit.*; e Robert Sklar, *Movie-made America*, Nova York: Random House, 1975. Sobre o número de teatros legítimos e companhias de repertório, ver Norris Houghton, *Advance from Broadway, op. cit.*, pp. 14, 48. O número de companhias de repertório não inclui as temporadas de verão, que só começaram a se tornar populares no final dos anos 1930.

Para estabelecer a música clássica como uma forma isolada de alta cultura, Henry Lee Higginson e seus contemporâneos tiveram de alterar a economia da produção de concertos, de modo a torná-la cara demais para se obter lucros. Só depois da integração de produção e apresentação em uma única organização, de músicos empregados por período integral, de padrões de arte musical que apenas uma orquestra permanente poderia atingir, e de programas clássicos rigidamente estabelecidos como norma é que as orquestras necessitaram subvenção e dotações. O trabalho ideológico de T. S. Dwight e seus colegas e a crescente legitimação dos padrões clássicos haviam formado um público de elite para concertos, o que tornou essa transformação possível.[37]

No teatro, as mudanças industriais e tecnológicas alcançaram o que o empreendedorismo cultural tinha conseguido em música: com exceção da Broadway, a empresa comercial tornou-se um negócio desvantajoso. Sem a concorrência dos produtores comerciais, aqueles que elevariam o teatro ao *status* de arte herdaram o palco por falta de oposição. Entretanto, faltando-lhes uma ideologia poderosa e um cânone estabelecido, foram inábeis para atrair o patrocínio da elite no mesmo grau que os museus e as orquestras sinfônicas. Contando mais com assinaturas e garantias do que com dotações, a maioria deles não podia empregar atores profissionais em tempo integral (e assim não conseguia igualar o nível técnico exibido em filmes) nem sustentar suas aspirações artísticas com um repertório "erudito" consistente (o único padrão alternativo disponível para legitimar o teatro não comercial). Assim, os teatros pequenos e suas variações, com algumas exceções, não conseguiram se tornar instituições permanentes.

Contudo, se muitos deles falharam como organizações, como movimento eles efetuaram uma grande mudança. Os teatros de arte de Nova York, os teatros amadores por todo o país e seus aliados acadêmicos obtiveram sucesso em desenvolver uma ideologia e um cânone legitimadores, e ao convencer parte substancial do público de elite de que o palco exigia e merecia subsídios. Embora a realização de suas ideias de um sistema nacional de teatros sem fins lucrativos administrados por *trustees* tivesse de esperar por mais de duas décadas ainda, fora obtida uma mudança crítica no *status* do palco. Em 1940, era possível, como fez Houghton, ter em vista o dia em que todas as grandes cidades america-

---

37. Paul DiMaggio, "Cultural entrepreneurship in nineteenth-century Boston" (1 e 2), *op. cit.*

nas estariam "prontas para sustentar um teatro profissional permanente, do calibre de suas orquestras profissionais permanentes".³⁸

O fim da ópera comercial ✻ Enquanto a elevação do teatro ao nível de alta arte requer explicação, o mais surpreendente em relação à adoção do modelo de alta cultura pela ópera é o quanto isso foi protelado. Desde os anos 1820, a ópera era uma diversão elegante dos ricos, equipada com rudimentos de um cânone aceito e, após a ascensão de Wagner, dotada de uma poderosa ideologia legitimadora. Como Lawrence Levine mostrou, durante o final do século XIX, o que originalmente era uma forma de cultura popular amplamente disponível, interpretada em inglês por numerosas companhias itinerantes e, muitas vezes, em árias isoladas ou em paródias, tornou-se um passatempo das prósperas audiências urbanas, apresentado em línguas estrangeiras e sujeito a uma estética elaborada que desvalorizava as formas e convenções que haviam tornado a ópera popular entre os americanos de todas as classes.³⁹

Ainda assim, a organização de companhias de ópera por *trusts*, nos modelos da alta cultura, não foi completamente efetuada até os anos 1930. Antes dessa época, eram as garantias que sustentavam a ópera em geral. Em lugar de integrar as funções de produção e apresentação em uma única empresa, como era o caso das orquestras sinfônicas, os patronos controlavam as casas, mas deixavam a cargo de empresários comerciais a contratação de talentos e a produção dos espetáculos. Se o teatro testou a habilidade do modelo de organização de alta cultura, para facilitar a segmentação e a sacralização mesmo da mais comercial e popular das formas de arte, a ópera testou a viabilidade de métodos comerciais de organização no reino da arte reconhecida.

Estavam em jogo questões estéticas significativas. Primeiro, enquanto os empresários comerciais controlassem o repertório e tomassem decisões artísticas de base comercial, o patrocínio da grande ópera –, se não a forma de arte em si –, permaneceria suspeito como um meio de ostentação, e não como garantia de benemerência e distinção estética. Se o público de benfeitores e assinantes da Metropolitan Opera era em

---

38. Norris Houghton, *Advance from Broadway, op. cit.*, p. 74.
39. Lawrence W. Levine, *Highbrow/lowbrow, op. cit.*, pp. 85-104. Levine demonstra brilhantemente a mudança na clientela da ópera durante o século XIX, mas exagera o grau em que questões como definição, patrocínio, mérito e legitimidade da ópera foram resolvidos na virada do século.

grande parte indiferente (como o era durante o final do século XIX) em relação a apoiar a ópera italiana ou a alemã, e se conversavam incessantemente na plateia, a um volume que causava protestos do público comprador de ingressos avulsos, seria possível levar a sério seu comprometimento estético?[40]

Em segundo lugar, enquanto a ópera fosse produzida por empresários comerciais, a fronteira entre a "grande ópera" de estilo europeu e o teatro musical permaneceria indistinta. Muitos americanos do século XIX desaprovavam a ópera apresentada no idioma original, favorecendo a tradução para o inglês como mais democrática e mais agradável para a apreciação autêntica. Nas primeiras décadas do século XX, a ópera em inglês competia com a ópera em francês, italiano e alemão. E, se a ópera em inglês era tão boa quanto a ópera em italiano ou alemão, como se poderia distinguir entre grande ópera e ópera bufa (que as companhias americanas costumavam representar em grande estilo), ou entre ópera cômica e as operetas de Gilbert e Sullivan, ou entre Gilbert e Sullivan e as produções do palcos dos musicais norte-americanos?

Em outras palavras, se a ópera era definida como "arte séria", as *fronteiras* da ópera estavam abertas à contestação; e o movimento de vaivém dos administradores, projetistas e até mesmo solistas entre grande ópera, ópera leve, comédia musical e vaudevile nada fez para esclarecê-las.[41] Só quando os empresários comerciais se renderam ao modelo de

40. Pelo menos até o nível dos camarotes, a Metropolitan Opera desempenhava o papel de um clube social de elite. Os lugares menos desejáveis atendiam ao público da ópera alemã, que protestava sobre o rebuliço ruidoso acima deles; ver Harvey Brenneise, *Art of entertainment? The development of the Metropolitan Opera, 1883-1900*, dissertação de mestrado, Berrien Springs: Andrews University, 1976. De fato, em 1893, os proprietários da Metropolitan *criaram* um clube masculino privado, o Vaudeville Club, que satisfazia o apetite deles por uma forma de entretenimento que muitos deles, sem dúvida, saboreavam bem mais do que a ópera – e, diziam os boatos, servia como meio de saciar até mesmo apetites mais básicos à custa das artistas de variedades lá empregadas; ver Suzanne Shelton, *Divine dancer: a biography of Ruth St. Denis*, Garden City, NY: Doubleday, 1981, pp. 25-26.

41. Embora a maioria dos artistas operísticos fosse europeia e, dessa forma, tivesse se dedicado a carreiras puramente operísticas, seus colegas americanos muitas vezes transgrediam as fronteiras do gênero, como o faziam mesmo alguns dos próprios europeus. Assim, a contralto Ernestine Schumann-Heink deixou a Metropolitan pela comédia musical, e Rosa Ponselle chegou àquela instituição depois de uma carreira em "vaudeville

alta cultura, com a produção e apresentação integradas sob a autoridade de ricos *trustees*, é que se dicotomizou nitidamente o *continuum* marcado pela grande ópera e o palco musical popular, e foi amplamente reconhecida a retidão estética dos patronos da ópera.

O atraso na adoção da forma não lucrativa na ópera se deveu, em larga escala, às circunstâncias econômicas. Das formas de arte, a ópera é a mais cara e, assim, a mais arriscada. O custo de contratar não apenas os músicos, como o faziam as orquestras, mas também vocalistas (incluindo estrelas que ganhavam US$ 3 mil ou mais por semana), dançarinos, um coro e os cenógrafos impediu por muito tempo os empregos em período integral, em que as orquestras foram pioneiras. O risco de enormes *deficits* fazia os patronos relutarem em unir a propriedade da casa e a produção da ópera (para impedir que uma má temporada comprometesse o próprio teatro) e, em muitos casos, relutar em assumir responsabilidade financeira pelas produções, alimentando assim a especulação de que seus interesses eram financeiros. Ainda assim, durante os anos 1920, as oportunidades para lucro criaram um núcleo de administradores comerciais ávidos por assumir o risco e cronicamente tentados a cortar gastos em cenários e ensaios.

Era tão grande a quantia de capital necessário para garantir apenas uma temporada de grande ópera que as *trusts* motivadas por princípios artísticos eram forçadas a voltarem-se para financiadores ricos, que exigiam pagamentos extras sob forma de camarotes prestigiosos, reforçando as conotações de esnobismo. E o custo de manter grupos separados para as óperas italiana, alemã e francesa, combinado com o desejo do público

de segunda linha"; ver Quaintance Eaton, *The miracle of the Met: an informal history of the Metropolitan Opera, 1883-1967*, Nova York: Meredith, 1968, pp. 141, 205. Joseph Urban, trazido aos Estados Unidos como cenógrafo da Boston Opera Co., foi para as Follies, de Ziegfeld, quando a ópera fechou as portas; ver Eddie Cantor & David Freeman, *Ziegfeld: the great glorifier*, Nova York: Alfred H. King, 1934, pp. 127-129. Antes, a cantora Mary Lewis tinha saído das Follies para o palco da Metropolitan; ver Irving Kolodin, *The Metropolitan Opera: 1883-1935*, Nova York: Oxford University Press, 1936, p. 334. Quando a Metropolitan cancelou a produção de *Salomé*, em 1907, a primeira-bailarina Bianca Froelich simplesmente levou sua dança para o vaudevile. "Mlle. Dazié", uma bailarina clássica nascida em Cincinnati, que deixou sua marca no palco popular como a misteriosa "Domino Roue" (assim chamada porque, durante algum tempo, usava uma máscara vermelha em todas as atuações públicas), trabalhou para Ziegfeld e dançou no corpo de balé da Hammerstein Opera no mesmo ano; ver Robert Grau, *The man of business, op. cit.*; pp. 251-252; e também Elizabeth Kendall, *Where she danced*, Nova York: Knopf, 1979.

por um repertório equilibrado, levava as companhias a produzir óperas que não apenas evitavam a tradução inglesa, mas que frequentemente nem mesmo estavam no idioma em que haviam sido originalmente escritas. Espetáculos de Wagner em italiano ou de Puccini em alemão simplesmente alimentavam a suspeita popular de que apenas a ostentação e um *deficit* de orgulho nacional poderia explicar o recurso à língua estrangeira.

Um exemplo específico é a Boston Opera Company, do magnata de lojas de departamento Eban Jordan Jr., filho do fundador do New England Conservatory. Mantendo a tradição bostoniana de boa gestão cultural, Jordan via a missão da ópera como similar à da orquestra, professando um compromisso com a arte que parece ter sido genuíno. Acreditava no valor educativo da grande ópera e, seguindo o modelo da Sinfônica de Boston, proibiu o bis e os aplausos durante a apresentação no palco. No entanto, embora Jordan tenha feito grandes despesas ao construir uma sala de óperas, nunca divorciou seu projeto inteiramente das considerações comerciais. Antecipou que a sala, arrendada para a companhia de ópera, daria lucro, e organizou a companhia como uma sociedade por ações (vendendo 2 mil ações a US$ 100 cada) que garantiria temporadas de ópera em vez de produzi-las.[42]

Apesar dos auspícios sob os quais foi fundada (o próprio Jordan pagara os *deficits* durante os primeiros vários anos), sem uma clara demarcação entre filantropia e comércio, a Ópera de Boston manteve tênue influência tanto em suas boas intenções como na fidelidade do público. Jordan pretendia evitar as grandes estrelas e manter em US$ 3,00 o preço dos ingressos mais caros, ao alcance da classe média, mas, na segunda temporada, esses objetivos foram abandonados.[43] Até mesmo o caráter educacional da empreitada foi visto com ceticismo: o prefeito Fitzgerald apoiava a isenção de impostos, mas a legislatura do estado de Massachusetts a negou.[44] Em 1914, os ricos perderam o interesse, e a classe média, para quem os preços crescentes haviam tornado a ópera menos atraente, já não tinha condições de fornecer renda suficiente para mantê-la aberta, mesmo com a subvenção anual de Jordan e seus aliados. Em 1915, um sócio de Oscar Hammerstein tentou montar uma temporada e falhou. Quatro anos depois, Jordan vendeu a sala aos Shuberts.

42. Quaintance Eaton, *The Boston Opera Company: the story of a unique musical institution*, Nova York: Appleton-Century, 1965, pp. 10-12.

43. *Idem, The miracle of the Met*, op. cit., p. 79.

44. *Idem, The Boston Opera Company*, op. cit., p. 174.

Para ilustrar como evoluiu a organização da ópera, nada melhor do que a história da Metropolitan, a mais antiga instituição operística sobrevivente da nação. A Met era produto de ambição social, mais do que estética ou educacional. Seus fundadores eram novos-ricos que não tinham conseguido acesso aos camarotes da velha Academy Opera. Os camarotes do novo teatro eram numerosos e opulentos. Como o crítico Henry Finck escreveu no *New York Evening Post*, "do ponto de vista artístico e musical, o grande número de camarotes [...] é decididamente um erro. Mas como o imóvel foi declaradamente construído para propósitos sociais em lugar de artísticos, é inútil reclamar a esse respeito".[45] Famílias ricas obtiveram camarotes comprando ações da empresa que construiu o teatro e o mantinha, e as transferências de ações necessitavam da ratificação dos acionistas como grupo.

A sociedade por ações fornecia um palco, um teto e poltronas. Os empresários forneciam as óperas. Quando não havia lucros, os mantenedores da casa de ópera eram pressionados a aumentar suas garantias; quando os lucros eram altos, os empresários pagavam os proprietários. A mudança, da ópera italiana para a alemã, na segunda temporada da Metropolitan, foi motivada por considerações financeiras: Henry Abbey, que perdera US$ 500 mil durante o primeiro ano, exigiu garantia plena para a segunda; Leopold Damrosch, ao contrário, ofereceu Wagner por uma ninharia, economizando com o uso de sua própria orquestra e de talentos vocais alemães menos caros.[46]

Quando o fogo destruiu grande parte do teatro de ópera, a corporação foi reorganizada e um novo teatro foi aberto em 1893. Sob a gestão de Abbey e de Maurice Grau – homens experientes em produções teatrais e de ópera bufa, bem como em promover turnês de virtuoses e de grandes óperas –, as óperas italianas e francesas dominaram o programa.[47] Seus objetivos eram estritamente comerciais, e eles eram bem

---

45. Irving Kolodin, *The Metropolitan Opera, op. cit.*, p. 11, citando Henry Finck.

46. *Idem*, pp. 22-24. Kolodin diz que Abbey perdeu US$ 600 mil, enquanto Grau apresenta a quantia de US$ 400 mil; ver Robert Grau, *The man of business, op. cit.*, p. 22. Eaton cita estimativas de US$ 500 mil; ver Quaintance Eaton, *The miracle of the Met, op. cit.*, p. 63. As perdas de Abbey incluem as turnês, bem como as da temporada da Metropolitan, embora as últimas predominassem. Sobre a ópera alemã, ver também Walter Damrosch, *My musical life*, Nova York: Scribner's, 1926; e Quaintance Eaton; *The miracle of the Met, op. cit.*, pp. 69-70.

47. Robert Grau, *Forty years observation of music and the drama*, Nova York: Broadway, 1909.

recompensados. "Maurice nunca posou de grande pensador musical", escreveu o irmão dele. "Ele não fingia trabalhar para a arte: compreendia o público".⁴⁸ De seus investimentos, os patronos obtinham ganhos financeiros e prestígio: em 1903, um camarote no andar térreo do teatro, comprado dez anos antes por US$ 60 mil, com a valorização chegou a US$ 100 mil e, arrendado, poderia render US$ 12 mil por ano.⁴⁹

Quando Grau renunciou, os investidores, incluindo três do conselho administrativo da Metropolitan Opera and Real Estate Company, formaram uma empresa de produção para apoiar seu sucessor, o produtor Heinrich Conried. A nova empresa garantiu aos proprietários do teatro de ópera US$ 150 mil contra perdas (eles, por sua vez, gastaram esse valor para melhorar o palco) e prometeram, como parte do arrendamento, que não mais do que 40% da produção seria wagneriana. A primeira temporada de Conried teve um lucro líquido de US$ 60 mil.⁵⁰

A integração entre a produção de óperas e a manutenção de um teatro de ópera ocorreu sob um empresário comercial, e não em uma firma sem fins lucrativos. Em 1906, Oscar Hammerstein, que fizera uma fortuna com patentes de fabricação de charutos, imóveis e vaudevile, abriu a Manhattan Opera House. Com camarotes menos visíveis e em menor quantidade, e poltronas melhores e mais baratas para a classe média, a firma de Hammerstein concorria vigorosamente com a Metropolitan. Especializado em estrelas de nome, e com um repertório franco-italiano, Hammerstein teve uma primeira temporada lucrativa, com desvantagem para Conried, que pediu demissão um ano mais tarde.⁵¹

A Metropolitan respondeu unindo a produção e a apresentação em uma aliança mais próxima. William Vanderbilt, vice-presidente da Metropolitan Opera and Real Estate Company, comprou a parte de Conried na empresa de produção, que foi rebatizada com o nome de Metropolitan Opera Company e colocada sob a presidência do financista Otto Kahn. Em 1908, a no-

---

48. *Idem*, p. 23; e também Irving Kolodin, *The Metropolitan Opera, op. cit.*, p. 89.
49. Irving Kolodin, *The Metropolitan Opera, op. cit.*, p. 87.
50. *Idem*, pp. 91-99; e também Quaintance Eaton, *The miracle of the Met, op. cit.*, pp. 141-143. A posição intermediária da ópera entre os lados comercial e sagrado do campo do entretenimento é ilustrada pelo fato de incluírem-se, entre os mais importantes concorrentes de Grau para o trabalho, Charles Ellis, administrador da Orquestra Sinfônica de Boston, e os irmãos Frohman, produtores da Broadway e diretores do Theatre Trust.
51. John Frederick Cone, *Oscar Hammerstein's Manhattan Opera Company*, Norman, OK: University of Oklahoma Press, 1964, p. 164.

va liderança da companhia produtora anunciou que a firma não mais seria conduzida pelo lucro: rendas líquidas eram para ser dedicadas a um fundo de pensão para artistas e "outros usos permanentes, para o progresso da Metropolitan Opera Company como instituição artística". Kahn e Vanderbilt ofereceram-se para comprar as ações daqueles acionistas que se opunham à mudança, e muitos se retiraram. Dois novos diretores da Metropolitan Opera and Real Estate Company foram nomeados para o conselho, aumentando o número de diretores compartilhados para quatro.[52]

Esse arranjo poderia ter colocado o patronato da ópera no mesmo plano desinteressado que o apoio para a música sinfônica, mas a concorrência de Hammerstein manteve as questões financeiras em evidência: durante a temporada de 1909-1910, a Metropolitan Company perdeu quase US$ 300 mil, enquanto Hammerstein faturou, líquido, praticamente essa quantia. A sala de espetáculos e as óperas de Hammerstein foram elogiados também por críticos que não percebiam a empreitada comercial como inimiga da arte operística. (De fato, quando a companhia de Hammerstein *entrou* na moda, em sua segunda temporada, o *Post* temeu que a mudança "pudesse tentar o administrador a desviar-se do caminho da retidão artística".)[53]

Paradoxalmente, foi Hammerstein quem ecoou os argumentos que, durante os anos 1860 e 1870, os defensores americanos da música clássica e das orquestras dotadas tinham começado a empregar, dizendo à imprensa da Filadélfia que

a grande ópera é [...] a mais dignificante influência sobre a sociedade moderna, depois da religião. Desde os primeiros dias foi sempre a mais elegante de todas as formas de entretenimento [...] emprega e unifica todas as artes. [...] Eu acredito sinceramente que nada fará melhor à cidadania do que a familiaridade com a grande ópera. Ela nos ergue tão fora dos sórdidos negócios da vida e faz as coisas materiais parecerem tão mesquinhas, tão inconsequentes, que nos coloca, pelo menos por um pouco, em um mundo mais alto e melhor [...] A grande ópera [...] é o despertar da alma para o sublime e o divino.[54]

---

52. Irving Kolodin, *The Metropolitan Opera, op. cit.*, pp. 131-133.
53. John Frederick Cone, *Oscar Hammerstein's Manhattan Opera Company, op. cit.*, pp. 70-72, 123.
54. *Idem*, p. 123, citando Hammerstein. A declaração de Hammerstein não pode ser refugada como pura ação de relações públicas, pois ele criou um teatro de ópera mais hospitaleiro a audiências de classe média, introduziu inovações no repertório, e manteve a qua-

Já Conried, da Metropolitan, soava como [o circense e enrolador] P. T. Barnum:

[Um administrador] não pode forçar o público a gostar de certas óperas, tanto quanto não pode forçá-lo a gostar de certos pratos. Ambos são questões de gosto. Sabendo que o empresário operístico tem de dar ao público o que ele acha que o público vai gostar – foi o que eu tentei fazer – e não o que ele pensa que o público deveria ouvir.[55]

A resposta dos fiadores da Metropolitan a Hammerstein foi aquela instintiva dos homens de negócio da época: eles criaram uma *trust*. Imitando os teatros de Klaw e Erlanger, organizaram uma cadeia de casas de ópera, unidas por interligações de conselhos administrativos e parcerias entre o capital local e o de Nova York, que se estendia da Filadélfia (onde Hammerstein também mantinha uma casa operística) a Chicago e Boston (onde ele ameaçava ter). Diante de tal concorrência formidável por estrelas e direitos de atuação, Hammerstein encontrou seus oponentes à mesa de negociação e saiu dela US$ 1,2 milhões mais rico. Em troca, cedeu aos interesses da Metropolitan suas propriedades físicas, direitos autorais de execução, contratos para muitos de seus intérpretes, além da Philadelphia Opera House, e uma promessa de, durante dez anos, abster-se de produzir ópera em Nova York, Boston, Filadélfia ou Chicago.[56]

Parece que o palco estava montado para uma nova maneira de organizar trabalho artístico sério: nacionalmente, ao longo de linhas de *trust*. Dadas as despesas da ópera, as vantagens de compartilhar custo e risco eram claras, como reconheceu a senhora Jeannette Thurber, uma benfeitora da Filadélfia, pelo seu esforço desafortunado em criar, 25 anos antes, uma American Opera Company sob o maestro Theodore Thomas. Contudo, estando o provocador Hammerstein sumido do cenário, a combinação não sobreviveu por muito tempo. Depois de alguns anos, desentendimentos de negócios levaram à dissolução das relações da Metropolitan com as companhias de Chicago e da Filadélfia, e a Bos-

---

lidade alta. Sobre Hammerstein, em 1907, o *Post*, por exemplo, escreveu: "Até agora ele trabalhou pela arte, e apenas pela arte, independentemente de despesas, e por essa razão, e por causa de sua ousadia e coragem, ele merece o completo sucesso"; *idem, ibidem*.
55. *Idem*, p. 138, citando Conried.
56. *Idem*, pp. 252-263, 274-279; e também Irving Kolodin, *The Metropolitan Opera, op. cit.*, pp. 163-167.

ton Opera fechou as portas. A Metropolitan Opera Company contratou o maestro Arturo Toscanini e, por vinte anos, operou com lucros.

Ainda assim, a grande ópera permaneceu arriscada. Para cobrir suas despesas, a Metropolitan necessitava da audiência de 3 mil pessoas desejando pagar, por uma poltrona para o espetáculo, três vezes o preço de uma entrada de teatro e vinte vezes o custo do ingresso em um cinema. Sem audições lotadas, a ópera é um castelo de cartas econômico, como descobriram os financiadores da Metropolitan no início da Grande Depressão.

Durante os anos 1920, os homens que controlavam a Metropolitan haviam resistido a todos os esforços exercidos por conta ou da reforma artística ou mesmo de modestas aberturas para o público. Em 1919, quando A. D. Juilliard, membro de longa data do conselho administrativo da Met, faleceu, deixou autorização à sua fundação para apoiar a ópera de qualquer maneira que não resultasse em ganhos privados; mas em 1924, quando a Fundação Juilliard tentou subsidiar a companhia de ópera, com esperança de melhorar seu repertório e padrões artísticos, os diretores da Met recusaram o subsídio, para impedir que tal presente interferisse na autonomia da companhia.[57] Muitos anos mais tarde, quando o benfeitor Otto Kahn tentou organizar uma campanha para construir um novo imóvel, mais hospitaleiro para os artistas e para o público em geral, os diretores da agora Metropolitan Opera and Real Estate Company, com receio de que poderiam ser forçados a renunciar a seus camarotes, o repeliram.[58]

Só quando a grande ópera se tornou um negócio perdedor, a Metropolitan adotou a forma da orquestra sinfônica. Em 1931, a Metropolitan Opera Company vira US$ 1,1 milhão de reserva de caixa desaparecer em dois anos. Com o futuro em risco, converteu-se em um grupo de associados com propósito educacional e sem fins lucrativos, a Metropolitan Association. Empurrada pela Fundação Juilliard, que subsidiara sua transformação em troca de quatro assentos no conselho administrativo da Associação, a Metropolitan renovou sua administração, cortou custos e montou uma série de mecanismos para levantar fundos. Descrevendo a si própria como uma instituição a serviço da arte, da comunidade e da nação, seus financiadores empregaram inovações como rádio, associa-

---

57. Irving Kolodin, *The Metropolitan Opera, op. cit.*, pp. 449-450.
58. *Idem*, pp. 362-372; e também Quaintance Eaton, *The miracle of the Met, op. cit.*, pp. 241-243.

ções femininas e solicitações nos palcos da Broadway. (Irving Berlin, que se casara com a filha de Clarence MacKay, diretor da Metropolitan, escreveu um apelo musical dentro de uma de suas revistas da Broadway.)[59] Sob o aguilhão da Juilliard, com sua assessoria multirramificada, e das necessidades econômicas, a Metropolitan baixou os preços das poltronas, usou mais intérpretes americanos e ofereceu uma temporada suplementar de ópera inglesa a preços populares.[60]

À medida que o brilho social da ópera diminuía, os diretores da Real Estate Corporation se distanciaram, tratando seus camarotes como lucrativas propriedades para aluguel. Em 1939, a Metropolitan Opera Association comprou as participações da Opera and Real Estate Corporation, permitindo que esta última saísse do negócio, unindo produção e apresentação em uma única entidade sem fins lucrativos e eliminando de uma vez por todas a propriedade de camarotes.[61]

A companhia operística de Chicago, criada durante a guerra entre a Metropolitan e Hammerstein, recebeu pródigos subsídios da elite empresarial com propósitos cívicos daquela cidade, adotou uma forma distintamente sem fins lucrativos em meados dos anos 1920, e manteve-se por mais vinte anos. São Francisco também continuou com uma ativa companhia operística durante os anos 1920, organizada como associação e apoiada por líderes do empresariado. Mas a Metropolitan se agigantou tanto na vida operística americana que sua mudança para a forma educacional sem fins lucrativos foi decisiva.

Uma vez assim, a legitimidade da ópera cresceu marcadamente. Como escreveu o diretor (*head*) do repertório clássico da gravadora RCA Victor,

---

59. Irving Kolodin, *The Metropolitan Opera, op. cit.*, pp. 449-483. Cornelius Vanderbilt IV ridicularizou tal campanha como "a brilhante ideia de permitir que as massas financiem o entretenimento para as classes altas"; *apud* Quaintance Eaton, *The miracle of the Met, op. cit.*, p. 248.

60. Quaintance Eaton, *The miracle of the Met, op. cit.*, p. 250.

61. Segundo Quaintance Eaton, *The miracle of the Met, op. cit.*, pp. 281-285, muitos dos proprietários originais dos camarotes nunca voltaram. A Metropolitan Opera Association precisava do imóvel para conseguir uma isenção de imposto predial, que não poderia ser concedida a uma corporação privada que obtivesse lucros (a Metropolitan Real Estate Co.). Depois que a Associação assumiu o imóvel, o prefeito de Nova York, Fiorello La Guardia, negou a isenção dizendo que "uma instituição educacional, para obter isenção, precisa fazer algo pelo público, e isso a Met não faz"; *apud* Martin L. Sokol, *The New York City Opera: an American adventure*, Nova York: Macmillan, 1981, p. 31.

em um volume promocional de 1936, "enquanto, em anos anteriores", ela "em geral atraía grandes audiências principalmente como uma forma de entretenimento, hoje a ópera está comandando a atenção tanto de leigos como de músicos sérios como uma forma de arte importante e significativa".[62] A ópera também se incorporou no sistema nacional de alta cultura, tomou seu lugar em currículos universitários junto a outras altas formas de arte, como tema de estudo de amadores da classe média e, com o crescimento das fundações de apoio às artes, sendo objeto de doações individuais e de organizações. Grupos modelados nas sinfônicas comunitárias levaram a ópera a cidades tão pequenas como Allentown (na Pensilvânia) e Flint (em Michigan), onde foi patrocinada pelo fundo comunitário. A maioria dessas ações essencialmente amadoras apresentavam entre uma a três óperas por ano, em geral em inglês. Algumas, como a de Allentown, favoreciam operetas ou "as melhores" comédias musicais, em lugar de grandes óperas mais exigentes.[63]

Na esteira do incidente com Hammerstein, um observador experiente profetizou que um "novo Moisés" inauguraria um "renascimento musical", criando um circuito nacional de companhias de repertório interdependentes, para apresentar "grandes óperas em inglês" nos Estados Unidos inteiros.[64] Nos anos 1930, ninguém acreditava que a salvação da ópera, e muito menos sua difusão, estava nas mãos da iniciativa comercial. Se era para haver ópera nos Estados Unidos – os críticos concordavam –, ela seria organizada da mesma maneira que a música clássica e as belas-artes.

---

62. RCA, *The Victor book of the opera: stories of the operas with illustrations and descriptions of Victor opera records*. Camden, NJ: RCA Manufacturing Co., 1936.
63. Herbert Graf, *Opera for the people*, Minneapolis: University of Minnesota Press, 1951, pp. 152-161.
64. Robert Grau, *The man of business in the amusement world*, Nova York: Broadway, 1910. A discussão de Grau sobre a ópera é notável por sua aparente indiferença a todas as fronteiras que mais tarde se tornariam marcantes. Embora ele elogie filantropos, não faz distinção entre empreendimentos filantrópicos e comerciais, nem distingue claramente entre ópera em inglês ou no idioma original, ou entre grande ópera e opereta (usando o primeiro termo para designar a segunda). Seu candidato a "novo Moisés" é Milton Aborn, antigo comediante de vaudevile, então administrando uma companhia de ópera leve.

Dança: de auxiliar a arte ※ Se a arte do teatro encarou o dilema das fronteiras indistintas, e a ópera, o problema da forma de organização, a dança confrontou ambos ao mesmo tempo e, à época da Segunda Guerra Mundial, tinha dado apenas passos hesitantes na busca de solucioná-los. Na virada do século, a dança mal podia reivindicar o manto da arte. Do que são hoje as duas formas mais importantes de dança artística, uma delas, o balé, era apenas "uma sombra da grande ópera", como disse Robert Edmond Jones.[65] A outra, a dança estética ou "moderna", era incipiente, uma figura confusa no ocupado solo do palco de vaudevile. Quem praticava qualquer delas estava em descrédito moral e estético.

Entre 1900 e 1940, os artistas americanos, tanto do balé quanto da dança estética, tentariam elevar suas atividades à posição da música clássica e das belas-artes – com muitas querelas internas. Suas estratégias eram marcadamente diferentes. A dança estética (que, por começar do zero, viveu um tempo bem mais difícil dessa busca) procurava o enobrecimento pela associação com as artes estabelecidas, com o modernismo e a cultura física, e com os ricos. O balé, em vez disso, tinha de se libertar das associações passadas e estabelecer uma identidade distinta de seu papel convencional como auxiliar da ópera.

Em meados do século XIX, o balé usufruíra uma breve moda: a turnê da bailarina vienense Fanny Elssler, em 1840, tivera sucesso sem igual até a chegada da soprano Jenny Lind, e outras seguiram em sua esteira.[66] Mas, nos anos 1860, comparado a elementos orquestrais e vocais, sua popu-

---

65. Robert Edmond Jones, "Toward an American ballet", em Oliver M. Sayler, *Revolt in the arts: a survey of the creation, distribution and appreciation of art in America*, Nova York: Brentano's, 1930, p. 257.

66. Sobre o declínio do interesse no balé nos anos 1860, ver Lillian Moore, "George Washington Smith", em Paul Magriel (org.), *Chronicles of the American dance,* Nova York: Henry Holt, 1948a, pp. 184-186. Quanto a Elssler, à moda de seu tempo, ela "combinava o balé clássico com gaitas de fole inglesas e danças folclóricas espanholas"; ver Lawrence W. Levine, *Highbrow/lowbrow, op. cit.*, p. 108. Companhias anteriores eram ainda mais ecléticas: Alexander Placide e sua esposa, entre os primeiros artistas de balé a se apresentar nos Estados Unidos, nos anos 1790, misturavam, como muitos outros, balé clássico, ginástica, acrobacias circenses e pantomima; ver Lillian Moore, "John Durang: the first American dancer", em Paul Magriel (org.), *Chronicles of the American dance*, Nova York: Henry Holt, 1948b, pp. 34-36. Como nota Levine, tal ecletismo sumiu na música e na arte nos anos 1900, com a sacralização da música clássica e da arte visual clássica; ver Lawrence W. Levine, *Highbrow/lowbrow, op. cit.* Mas no balé, onde os empresários

laridade havia decrescido: o "pouco atraente e algo maduro círculo de coristas estrangeiras" que dançava para companhias das grandes óperas, era mal treinado, mal pago e de menor interesse.[67] Seus membros levemente encobertos punham em questão sua virtude, especialmente com a incorporação do balé nas *extravanganzas* da Broadway — fantasias pródigas em que enredos míticos alinhavavam-se a números musicais e efeitos especiais —, até que "balé" fosse "considerado sinônimo de *show* de pernas, que também exibia fileiras de moças de *collants*".[68] (De fato, o público do século XIX fazia poucas distinções entre danças de qualquer tipo.) Em 1885, Allen Dodworth, o mais proeminente professor de estilos de danças de salão de Nova York, lamentou "um fracasso geral de compreender a diferença entre balé e dança social".[69]

Não houve tal compreensão até que, em 1910, a Metropolitan Opera e o New Theatre trouxeram Anna Pavlova e Mikhail Mordkin ao palco deste último, e somadas a isso, a moda concomitante. Moda esta renovada por uma excursão russa em 1911, e a chegada do próprio Diaghilev com o Balé Russo alguns anos mais tarde. Só então o balé se aproximaria do

comerciais dominavam, ele permaneceu. Durante os anos 1910 e 1920, no palco, o teatro de revistas frequentemente mostrava um número de balé ou "dança interpretativa". E, excursionando, balés em geral mostravam números de dança "americanos", bem como de balé clássico; nos anos 1930, o Balé Russo de Monte Carlo, sob o patrocínio de Sol Hurok, combinou balé clássico e números populares, o que um crítico chamou de "um *show* de pernas artístico"; ver Anatole Chujoy, *The New York City Ballet*, Nova York: Knopf, 1953, p. 36. Mesmo Balanchine, em sua primeira temporada em Nova York, recebeu altíssimos vivas (das audiências, se não dos críticos) por *Alma Mater*, simples digressão do balé clássico que, reportou o *New York Times*, "se afasta tão levemente do tipo de dança que foi feita durante anos em revistas que é de pouca importância"; ver *idem*, p. 48. Em outras palavras, estando ausente o modelo de organização da alta cultura, nem a passagem do tempo nem a evolução das ideologias estéticas eram suficientes, na prática, para segregar, da "alta arte", o gênero popular.

67. Esta é a caracterização feita por Robert Grau do corpo de balé da Metropolitan Opera durante os anos em que seu irmão Maurice administrou a companhia; ver Robert Grau, *The man of business, op. cit.*, p. 254.

68. Elizabeth Kendall, *Where she danced*, Nova York: Knopf, 1979, p. 7; e, também, George Freedly, "The 'Black crook' and the 'White fawn'", em Paul Magriel (org.), *Chronicles of the American dance*, Nova York: Henry Holt, 1948, pp. 65-79.

69. Rosetta O'Neill, "The Dodworth family and ballroom dancing in New York", em Paul Magriel (org.), *Chronicles of the American dance*, Nova York: Henry Holt, 1948, p. 85.

status que, posteriormente, ganhou.⁷⁰ Mas esses eventos eram turnês comerciais esporádicas: estabeleceram as bases para o balé americano, mas não o consolidaram.⁷¹ Os dançarinos americanos, treinados em balé, ainda tinham de construir suas carreiras na Europa ou – como Joseph Smith, que dançou no La Scala e introduziu o *"turkey trot"*,⁷² no início dos anos 1900 – transitar por vários gêneros de dança.⁷³

Enquanto isso, um pequeno círculo de dançarinas de vaudevile – Loie Fuller, Ruth St. Denis, Maud Allan e algumas outras – estavam criando uma nova forma de arte a partir das quinquilharias do palco comercial.⁷⁴ A coincidência de três acontecimentos possibilitou-as a isso. Primeiro, a rápida expansão dos entretenimentos comerciais populares, do vaudevile a exposições internacionais, havia estremecido as tradições da dan-

---

70. Inicialmente a mudança foi sutil. Mesmo nos anos 1910, cosmopolitas como o pai da coreógrafa Agnes De Mille, que era dramaturgo e diretor, irmão e colaborador de Cecil B. DeMille, "considerava dançar, na melhor das hipóteses, como exibicionismo acrobático, e certamente um campo que não oferecia desafio intelectual, nem espiritual [...] Pior ainda, a mulher dançarina entrava em um campo há muito associado de perto com a prostituição"; ver Agnes De Mille, *Dance to the piper*, Boston: Little, Brown, 1952, pp. 70-71.

71. Fora da cidade de Nova York, o balé operístico permaneceu associado a depravação, mesmo depois de Pavlova. Em 1910, um crítico de Indianapolis escreve sobre a principal dançarina da Boston Opera Co., que excursionava: "Perguntamo-nos que tipo de mulher é esse, que despe o corpo e o exibe ao olhar do público. Arte? Talvez de um tipo, mas há algumas pessoas criadas com ideias de recato que vão desejar ter esse ramo de sua educação subdesenvolvido"; *apud* Quaintance Eaton, *The Boston Opera Company, op. cit.*, p. 72.

72. Dança que se popularizou na primeira década do século XX. Perdeu terreno para o *foxtrot* em 1914. (N.T.)

73. Lillian Moore, "George Washington Smith", em Paul Magriel (org.), *Chronicles of the American dance*. Nova York: Henry Holt, 1948a, p. 187.

74. Sobre dança, os trabalhos mais importantes são: Elizabeth Kendall, *Where she danced, op. cit.*; e Nancy Lee Chalfa Ruyter, *Reformers and visionaries: the Americanization of the art of dance*, Nova York: Dance Horizons, 1979; ver também, sobre Allan, Carl Van Vechten, "Maud Allan" (1910), em Paul Magriel (org.), *Chronicles of the American dance*, Nova York: Henry Holt, 1948; e, ainda, sobre a Denishawn School, ver Baird Hastings, "The Denishawn Era (1914-1931)", em Paul Magriel (org.), *Chronicles of the American dance*, Nova York: Henry Holt, 1948; Walter Terry, *Ted Shawn: father of American dance*, Nova York: Dial, 1976; e Suzanne Shelton, *Divine dancer, op. cit.*; e, ainda, Isadora Duncan, *My life* (1927), Nova York: Liveright, 1955.

ça de palco e fornecido um vasto leque de estilos a partir dos quais um inovador podia escolher, juntando as danças fora de moda, como a dos tamancos e a *cakewalk*,[75] danças sociais de muitas formas, estilos espanhóis, a exótica "dança oriental", popularizada por "Little Egypt" no Chicago Midway em 1893, e a *"skirt dance"*[76] do vaudevile.[77] Segundo, a mania pela cultura física e a "ginástica estética" – associada tanto à eugenia como ao movimento feminista *"free dress"* pelos expoentes americanos do elaborado sistema metafísico de Delsarte – forneceu um público de elite (em grande parte feminino) receptivo a formas de expressão física que, em muitos lugares, ainda eram consideradas imorais.[78] Em terceiro lugar, o fato de B. F. Keith dedicar seu Orpheum Circuit ao "vaudevile refinado" criou um mercado para atuações em que, como os primeiros dançarinos interpretativos, podia-se dançar numa linha calculadamente ambígua entre o excitante e o estético.[79]

75. Dança afro-americana que se originou no sul dos Estados Unidos, entre os escravos. (N.T.)

76. Dança popular na Europa, especialmente no teatro burlesco e no vaudevile dos anos 1890, em que as dançarinas manipulavam, com os braços, longas saias em camadas, criando um movimento fluido. (N.T.)

77. A *skirt dance* era, em si, uma inovação eclética, influenciada pela *blackface* – ator maquiado para imitar um negro – e, mais importante, embora menos comum, pelos menestréis afro-americanos; ver Marian Hannah Winter, "Juba and American minstrelsy", em Paul Magriel (org.), *Chronicles of the American dance*, Nova York: Henry Holt, 1948; e Robert Toll, *Blacking up: the minstrel show in nineteenth-century America*, Nova York: Oxford University Press, 1974. Seu desenvolvimento estava relacionado com a mudança, na dança social, das formas coletivas do início do século XIX para as "danças de casais próximos": primeiro a valsa e, nos anos 1890, uma variedade mais livre de *two-step* e danças relacionadas; ver Lewis A. Erenberg, *Steppin' out, op. cit.*, pp. 149-150.

78. Professor francês de voz e pantomima, François Delsarte procurava desenvolver uma ciência do movimento. Seus seguidores americanos, sendo a mais notável Genevieve Stebbins, ligavam o delsartismo ao movimento da cultura física; ver Nancy Lee Chalfa Ruyter, *Reformers and visionaries, op. cit.*; Leila A. Sussman, "American women's colleges and the social origins of modern dance", Medford, MA: Tufts University, 1990, p. 15; e Elizabeth Kendall, *Where she danced, op. cit.*, pp. 23-24). Sobre a ligação com a eugenia, ver *idem*, pp. 107-111. Sobre as origens do movimento *free-dress*, ver Lois W. Banner, *American beauty*, Chicago: University of Chicago Press, 1983, Capítulo 6.

79. Isso era particularmente verdadeiro em dançarinas como Maud Allan e Ruth St. Denis, que combinavam reivindicações estéticas com refinadas sensibilidades comerciais. Allan,

As pioneiras inovaram no palco de vaudevile de Nova York, depois continuaram inovando na Europa, onde ganharam aclamação mundial. Depois de muitos anos no exterior, seu sucesso em Nova York foi estrondoso. À medida que suas carreiras e estilos amadureciam, diminuía a influência da ultrapassada dança teatral em seu trabalho e crescia aquela da ginástica estética e do orientalismo. Muitas delas deixaram o vaudevile (ou tentaram deixá-lo) pelo palco de concertos, apresentando concertos e matinês dominicais para audiências de mulheres ricas ou estudantes universitários.[80]

Em seus esforços para reivindicar o prestígio de arte para uma atividade que seus contemporâneos costumavam ter problemas para distinguir da *"hootch dancing"*,[81] as dançarinas estéticas procuraram criar um novo vocabulário para entender seu trabalho e associá-lo, por justaposição, ao que os museus de arte e orquestras haviam definido como as grandes tradições da civilização ocidental. Enfatizavam a saúde física e moral da movimentação livre e irrestrita.[82] Imitavam as roupagens e os

por exemplo, era célebre por seu desempenho de *Salomé*, baseado na personagem da ópera do mesmo nome. Em 1907, J. P. Morgan e seus companheiros, alguns dos parceiros da Metropolitan Opera House, encerraram prematuramente a produção de *Salomé* da Met porque a consideravam licenciosa, criando assim uma pequena indústria de imitadores (incluindo Hammerstein, que a levou ao palco na temporada seguinte) ávidos por beneficiar-se da atração simultânea para o artístico e o lascivo da personagem. Em 1908, a escola de Mlle. Dazié (nascida Peterkin) entregava, mensalmente, 150 Salomés para promotores de vaudeville; ver Elizabeth Kendall, *Where she danced, op. cit.*, pp. 74-75. Maud Allan levou *Salomé* à fama na Europa, mas, quando voltou aos Estados Unidos, Carl Van Vechten reportou que "agora Nova York já tinha visto tantas danças desse tipo que não mais havia qualquer exclamação de surpresa chocada, ninguém desmaiava e, no final, não havia aplausos muito definidos"; ver Carl Van Vechten, "Maud Allan", *op. cit.*, pp. 221-223.
80. Elizabeth Kendall, *Where she danced, op. cit.*
81. Dança com fortes conotações sexuais. (N.T.)
82. Criticada em 1909, por aparecer "'praticamente despida' (*without fleshing*) e com os pés descalços", Loie Fuller denunciou as "horríveis linhas do espartilho, criadas pelo homem"; ver Clare De Morinni, "Loie Fuller, the Fairy of Light", em Paul Magriel (org.), *Chronicles of the American dance*, Nova York: Henry Holt, 1948, p. 216. Para atribuir o halo de alta cultura à dança, ninguém foi melhor do que Isadora Duncan, cuja educação clássica e família de classe média lhe conferiam uma autoridade com a qual as mulheres de elite podiam identificar-se com maior facilidade. O primeiro capítulo de sua autobiografia dá amplas evidências disso. Em meras oito páginas, ela consegue aludir a Rousseau, Dante e

gestos de vasos gregos e pinturas pseudoclássicas, afirmando origens antigas para sua nova abordagem à dança. Algumas, como Isadora Duncan – que sobressaltou audiências balançando-se suavemente ao som de Chopin em 1900, e ao da *Sétima sinfonia*, de Beethoven, alguns anos mais tarde –, dançavam ao som da música dos maiores compositores ou representavam histórias extraídas de telas de artistas famosos.[83] Suas

Whitman, bem como à sua "Arte" (esta última sempre em letra maiúscula). Algumas páginas depois, descreve sua "educação real" como uma exposição precoce a Beethoven, Schumann, Schubert, Mozart, Chopin, Shakespeare, Shelley, Keats e Burns, abrangendo, em uma única sentença, dois cânones separados. Em 1930, depois de sua morte, a irmã de Isadora, Elizabeth, sua parceira em educação na dança por muitos anos, capturou em um ensaio de três páginas todos os elementos essenciais da ideologia da dança: a estética ("a conexão universal da dança com as outras artes"); o espiritualismo (antes de Isadora, "a religião do corpo humano tinha sido esquecida"); a cultura física e a eugenia (o objetivo "fundamental" da educação na dança é "construir uma raça humana mais forte e mais livre"); e o feminismo ("Isadora trouxe uma *nova liberdade* para o corpo e para o espírito"); ver Elizabeth Duncan, "Nature, teacher of the dance", em Oliver M. Sayler, *Revolt in the arts: a survey of the creation, distribution and appreciation of art in America*, Nova York: Brentano's, 1930, pp. 245-247; grifos nossos.

83. O problema, com certeza, era que, faltando o patrocínio unificado de uma elite, do tipo garantido às belas-artes e à música clássica, frequentemente eram ridicularizadas as reivindicações das dançarinas estéticas – que, significativamente, faziam maiores progressos em Nova York, com sua elite fragmentada, e em Los Angeles, que era jovem demais para ter uma classe alta, exceto pelos magnatas do cinema, para quem as dançarinas eram um insumo industrial importante. Robert Grau foi previsível ao escrever sobre "a mania atual de dançar ao som da música dos grandes mestres": "e, ainda assim, esta última mania não parece possuir os elementos para sustentar o interesse desejado por seus expoentes, nem se pode dizer que mesmo o acompanhamento de uma orquestra sinfônica e a seleção de músicas dos maiores mestres do mundo vá se sobrepor, por qualquer período grande de tempo, a esse sugestivo, se não questionável, tipo de traje – ou, eu diria, a falta deles, o que, no fim das contas, é o elemento básico pelo qual essas dançarinas totalmente desconhecidas chegaram à fama". E notou que, quando Maud Allan, famosa por sua representação de Salomé com cintura descoberta, apareceu no Carnegie Hall, "um observador cauteloso [...] facilmente teria a impressão de que o sensacionalismo era o incentivo para a administração e também a atração, do ponto de vista da bilheteria"; ver Robert Grau, *The man of business, op. cit.*, pp. 25, 251. Até as recriações de Duncan para obras-primas pictóricas poderiam ser mal interpretadas. Devido a todo o brilho estético que Isadora lhes dava, elas eram, em 1880, essencialmente,

seguidoras conseguiram acomodar a dança no currículo das mais prestigiosas instituições universitárias femininas, muitas vezes sob forma de "ginástica estética".[84] E embora muitas excursionassem pelo circuito de Keith, a maior parte tentava evitar o vaudevile, procurando ganhar a vida em contratos para concertos em casas de ópera, *soirées* privadas em Newport ou Manhattan, ou até mesmo, como Duncan, apresentando-se com orquestras sinfônicas. Poucas conseguiram manter isso por muito tempo: apenas três anos depois do sucesso nacional de Ruth St. Denis com *Egypta*, em 1911, ela estava em turnê pelos confins do sudeste. Para ela, como para muitas outras, o ensino, e não a vida em concertos, foi a alternativa para fugir ao trabalho no vaudevile ou nas revistas musicais.[85]

quase ressurreições dos populares *tableaux vivants* entre os clientes masculinos dos *dime museums* – instituições populares da época, que tinham por objetivo o entretenimento e a educação moral da classe trabalhadora – e das casas de variedade. Ocasionalmente, tais esforços encontravam resistência: quando Ruth St. Denis representou pela primeira vez seu *Radha*, em Paris, a Sociedade Francesa de Autores e Compositores a impediu de usar as composições de Delibes, que a tinham acompanhado em Nova York e em Londres, porque tal "música não era apropriada para a decadente arte da dança"; ver Suzanne Shelton, *Divine dancer, op. cit.*, p. 74.

84. Ruyter e Sussman descrevem as ligações próximas entre o movimento delsartiano, a dança moderna e as universidades femininas; ver Nancy Lee Chalfa Ruyter, *Reformers and visionaries, op. cit.*; e Leila A. Sussman, "American women's colleges and the social origins of modern dance", *op. cit*. E Elizabeth Kendall descreve a profunda influência do delsartismo e do movimento de saúde feminino sobre muitas das principais dançarinas da primeira geração. Sussman sublinha que as universidades femininas iniciavam o currículo de ginástica cedo, para defender-se das queixas de que a educação superior debilitava as mulheres, e se tornaram um importante centro de treinamento para dançarinas estéticas; como indica Kendall, enquanto a primeira geração (como sempre, com exceção de Duncan) era originária de famílias pobres, em 1910 as dançarinas artísticas eram, com frequência, mulheres ricas ou suas filhas; ver Elizabeth Kendall, *Where she danced, op. cit*. Essa mudança na origem de classe das dançarinas, semelhante à mudança nos antecedentes dos atores durante o mesmo período, foi um fator significativo para conseguir que a dança de palco fosse vista como atividade "aceitável"; ver Benjamin McArthur, *Actors and American culture, 1880-1920*, Filadélfia: Temple University Press, 1984.

85. Em 1935, entre atuações nos salões da sociedade e nas orquestras sinfônicas, Ruth St. Denis estava recebendo cheques da assistência social da cidade de Nova York para cobrir o aluguel; o cargo de professora na Adelphi College a ajudou a voltar a ter estabilidade financeira; ver Suzanne Shelton, *Divine dancer, op. cit.*, pp. 100-103, 244, 250.

A dança estética era tão nova, e tão enraizada no palco comercial, que parece não ter ocorrido aos inovadores seguir a trilha das orquestras, e até mesmo dos teatros, indo procurar dotações e incorporar-se como organizações sem fins lucrativos administradas por *trustee*. Havia alguns patronos e fiadores, entre eles o onipresente Otto Kahn, e muitas mulheres ricas que pagavam dançarinas para apresentar-se em seus salões ou que, até mesmo, eram praticantes da "dança clássica".[86] Mas, nos anos 1920 – quando Ted Shawn, marido e parceiro de St. Denis, concebeu "dançarinas nascidas e criadas nos Estados Unidos, dançando músicas de autoria de compositores americanos, com cenários e figurinos desenhados por artistas americanos, e *sob a direção e administração de homens de negócio americanos*"[87] –, a dança quase foi encarada como

No final dos anos 1920, quando estava considerando uma carreira em concertos, Agnes De Mille – que se tornou dançarina e coreógrafa de sucesso – ficou sabendo por Sol Hurok que a estreia de uma série deles lhe custaria US$ 3 mil. Em vez disso, ela coreografou uma reestreia, em Hoboken, de *The Black Crook*, a *extravaganza* original dos anos 1870, e trabalhou em "cinemas de terceira categoria em Baltimore, no *Chorus*, de Max Reinhardt, em uma companhia de repertório [...], um curta-metragem, festas particulares, [e] boates de terceira categoria"; ver Agnes De Mille, *Dance to the piper, op. cit.*, pp. 131, 135-136.

86. A atração da arte da dança, uma forma ambiguamente plurissignificativa, sobre as mulheres ricas foi essencial para a sobrevivência dela. *Radha*, de Ruth St. Denis, um tipo de dança oriental da serpente, foi originalmente rejeitada por agentes e administradores do vaudevile, que o consideravam próximo demais dos vulgares "*shows* de estilo erótico com bebida barata" (*hootch and peep-show styles*) para apresentar-se em seus palcos, cada vez mais respeitáveis. Finalmente, St. Denis recebeu um espaço no Proctor's, entre um lutador e alguns macacos treinados. Descoberta por uma espectadora rica, ela se tornou popular entre algumas *socialites* de Nova York, que a patrocinaram numa série de matinês privadas, anunciada como uma "Dançarina do Templo" e apresentada em teatros alugados acompanhada de incenso e hindus genuínos. A senhora Fennelosa, filha do professor orientalista e curador do Museu de Belas Artes, nascida em Salem, esteve presente na primeira apresentação e, em pouco tempo, St. Denis dançava na Fenway Court, da senhora Gardner; ver Suzanne Shelton, *Divine dancer, op. cit.*, p. 58. Isadora Duncan, que tinha menos paciência com o palco comercial e nenhuma com o teatro de variedades, gravitou quase imediatamente para performances delsartianas em salões privados; ver Elizabeth Kendall, *Where she danced, op. cit.*, pp. 51-54, 63, 86-87.

87. Anatole Chujoy, *The New York City Ballet*, Nova York: Knopf, 1953, p. 49; grifo nosso.

uma arte passível de organizar-se em moldes corporativos (Denishawn, nome que o casal deu à sua escola e empresa, resolveu seus problemas financeiros servindo como incubadora aristocrática para as mocinhas ingênuas dos filmes de D. W. Griffith e Cecil B. DeMille).[88]

Martha Graham, estudante da Denishawn, era uma que esperava conseguir alternativa. Depois de fazer seu nome em *Xochitl*, de Shawn, um épico "tolteca" na tradição das *extravaganzas* do século XIX, ela lamentava a ausência da dança americana genuína "como uma forma de arte". "Em lugar de uma arte fruto da alma do povo", ela reclamou, "tínhamos entretenimento". A solução de Graham foi eliminar a parafernália teatral, que a servira tão bem enquanto *Xochitl* foi apresentada no circuito de vaudevile do Pantages, para focar-se, em vez disso, na "dança concerto" – "aquela representação em que a dança é o ponto focal".[89] Mas no início Graham não conseguiu realizar seu sonho. Não foram concertos, mas um bom emprego como professora na Eastman School e num conservatório em New York que lhe permitiram deixar a segurança do Greenwich Village Follies e começar a sua própria companhia.[90]

A dança só atingiu proporções institucionais com a criação do American Ballet, e mesmo a companhia de Balanchine, a despeito da pureza dos motivos de seus fundadores, falhou ao tentar seguir, por muitos anos, os padrões do modelo organizacional de alta cultura.[91] A de Balanchine, é claro, era especializada em balé, e não em "dança moderna", em uma época em que os praticantes das duas abordagens tinham pouca utilidade uns para os outros. Mas a diferença não era tão marcada como pode parecer: Balanchine era um inovador coreográfico, que recorria, mas não se restringia, à tradição russa do balé; o Ballet Caravan de Lincoln Kirstein, um desdobramento da companhia de Balanchine, estava ainda mais próximo, em espírito, dos modernistas. Nos anos 1930, a di-

---

88. Elizabeth Kendall, *Where she danced, op. cit.*

89. Martha Graham, "Seeking an American art of the dance", em Oliver M. Sayler, *Revolt in the arts: a survey of the creation, distribution and appreciation of art in America*, Nova York: Brentano's, 1930, pp. 250-251; ver também Elizabeth Kendall, *Where she danced, op. cit.*, pp. 166-168.

90. Elizabeth Kendall, *Where she danced, op. cit.*, pp. 171-179.

91. Anatole Chujoy, *The New York City Ballet, op. cit.*; e Lincoln Kirstein, "Blast at ballet: a corrective for the American audience" (1938). *Three Pamphlets Collected*, Nova York: Dance Horizons, 1967.

ferença estava menos no estilo em si do que na pedagogia (Kirstein e Balanchine acreditavam que o treinamento clássico desde a mais tenra infância era um pré-requisito para qualquer forma de dança séria) e na seriedade de propósitos, critérios que tornaram Martha Graham aceitável para Kirstein, enquanto a maior parte de suas contemporâneas não o foram. Por sua vez, o balé que Graham detestava não era o de Balanchine, mas a expressão *balé americano*, que "foi tão explorada comercialmente a ponto de ser, hoje, inútil e surrada – não tendo valor artístico algum".[92]

Por que a companhia de Balanchine não foi organizada como uma corporação sem fins lucrativos? Kirstein e seu sócio, o filantropo Edward Warburg, ambos próximos do Museu de Arte Moderna (MoMA), sabiam tudo sobre organizações administradas por *trustee*; até Balanchine se rebelar, eles tinham planejado colocar sua escola e a companhia sob o patrocínio de um museu de arte de Hartford, em parte para mantê-las longe da influência teatral de Nova York.[93] Sem dúvida, temiam perder o controle dessa organização com uma visão inovadora que poucos patronos americanos compreendiam, mas, mesmo assim, foi exatamente isso o que perderam durante a infeliz posse do American Ballet pela Metropolitan Opera, no final dos anos 1930. Além disso, quando *abandonaram* o controle – Kirstein para dedicar-se à escola e ao Ballet Caravan, e Warburg, mais tarde, para assumir a responsabilidade das entidades filantrópicas de seu falecido pai –, eles deram a empresa ao próprio Balanchine, que estava cada vez mais envolvido em projetos da Broadway e de Hollywood, em vez de pensar em uma corporação

---

92. Martha Graham, "Seeking an American art of the dance", *op. cit.*, p. 252. Como de hábito, era mais que a estética o que estava em jogo na controvérsia entre os dançarinos interpretativos ou "modernos", preponderantemente mulheres fielmente feministas, e devotas do balé sério. O argumento destas, de que o treinamento disciplinado na dança deve começar na infância, não só denegria a perícia da maior parte daquelas mas, mais profundamente, também implicava que, tendo desamarrado os espartilhos, as mulheres deviam submeter-se a uma dominação ainda mais profunda, devendo moldar seus espíritos bem como seus corpos. Assim, de suas únicas aulas de balé, Isadora Duncan escreveu que, quando seu "famoso professor de balé [...] me disse para ficar na ponta dos pés, perguntei a ele por quê, e, quando ele respondeu 'porque é lindo', eu disse que era feio e contra a natureza, e depois da terceira aula eu deixei a classe para não voltar nunca mais"; ver Isadora Duncan, *My life, op. cit.*, p. 21.

93. Anatole Chujoy, *The New York City Ballet, op. cit.*, pp. 25-29.

sem fins lucrativos.⁹⁴ Kirstein afirmava que benfeitores ou patronos eram coisa do passado, mas devia ter se informado melhor: a despeito dos efeitos amortecedores da Grande Depressão de 1929, dúzias de novos museus de arte e orquestras apareceram durante os anos 1930, demonstrando que os tempos difíceis não tinham de fato eliminado a filantropia cultural. Em vez disso, a resposta deve ser que a dança, fosse ela interpretativa, fosse balé americano, simplesmente não tinha prestígio suficiente para que a dotação fosse uma estratégia viável.

Kirstein chamou a atenção para o crescimento das orquestras em apenas sessenta anos, a tal ponto que os Estados Unidos chegaram a ter "uma instituição orquestral mantida com dotações em quase todas as nossas cidades de tamanho médio". "Não é esperar demais", proclamava ele, "que um dia possamos ter tantas organizações de balé quanto há de orquestras". Entretanto, curiosamente, propôs que o balé seguisse não o modelo das orquestras, com seus *trustees* e dotações, mas o dos esquemas de audiência organizada do teatro artístico, pedindo às companhias de balé americanas que criassem "uma forte associação umas com as outras" para formar uma bilheteria de reservas nacional e "a criação de um *circuito* provincial americano definido, para atrações de dança enquanto tal".⁹⁵

Nos anos 1930, o balé estava sendo encarado mais seriamente como arte, resultado proveniente das turnês russas e dos professores que elas deixaram em sua esteira, dos esforços de Balanchine e Kirstein, e dos de outros coreógrafos-dançarinos, como Ruth Page, de Chicago, e Ruth Littlefield, da Filadélfia. Arregimentadores de prosélitos – como Arnold L. Haskell, publicitário britânico do Balé Russo de Monte Carlo, que criou o adorável "baletômano" – trouxeram para a dança a intensidade da devoção quase religiosa com que os estetas do século XIX tinham coberto Beethoven.⁹⁶ Em certo sentido, o balé estava seguindo o caminho da

---

94. *Idem*, p. 66.
95. Lincoln Kirstein, "Blast at ballet", *op. cit.*, pp. 47-48, 110-113.
96. Arnold L. Haskell, *Balletomania: the story of an obsession*, Nova York: Simon & Schuster, 1934. Embora Balanchine e Duncan desprezassem o conjunto de Massine, que atendia os gostos ecléticos de suas audiências no circuito do vaudevile, Haskell o descrevia como a arte personificada. Seu *Balletomania*, de 1934, é um peã para o balé como forma de arte, bem como para o próprio Massine; seu tema é que "o balé é tão mais do que simplesmente um entretenimento agradável de uma noite; que, como a música

ópera, que, como vimos, estava se tornando menos comercial e cada vez mais séria. Mas, fora da ópera, os balés de maior sucesso ainda eram aqueles que ofereciam programas mistos para públicos comerciais, em turnês financiadas por empresários como Sol Hurok. Os relutantes ou incapazes (por seu estilo ser ou acadêmico ou obscuro) de fazer o circuito comercial tinham três opções: o ensino, a ópera, ou, como fez o Bal-

ou o teatro, ele tem infinitas variedades de matizes e sutilezas até hoje ainda não totalmente compreendidas fora dos círculos de dança"; ver Arnold L. Haskell, *Balletomania: the story of an obsession*, Nova York: Simon & Schuster, 1934, p. XVIII. Kirstein também aplicava ao balé a linguagem, já agora clássica, do esteticismo. Balanchine, ele escreveu, "em seu trabalho sério" (para distingui-los de seus projetos da Broadway), "sempre evitou a pompa grosseira, imagens de palco vistosas de modelos-vivos, a acumulação pictórica gradual e desfiles em que não há *danças* como tal [...] Seu movimento é uma homenagem contínua à música [...] O maior prazer de Balanchine é derivado de suas colaborações às composições de Gluck, Mozart, Chopin, Liszt, Tchaikovsky [...] Balanchine tem um senso coreográfico inato tão agudo que chega quase a ser como o dom extra de um pintor, dando-lhe um olho tão delicado que pode ver espectros de cor além do alcance de seus companheiros [...] sua coreografia nunca é literalmente narrativa; raramente conta uma história consecutiva [...] [suas danças] têm de ser observadas mais de perto do que a comprovável imitação ordinária que é familiar às audiências superficiais [...] Nem são 'simbólicos' seus gestos: eles não *simbolizam* coisa alguma; são, em si mesmos, profunda e completamente líricos"; ver Lincoln Kirstein, "Blast at ballet", *op. cit.*, pp. 22-23.

Faço essa citação tão extensa porque Kirstein ilustra tão bem os recursos discursivos estabelecidos disponíveis, nos anos 1920, para os propagandistas sofisticados de formas de arte aspirantes, devido ao sucesso dos projetos de classificação no final do século XIX. Tema por tema, Kirstein recapitula, com referência à dança, os argumentos e critérios de avaliação usados, por T. S. Dwight e seus contemporâneos, para elevar a música clássica: a distinção entre empenho sério e empenho comercial; a identificação do último com espetáculo, um tipo de arte deformada e ilegítima; a identificação do balé com a música clássica, por associação (Balanchine como *colaborador* de Mozart e Liszt), e com as artes visuais, por um símile que incorpora a ideologia do gênio romântico ("o dom extra do pintor [...] um olho tão delicado que ele pode ver espectros de cor" que nós não podemos); a desvalorização da representação em favor da abstração e da "arte como tal"; o desafio ao leitor para reconhecer Balanchine como o melhor, por sua obra ser mais exigente, com a promessa de que os leitores podem erguer-se acima das meras "audiências superficiais". Mude algumas palavras, e você pode ler Dwight discorrendo sobre Beethoven (cerca de 1865).

let Caravan, viver no aperto com a renda de excursões subsidiadas em *campi* universitários.[97]

Não importa quanto seu *status* fosse ambíguo nem quanto suas reivindicações à proeminência artística fossem, por diferentes razões, hesitantes, o balé e a dança estética progrediram durante os anos 1920 e 1930 em direção à inclusão entre as artes elevadas. Em 1938, Kirstein discerniu, em uma dúzia de cidades americanas, "os primeiros sinais saudáveis de companhias americanas locais de balé".[98] Segundo uma estimativa contemporânea, havia mil "dançarinos profissionais criativos" trabalhando nos Estados Unidos e mais três mil estudantes. Entre 1926 e 1930, o número de concertos de dança em Nova York e Chicago cresceu de trinta para mais de cem. E entre 1920 e 1930, o número de professores de dança e de estudantes de dança (definidos amplamente, mas excluindo aulas de danças de salão) mais do que dobrou, para cinco mil e quinhentos mil, respectivamente.[99]

Mas mesmo que um crescente número de americanos pudesse distinguir entre a dança estética e o balé, por um lado, e, por outro, as danças de revistas da Broadway, e desejasse admitir seu valor artístico e até pagar para assisti-los, nenhuma forma prosperaria enquanto dependesse dos circuitos comerciais. Se alguns dos estudantes de dança procuravam servir a arte, muitos mais eram "absorvidos pelas fábricas de dança e filmes" ou, como dizia Haskell, trabalhavam "como 'máquinas prodigiosas'(*trick machines*) no vaudevile".[100] Lamentando a condição da dança americana em 1930, o publicitário e crítico Oliver Sayler estava quase sozinho ao requerer dotações para instituições de dança: "Precisamos encontrar um Mecenas", escreveu, mas "perscrutamos o ambiente sem ter qualquer sinal"[101] de um. Os praticantes de dança não

---

97. Em seus esforços para isolar a dança do mundo do teatro comercial, tanto Graham como Kirstein evitaram as agências de reservas comerciais estabelecidas em prol do Pond Lecture Bureau; ver Anatole Chujoy, *The New York City Ballet, op. cit*, pp. 78-79.

98. Lincoln Kirstein, "Blast at ballet", *op. cit.*, p. 47.

99. Frederick P. Keppel & R. L. Duffus, *The arts in American life*, Nova York: McGraw-Hill, 1933, pp. 175-176. Se compararmos *The Arts in American Life* com seu predecessor, *The American Renaissance*, em que a dança e o balé não são mencionados, a crescente legitimidade da dança é evidente; ver R. L. Duffus, *The American Renaissance*, Nova York: Knopf, 1928.

100. Arnold L. Haskell, *Balletomania: the story of an obsession*, Nova York: Simon & Schuster, 1934, p. 275.

101. Oliver Sayler (org.), *Revolt in the arts, op. cit.*, p. 94.

lograriam a independência – da indústria do entretenimento e das margens da ópera – até que, cerca de quarenta anos depois, aprenderam a empregar a mesma forma organizacional com que os teatros se estabeleceram como agentes da arte.

Conclusão ✺ Os processos pelos quais as instituições de alta cultura se expandiram para abranger formas de arte adicionais são de interesse por mostrarem que a construção do edifício da "alta cultura" e o estabelecimento de certas expressões artísticas como "capital cultural" teve lugar não de uma vez só, mas em um período de muitos anos. As histórias do progresso da ópera, do teatro e da dança ao *status* de "alta cultura" nos lembram que, embora sistemas de classificação cultural se apresentem como baseados em julgamentos de valor naturais e resistentes, eles são produtos de ações humanas, continuamente sujeitos a acréscimos e desgastes, seleção e mudança.

Em cada caso, algumas combinações de patronos e artistas criaram fronteiras que polarizaram o que havia sido um *continuum* de prática estética. As histórias são similares no fato de que, para ligar-se a formas "populares" relacionadas, todos eles – ópera, teatro e dança – tiveram de alcançar duas coisas. A primeira foi livrar-se do jugo do mercado (que em geral leva os empresários a suprimir distinções estéticas para criar audiências maiores e desencoraja a formação de cânones, fornecendo incentivos para apresentadores diferenciarem seus produtos). Nesse processo, o papel da organização sem fins lucrativos foi central, pois proporcionou suficiente autonomia em relação ao mercado para tornar críveis as profissões de "desinteresse", nas quais se sustentavam as reivindiacações pelo *status* de alta cultura. Segundo, erigir fronteiras requeria desenvolver laços com as universidades, que nos Estados Unidos foram não só os centros dominantes em que se institucionalizou a autoridade cultural, mas também as organizações mais responsáveis por atrair o interesse dos jovens para a cultura de elite.

A despeito desses pontos em comum, variavam significativamente as particularidades dos processos pelos quais os conteúdos do drama, da ópera e da dança se tornaram formas de capital cultural. No teatro, por mudança tecnológica, a ponta popular do *continuum* foi simplesmente extinta (ou, mais precisamente, transformada em outro gênero: o cinema), deixando um vácuo. Na ópera, uma arte lucrativa se tornava não lucrativa sob qualquer forma. Na dança, os próprios artistas foram os primeiros responsáveis por criar inovações e ideologias que a transformaram de um auxiliar de má fama de outras formas de espetáculo em um contendor plausível por direito próprio. Mesmo dentro do limitado âmbito da estética nos Estados Unidos nenhum conjunto de generalizações caracteriza, em todos os casos, o processo de sacralização. Ou melhor, toda forma de arte – da ópera e da dança ao cinema e ao *rock and roll* – teve praticantes, e muitas vezes patronos, que tentaram elevar seu prestígio. Se o conseguiram, dependeu dos contornos do espaço da oportunidade (a existência de concorrentes, substitutos comerciais, ou patronos e públicos novos-ricos) e da época em que tais projetos tomaram forma, o que determina os recursos discursivos e organizacionais preexistentes disponíveis para imitação.

Com efeito, essas observações tratam disciplinas artísticas como unidades independentes de análise, que podem ser sujeitas à comparação sistemática. Entretanto, nas histórias que contei, o que impressiona é o grau em que as instituições de produção cultural constituem um campo de partes inter-relacionadas. O teatro, a dança e a ópera sendo alinhados simbólica e organizacionalmente às formas de alta cultura sacralizadas antes deles. A dança impôs sua reivindicação ao *status* de arte justapondo conscientemente, à arte e à música clássica, movimentos novos; os teatros de arte se aliaram a museus de arte; e, quando a crise econômica atacou, a ópera finalmente se voltou para a orquestra na escolha de um modelo organizacional. Em 1910, as justificações desenvolvidas pelos fundadores dos primeiros museus de arte e orquestras da nação serviram como recursos ideológicos já prontos, que empresários culturais puderam empregar em um leque de outras formas de arte. Os modelos organizacionais de que foram pioneiros também serviram como recursos para aqueles que iriam esclarecer as fronteiras da ópera, do teatro e da dança.

Entretanto, como pioneiros, os museus de arte e as orquestras tiveram uma vantagem, que restringiu o progresso de outras formas. Por um lado, eles dispunham, de longe, da maior fatia de recursos doados durante todo o período em questão, bem como da maior parcela de prestígio – a moeda com que os doadores potenciais mais generosos podiam ser recrutados para conselhos diretores. (Em algumas cidades, mas não muitas, a ópera podia concorrer com eles.) Mais ainda, a arte e a música, como pioneiras, tiveram papel central na nacionalização da alta cultura após a Primeira Guerra Mundial. Na maioria das faculdades e universidades, foram as únicas disciplinas artísticas que entraram como departamentos centrais no currículo humanista (em oposição ao profissionalizante). Entre 1920 e 1940, representavam a vasta maioria das despesas em arte das fundações filantrópicas. Seus respectivos patronos montaram campanhas de apreciação nacionais, tendo como infantaria os clubes femininos e as professoras de escolas públicas que espalharam ao povo a consciência de seus cânones.[102]

Mas quem se moveu depois foi deixado bem de fora desses acontecimentos. O patrocínio para o teatro e a dança era difícil de encontrar e, na maior parte, vinha da nova classe média e dos excluídos da governança de museus e orquestras. A ópera estava incluída no currículo sob a égide da música clássica; a dança era ensinada como parte da educação física em instituições de ensino femininas; o teatro permanecia como um campo de educação profissionalizante.

Consequentemente, os que se moveram depois usaram como apoio, para sua sobrevivência, bem mais a iniciativa e as instituições nacionais – e menos as pessoas influentes no âmbito local – do que os museus e as orquestras tinham feito. A Metropolitan, que por muitos anos foi a única companhia operística americana substancial e estável, desenvolveu a Confraria da Ópera como organização nacional de apoio. A assistência para o teatro foi organizada nos anos 1930, por meio da Conferência de Teatro Nacional, por profissionais baseados nas universidades, com o apoio da Fundação Rockefeller. Os concertos de dança por muitos anos contaram com excursões nacionais em *campi* de faculdades. O surgimento de palcos regionais profissionais, sem fins lucrativos, como instalações fixas em centros urbanos foi resultado de um projeto da Fundação Ford nos anos 1960. A dança deveu sua expansão e institucionalização, durante os anos 1970, ao National Endowment for the Arts.

A maior abertura do teatro e da dança em relação à da música e, até o surgimento do mercado de arte do pós-guerra, a das artes plásticas para o modernismo foi, igualmente, consequência de seu *status* de movimento posterior. (A ópera era diferente, devido à sua tradição de patrocínio de elite e por ter estabelecido seus cânones anos antes.) Laços mais fracos com elites locais (que, em música e artes plásticas, exerciam influência conservadora sobre a abertura à inovação dos museus e das orquestras), a falta de disciplinas acadêmicas parcialmente autônomas com autoridade cultural para definir e sustentar cânones fortemente delimitados, e o fato de o modernismo já estar no horizonte quando o

---

102. Paul DiMaggio, "Constructing an organizational field as a professional project", *op. cit.*

teatro de arte e a dança se tornaram institucionalizados foram fatores que contribuíram para enfraquecer o isolamento dos conteúdos da alta cultura e para sua maior abertura à mudança. De modo similar, a ausência de instituições fortes, sem fins lucrativos, baseadas na comunidade, assegurou fronteiras mais fracas entre o teatro "sério" e a dança e suas contrapartidas comerciais.

De fato, a ascensão do teatro de arte e da dança foi moldada pelo desenvolvimento da organização da cultura comercial. Como vimos, a elevação do teatro a uma forma de arte deveu-se principalmente ao palco ter abdicado de interesses comerciais depois do surgimento do cinema. Não fosse o desenvolvimento de circuitos de vaudevile "refinados" nos primeiros anos do século, a emergência da dança estética teria sido impossível. Mesmo o *status* da ópera como alta cultura, que de outra forma poderia ter sido reconhecido somente nas poucas cidades que se vangloriavam de companhias ativas, foi ampliado pela adoção da ópera por mídias transmissoras e companhias fonográficas (a maior parte delas incluía as gravações de ópera em "selos" clássicos especiais, como o Red Seal, da Victor).

Uma das implicações do que afirmo é que, como o âmbito da alta cultura se ampliou para formas adicionais de arte, a distinção entre cultura sagrada e profana se tornou menos dicotômica e mais contínua. Embora os intelectuais escrevessem sobre as "sete artes" e a "alta cultura", na realidade, do ponto de vista organizacional e ideológico, as artes plásticas, a música, a ópera, o teatro, o balé e a dança representavam pontos de um espectro em que variavam o prestígio, a estabilidade institucional, e o grau em que cada uma delas estava isolada dos entretenimentos comerciais.

No longo prazo, esses desenvolvimentos tenderam a minar a forte classificação — "alta" ou sagrada *versus* "vulgar" — erigida pelos empresários culturais do século XIX. Nos anos 1920, foram postos em evidência novos aspirantes ao título de *arte* – não só o teatro e a dança, mas a pintura moderna, a fotografia e o cinema. Na maior parte, de uma forma ou de outra, seus patrocinadores eram *outsiders*: judeus americanos excluídos dos círculos de elite, ou mulheres, frequentemente ricas, rebelando-se contra as restrições sufocantes da era vitoriana. Na medida em que o conseguiram, conscientemente se moveram para fora dos limites das comunidades urbanas de classe alta para criar, ou usar, instituições que, no escopo, eram nacionais, e não locais: exemplos disso são o balé de Kirstein e o Museu de Arte Moderna. Embora os apoiadores de novas formas e gêneros de arte abraçassem uma versão de esteticismo similar àquela de seus predecessores (e usassem o modelo não lucrativo sempre que podiam permitir-se a isso), eles estavam mais dispostos a aplicar o olhar desinteressado do *connoisseur* aos conteúdos estéticos modernos e americanos. "Forasteiros" – por gênero, etnicidade ou simplesmente idiossincrasia pessoal — às comunidades fechadas da riqueza pós-vitoriana esses patronos, e os artistas que eles apoiavam, estavam mais inclinados do que seus predecessores a jogar com as fronteiras entre arte e mercado, e entre a cultura da elite e o entretenimento das ruas.

REFERÊNCIAS BIBLIOGRÁFICAS

• BANNER, Lois W. *American beauty*. Chicago: University of Chicago Press, 1983.
• BRENNEISE, Harvey. "Art of entertainment? The development of the Metropolitan Opera, 1883-1900". Dissertação de mestrado. Berrien Springs: Andrews University, [1976].
• BROWNE, Maurice. "Suggesting a dramatic Declaration of Independence". Em: SAYLER, Oliver M. (org.). *Revolt in the arts: a survey of the creation, distribution and appreciation of art in America*. Nova York: Brentano's, 1930.
• CANTOR, Eddie & FREEMAN, David. *Ziegfeld: the great glorifier*. Nova York: Alfred H. King, 1934.
• CHUJOY, Anatole. *The New York City Ballet*. Nova York: Knopf, 1953.
• CONE, John Frederick. *Oscar Hammerstein's Manhattan Opera Company*. Norman: University of Oklahoma Press, 1964.
• DAMROSCH, Walter. *My musical life*. Nova York: Scribner's, 1926.
• DE MILLE, Agnes. *Dance to the piper*. Boston: Little, Brown, 1952.
• DEMORINNI, Clare. "Loie Fuller, The Fairy of Light". Em: MAGRIEL, Paul (org.). *Chronicles of the American dance*. Nova York: Henry Holt, 1948.
• DE NORA, Tia. "Musical patronage and social change at the time of Beethoven's arrival in Vienna". *The American Journal of Sociology*, 97 (2), pp. 310-346, 1991.
• DICKINSON, Thomas H. *The insurgent theatre*. Nova York: B. W. Huebsch, 1917.
• DIMAGGIO, Paul. "Cultural entrepreneurship in nineteenth-century Boston, 1". *Media, Culture and Society*, 4 (1), pp. 33-50, 1982a.
• _____. "Cultural entrepreneurship in nineteenth-century Boston, 2". *Media, Culture and Society*, 4 (4), pp. 303-322, 1982b.
• _____. "Constructing an organizational field as a professional project: US art museums, 1920-1940". Em: POWELL, Walter & DIMAGGIO, Paul (orgs.). *The new institutionalism in organizational analysis*. Chicago: University of Chicago Press, 1991.
• DUFFUS, R. L. *The American Renaissance*. Nova York: Knopf, 1928.
• DUNCAN, Elizabeth. "Nature, teacher of the dance". Em: SAYLER, Oliver M. *Revolt in the arts: a survey of the creation, distribution and appreciation of art in America*. Nova York: Brentano's, 1930.
• DUNCAN, Isadora. *My life* (1927). Nova York: Liveright, 1955 (reimpressão).
• EATON, Quaintance. *The Boston Opera Company: the story of a unique musical institution*. Nova York: Appleton-Century, 1965.
• _____. *The miracle of the Met: an informal history of the Metropolitan Opera, 1883-1967*. Nova York: Meredith, 1968.

- ERENBERG, Lewis A. *Steppin' out: New York night life and the transformation of American culture, 1890-1930*. Chicago: University of Chicago Press, 1981.
- FREEDLY, George. "The 'Black crook' and the 'White fawn'". Em: MAGRIEL, Paul (org.). *Chronicles of the American dance*. Nova York: Henry Holt, 1948.
- GILBERT, Douglas. *American vaudeville: its life and times*. Nova York: Dover, 1940.
- GRAF, Herbert. *Opera for the people*. Minneapolis: University of Minnesota Press, 1951.
- GRAHAM, Martha. "Seeking an American art of the dance". Em: SAYLER, Oliver M. *Revolt in the arts: a survey of the creation, distribution and appreciation of art in America*. Nova York: Brentano's, 1930.
- GRAU, Robert. *Forty years observation of music and the drama*. Nova York: Broadway, 1909.
- _____. *The man of business in the amusement world*. Nova York: Broadway, 1910.
- HALTTUNEN, Karen. *Confidence men and painted women: a study of middle-class culture in America, 1830-1870*. New Haven, CT: Yale University Press, 1982.
- HASKELL, Arnold L. *Balletomania: the story of an obsession*. Nova York: Simon & Schuster, 1934.
- HASTINGS, Baird. "The Denishawn Era (1914-1931)". Em: MAGRIEL, Paul (org.). *Chronicles of the American dance*. Nova York: Henry Holt, 1948.
- HOUGHTON, Norris. *Advance from Broadway: 19,000 miles of American theatre*. Nova York: Harcourt, Brace, 1941.
- JONES, Robert Edmond. "Toward an American ballet". Em: SAYLER, Oliver M. *Revolt in the arts: a survey of the creation, distribution and appreciation of art in America*. Nova York: Brentano's, 1930.
- KASSON, John F. *Amusing the million: Coney Island at the turn of the century*. Nova York: Hill & Wang, 1978.
- KENDALL, Elizabeth. *Where she danced*. Nova York: Knopf, 1979.
- KEPPEL, Frederick P. & DUFFUS, R. L. *The arts in American life*. Nova York: McGraw-Hill, 1933.
- KIRSTEIN, Lincoln. "Blast at ballet: a corrective for the American audience" (1938). *Three Pamphlets Collected*. Nova York: Dance Horizons, 1967 (reimpressão).
- KOLODIN, Irving. *The Metropolitan Opera: 1883-1935*. Nova York: Oxford University Press, 1936.
- LEVINE, Lawrence W. *Highbrow/lowbrow: the emergence of cultural hierarchy in America*. Cambridge, MA: Harvard University Press, 1988.
- LYNES, Russell. *The lively audience: a social history of the visual and performing arts in America, 1890-1950*. Nova York: Harper & Row, 1985.

- Macgowan, Kenneth. *Footlights across America: towards a national theatre*. Nova York: Harcourt, Brace, 1929.
- McArthur, Benjamin. *Actors and American culture, 1880-1920*. Filadélfia: Temple University Press, 1984.
- Moore, Lillian. "George Washington Smith". Em: Magriel, Paul (org.). *Chronicles of the American dance*. Nova York: Henry Holt, 1948a.
- _____. "John Durang: the first American dancer". Em: Magriel, Paul (org.). *Chronicles of the American Dance*. Nova York, Henry Holt, 1948b.
- O'neill, Rosetta. "The Dodworth family and ballroom dancing in New York". Em: Magriel, Paul (org.). *Chronicles of the American dance*. Nova York: Henry Holt, 1948.
- Peiss, Kathy. *Cheap amusements: working women and leisure in turn-of-the-century New York*. Filadélfia: Temple University Press, 1986.
- Playground and Recreation Association of America. *Community drama: suggestions for a community-wide program of dramatic activities*. Nova York: Century, 1926.
- Poggi, Jack. *Theater in America: the impact of economic forces, 1860-1967*. Ithaca, NY: Cornell University Press, 1968.
- RCA. *The Victor book of the opera: stories of the operas with illustrations and descriptions of Victor opera records*. Camden, NJ: RCA Manufacturing Co., 1936.
- Rozenzweig, Roy. *Eight hours for what we will: workers and leisure in an industrial city, 1870-1920*. Nova York: Cambridge University Press, 1983.
- Ruyter, Nancy Lee Chalfa. *Reformers and visionaries: the Americanization of the art of dance*. Nova York: Dance Horizons, 1979.
- Sayler, Oliver M. (org.). *Revolt in the arts: a survey of the creation, distribution and appreciation of art in America*. Nova York: Brentano's, 1930.
- Shelton, Suzanne. *Divine dancer: a biography of Ruth St. Denis*. Garden City, NY: Doubleday, 1981.
- Sklar, Robert. *Movie-made America*. Nova York: Random House, 1975.
- Sokol, Martin L. *The New York City Opera: An American adventure*. Nova York: Macmillan, 1981.
- Sussman, Leila A. "American women's colleges and the social origins of modern dance". Medford, MA: Tufts University, 1990. (Datilografado.)
- Terry, Walter. *Ted Shawn: father of American dance*. Nova York: Dial, 1976.
- Toll, Robert. *Blacking up: the minstrel show in nineteenth-century America*. Nova York: Oxford University Press, 1974.
- _____. *On with the show: the first century of show business in America*. Nova York: Oxford University Press, 1976.
- Twentieth Century Club (Comitê de Teatro). *The amusement situation in Boston*. Boston: TCC, 1910.

- Van Vechten, Carl. "Maud Allan" (1910). Em: Magriel, Paul (org.). *Chronicles of the American dance*. Nova York: Henry Holt, 1948 (reimpressão).
- Weber, William M. *Music and the middle class in nineteenth-century Europe*. Nova York: Holmes & Meier, 1976.
- Winter, Marian Hannah. "Juba and American minstrelsy". Em: Magriel, Paul (org.). *Chronicles of the American dance*. Nova York: Henry Holt, 1948.

3. REVISITANDO A DISPUTA ALTA CULTURA *VERSUS* CULTURA POPULAR: UMA RECONCEITUAÇÃO DE CULTURAS GRAVADAS[1] ✣ *Diana Crane*

Os conceitos de alta cultura e cultura popular são tipos ideais geralmente usados por sociólogos para distinguir diferentes formas de registro de culturas.[2] Infelizmente, essa categorização, que é baseada no conteúdo, no estilo e nos valores expressos por esses trabalhos, não reflete as complexidades das culturas gravadas das sociedades contemporâneas. As generalizações sobre alta cultura e cultura popular, em lugar de esclarecer, obscurecem a natureza e os efeitos da cultura gravada, porque se apoiam em conceituações obsoletas tanto da estrutura social como das culturas gravadas. Como a alta cultura costuma ser considerada superior à cultura popular, sua apreciação tem sido usada como fronteira simbólica para excluir aqueles que preferem outras formas de cultura.

Diferenciar essas duas formas de cultura em termos de conteúdo e estilo implica na possibilidade de itens culturais serem incluídos de forma precisa em uma dessas categorias. Está obsoleta a concepção de cultura gravada em que um único conjunto de padrões é usado para diferenciar objetos culturais. Hoje, a cultura é pluralista: em toda forma cultural operam muitos sistemas estéticos diferentes. Consequentemente, a qualidade de determinado objeto cultural só pode ser avaliada dentro de determinado sistema estético – não há padrões universais de qualidade. Em tal situação, já não é apropriado argumentar que os sistemas estéticos usados para certas formas de cultura, como as artes, são superiores àqueles usados para outras formas de cultura disseminadas em públicos maiores e mais heterogêneos. Em vez disso, como vários estudos em sociologia da cultura revelaram, as fronteiras entre a alta cultura e a cultura popular são fluidas: as duas formas de cultura são construídas socialmente.

---

1. Culturas gravadas (*recorded cultures*), isto é, registradas em papel, película, meios eletrônicos etc., são aquelas cujo desempenho depende sempre de uma (re)produção localizada do material registrado. (N.T.)

2. Herbert J. Gans, *Cultura popular e alta cultura*: Edições Sesc São Paulo, 2014.

Não há, entretanto, sistema alternativo de classificação entre as diferentes formas de cultura aceito de maneira geral. De uma perspectiva sociológica, é mais significativo categorizar as culturas gravadas em termos dos ambientes em que elas são criadas, produzidas e distribuídas, em lugar de fazê-lo em termos de pressupostos que dizem respeito a diferenças (ou à ausência delas) em seu estilo e conteúdo. Afirmo que há dois tipos principais de culturas gravadas: a cultura da mídia e a cultura urbana, que estão embutidas nos contextos em que são criadas, produzidas e distribuídas.

Essas culturas são produzidas em dois contextos: o das indústrias culturais nacionais e o dos ambientes urbanos. Os conteúdos de cada um desses tipos de cultura gravada são igualmente diversos, mas os contextos de produção e distribuição são inteiramente diferentes. Dados os recursos absurdamente maiores das indústrias culturais nacionais, bem como a transformação dos ambientes urbanos que antes sustentavam as culturas urbanas, a sobrevivência dessas últimas está seriamente ameaçada.

Cultura da mídia e cultura urbana ❋ As culturas da mídia são tipicamente produzidas por meio de arranjos entre firmas grandes e pequenas, e distribuídas por grandes corporações que controlam mercados com audiências nacionais e internacionais. As culturas de mídia "centrais" – como programas de televisão, filmes hollywoodianos e grandes jornais e revistas de notícias – são consumidas por grandes audiências relativamente indiferenciadas. As culturas de mídia "periféricas", como a publicação de livros e revistas, a música popular e o rádio, consideradas em conjunto, são consumidas por grandes audiências altamente diferenciadas em termos de gostos específicos, estilo de vida e subcultura. Nos dois casos, as características de conteúdo, as audiências e até mesmo os efeitos sobre as audiências dependem de políticas corporativas. Por sua vez, essas políticas, em qualquer momento determinado, dependem dos níveis de lucro e da concorrência entre essas organizações, que estão constantemente mudando, como mudam as condições de mercado.

Neste século [XX], o uso de tecnologias modernas para produzir, registrar ou distribuir objetos culturais muitas vezes foi tomado como indicação de que tais criadores estão produzindo cultura popular, e não alta cultura[3]. Isso reflete a atitude, expressa por membros da escola de

---

3. A despeito do fato de poderem trabalhar por si sós, os fotógrafos encontraram considerável resistência a suas demandas para que suas realizações estéticas fossem con-

Frankfurt, de que a música popular é produzida por meio da tecnologia da mesma maneira que outras mercadorias são produzidas pela tecnologia industrial. O uso da tecnologia é visto como se implicasse peças padronizadas e intercambiáveis, e aparência de novidade obtida por meio da alteração de detalhes superficiais. Gendron mostra que os membros da escola de Frankfurt se enganaram. De fato, em música, a tecnologia levou à inovação, expandindo em grande escala as possibilidades de variação.[4]

Como mostra Kealy, a tecnologia para registrar música popular ficou extremamente complexa: dúzias de microfones, cada um com seus próprios efeitos sonoros, uma grande variedade de aparelhos eletrônicos (como amplificadores, compressores e expansores de faixa dinâmica, e equalizadores de frequência) e gravadores em fitas com múltiplas bandas de som, que permitem o registro de até 24 canais de música registrados em uma fita e que podem gravar cada instrumento musical separadamente. As gravações de *rock* consistem em numerosas camadas de apresentações de estúdio que são remixadas e editadas para obter uma versão final. Esses progressos aumentaram enormemente o controle do músico sobre o produto final. Alguns músicos consideram o equipamento eletrônico do estúdio como um "instrumento musical" em si.[5]

Em virtude da despesa no uso da maior parte das tecnologias, o acesso a elas tem sido, em geral, controlado por organizações que limitaram a autonomia dos criadores. Ser criador individual e autônomo é um traço central da ideologia da alta cultura.[6] Kealy afirma que os músicos gravam seus trabalhos em três diferentes tipos de situação, que variam em termos de nível de autonomia: grandes empresas concedem menor

---

sideradas seriamente. Pelo menos parte dessa resistência se origina no fato de a fotografia ser feita por máquinas; ver Richard W. Christopherson, "From folk art to fine art: a transformation in the meaning of photographic work", *Journal of Contemporary Ethnography: Urban Life and Culture*, 3 (2), pp. 123-157, 1974.

4. Bernard Gendron, "Theodor Adorno meets the Cadillacs", em Tania Modleski (org.), *Studies in entertainment*, Bloomington: University of Indiana Press, 1987.

5. Edward Kealy, "Conventions and the production of the popular music aesthetic", *Journal of Popular Culture*, 16 (2), pp. 100-115, 1982, p. 107. [Os dados referem-se a tecnologias de gravação vigentes até 1982, já superadas. (N.T.)]

6. Ver Howard S. Becker, *Art worlds*, Berkeley: University of California Press, 1982; e também Vera Zolberg, *Constructing a sociology of the arts*, Nova York: Cambridge University Press, 1990.

autonomia, enquanto pequenas empresas e produtores independentes, maior autonomia.

Já a cultura urbana é produzida e distribuída em cenários urbanos, para audiências locais. Os "mundos culturais"[7] urbanos consistem em:

- criadores de cultura e pessoal de suporte, que os assiste de várias maneiras;
- convenções ou entendimentos compartilhados sobre como os produtos culturais devem ser;
- "guardiões culturais" (*gatekeepers*), que avaliam os produtos culturais;
- organizações que promovem, ou onde têm lugar, as atividades culturais, sua exibição ou produção; e
- públicos cujas características podem ser um fator importante na determinação de quais tipos de produtos culturais podem ser exibidos, realizados ou vendidos em determinado ambiente.

Os mundos culturais diferem por serem dominados ou por redes de criadores ou por organizações, sejam elas pequenas empresas orientadas para o lucro, sejam organizações sem fins lucrativos.[8] Cada tipo de mundo cultural tem também diferentes padrões para avaliar trabalhos culturais. Outras variações de padrão resultam de diferenças de classe social. Quando o público para essas formas de cultura é proveniente das classes média e alta, os produtos culturais em geral são definidos como "alta cultura". Alguns desses produtos culturais são herméticos e esteticamente complexos; outros não são muito diferentes, em termos de conteúdo, da cultura que é disseminada para audiências nacionais por grandes corporações.

Por um processo de exclusão cultural, baseado no uso da alta cultura como fronteira simbólica, as culturas urbanas que têm como alvo públicos locais provenientes da classe baixa ou de grupos minoritários não costumam ser definidas como alta cultura (por exemplo, teatro de grupos negros e hispânicos, grafite e pinturas murais em guetos urbanos) e são geralmente ignoradas por críticos e historiadores. Esses produtos culturais às vezes são para círculos tão restritos (como o *jazz* e o *hard rock*) quanto as culturas urbanas de vanguarda distribuídas para as classes alta

---

7. Becker (1982) usa a expressão *mundo da arte*. Eu prefiro *mundo da cultura* por ser mais geral e aplicável a um leque mais amplo de fenômenos.

8. Samuel Gilmore, "Coordination and convention: the organization of the concert world", *Symbolic Interaction*, 10 (2), pp. 209-227, 1987.

e média. Alternativamente, podem ter matizes políticos (teatro radical) ou expressar chauvinismo étnico (paradas ou desfiles festivos de rua).

Mundos culturais controlados por redes de criadores costumam levar à produção de trabalhos culturais que são ou esteticamente originais ou ideologicamente provocativos, ou ambos. Isso ocorre, em parte, porque as novas redes que emergem, com os novos estilos, atraem os jovens — que costumam ter novas perspectivas sobre cultura — e, em parte, porque elas fornecem um *feedback* contínuo entre os próprios criadores e entre os criadores e suas audiências, que costumam incluir criadores de outros tipos de cultura, bem como indivíduos que estão familiarizados com as convenções subjacentes a esses trabalhos.[9]

Os mundos culturais organizados em torno de empresas pequenas, orientadas para o lucro, tendem a encorajar trabalhos que visam agradar, em lugar de provocar ou chocar compradores em potencial. Alguns desses criadores se parecem com o *artista-artesão*, no sentido do termo utilizado por Becker: eles preferem produzir trabalhos que são bonitos e harmoniosos em lugar de únicos e provocativos.[10] Finalmente, os mundos culturais reunidos em torno de organizações sem fins lucrativos estão, em regra, preocupados com a preservação das tradições artísticas e étnicas existentes, mais do que com a criação de novas. Os "criadores" costumam ser artistas que reinterpretam os trabalhos de outros criadores que, de modo geral, estão mortos.[11]

Dentro de cada mundo cultural, as obras culturais estão sujeitas à avaliação de guardiões culturais. Mulkay e Chaplin discutem três modelos de como esse processo funciona.[12] Se a alta cultura fosse de fato intrinsecamente diferente da cultura popular, então o modelo de avaliação estética se aplicaria ao processo de "controle de acesso" dos mundos culturais. Segundo esse modelo, um objeto cultural é avaliado em termos de

---

9. Diana Crane, *The transformation of the avant-garde*, Chicago: University of Chicago Press, 1987.

10. Howard S. Becker, *Art worlds*, op. cit.

11. Organizações orientadas para o lucro incluem teatros da Broadway, artes decorativas (incluindo desenho de moda), artesãos e clubes de *rock*. Organizações sem fins lucrativos incluem museus, ópera, teatro regional, orquestras sinfônicas, corais gospel e paradas urbanas. Tais atividades culturais não são necessariamente o único propósito da organização ou mesmo seu interesse primeiro.

12. Michael Mulkay & Elizabeth Chaplin, "Aesthetics and the artistic career: a study of anomie in fine-art painting", *Sociological Quarterly*, 23 (1), pp. 117-138, 1982.

critérios estéticos explícitos e, nisso, ou tem sucesso ou falha. Tal modelo implica a existência de padrões universais de julgamento, que poderiam ser aplicados a todos os tipos de produto cultural, pelo menos no âmbito de uma forma cultural particular, bem como o consenso entre guardiões culturais a respeito de critérios estéticos e da avaliação de determinados trabalhos. Como mostra Zolberg, esse modelo também pressupõe que objetos de arte são únicos e criados por um único artista.[13]

Sociólogos documentaram o amplo leque de fatores que afetam a interpretação de trabalhos artísticos. De um período histórico a outro, a qualidade e o significado de uma obra de arte em particular podem ser avaliados de maneiras muito diferentes.[14] Inclusive dentro do mesmo período, a avaliação e interpretação da mesma obra pode variar muitíssimo, dependendo dos compromissos estéticos e sociais do observador.[15] Não só as perspectivas diferem amplamente dentro de um determinado mundo artístico, dependendo de preferências estilísticas e compromissos, mas há também muitos mundos artísticos diferentes, cada um deles com seus próprios padrões, seus próprios guardiões, suas próprias instituições e seu próprio público.[16] Consequentemente, a plausibilidade do modelo de avaliação estética é questionável, particularmente em um período de pluralismo cultural e incessantes mudanças culturais.

De fato, o processo de controle de acesso é especialmente problemático para criadores em rede, cujo trabalho se baseia em uma definição nova, ou revisada, do que constitui uma obra de arte. Para ter sucesso, os membros de uma nova rede precisam angariar um núcleo de partidários ou "um eleitorado" no mundo da arte ou em sua periferia. No mercado de arte, tais eleitorados provêm de:

- galerias de arte, que exibem e vendem obras de arte a colecionadores particulares;

---

13. Vera Zolberg, *Constructing a sociology of the arts*, Nova York: Cambridge University Press, 1990.
14. *Idem, ibidem.*
15. Diana Crane, *The transformation of the avant-garde*, op. cit.
16. Exemplos de diferentes tipos de mundos artísticos incluem o mundo da arte de vanguarda de Nova York, a arte *cowboy* (característica do sudoeste americano) e vários tipos de mundos da arte centrados em torno do colecionismo; ver, por exemplo, Heather FitzGibbon, "From prints to posters: the production of artistic value in a popular art world", *Symbolic Interaction*, 10, pp. 111-128, 1987.

- publicações de arte, que fornecem fóruns para críticos de arte; e
- patronos organizacionais, incluindo museus e corporações.

Dada a implausibilidade desse primeiro modelo,[17] Mulkay e Chaplin propõem dois modelos adicionais. De acordo com o modelo da persuasão cultural, cada novo grupo de criadores de cultura desenvolve novos critérios para julgamento estético, que são apropriados para seus produtos culturais. Se esses novos critérios forem aceitos por guardiões, o novo grupo terá sucesso. Em outras palavras, os criadores de cultura causam efeito no sistema de controle de acesso não como indivíduos, mas como membros de grupos que compartilham critérios para a criação e avaliação de produtos culturais. O rótulo "vanguarda" é atribuído a um grupo de artistas apenas sob certas condições. Para que os membros de um novo estilo artístico sejam definidos como engajados em atividades associadas a uma vanguarda, devem ter alguma consciência uns dos outros como grupo social. Quanto maior sua autoconsciência, mais é provável que sua redefinição das várias categorias de atividade artística vá ser considerada vanguarda por membros daquele mundo cultural. Em outras palavras, o contexto social em que um novo estilo aparece é crucial para sua percepção como vanguarda.

Finalmente, segundo o modelo de influência social, os criadores de cultura se tornam bem-sucedidos porque são patrocinados por guardiões influentes. O sucesso é construído ao longo de um processo de influência pessoal e disponibilidade de recursos materiais. Os últimos dois modelos não são mutuamente exclusivos. Em geral, os artistas de maior sucesso adquirem sua reputação no contexto de um novo estilo. Entretanto, seu prestígio em relação a outros membros do estilo muitas vezes reflete seu sucesso na obtenção de mentores poderosos, como críticos, *marchands* e curadores. Como o mundo da arte cresceu em tamanho, o patrocínio de galerias e colecionadores poderosos tornou-se uma influência cada vez mais importante nas aquisições dos museus.[18]

Para a maioria das pessoas, a alta cultura é associada a objetos culturais que foram aclamados no passado; em geral, em séculos anteriores. Como mostra o trabalho de David Halle, a arte abstrata, que é a forma mais importante de arte de vanguarda no século XX, provoca pouco in-

---

17. Ver Michael Mulkay & Elizabeth Chaplin, "Aesthetics and the artistic career", *op. cit.*; e, também, Diana Crane, *The transformation of the avant-garde, op. cit.*

18. Diana Crane, *The transformation of the avant-garde, op. cit.*

teresse no público, mesmo nas classes alta e média alta.[19] O público de todas as classes sociais prefere obras de arte figurativa que ou foram pintadas em séculos anteriores, ou, se pintadas neste século, imitam estilos tradicionais de pintura.

Contudo, a inclusão de objetos culturais no cânone da alta cultura clássica esteve sujeita aos mesmos tipos de processos de seleção que descrevi para a cultura de vanguarda contemporânea. Em alguns casos, a alta cultura clássica inclui obras que pertenciam à cultura popular no período em que foram criadas. Obras literárias de autoria de Dickens e Balzac são exemplos que vêm à memória, bem como a maioria das óperas do século XIX.

A alta cultura clássica permanece popular, a despeito do fato de muitas vezes estar imbuída da bagagem ideológica do período em que foi criada. Um exemplo famoso é o racismo de Mark Twain. As óperas do século XIX recentemente foram descritas como validando "princípios estéticos, filosóficos e políticos incompatíveis com os nossos, com pontos de vista sobre a sociedade e comportamentos que estamos loucos para apagar da memória e não ousamos encarar, com receio do que pode estar aí refletido".[20]

Na virada do século XX, o trabalho do artista francês Marcel Duchamp foi dedicado a demonstrar precisamente a arbitrariedade de nossos julgamentos do que constitui arte ou alta cultura. Ao oferecer, como obras de arte, objetos triviais, como urinóis, e afirmar ter criado uma nova obra de arte ao pintar um bigode numa reprodução barata da *Mona Lisa*, Duchamp tentou minar o conceito de alta cultura, demonstrando ser ele intercambiável com o de cultura popular e desse modo expondo-o ao ridículo.

Suas ideias geraram uma vívida tradição de vanguarda no século XX, em que um enorme leque de objetos da vida diária são "rotulados" como objetos de arte pelos artistas. Os exemplos incluem pinturas retratando as latas de sopa Campbell, quadrinhos, anúncios publicitários, garrafas de excremento com o rótulo *merda de artista*, um coelho esfolado, o cavar de um buraco no parque e o enchê-lo depois, a pintura (em branco) de uma parede branca, uma fita gravada com a respiração de um artista, o formulário impresso de um computador programado para contar até

---

19. David Halle, "Class and culture in modern America: the vision of the landscape in the residences of contemporary Americans", *Prospects*, 14, pp. 373-406, 1989.

20. Conrad L. Osborne, "Opera's fabulous vanishing act", *New York Times*, 17 de fevereiro de 1991.

o infinito e grafites.²¹ A cáustica controvérsia criada entre os legisladores e o público em geral pela concessão de subvenções aos artistas que trabalham nesse sentido indica o ínfimo consenso que há a respeito da natureza da alta cultura contemporânea.

Como vimos, o amplo leque de estilos hoje associados à alta cultura aponta que ela não pode ser identificada em termos de seu conteúdo intrínseco. Em vez disso, tende a ser associada com contextos sociais específicos, aqueles que são relativamente inacessíveis às pessoas comuns, como museus, galerias de arte e orquestras sinfônicas. Como demonstrou DiMaggio, uma das estratégias adotadas pelas elites urbanas no final do século XIX foi tornar esses tipos de organizações menos acessíveis à classe trabalhadora.

Presume-se que, se videoclipes musicais, com muitas das características dos estilos de arte de vanguarda do século XX,²² fossem exibidos apenas em museus de arte em lugar de transmitidos pela televisão a cabo, seriam definidos como alta cultura, em vez de sê-lo como cultura popular. As razões pelas quais o teatro da Broadway é classificado como alta cultura e as novelas de televisão, como cultura popular têm mais a ver com diferenças de acessibilidade para a média das pessoas do que com diferenças de conteúdo. Segundo H. Stith Bennett, "populares são aquelas coisas amplamente distribuídas, coisas com que qualquer um pode entrar em contato, coisas compartilhadas por comunidades inteiras".²³

A situação é ainda mais ambígua no que diz respeito à literatura. Enquanto a arte de vanguarda tem suas próprias redes e organizações especializadas, a ficção – que mais tarde vai ser definida como literatura e como um clássico – está sujeita ao mesmo processo de controle de acesso que a ficção popular. De fato, a maior parte dos futuros clássicos começa como *best-seller*. Livros que se tornam *best-sellers* tendem a ser publicados por poucas editoras, que, com frequência, fazem sua publicidade na revista literária popular norte-americana mais importante, a *New York Times Book Review*.²⁴

---

21. Edward C. Banfield, *The democratic muse: visual arts and the public interest*, Nova York: Basic, 1984.
22. Ann Kaplan, *Rocking around the clock: music television, postmodernism, and consumer culture*, Nova York: Methuen, 1987.
23. H. Stith Bennett, *On becoming a rock musician*, Amherst: University of Massachussetts Press, 1980, p. 3.
24. Richard Ohmann, "The shaping of a canon: US Fiction, 1960-1975", *Critical Inquiry*, 10 (1):199-223, 1983.

Produtores culturais cujos recursos são limitados demais (para criar e manter mundos culturais onde seu trabalho possa ser avaliado e propagado para o público) são incapazes de sustentar alegações de que suas convenções culturais produzem obras que merecem ser consideradas alta cultura. No passado, era bastante frequente que obras de mulheres e negros não conseguissem sustentar tais alegações, sendo seus autores relegados ao *status* de artesãos, artistas "folclóricos" ou animadores (outro exemplo de exclusão cultural que usa fronteiras simbólicas).

Enquanto as comunidades artísticas masculinas de classe média são apoiadas por organizações variadas, como escolas de arte, jornais, galerias, centros de arte e museus, as comunidades artísticas de classe baixa e das minorias têm poucas organizações devotadas ao seu bem-estar e pouco acesso a organizações de classe média. Esses obstáculos só podem ser sobrepujados parcialmente, como indica o estudo de Lachmann sobre o segmento de pinturas murais dos grafiteiros nova-iorquinos no final dos anos 1970.[25]

Esses jovens pintores negros desenvolveram um sistema de aprendizado em que os novatos podiam aprender as diferentes técnicas de grafitar murais em vagões do metrô, e um sistema de controle de acesso, em que os pares avaliavam os trabalhos uns dos outros em "cantos de escritores", localizados em estações nodais do sistema de metrô da cidade de Nova York. Esses cantos de escritores serviam para reunir, em uma comunidade ou rede que abrangia toda a cidade, muralistas de diferentes vizinhanças. Nesses espaços, eles obtinham prestígio e reconhecimento. Segundo Lachmann,

a concepção quantitativa de estilo dos muralistas permitia que desenvolvessem um mundo de arte total, formulando padrões estéticos para avaliar os murais uns dos outros e determinando quais inovações de conteúdo e técnica seriam julgadas avançadas no estilo grafite. Comparações de estilo eram tornadas possíveis pela mobilidade do grafite nos trens do metrô. Os cantos de escritores permitiam que os muralistas se associassem com seus pares, que constituíam uma audiência com a experiência e o discernimento para outorgar fama ao estilo.[26]

---

25. Richard Lachmann, "Graffiti as career and ideology", *American Journal of Sociology*, 94 (2), pp. 229-250, 1988.

26. *Idem*, p. 242. Alguns desses grafiteiros murais tiveram exposições em galerias de Manhattan, principalmente porque um grupo de artistas brancos, os neoexpressionistas, estava interessado em explorar temas da cultura popular em seus trabalhos.

Desnecessário dizer, a "fama" desses muralistas não transcendeu as fronteiras de sua própria comunidade, que acabou sendo destruída pela polícia. Músicos negros encontraram problemas semelhantes. Na virada do século XX, isso ocorreu com o *jazz*, originado como um mundo cultural isolado, de classe baixa, em que grupos de músicos se apresentavam em clubes e bares de negros. Nos anos 1940 e 1950, os músicos negros de *jazz* de classe média, com treinamento musical formal em conservatórios, criaram uma sucessão de mundos culturais de classe média em que destacaram o domínio técnico dos instrumentos e a experimentação autoconsciente com as convenções musicais.[27] As apresentações ocorriam nos mesmos lugares que as de música clássica: salas de concerto e *workshops* acadêmicos com públicos brancos de classe média. A despeito dessas ocorrências, o debate sobre o *jazz* ser uma arte nunca foi resolvido. Vuillamy afirma que a classe dirigente musical falhou ao não reconhecer todos os tipos de música provenientes da tradição afro-americana.[28] Essa tradição produziu uma nova linguagem musical, muito diferente da tradição musical europeia. Estilos musicais, como o *jazz*, o *rock* e o *soul*, são rejeitados por não se conformarem aos critérios da tradição europeia.

Vuillamy conclui que há conjuntos muito diferentes de padrões estéticos para criar o que é, de maneira vaga, chamado de música "popular".[29] Como ele sublinha, isso contradiz a difundida suposição de que a cultura popular é uma "categoria homogênea, enquanto a alta cultura está subdividida em muitas categorias diferentes com fronteiras estritas".[30] Supõe-se, automaticamente, que a primeira é de qualidade inferior.

Tanto na cultura urbana como na nacional, os produtores culturais estão sujeitos a sistemas estritos de controle de acesso, embora o nível de exclusão seja consideravelmente maior no âmbito nacional do que no urbano. Neste último, há mais oportunidade de encontrar um nicho para o não convencional, o excêntrico e o peculiar, mas, por outro lado, a sobrevivência de culturas urbanas é sempre precária e o número de pessoas que as consomem regularmente é muito menor.

---

27. Richard A. Peterson, "A process model of the folk, pop, and fine art phases of jazz", em Charles Nanry (org.), *American music: from Storyville to Woodstock*, New Brunswick, NJ: Transaction, 1972.

28. Graham Vuillamy, "Music and the mass culture debate", em John Shepherd (org.) *et al., Whose music? A Sociology of musical languages*, London: Latimer, 1977, p. 183.

29. *Idem, ibidem*; ver também H. Stith Bennett, *On becoming a rock musician*, op. cit.

30. *Idem*, p. 182.

A interpenetração da alta cultura e da cultura popular ❋ Há uma tensão contínua entre a tendência das principais culturas da mídia de dominar todo o sistema – pois as organizações dessa área se fundem para tornar-se conglomerados cada vez mais gigantescos – e a contínua proliferação de novas organizações culturais em culturas locais e periféricas. Falta documentação relativa ao alcance em que os produtos culturais ou temas se movem de culturas nacionais para culturas urbanas, ou vice-versa. Nas duas últimas décadas, as culturas de vanguarda em música e pintura frequentemente absorveram temas e imagens de culturas da mídia nacional.[31] As indústrias de música popular encontraram novos músicos na classe trabalhadora urbana e em culturas minoritárias de *rock*.

Enquanto os críticos tendem a sublinhar o efeito da alta cultura sobre a cultura popular, a arbitrariedade dessas categorias tem sido indicada pela alta frequência da colaboração, tanto passada como presente, através dessas assim chamadas fronteiras. Usando exemplos de movimentos artísticos na França na virada do século XX, Crow desenvolve um argumento complexo, de que os artistas de vanguarda naquele período recorriam a ideias que grupos sociais marginais haviam ligado a artefatos da cultura popular. Retrabalhando essas ideias com suas próprias descobertas estéticas, produziram trabalhos que revitalizaram tanto a vanguarda como as culturas populares.[32]

À medida que as mídias, e particularmente a televisão, foram assumindo papéis cada vez maiores na nossa existência diária, elas se tornaram, cada vez mais, o tema de artistas que aspiram à vanguarda. Parte da motivação deles para usar esses temas é o forte desejo de comunicar-se com uma audiência maior do que o público que, no passado, apreciava a alta cultura. E eles escolhem retrabalhar imagens da mídia porque são familiares e, portanto, acessíveis ao público em geral.[33]

Esse tipo de intercâmbio foi assunto, em museus, de grandes mostras que tentaram traçar as interações entre pintura e publicidade, por um lado, e, por outro, pintura e grafite, histórias em quadrinhos, publicidade

---

31. Diana Crane, *The transformation of the avant-garde, op. cit.*

32. Thomas Crow, "Modernism and mass culture in the visual arts", em Benjamin H.D. Buchloh et al., *Modernism and modernity*, Halifax: The Press of the Nova Scotia College of Art and Design, 1983.

33. Diana Rico, "For Los Angeles artists, the media is the subject", *International Herald Tribune*, 28-29 de abril de 1990; e, também, Diana Crane, *The transformation of the avant-garde, op. cit.*

e caricaturas.³⁴ Novamente, o tráfego é de mão dupla, com pintores adotando temas da cultura popular, e a cultura popular incorporando esses temas como foram reelaborados pelos pintores. Ocorrências semelhantes tiveram lugar na música, em que jovens músicos descobriram, em várias ocasiões, não serem muito diferentes o vocabulário musical do *hard rock* e o do minimalismo serial. Segundo Iain Chambers,

a partir do final dos anos 1960, as composições musicais de Frank Zappa, de grupos alemães como Can, Amon Duul II e Tangerine Dream, e, na Inglaterra, Henry Cow, Brian Eno e mesmo David Bowie, podem ser ligadas a experimentos em serialismo, repetição e "ruído" incidental encontrados nos trabalhos de Varèse, Stockhausen, Cage, Riley, LaMonte Young, Glass e outros.³⁵

Uma ocorrência relacionada é que os artistas de vanguarda estão cada vez mais usando as tecnologias que formaram a base de grande parte da cultura popular. A ponta da lança da vanguarda está na arte que usa vídeo, filme, televisão e fotografia. À medida que essas tecnologias se tornam mais acessíveis àqueles com meios limitados, o uso da tecnologia vai deixar de ser critério para separá-la da cultura popular.

Ao mesmo tempo, a cultura e o comportamento da vanguarda estão se tornando cada vez mais frequentes entre os criadores que são identificados com a cultura popular. As estratégias da vanguarda aparecem no comportamento dos criadores da música *punk*, como nas tentativas deliberadas de provocar suas plateias, indefinições intencionais das fronteiras entre arte e a vida diária, e justaposição de objetos e comportamentos díspares.³⁶ Como apontou Kaplan, alguns videoclipes musicais criam um tipo de ambiguidade e provocação vanguardista, mas muitas vezes com inconsistências gritantes que prejudicam os efeitos.³⁷ Finalmente,

---

34. Por exemplo, "Arte e Publicidade: 1890-1990", Georges Pompidou Center, Paris, 1 de novembro de 1990 a 25 de fevereiro de 1991; e, também, "Alta e Baixa: Arte Moderna e Cultura Popular", Museu de Arte Moderna, Nova York, 1990.
35. Iain Chambers, "Contamination, coincidence, and collusion: pop music, urban culture and the avant-garde", em Cary Nelson & Lawrence Grossberg, *Marxism and the interpretation of culture*, Urbana: University of Illinois Press, 1988, p. 610.
36. Tricia Henry, "Punk and avant-garde art", *Journal of Popular Culture*, 17 (4), pp. 30--36, 1984.
37. Ann Kaplan, *Rocking around the clock*, op.cit.

desenhistas de moda descobriram que a provocação vanguardista é um meio de atrair a atenção para o trabalho deles.[38]

Cultura da mídia, cultura urbana e exclusão cultural ☼ Ancorando essas diferentes formas de cultura em determinado contexto ambiental, é mais fácil identificar suas conexões com elites e estruturas de poder, e evitar generalizações abstratas sobre influência e impacto. As elites que se beneficiam do controle sobre esses diferentes tipos de cultura são numerosas e variadas. Na literatura, há tendência a falar de uma única elite, *ou da* classe alta *ou da* classe média alta. Na realidade, hoje, todas as classes sociais estão internamente fragmentadas em diferentes estilos de vida ou classes culturais que, às vezes, fazem diferentes classes se cruzar.[39]

Diferentes elites controlam diversas formas de cultura nacional. Em Hollywood, Faulkner documentou a existência de uma elite que controla a cultura do cinema nacional.[40] Outras elites controlam o meio editorial, a televisão e a música popular.[41] O fato de todas essas elites poderem ser categorizadas como classe média alta ou classe alta não altera o fato de que, dentro dessas classes, grupos particulares de pessoas — com diferentes tipos de experiências étnicas, educacionais e ocupacionais — controlam a produção e a distribuição dessas culturas.

Até que ponto tais elites são hábeis em manipular mensagens culturais excluindo, assim, suas audiências do acesso a certos tipos de informação ou visões de mundo? Em geral, as culturas da mídia nacional fornecem um meio de definir a realidade para grandes segmentos da população, embora a extensão em que isso realmente ocorre tenha sido objeto de consideráveis controvérsias na literatura, pois assume-se um nível de integração social que não é realista. Na literatura, há consenso de que o conteúdo que entra na cultura nuclear é caracterizado por alto grau de ênfase em certos temas e que determinados tópicos recebem mais

---

38. Diana Crane, "Fashion worlds: anatomy of an avant-garde fashion tradition", trabalho apresentado na XIV Conferência Anual sobre Teoria Social, Política e Artes, American University, Washington, DC, 28 a 30 de outubro de 1988.
39. Um relatório recente documenta a existência de quarenta diferentes estilos de vida nos Estados Unidos; ver Michael J. Weiss, *The clustering of America*, Nova York: Harper & Row, 1989.
40. Robert R. Faulkner, *Music on demand*, New Brunswick, NJ: Transaction, 1983.
41. Lewis A. Coser *et al.*, *Books: the culture of publishing*, Nova York: Basic, 1982; ver também, Todd Gitlin, *Inside prime time*, Nova York: Pantheon, 1983.

atenção do que outros. Quanto maior a audiência, mais estereotipado o material comunicado, para facilitar sua compreensão por indivíduos com diferentes bagagens (*backgrounds*).[42]

Entretanto, a teoria da recepção contribuiu com uma nova compreensão do impacto da cultura popular, em que se atribui muito mais importância ao público. "Textos", sejam impressos ou visuais, são considerados "indeterminados", e isso significa que descrições de pessoas, lugares e eventos estão sempre incompletas. Para o texto fazer sentido, os leitores preenchem as lacunas, mas, como os indivíduos diferem nas maneiras de realizar essa tarefa, emerge uma grande variedade de interpretações. A hipótese da teoria da recepção é que os leitores pertencem a "comunidades interpretativas": comunidades de leitores que interpretam o mesmo texto de maneiras semelhantes por compartilharem experiências e ambientes semelhantes. Por exemplo, o estudo de Radway sobre mulheres da classe média baixa que eram leitoras dedicadas de romances sentimentais também descobriu que essas mulheres aceitavam alguns elementos daqueles romances como "realidade", como fontes de informação que poderiam contribuir para o conhecimento que tinham do mundo, e, ao mesmo tempo, prendiam-se a certos aspectos dos romances que não só influíam em sua autoestima enquanto mulheres mas também satisfaziam suas necessidades pessoais de "nutrição" emocional. Romances que não preenchiam essas necessidades eram considerados "malsucedidos" por essas leitoras. As mulheres interpretavam tais romances de maneiras muito diferentes do que é lugar-comum supor, isto é, que tais romances são uma forma *light* de pornografia.[43]

Fiske afirma que os textos se tornam populares não por expressarem uma visão de mundo hegemônica, mas por "ressoarem" no público. Suas mensagens se encaixam com as ideias que as pessoas estão usando para interpretar suas experiências sociais em determinado momento. Ao consumir cultura popular, a satisfação provém de reassegurar-se de que sua interpretação do mundo é congruente com a interpretação de outros.[44]

---

42. Diana Crane, *The production of culture: media industries and urban arts*, Newbury Park, CA: Sage, 1992.

43. Janice Radway, *Reading the romance: women, patriarchy and popular culture*, Chapel Hill: University of North Carolina Press, 1984.

44. John Fiske, "Popularity and ideology: a structuralist reading of Dr. Who", em Willard D. Rowlands & Bruce Watkins (orgs.), *Interpreting television: current research perspectives*, Beverly Hills, CA: Sage, 1984.

A fragmentação das culturas nacionais periféricas significa que o conteúdo (por exemplo, música popular, revistas) é cada vez mais adaptado aos interesses e estilos de vida de grupos demográficos estreitamente definidos. A cultura que esses grupos recebem reflete seus gostos, interesses e atitudes em determinado período no tempo. Consequentemente, em lugar de desafiar, tal cultura confirma suas visões de mundo e autoimagem. Dada a proliferação dos estilos de vida e suas ligações com comunidades residenciais que são extremamente homogêneas quanto a isso,[45] parece provável que os estilos de vida de hoje funcionem, mais do que as culturas urbanas de elite, como fronteiras simbólicas.

Nas culturas urbanas, também se encontram diferentes elites controlando diferentes formas de cultura.[46] Em algumas cidades, os membros das classes altas, representando riqueza herdada e *status* social, controlam conselhos diretores de organizações culturais – museus, orquestras sinfônicas e teatros de ópera – que preservam e disseminam formas clássicas de cultura gravada.[47] Grupos que produzem culturas de circulação mais restrita, de vanguarda, tendem a ser controlados por elites acadêmicas e intelectuais.[48] As culturas urbanas das classes baixa e média baixa tendem a ser controladas por membros de grupos étnicos específicos no âmbito dessas classes.

Como as culturas urbanas são distribuídas para públicos baseados em classe, é nessa área que a exclusão cultural tradicionalmente tem lugar. Como DiMaggio mostrou, no século XIX, a elite de Boston construiu um mundo de alta cultura formado por organizações que ela controlava, e pelas quais ela excluía as não elites.[49] Aqueles que não tinham acesso a certas formas de cultura urbana podiam estar em desvantagem em termos de mobilidade ascendente[50]. Entretanto, pelo menos nos Esta-

---

45. Michael J. Weiss, *The clustering of America*, op. cit.

46. Samuel Gilmore, "Coordination and convention", *op. cit.*; ver, também, D. Crane, *The production of culture*, op.cit.

47. Paul DiMaggio, "Cultural entrepreneurship in nineteenth century Boston: the creation of an organizational base for high culture in America", *Media, Culture and Society*, 4, pp. 33-50, 1982.

48. Herbert J. Gans, "American popular culture and high culture in a changing class struture", em Judith Balfe & Margaret Jane Wyszomirski (orgs.), *Art, ideology, and politics*, Nova York: Praeger, 1985.

49. Paul DiMaggio, "Cultural entrepreneurship in nineteenth century Boston", *op. cit.*

50. Pierre Bourdieu, *Distinction: a social critique of the judgement of taste*, Cambridge: Harvard University Press, 1984.

dos Unidos, as diferenças de estilo de vida (decoração da casa, esportes, etiqueta social, vestuário etc.) entre classes sociais são provavelmente mais marcantes para a mobilidade ascendente do que diferenças no consumo da cultura gravada.

Um modelo de organização da cultura urbana controlada pelas elites se aplica melhor a cidades mais antigas da Costa Leste, mas mesmo lá tal modelo está se tornando cada vez mais inaplicável; e muitas cidades do centro-oeste e do oeste nunca serviram de exemplo para ele. Nas cidades do leste, nas duas últimas décadas (1970-1980), declinou a influência das elites de classe alta em organizações que preservam as tradições culturais clássicas; em parte, devido à crescente mobilidade geográfica dos membros dessas elites (o que produz o declínio do comprometimento com cidades específicas), e, em parte, devido a seus recursos financeiros serem insuficientes para apoiar tais organizações. À medida que essas organizações conseguem outras fontes de apoio, novas elites (corporativas, políticas) vão substituindo as anteriores. Isso significa que novos atores exercem controle sobre a definição de cultura gravada que é distribuída nesses cenários.

Uma exposição no Museu de Arte Moderna, em Nova York,[51] exemplifica essa transformação. Apoiada por uma corporação que fabrica *microchips* para computadores, a exposição foi organizada em torno do tema *"microchips* são obras de arte". Começaram a ocorrer conflitos entre "velhas" e "novas" elites, como foi testemunhado pela controvérsia sobre a exibição de fotografias de Robert Mapplethorpe. Ao mesmo tempo, organizações culturais são compelidas a atrair audiências maiores e mais representativas da população como um todo, o que, por sua vez, afeta sua seleção de ofertas culturais. Na outra ponta da escala social, à medida que membros dos grupos étnicos se casam entre si ou ascendem na sociedade, declina seu envolvimento com formas de cultura urbana étnica.

Em algumas cidades, a cultura de vanguarda e a cultura comercial foram usadas como parte de uma "estratégia de desenvolvimento baseada nas artes" nas vizinhanças dos centros das cidades, para expandir economias urbanas, atraindo investimentos corporativos bem como turistas e residentes suburbanos.[52] A análise desses projetos revela que estão

---

51. Trata-se de "Arte da Informação: Diagramando *Microchips*", 6 de setembro a 30 de outubro de 1990.

52. J. A. Whitt & A. J. Share, "The performing arts as an urban development strategy: transforming the central city", *Research in Politics and Society*, 3, pp. 155-177, 1988.

concentrados principalmente na criação de organizações, com ou sem fins lucrativos, encravadas em instalações para turistas de classe média e visitantes. A maioria dos projetos de desenvolvimento urbano baseados nas artes negligenciam as culturas urbanas da classe trabalhadora e tendem a deslocar redes de criadores de vanguarda como resultado da valorização das propriedades.

Há também alguns indícios de que a natureza das cidades em geral está mudando, de maneira a não favorecer a sobrevivência ou o crescimento de culturas urbanas. Dado o alto nível de mobilidade geográfica da classe média, as cidades representam cada vez menos comunidades de indivíduos ligados uns aos outros, direta ou indiretamente, por laços sociais de longo prazo e comprometidos com a sobrevivência das instituições políticas e culturais.[53] Cidades mais novas geralmente consistem em aglomerações em subúrbios: não há centro em que poderiam ser agrupadas organizações culturais, e não há elite dominante com um forte compromisso com a cidade para atuar como benfeitora. Considerando que subculturas urbanas estão sendo substituídas ou deslocadas pelas culturas suburbanas construídas em torno de *shopping centers*, há menos espaço para culturas "alternativas" que atraiam pequenos segmentos da população.

Conclusão ✷ Para resumir, as culturas gravadas são mais complexas do que sugere o modelo de alta cultura/cultura popular. Afirmei que a alta cultura é, em grande parte, um fenômeno criado e consumido em cenários urbanos, enquanto a cultura popular é distribuída por indústrias de mídia nacionais. Entretanto, as culturas urbanas incluem formas de cultura criadas para a classe trabalhadora que não se ajustam às definições tradicionais de alta cultura. De fato, a última, como costuma ser definida na literatura, corresponde mais proximamente à cultura clássica transmitida por organizações sem fins lucrativos, mas isso representa apenas uma pequena porção das formas de cultura criadas e distribuídas em cenários urbanos.

A cultura popular distribuída para audiências de massa não mais se ajusta ao estereótipo da cultura popular na literatura sociológica. Na realidade, os tipos de cultura distribuídos pelas organizações de mídia nacionais para as audiências de massa e para audiências especializadas

---

53. Craig Calhoun, "Populist politics, communications media, and large scale social integration", *Sociological Theory*, 6 (2), pp. 219-241, 1988.

estão se tornando cada vez mais diversificados. Muitas vezes, tais tipos de cultura também se parecem com os produtos de culturas urbanas, na medida em que as vanguardas assimilam tanto as tecnologias usadas para produzir a cultura da mídia como suas imagens e temas, enquanto os inovadores da mídia saqueiam arquivos de todas as formas de cultura em uma busca desesperada de imagens e temas atípicos.

Embora as culturas urbanas permaneçam fortemente associadas a classe social, sua utilidade para manter as fronteiras sociais entre classes sociais está decrescendo, à medida que as estruturas sociais urbanas sofrem mudanças drásticas, e o controle das organizações culturais urbanas, juntamente com o poder de definir cultura, passa para elites corporativas e agências governamentais. À medida que os conglomerados da mídia estão se expandindo para dimensões globais, as estruturas sociais que apoiaram as culturas urbanas no passado estão sendo transformadas de maneiras que ameaçam sua sobrevivência no longo prazo.

REFERÊNCIAS BIBLIOGRÁFICAS

• BANFIELD, Edward C. *The democratic muse: visual arts and the public interest.* Nova York: Basic, 1984.

• BECKER, Howard S. *Art worlds.* Berkeley: University of California Press, 1982.

• BENNETT, H. Stith. *On becoming a rock musician.* Amherst: University of Massachussetts Press, 1980.

• BOURDIEU, Pierre. *Distinction: a social critique of the judgement of taste.* Cambridge: Harvard University Press, 1984.

• CALHOUN, Craig. "Populist politics, communications media, and large scale social integration". *Sociological Theory,* 6 (2), pp. 219-241, 1988.

• CHAMBERS, Iain. "Contamination, coincidence, and collusion: pop music, urban culture and the Avant-Garde". Em: NELSON, Cary & GROSSBERG, Lawrence. *Marxism and the interpretation of culture.* Urbana: University of Illinois Press, 1988.

• CHRISTOPHERSON, Richard W. "From folk art to fine art: a transformation in the meaning of photographic work". *Journal of Contemporary Ethnography: Urban Life and Culture,* 3 (2), pp. 123-157, 1974.

• COSER, Lewis A. et al. *Books: the culture of publishing.* Nova York: Basic, 1982.

• CRANE, Diana. *The transformation of the avant-garde.* Chicago: University of Chicago Press, 1987.

• _____. "Fashion worlds: anatomy of an avant-garde fashion tradition". Trabalho apresentado na XIV Conferência Anual sobre Teoria Social, Política e Artes, American University, Washington, DC, 28 a 30 de outubro de 1988.

• _____. *The production of culture: media industries and urban arts.* Newbury Park, CA: Sage, 1992.

• CROW, Thomas. "Modernism and mass culture in the visual arts". Em: BUCHLOH, Benjamin H.D. et al. *Modernism and modernity.* Halifax: The Press of the Nova Scotia College of Art and Design, 1983.

• DIMAGGIO, Paul. "Cultural entrepreneurship in nineteenth century Boston: the creation of an organizational base for high culture in America". *Media, Culture and Society,* 4, pp. 33-50, 1982.

• FAULKNER, Robert R. *Music on demand.* New Brunswick, NJ: Transaction, 1983.

• FISKE, John. "Popularity and ideology: a structuralist reading of Dr. Who". Em: ROWLANDS, Willard D. & WATKINS, Bruce. (orgs.). *Interpreting television: current research perspectives.* Beverly Hills, CA: Sage, 1984.

• FITZGIBBON, Heather. "From prints to posters: the production of artistic value in a popular art world". *Symbolic Interaction,* 10, pp. 111-128, 1987.

• GANS, Herbert J. *Popular culture and high culture.* Nova York: Basic, 1974.

- GANS, Herbert J. "American popular culture and high culture in a changing class struture". Em: BALFE, Judith & WYSZOMIRSKI, Margaret Jane (orgs.). *Art, ideology, and politics*. Nova York: Praeger, 1985.
- GENDRON, Bernard. "Theodor Adorno meets the Cadillacs". Em: MODLESKI, Tania. (org.). *Studies in entertainment*. Bloomington: University of Indiana Press, 1987.
- GILMORE, Samuel. "Coordination and convention: the organization of the concert world". *Symbolic Interaction*, 10 (2), pp. 209-227, 1987.
- GITLIN, Todd. *Inside prime time*. Nova York: Pantheon, 1983.
- HALLE, David. "Class and culture in modern America: the vision of the landscape in the residences of contemporary Americans". *Prospects*, 14, pp. 373-406, 1989.
- HENRY, Tricia. "Punk and avant-garde art". *Journal of Popular Culture*, 17 (4), pp. 30-36, 1984.
- KAPLAN, Ann. *Rocking around the clock: music television, postmodernism, and consumer culture*. Nova York: Methuen, 1987.
- KEALY, Edward. "Conventions and the production of the popular music aesthetic". *Journal of Popular Culture*, 16 (2), pp. 100-115, 1982.
- LACHMANN, Richard. "Graffiti as career and ideology". *American Journal of Sociology*, 94 (2), pp. 229-250, 1988.
- MULKAY, Michael & CHAPLIN, Elizabeth. "Aesthetics and the artistic career: a study of anomie in fine-art painting". *Sociological Quarterly*, 23 (1), pp. 117-138, 1982.
- OHMANN, Richard. "The shaping of a canon: US Fiction, 1960-1975". *Critical Inquiry*, 10 (1), pp. 199-223, 1983.
- OSBORNE, Conrad L. "Opera's fabulous vanishing act". *New York Times*, 17 de fevereiro de 1991.
- PETERSON, Richard A. "A process model of the folk, pop, and fine art phases of jazz". Em: NANRY, Charles. (org.). *American music: from Storyville to Woodstock*. New Brunswick, NJ: Transaction, 1972.
- RADWAY, Janice. *Reading the romance: women, patriarchy and popular culture*. Chapel Hill: University of North Carolina Press, 1984.
- RICO, Diana. "For Los Angeles artists, the media is the subject". *International Herald Tribune*, 28-29 de abril de 1990.
- VUILLAMY, Graham. "Music and the mass culture debate". Em: SHEPHERD, John. (org.) et al. *Whose music? A Sociology of musical languages*. London: Latimer, 1977.
- WEISS, Michael J. *The clustering of America*. Nova York: Harper & Row, 1989.
- WHITT, J. A. & SHARE, A. J. "The performing arts as an urban development strategy: transforming the central city". *Research in Politics and Society*, 3, pp. 155-177, 1988.
- ZOLBERG, Vera. *Constructing a sociology of the arts*. Nova York: Cambridge University Press, 1990.

4. O CORPO DA NATUREZA E AS METÁFORAS DO ALIMENTO[1] ✣ *Joseph R. Gusfield*

> *Nenhuma dieta vem sem uma agenda social maior*
> **Hillel Schwartz, Never satisfied**

"As doutrinas que os homens ostensivamente abraçam", escreveu o historiador britânico Leslie Stephen, "não se tornam operantes sobre suas condutas até que tenham gerado um simbolismo imaginativo".[2] O "simbolismo imaginativo" permeia os enquadramentos culturais em que os seres humanos constituem sua experiência, e proporciona o senso de ordem e entendimento pelo qual se atribui sentido a eventos e objetos. Assim, um estudo de símbolos e seus significados é essencial na análise sociológica e inerente aos estudos culturais.

Objeto de variação histórica, o corpo humano é uma perpétua fonte de significados. É um instrumento de propósitos e um objetivo de perfeição estética. Pode ser atraente ou repulsivo, glorificado ou transcendido, coberto com adornos ou exposto e revelado. A concepção que se faz do corpo e o modo como os seres humanos agem em relação a ele são uma questão de cultura e história, tanto quanto o são os costumes e a moral dos hábitos alimentares, e os cânones do comportamento sexual. O corpo humano é, ao mesmo tempo, uma entidade anatomofisiológica e um objeto cultural.

Investigar o significado do corpo é fazer um relato descritivo de como homens e mulheres agem em relação a seus próprios corpos e também uma exploração analítica de como tais ações estão ligadas a outros aspectos da vida. Segundo Jayme Sokolow, "o corpo, em todas as sociedades, simboliza a luta entre ordem e desordem".[3] Analisar os significados de saúde e alimento é procurar tais simbolismos e caçar as possíveis ordens sociais e políticas às quais poderiam estar relacionados. Este ca-

---

1. Este capítulo é parte do capítulo sobre movimentos de saúde de um livro em andamento, provisoriamente intitulado *The idea of regress: studies in the antimodern temper*.
2. Mark Schorer, *William Blake: the politics of vision*, Nova York: Vintage, 1959, p. 25, citando Leslie Stephen, *History of English thought in the eighteenth century*, 2, Londres: Putnam, 1927, p. 329.
3. Jayme Sokolow, *Eros and modernization*, Londres: Associated Universities Press, 1983, p. 92.

pítulo representa essa procura, conduzida pelo simbolismo da natureza e cultura em discursos sobre os movimentos de alimentos naturais nos séculos XIX e XX.

A cultura pode ser pensada como um conjunto de significados possíveis, de que se pode lançar mão para constituir realidades experimentadas[4]. Há muitos exemplos das maneiras diversas como os objetos se constituem nos diferentes contextos históricos. O modo como é percebido o objeto "criança" variou muito na história ocidental. Em certas épocas, crianças foram consideradas como pequenos adultos, e a elas foram atribuídas as mesmas motivações, compreensões e responsabilidades morais que aos adultos.[5] Outro exemplo de como a cultura constitui a experiência de objetos e eventos está na própria concepção de arte. Não é inerente à natureza da produção artística "ver" produtos artísticos como criativos "por mérito próprio", como objetos a serem contemplados, em vez de um meio que serve a algum outro propósito, seja religioso, instrutivo ou decorativo. Tal noção não emergiu até o século XVIII.[6] Em vez disso, símbolos e mitos podem se mostrar como arquétipos contínuos, reaparecendo de novo e de novo na história. Tal é o "mito do eterno retorno", uma idade de ouro à qual os humanos sonham em retornar.[7] É frequente haver na história símbolos, como a natureza ou o primitivo. Eles existem como parte do estoque de símbolos, ideias, mitos, imagens e lendas disponíveis para que se recorra em qualquer período dado.[8]

4. Alfred Schutz, *The phenomenology of the social world*, Evanston, IL: Northwestern University Press, 1967; e Anne Swidler, "Culture in action: symbols and strategies", *American Sociological Review*, 51 (2), pp. 273-286, 1986.
5. Phillipe Ariès, *Centuries of childhood: a social history of family life*, Nova York: Vintage, 1962.
6. M. H. Abrams, "Art-as-such: the sociology of modern aesthetics", *Bulletin of the American Academy of Arts and Sciences*, 38 (6), pp. 8-33, 1985.
7. Mircea Eliade, *The myth of the eternal return*, Princeton, NJ: Princeton University Press, 1971; Northrop Frye, *Anatomy of criticism*, Princeton, NJ: Princeton University Press, 1957.
8. George Boas & A. O. Lovejoy, *Primitivism and related ideas in antiquity*, Baltimore: John Hopkins University Press, 1935; Hayden White, "The forms of wildness: archeology of an idea", em Edward Dudley & Maximilian Novak (orgs.), *The wild man: an image in western thought from the Renaissance to Romanticism*, Pittsburgh: University of Pittsburgh Press, 1972; e George Stocking Junior, "The ethnographic sensibility of the 1920s

A concepção de cultura como as categorias a *priori* que constituem a possibilidade da experiência apresentou um problema metodológico para a análise sociológica das ideias. Os conceitos-chave do sociólogo têm sido (e afirmo que ainda são) os de estrutura social, hierarquia e grupo social. O princípio marxista de que a existência determina a consciência resumiu a maior parte do armamento do sociólogo. Nas duas últimas décadas [1970-1980], no movimento intelectual geral das ciências sociais, esse dogma pareceu gradativamente menos viável, e seu oposto, cada vez mais relevante.

A relação entre cultura e estrutura social permanece como um problema intelectual importante do método sociológico, e este capítulo é um esforço para reconciliar conceitos que estão à beira do divórcio. Nele, examino o conceito "natureza" e como ele assume significados divergentes em diferentes contextos sociais, com consequências e entendimentos diversificados em relação à estrutura social e à percepção do corpo. Enquanto "o corpo" é um objeto comum, suas propriedades simbólicas e seus significados podem ser distintamente diversos em diferentes contextos.

Os símbolos e significados culturais que ordenam a experiência não existem em um vácuo. Há, neles, implicações para a vida que operam a favor e contra grupos e instituições. Na maior parte das sociedades, tais símbolos e significados não são compartilhados por todos. Conceitos de saúde e de alimento, analisados aqui, são símbolos de quem somos e do que somos, assim como de quem e do que não somos. Tais símbolos assumem significados que, implícita ou explicitamente, podem ser tanto estruturais como culturais. Eles não só ordenam a experiência, mas também o fazem distinguindo-a de outros significados e de outras experiências que manifestem significados diferentes. Neste artigo, o tema não é apenas os significados e símbolos através dos quais se unem a saúde e a ingestão de alimentos. É também os contextos estruturais fornecedores de significados que são mais temporais e espaciais do que os significados e símbolos culturais. Os contrastes entre "medicina popular" e medicina profissional, e entre alimentos naturais e alimentos comerciais, fornecem diferentes contextos de compreensão. Criam e mantêm fronteiras que definem lealdades, e fornecem distinções que se valem de conflitos sociais e aspirações enraizadas na estrutura social e os acentuam. Comer

and the dualism of the anthropological tradition", *Romantic motives: essays on anthropological sensibility*, Madison: University of Wisconsin Press, 1989.

não é apenas um processo fisiológico, é também uma forma de autoprodução através da comunicação: ingerimos formas simbólicas.

O quadro para a análise de movimentos dos alimentos naturais nos séculos XIX e XX é definido por contrastes e conflitos entre diferentes formas culturais e estruturais. Trata-se de uma luta básica – entre os princípios hedonistas de uma economia de mercado e a abstinência proveniente de filosofias e religiões de autocontrole; e entre as necessidades para a ordem social e os receios do controle social –, luta essa que se localiza profundamente dentro do individualismo norte-americano. Esses contrastes e conflitos dão forma a um contexto em que, nos movimentos dos anos 1830 e 1950, a dieta e a saúde vão se entrelaçar de diferentes maneiras.

A contracultura da medicina popular ✷ Os movimentos norte-americanos para reformar nossa maneira de nos alimentarmos sempre se colocaram no contexto da saúde. Historiadores e críticos sociais interessados nas formas de recreação, lazer e jogos discutiram longa e detalhadamente as similaridades e diferenças delas dentro das estruturas sociais. Variedades de entretenimento, atividades de jogos e brincadeiras e regras de moralidade entre as classes foram foco de estudos e ensaios críticos.[9] Os termos costumeiramente usados para descrever tais divisões foram os da cultura *popular* ou *folclórica* e os de uma *elite* ou *alta* cultura. Tais contrastes foram retirados de uma classe, ou alguma outra ordem hierárquica, em que um grupo (ou instituição) mais poderoso – como o alto escalão de uma igreja ou uma elite social – tenta controlar ou mudar o comportamento daqueles que estão abaixo na escala de poder e de prestígio.[10]

A distinção é feita de outra maneira quando estudiosos das áreas de medicina e saúde discutem a prática da medicina e a ideia de saúde da maneira como é abordada dentro e fora das instituições médicas, incorporada em médicos, enfermeiros, clínicas, hospitais e pacientes. As distinções são menos aquelas de classe e mais aquelas entre treinamentos

---

9. Peter Burke, *Popular culture in early modern Europe*, Londres: Temple Church, 1970; Herbert J. Gans, *Cultura popular e alta cultura*: Edições Sesc São Paulo, 2014; e E. P. Thompson, "Patrician society, plebeian culture", *Journal of Social History*, 7 (4), pp. 382-405, 1974.

10. Roy Rosenzweig, *Eight hours for what we will*, Cambridge: Cambridge University Press, 1983; e Peter Burke, *Popular culture in early modern Europe*, op. cit.

formais e "crenças populares" informais e não disciplinadas. E aí aparecem os termos medicina *profissional* e medicina *popular*. A última também é discutida como medicina *alternativa* e, às vezes, *curandeirismo*.[11] Eu prefiro, entretanto, ficar com *elite* e *popular*, para comunicar o sentido mais destacado que esses termos comuns, usados em outras áreas, ajudam a manter.

A reivindicação da ciência de ter avançado no bem-estar humano através de descobertas médicas é uma das afirmações mais reveladoras da ideia de progresso no século XX. Por meio da pesquisa científica, a civilização nos protegeu contra a doença e a deterioração, e aumentou a expectativa de vida, enquanto a tornava mais confortável. Foi com o desenvolvimento do conhecimento e de equipamentos técnicos que a saúde melhorou e a vida foi prolongada. A medicina profissional contemporânea institucional apoia-se na crença de haver um *corpus* especial de conhecimento e perícia técnica de tal monta que apenas aqueles nele treinados podem ajudar a curar doenças e prevenir enfermidades. Essa é uma definição proveniente da instituição médica. Pessoas especialmente reconhecidas (médicos e enfermeiros) e locais especialmente equipados para essa finalidade (clínicas e hospitais) representam a forma institucionalizada da medicina científica. É por essas pessoas e nesses espaços que a legítima medicina deveria ser praticada, e apenas dessa forma se pode ter saúde.[12]

Os triunfos da pesquisa científica favoreceram e apoiaram a reivindicação dos profissionais de que sabem mais e têm maior perícia em prevenção, diagnóstico e tratamento de doenças do que os leigos, que não têm o treinamento nem a tecnologia. Sem o progresso da ciência, as reivindicações da elite médica para legitimar sua autoridade não teriam credibilidade nem confiança.

A instituição médica e a medicina profissional emergem como atributos da cultura, produtos de um desenvolvimento histórico em que a natureza é dominada e aperfeiçoada. Por outro lado, a medicina popular afirma conseguir a saúde independentemente de médicos e instituições médicas.[13] Nessa perspectiva, a saúde não depende do conhecimento

---

11. Paul Starr, *The social transformation of American medicine*, Nova York: Basic, 1982; e Richard Shryock, "Sylvester Graham and the health movement", *Mississippi Valley Historical Review*, 18 (2), pp. 172-183, 1931.

12. Ver Capítulo 10, em Talcott Parsons, *The social system*, Glencoe, IL: Free, 1951.

13. Guenter Risse, Ronald Number & Judith Leavitt (orgs.), *Medicine without doctors*, Nova York: Science History Publications USA, 1977.

científico nem de uma elite profissional – está ao alcance da pessoa comum; e não precisa de treinamento especial ou equipamento caríssimo. O populacho, os não treinados, não profissionalizados, são seus melhores médicos, seus melhores curandeiros. O "homem natural" tem tanta autoridade em questões de saúde quanto os profissionais com títulos acadêmicos, como doutorado e outros. Se, conceitualmente, a medicina de elite é considerada uma instituição legítima, então a medicina popular pode ser entendida como uma contramedicina e parte da contracultura.

Seria injustificado resumir toda a medicina popular em qualquer descrição única é fácil. Mas é inerente à sua concepção que ela seja populista, e não profissional. Essa noção e outras similares caracterizam muitos dos movimentos divergentes de reforma médica do século XIX, embora não todos; e muitos da medicina alternativa do século XX. A situação hoje não é muito diferente daquela expressa, no início do século XIX, por Samuel Thomson, líder sectário da "medicina botânica". O estudo da medicina, escreveu ele, é "não mais necessário à raça humana em geral, para qualificá-la a administrar alívio da dor e da doença, do que o de um cozinheiro para preparar alimentos e satisfazer a fome".[14]

Essa distinção entre medicina popular e de elite marca uma fronteira essencial para compreender os movimentos de alimentos naturais. Tais movimentos fazem parte da medicina popular e precisam ser analisados em contraste com práticas e filosofias da medicina como são conduzidas nas instituições de elite.

O alimento como metáfora e símbolo social ✺ Meu uso de cultura e sua incorporação no alimento é uma perspectiva centrada na compreensão dos significados. Desse ponto de vista, a cultura pode ser vista como sistema simbólico que organiza a vida em um conjunto compreensível de ações e eventos.[15] Clifford Geertz declarou isso de maneira excelente:

> Tanto os símbolos ou sistemas de símbolos chamados cognitivos como os chamados expressivos têm, então, pelo menos uma coisa em comum: são fontes extrínsecas de informação em cujos termos a vida humana pode ser moldada – mecanismos ex-

---

14. Paul Starr, *The social transformation of American medicine*, op. cit., p. 52, citando Samuel Thomson.
15. Joseph R. Gusfield, *The culture of public problems: drinking, driving and the symbolic order*, Chicago: University of Chicago Press, 1981.

trapessoais para a percepção, compreensão, julgamento e manipulação do mundo. Padrões de cultura [...] são "programas": fornecem um molde ou esquema para a organização de processos sociais e psicológicos.[16]

O uso do alimento e da bebida como símbolos da posição e do *status* social é um velho tema em sociologia. O clássico estudo de Thorstein Veblen sobre o consumo ostentatório e os símbolos de *status* criou um modo de análise que, desde sua publicação original em 1899, tornou-se base de estudos sociológicos do comportamento do consumidor.[17] Mais recentemente, o estudo do alimento e da bebida centrou-se tanto no texto (o conteúdo do consumo) quanto em seu contexto (o cenário e os participantes). Nesse renascimento do interesse em uma antropologia do alimento, Mary Douglas, provavelmente sua figura líder, faz distinção entre alimento como material e alimento como símbolo, referindo-se ao ato de comer como um "campo de ação". "É um meio em que outros níveis de categorização se tornam manifestos."[18] Em sua análise das refeições britânicas e das regras das *kashruth* (leis dietéticas) judaicas, ela demonstrou como o que é comido, e o modo como é comido, constitui uma forma de comunicação e pode ser lido como um objeto cultural, incorporando os atributos da organização social ou cultural geral.[19]

Outros usaram orientações bastante similares para o estudo do alimento. A distinção de Sahlins – entre os animais que são apropriados para comer e os que não são, nas sociedades ocidentais – enfatizava as qualidades "quase humanas" atribuídas aos "animais de estimação", como cães, cavalos e gatos, comparados a animais percebidos como menos que humanos, como porcos, carneiros e bovinos.[20] A análise de Barthes do bife como comida masculina ou do açúcar como simbólico de um "tempo agradável" mostra novamente que o alimento é um sistema de sinais e símbolos que podem ser lidos por seu significado – por

---

16. Clifford Geertz, "Ideology as a cultural system", *The interpretation of cultures*, Nova York: Basic, 1973, p. 216.
17. Thorstein Veblen, *The theory of the leisure class* (1898), Nova York: Modern, 1934.
18. Mary Douglas, "Standard social uses of food: introduction", *Food and the social order: studies in three American communities*, Nova York: Russell Sage, 1984, p. 30.
19. Idem, "Deciphering a meal", *Implicit meanings*, Londres: Routledge & Kegan Paul, 1975.
20. Marshall Sahlins, *Culture and practical reason*, Chicago: University of Chicago Press, 1976.

sua denotação e por sua conotação.²¹ *The raw and the cooked*, de Lévi-Strauss, é, talvez, a obra seminal na abordagem ao estudo do alimento como símbolo e como meio de comunicação.

Já Pierre Bourdieu, em sua análise do gosto e da estrutura social, apresenta um estudo empírico dos hábitos do consumidor e uma teoria interpretativa que, aplicada ao alimento e à bebida, vê, no alimento ou nas refeições, a comunicação e a representação de orientações mais gerais para estilos de vida. Em suas pesquisas da população francesa, Bourdieu descobriu diferenças bem marcantes, entre várias classes e grupos ocupacionais, nos alimentos ingeridos e na natureza das refeições. Entre as classes trabalhadoras, a ênfase em comer está no material e no familiar. Raramente são convidadas pessoas sem relação próxima com os habitantes da casa. A sequência dos pratos servidos não é importante e, nessa sequência, a troca dos pratos (da louça) em que são servidos é mínima. O alimento em si é pesado e enche a barriga – o foco está na grande quantidade. Há uma divisão marcante entre comida para homens e para mulheres, e falta preocupação com alimentos que deem saúde ou a beleza do corpo. O oposto ocorre entre os pequeno-burgueses e a burguesia: a refeição é uma ocasião para a interação social, sendo regulada nas maneiras e na sequência, e são consideradas outras preocupações, como as consequências para a saúde e para a estética.²²

Bourdieu compreende que essas diferenças empíricas evidenciam a existência de gostos distintivos baseados em classe, que fazem parte de estilos de vida fundamentais e firmemente estabelecidos. Ao enfatizar a refeição como ocasião para relacionamentos sociais, a burguesia nega a função primária, material, de alimentar a família e manter sua integração com as áreas mais disciplinadas da vida. A ordem, a sobriedade e a propriedade não podem ser abandonadas. Nisso, expressam uma orientação à *sociedade* como questão de refinamento e regulamentação, de uma "estilização da vida" que "tende a transferir a ênfase da substância e função para a forma e maneira, negando, assim, a crua realidade ma-

---

21. Roland Barthes, *Mythologies*, St. Albans: Paladin, 1973; e "Toward a psychosociology of contemporary food consumption", em R. Forster & O. Ranum, *Food and drink in history*, Baltimore: John Hopkins University Press, 1979; ver também o Capítulo 5, em Peter Farb & George Armelagos, *Consuming passions: the anthropology of eating*, Nova York: Pocket, 1980.

22. Pierre Bourdieu, *Distinction: a social critique of the judgement of taste*, Cambridge, MA: Harvard University Press, 1984, pp. 177-200.

terial de comer e das coisas consumidas ou [...] a vulgaridade material básica daqueles que se entregam às satisfações imediatas do alimento e da bebida".[23]

Descrever um contexto estrutural não é deduzir, de uma situação social, o comportamento, como resposta ou solução direta a problemas sociais percebidos. Alimento e corpo podem ser mais bem compreendidos como possuidores de vários níveis de significados, como sendo polissêmicos.[24] Em um nível, a relação entre alimento e saúde pode ser compreendida literalmente. Nesse nível, a relação é fisiológica e não reflete qualquer atitude quanto à ordem social. Entretanto, em outros níveis, ela pode ser compreendida metaforicamente, como simbolizando a experiência do usuário, do autor, e como representando os outros domínios da compreensão com que o literal está conectado.[25] Ver o bife como simbólico de masculinidade é observar as propriedades simbólicas com as quais ele foi investido em algumas sociedades modernas[26]. Os atributos metafóricos são conectados por uma visão comum do mundo, por uma forma de atividade estilizante.[27] São esses níveis e domínios de significado diversos, mas ainda assim conectados, que constituem o objeto de minha análise dos movimentos de alimentos naturais.

O movimento dos alimentos naturais: Sylvester Graham e os anos 1830

❋ O movimento norte-americano dos "alimentos naturais" teve origem nos anos 1830 – um período de intenso redespertar religioso e profunda preocupação com a imoralidade e o crime associados à crescente urbanização.[28] Esses também foram os anos em que estavam emergindo

---

23. *Idem*, p. 196.
24. Victor Turner, *The forest of symbols: aspects of Noembu ritual*, Ithaca, NY: Cornell University Press, 1967; Edmund Leach, *Culture and communication*, Cambridge: Cambridge University Press, 1976; e, também, Joseph R. Gusfield & Jerzy Michelowicz, "Secular symbolism: studies of ritual, ceremony and the symbolic order in modern life", em Ralph Turner & James Short (orgs.), *Annual Review of Sociology*, 10, Palo Alto, CA: Annual Reviews, 1984.
25. Mary Douglas, "Deciphering a meal", *op. cit.*; e "Standard social uses of food", *op. cit.*; e, ainda, Peter Farb & George Armelagos, *Consuming passion, op. cit.*
26. Roland Barthes, *Mythologies, op. cit.*
27. Pierre Bourdieu, *Distinction, op. cit.*, 1984.
28. Stephen Nissenbaum, *Sex, diet and debility in Jacksonian America: Sylvester Graham and health reform*, Westport, CT: Greenwood, 1980; Jayme Sokolow, *Eros and moderni-*

novas atitudes públicas em relação à sexualidade e ao álcool, e em que muitos estavam experimentando a transformação da sociedade norte-americana, de uma comunidade hierárquica tradicional para uma de maior abertura e individualidade. Via-se o declínio da autoridade de instituições do passado, especialmente aquela da família, e o conflito de gerações crescia à medida que a família e o trabalho como aprendiz desempenhavam um papel cada vez menor na determinação da escolha da carreira. O principal sinal de perigo foi o desaparecimento da autoridade familiar e eclesiástica, que provocou medo na mente de muitos, embora para outros fosse fonte de satisfação.[29] É contra esse pano de fundo que o aparecimento do movimento americano dos alimentos naturais nos anos 1830 pode ser compreendido.

Sylvester Graham costuma ser considerado como a principal figura no desenvolvimento do sistema de ideias associado a evitar alimentos e a crenças a respeito dos perigos que a moderna tecnologia alimentar representa para a saúde. Ministro presbiteriano ordenado, Graham não era um profissional da medicina. Entretanto, tinha lido e sido influenciado por Bichat e Broussais, dois fisiologistas franceses, e Benjamin Rush, médico norte-americano reformista da saúde. Enquanto servia como organizador da Sociedade Americana da Temperança, Graham ganhou proeminência durante a epidemia de cólera de 1832, por meio de conferências sobre saúde, em Nova York e na Filadélfia.

Os princípios fisiológicos que Graham recebera estavam associados a uma orientação em relação à vida moderna que enfatizava o efeito destrutivo dos "refinamentos" modernos nos alimentos, na moralidade e na saúde. Nos anos 1830, os americanos começam a abandonar o cultivo autossuficiente (pelo menos de seus próprios alimentos), apoiando-se então no crescimento da comercialização de gêneros alimentícios. Graham estava particularmente chocado com a produção do pão fora de casa. Para agradar o paladar dos consumidores, as padarias comerciais usavam farinha refinada, produzindo um pão que era mais branco, menos granuloso e menos fibroso do que o pão áspero e escuro a que

zation, op. cit.; Hillel Schwartz, *Never satisfied: a cultural history of diets, fantasies and fat*, Nova York: Anchor, 1986.

29. Carroll Smith-Rosenberg, "Sex and symbol in Victorian piety", em John Demos & Sarane Boocock, *Turning points: historical and sociological essays on the family*, Chicago: University of Chicago Press, 1978; e David Rothman, *The discovery of the asylum: social order and disorder in the New Republic*, Boston: Little, Brown, 1971.

os americanos eram habituados. Graham estava convencido de que essa perda de fibras era prejudicial à saúde. Em suas conferências e escritos, pregava contra o uso da farinha refinada e contra o consumo de pão branco.[30] Desenvolveu um alimento chamado "Graham cracker", ainda em uso nos lares americanos de hoje, que retinha as qualidades fibrosas naturais dos antigos pães.

O pão é, com certeza, parte central da dieta e, como consequência, objeto frequente de simbolização. São exemplos disso partir o pão como símbolo de solidariedade ou o uso da hóstia na eucaristia. Escrevendo ou falando sobre as vantagens da farinha integral, não refinada, Graham se tornava nostálgico, associando o pão com o lar, doce lar:

Quem pode olhar trinta ou quarenta anos para trás, para aqueles dias abençoados, dias de prosperidade e felicidade na Nova Inglaterra, quando nossas boas mães faziam o pão da família, pode lembrar-se bem de quanto tempo aquelas excelentes matronas pacientemente trabalhavam sobre as mesas de pão amassando e moldando a massa, e como o faziam. E quem, com tais recordações, também não se lembra bem do delicioso pão que aquelas mães invariavelmente colocavam à sua frente? Nele havia uma doçura e uma riqueza naturais que o tornavam sempre desejável.[31]

Mas Graham e os grahamitas foram bem além de um ataque à farinha refinada. O esquema de Graham para compreender a má saúde estava construído sobre uma suposta relação entre excitação e debilidade.[32] Certos alimentos criavam uma excitação que era perigosa para o corpo. A farinha refinada, produzida na agricultura comercial, privava o corpo das necessárias fibras rústicas. Mas não eram apenas os efeitos diretos da dieta sobre o corpo que alarmavam Graham. Eram também aqueles provocados pelo desejo sexual e as relações sexuais na saúde. Limitar a luxúria era essencial para a saúde humana, assim como dar limites à gula. Carne, especiarias, açúcar, café, chá e álcool, assim como o sexo, eram outras formas de excitação também deletérias para o corpo. E também o nervosismo criado pelo compasso da vida urbana. A estimulação resultante arriscava destruir uma saúde natural que as gerações precedentes, e os povos primitivos, conheciam e seguiam instintivamente.

---

30. Sylvester Graham, *Lectures on the science of human life*, Boston: Marsh, Capen, Lyon & Webb, 1839.

31. *Idem*, vol. 2, pp. 448-449.

32. Stephen Nissenbaum, *Sex, diet and debility in Jacksonian America, op. cit.*

O ponto de vista de Graham sobre as consequências debilitantes dos estímulos e relações sexuais "excessivos" deve ser compreendido em relação ao crescente puritanismo das normas sexuais americanas. Tal puritanismo – que os europeus frequentemente veem como parte da cultura norte-americana – não emergiu até os anos 1830.[33] Em parte, é produto do revivalismo religioso daquele tempo, mas também uma resposta às imoralidades percebidas nas cidades em crescimento e, nelas, entre populações imigrantes cada vez mais diversas. Um estudo sobre a influência de Graham e o aparecimento da moralidade "vitoriana" nos Estados Unidos atribui ambos a uma resposta norte-americana à modernização.[34]

Quaisquer que sejam as origens dessa moralidade vitoriana, a moral sexual contemporânea era cada vez mais atacada. Havia admoestações públicas contra a masturbação e um sentimento expresso de que o comportamento sexual e a gula estavam fora de controle.[35] O próprio Graham foi um dos primeiros enunciadores públicos da nova pureza sexual. Seu *Lectures to young men on chastity*[36] está entre os primeiros discursos do movimento antimasturbação. Para qualquer consideração acerca das campanhas de pureza do século XIX, essa atitude em relação à masturbação e ao sexo em geral é significativa. E a conexão entre dieta e sexualidade é importante para o caráter simbólico dos significados nelas implícitos. Na época de Graham, cada uma delas envolve uma visão similar do corpo como metáfora para a ordem e para a desordem social. Essa conexão é o eixo central da minha análise.

Em todos os seus escritos, e naqueles de muitos de seus seguidores, está presente um contraste entre um passado natural e um presente artificial, de civilização. Os processos pelos quais os alimentos são cultivados, preparados e processados para o mercado comercial de clientes anônimos, e as adulações que induzem o consumidor ao "luxo" desmesurado, são afastamentos de uma ordem natural de eventos. Essa ordem natural é mais saudável e segura do que a da vida moderna, a despeito

---

33. Jayme Sokolow, *Eros and modernization*, op. cit.; e Carroll Smith-Rosenberg, "Sex and symbol in Victorian piety", op. cit.

34. Jayme Sokolow, *Eros and modernization*, op. cit.

35. *Idem*; ver Capítulo 2; e também o Capítulo 2 em Hillel Schwartz, *Never satisfied*, op. cit.

36. Sylvester Graham, *Lectures to young men on chastity*, Boston: George W. Light, 1840. Em português, o título seria "Lições para rapazes sobre castidade" (N.T.).

de suas inovações técnicas. Graham se opunha ao uso, então inovador, do esterco como fertilizante. Era "não natural". O processo de assar pão feito com farinha superfina "torturava-o, deixando-o em um estado desnaturado".[37] O aumento dos apetites sexuais, nas modernas condições, contrastava com uma propensão natural para o autocontrole.

O uso que Graham fazia da *natureza* não era simplesmente uma equação entre a ausência do moderno e o seu mundo contemporâneo. Era um senso tanto antropológico como religioso, embora ele não fosse primitivista.[38] A natureza é a ordem de Deus, as leis da natureza. Mesmo ele vendo tais leis serem frequentemente seguidas na vida primitiva, em que os humanos agem instintivamente, ou no passado imediato da vida rural nas fazendas, isso não significa que, também aí, não possam ser desobedecidas. É a desobediência a essas leis da vida saudável que constitui o perigo para a saúde. A humanidade, escreveu ele, não deseja afirmar que na "ordem mais alta dos trabalhos de Deus [...] a vida humana e a saúde, pensamentos e sentimentos são governados por leis tão precisas, fixas e imutáveis como aquelas que mantêm os planetas em suas órbitas".[39]

Graham, assim, assemelhava-se a muitos que, no século XIX, refletiam sobre a saúde. Ele equiparava a moral e o medicinal; boa saúde e bom caráter andam juntos. Melhorando a saúde, melhoravam-se as capacidades morais; melhorando o caráter moral, melhorava-se a saúde. O corpo não era apenas um objeto fisiológico neutro, mas um campo de contenção moral. A autodisciplina exigida pela dieta saudável era, em si, um ato de virtude moral. Esse era um paradigma comum no século XIX,[40]

---

37. Stephen Nissenbaum, *Sex, diet and debility in Jacksonian America*, op. cit., p. 7.

38. James Whorton, *Crusaders for fitness: the history of American health reformers*, Princeton, NJ: Princeton University Press, 1982. Segundo Schwartz, "Graham seguia pouquíssimo [James Fenimore Cooper e] as *Histórias das meias de couro*, e foi demasiado presbiteriano para abraçar o primitivo. Ele propôs uma rejeição civilizada da civilização, uma volta não ao primitivo tribal, mas à cristandade primitiva"; ver Hillel Schwartz, *Never satisfied*, op. cit., p. 32.

39. Sylvester Graham, *Lectures on the science of human life*, op. cit., vol. 1, p. 20.

40. Ver Capítulo 2, em Hillel Schwartz, *Never satisfied*, op. cit.; e capítulos 2 e 7, em Charles Rosenberg, *The cholera years: the United States in 1832, 1849 and 1866*, Chicago: University of Chicago Press, 1962; e, também, Charles Rosenberg & Carroll Smith-Rosenberg, "Pietism and the origins of the American public health movement", em Judith Leavitt & Ronald Numbers (orgs.), *Sickness and health in America*, Madison: University

e Graham o expressava da seguinte maneira: "Enquanto continuarmos a violar as leis fisiológicas de nossa natureza, nossos sistemas vão continuar sendo vulcões vivos de maus sentimentos e más paixões que, não importa quão corretos sejam nossos princípios abstratos de moralidade, vão continuar suas erupções de ações imorais".[41]

Estendi-me sobre Graham e suas ideias muito mais do que parece justificável. Tenho duas razões para isso. A primeira é que Sylvester Graham estava entre os reformadores medicais líderes de seu tempo, e suas ideias – e aquelas de muitos outros reformadores e grahamitas – influenciaram fortemente as concepções americanas de saúde e doença, e dos usos alimentares. Ele não só criou várias publicações, mas suas concepções de como evitar os riscos de má saúde estavam incorporadas em vários dos hotéis e *resorts* grahamitas. Sua influência sobre os adventistas do sétimo dia americanos foi grande. Um desses seguidores grahamitas foi John Harvey Kellogg, que inventou os *corn flakes* – uma tentativa de fornecer alimento vegetal, fibroso e seguro para o desjejum americano.[42]

A segunda razão (e talvez a mais importante) é que as ideias de Graham, tanto manifestas como em seu simbolismo e significados latentes, têm muito em comum com o atual movimento de alimentos naturais nos Estados Unidos. O modo como Graham percebe alimentos como fontes de risco ou segurança e o que ele pensava de seu simbolismo em relação ao consumidor e sua sociedade são extraordinariamente semelhantes às atitudes que hoje vigoram nos movimentos de alimentos naturais. Por essa razão, é útil analisar mais de perto o pensamento de Graham.

Acho proveitoso conceber as ideias de Graham sob forma de dois conjuntos de contrastes. No primeiro (ver Tabela 1), o contraste está baseado em substâncias. No segundo (ver Tabela 2), nos significados que Graham costuma adicionar, nas atribuições simbólicas de seu pensamento. Aqui, as distinções refletem a perspectiva da ordem natural como benigna e conducente à saúde, e a da ordem (ou desordem) social como produtora de doenças.

---

of Wisconsin Press, 1985; e, ainda, o Capítulo 1, em David Pivar, *Purity crusade: sexual morality and social control, 1868-1890*, Westport, CT: Greenwood, 1973.

41. David Pivar, *Purity crusade, op. cit.*, pp. 38-39, citando Sylvester Graham.

42. Gerald Carson, *Cornflake crusade*, Nova York: Rinehart, 1957.

TABELA 1 ✣ Tabela substantiva de saudável e insalubre

SAUDÁVEL	INSALUBRE
Não refinado	Refinado
Rústico	Macio
Puro	Com aditivos
Cru	Cozido
Pão de trigo integral	Pão branco
Orgânico	Com fertilizante
Água	Álcool
Suco de fruta	Chá, café
Castidade	Relações sexuais
Natural	Artificial

TABELA 2 ✣ Tabela simbólica de ordens saudáveis (naturais) e ordens insalubres (sociais)

ORDEM NATURAL	ORDEM SOCIAL
Temperança	Indulgência
Serenidade	Agitação
Desejos naturais	Desejos induzidos
Suficiência	Luxo
Autocontrole	Controle externo
Lar	Comércio
Economia moral	Economia de mercado
Saúde	Doença
Natureza	Civilização

Contextos sociais e significados estruturais ✣ As duas tabelas relacionam as várias questões substantivas, tais como a preferência por farinha não refinada, e características pessoais e morais, como a temperança, simbolizadas pelos estilos de comer recomendados. Entretanto, esses significados também precisam ser examinados à luz daquilo que seus contrastes implicam para a estrutura social. Em outro nível de análise, Graham e seus seguidores estão oferecendo conselhos que se relacionam à ordem social de seu tempo. É aqui que cultura e estrutura social se unem para formar significados contextualizados. É aqui que contrastes entre os aspectos substantivo e simbólico do significado se transformam em afirmações sobre fronteiras sociais entre comportamentos valorizados e comportamentos desvalorizados, entre pessoas saudáveis e pessoas doentes.

Graham descreveu um quadro do que ele considerava não só censurável, mas também insalubre, em alimentos e sexo, na ordem social que, a seu ver, emergia nos Estados Unidos dos anos 1830. Com o mercado substituindo o lar como fonte de produção de alimentos, o controle do indivíduo e da família sobre as coisas de sua vida, de sua comida está passando para mãos institucionais – para a agricultura comercial, para a tecnologia alimentar, para empresas impessoais, orientadas para o lucro. É um mercado cujo apelo ao consumidor é o do gosto e o do gozo. Com essa transformação, começa a existir um novo tipo de pessoa – um tipo indulgente, que não tem capacidade de autocontrole. Nos anos 1830, crescia a abundância de alimentos e, ao mesmo tempo, cresciam denúncias de gula.[43] É nessa ordem social que Graham encontra as fontes de risco para a saúde e para a moralidade.

Há, entretanto, um contraste a ser protegido e ao qual o novo ser – o consumidor – pode apegar-se por segurança: é a ordem natural, que homens e mulheres conheceram e são capazes de seguir. Tal ordem natural não é a de Hobbes, mas aquela de Rousseau. Não há, para os seres humanos, vantagem no crescimento de uma ordem social maior, mais integrada tecnologicamente, nem no progresso material que ela traz. A saúde é atributo do passado, do americano tradicional incólume, severo e disciplinado.

Na eleição presidencial de 1840, ficou evidente que esse simbolismo caracterizava outros grupos além dos grahamitas. Os liberais (*whigs*), seguidores de William Henry Harrison, usaram a distinção entre a elite e o povo descrevendo seu candidato como um homem da "cabana de troncos", em contraste com o polido Martin Van Buren, da elite. No discurso de campanha, a culinária de Van Buren foi contrastada com a comida simples e despretensiosa de Harrison, "vinhos de *château*" versus a "cidra da cabana de troncos": "A fábula era a mesma. O simples, o cultivado em casa, o rude e o franco devem triunfar sobre o elegante, o manufaturado, o refinado e o diplomático".[44]

Em sua história do movimento grahamita, Stephen Nissenbaum ressalta a ironia de a antipatia de Graham pelo mercado estar associada a

---

43. Hillel Schwartz, *Never satisfied*, op. cit.
44. *Idem*, p. 36.

uma visão do homem naturalmente capaz de autocontrole. Esse último princípio, insiste, condiz com uma "filosofia burguesa" mais consistente com o mercado do que com uma economia habitual.[45]

Eu concordaria com Nissenbaum que as doutrinas de Graham simbolizam um modo de ver as instituições comerciais daquele tempo como prejudiciais aos seres humanos e de considerar uma ordem natural como superior e preferível à ordem social. Mas a contradição está tão profundamente enraizada em concepções de uma filosofia burguesa consistente quanto estava em Graham.[46] No contexto da doutrina de Graham de saúde e risco, o que minha análise dessas ideias revela é o individualismo inerente à glorificação do homem natural. Como discuto mais adiante, Graham critica formas enfraquecidas de controle social e a consequente necessidade de princípios de autodisciplina que se apresentou nos anos 1830. O mercantilismo em desenvolvimento e o enfraquecido papel da autoridade familiar, comunal e religiosa levaram à liberação dos apetites – da paixão, dos sentimentos e do desejo. Gula e luxúria eram tanto resultado como fonte de doenças e enfermidades.

Nesse ponto, o enunciado de Graham sobre pureza sexual é significativo. Certamente não é idiossincrático quanto a Graham. No movimento da dieta, também outros eram críticos das práticas sexuais americanas e escreveram várias formas de conselhos para jovens rapazes, incluindo condenações da masturbação e avisos sobre seus efeitos perversos e maléficos.[47] Entre eles estavam William Alcott, o maior "concorrente" de Graham no início dos anos 1830; Russell Trall, em 1856; James Jackson, em 1862; e John Harvey Kellogg, em 1888. Publicar as palestras de Graham sobre o assunto foi uma forma de fixar por escrito o que ele estivera dizendo, durante dois anos, em conferências para jovens rapazes em escolas e faculdades. Esse seu público era de rapazes que moravam longe da família, livres para explorar as áreas novas e sem controle da vida urbana.

Graham e os outros dirigiam suas mensagens de pureza sexual a esse jovem, desligado das instituições da família ou da igreja, desabituado à supervisão ocupacional. Era o jovem rapaz, o adolescente sem ligações

---

45. Stephen Nissenbaum, *Sex, diet and debility in Jacksonian America*, op. cit.

46. Harry Gene Levine, "Demon of the middle class: liquor, self-control and temperance ideology in 19th-century America", Tese de doutorado, Berkeley: Department of Sociology, University of California — Berkeley, 1978.

47. Carroll Smith-Rosenberg, "Sex and symbol in Victorian piety", *op. cit.*

– uma parte das "classes perigosas" que alimentavam as desordens do crime urbano e da embriaguez –, que constituía a fonte de medo. Esses jovens eram também as vítimas potenciais das tentações às quais a vida urbana moderna os expunha,[48] eram objeto dos desejos despertos e desimpedidos que os circundavam nos ambientes urbanos.

A mensagem de Graham e de outros reformadores sexuais era substancialmente a mesma: controle-se. O sexo se destina à reprodução, não à recreação. A indulgência, o hedonismo e o autoabuso [como chamavam a masturbação] contêm as sementes da doença – influem diretamente na má saúde, chegando até mesmo a levar à insanidade, e, indiretamente, em seu efeito sobre o futuro papel de marido e pai. Casais casados, acautelava Graham, deveriam limitar as relações sexuais a uma vez por mês. É o estímulo e a agitação que, dentro dos limites de seu esquema fisiológico, causam doenças no estômago e diminuem o vigor e a aptidão física geral do indivíduo.

E no conceito de agitação, encontro uma conexão entre a temperança, as teorias sexual e dietética, e as exortações de Graham. Em todas elas, as tentações da indulgência e liberação circundam o indivíduo. Os novos alimentos, as oportunidades sexuais, a presença do álcool, todos prejudicam a ordem moral da comunidade e a ordem pessoal do indivíduo. Todo estímulo e excitação do desejo tem efeitos prejudiciais sobre a saúde. Estão declinando os controles institucionais da família, da igreja e do trabalho.

A solução que ele sugere não é a instituição reformada, mas a emergência de autodisciplina e autocontrole elevados. Na ausência de autoridade, a ordem social e moral deve depender dos mecanismos internos de disciplina e ordem que o indivíduo é capaz de sustentar.

É nessa conjuntura de diversos programas vinculados ao autocontrole que encontro a significação metafórica, simbólica dos alimentos naturais no século XIX. Os conceitos que fazem a ligação são "excitação" e "autocontrole". A excitação emana de fora, dos alimentos e mercados, e das tentações disponíveis para a população urbana contemporânea. No exemplar inaugural do *Graham Journal of Health and Longevity*, o editor escreve:

---

48. Paul Boyer, *Urban masses and the moral order in America, 1820-1920*, Cambridge, MA: Harvard University Press, 1978; e Hillel Schwartz, *Never satisfied*, op. cit.

O movimento mental do presente é retrógrado [...] a veemência da paixão está dominando o vigor do pensamento [...] Veemência e impetuosidade são, de fato, as características da época [...] o desejo contínuo e desordenado, e a busca ansiosa de toda e qualquer espécie de estímulos físicos e morais [...] tudo [é] adotado para excitar e dissipar.[49]

Tal descrição da sociedade da época poderia ter sido usada por Émile Durkheim como exemplo de anomia. Retrata-se uma sociedade em que normas comunais, religiosas e familiares ou estão ausentes ou são impossíveis de fazer cumprir. No consequente vazio, qualquer coisa é possível, tudo pode ser realizado. Em tal sociedade, não se pode contar com os controles institucionais tradicionais para assegurar uma vida moralmente correta. A disciplina e o controle devem depender de si mesmo.

O que o corpo simboliza como objeto de saúde? A doença, como a imoralidade sexual e a intemperança, é tanto sinal como efeito da deserção moral. Indica a inabilidade da pessoa em exercer resistência ao desejo físico e, ao mesmo tempo, resulta na debilidade e doença que constituem as enfermidades. Aqui está exemplificado o tema do perfeccionismo cristão. A imoralidade é também insalubre. A enfermidade é o fracasso de observar a lei de Deus e um sinal de negligência teológica. Como destaca James Whorton, *estimulação* é um termo que, no tempo de Graham, era usado tanto no contexto moral como no fisiológico:

A determinação de promover a piedade suprimindo as paixões e os apetites animais – o princípio vitoriano contrário ao prazer – era suficientemente avançada a ponto de marcar, como moralmente perversa, a superestimulação ou a excitação nervosa e mental: o primeiro passo do declínio gradual para a embriaguez e a devassidão.[50]

O corpo é, então, uma área de conflito entre as tentadoras forças do mercado e da cidade (que atraem a pessoa para gratificações físicas imediatas) e as leis de Deus e da natureza, das quais derivam os cânones da boa saúde e da vida correta. Em um mundo mutável, de tradição e forças institucionais enfraquecidas, é em si mesmo que se deve procurar fontes de controle social e pessoal.

Essa análise de propriedades simbólicas e metafóricas na teoria da saúde não é reducionista. Não estou afirmando que Graham e seus dis-

---

49. *Graham Journal of Health and Longevity*, 29 de março de 1837, p. 1.
50. James Whorton, *Crusaders for fitness*, op. cit., p. 43.

cípulos viam os alimentos naturais como meio de atingir a moralidade sexual ou um dispositivo para lidar com o crime e a desordem urbanos. Isso não é, certamente, o que os grahamitas afirmam. Em vez disso, o que estou defendendo é que a teoria da doença e da saúde, e do corpo como objeto, pode ser compreendida como "fazendo sentido" para os grahamitas e suas audiências por estarem embutidas em uma visão da realidade que se ajusta às experiências deles. Tais "hipóteses de raiz" ou paradigmas são encontradas nas conferências e livros sobre sexo e temperança, e na fisiologia. Nelas, o corpo é visto metaforicamente. Elas são o que cristãos que experimentam o declínio no controle comunal e familiar bem poderiam ter entendido. É na visão do corpo como manifestação da ordem moral e desordem imoral que a cultura opera. Ao perceber a situação dos tempos – no caso, autoridade reduzida e tentação crescente –, a estrutura social opera para dar significado específico e estabelecido às categorias culturais.

Implícito nesse paradigma está um ponto de vista particular acerca do lugar da pessoa na sociedade. Não se podia contar com os controles sociais externos para produzir pessoas de retidão moral porque tais controles estavam ausentes ou não funcionavam. Como Levine, Rothman e outros ressaltaram, as regras sociais nos Estados Unidos na época colonial eram impingidas por instituições, e não por pessoas.[51] O século XIX não podia fazê-lo. Uma resposta poderia ter sido tentar reconstruir ou reforçar tais instituições. A análise que Rothman fez de asilos para doentes mentais, albergues, penitenciárias e hospitais descreve tais tentativas. Mas elas não existem nos movimentos dos alimentos naturais nem na reforma da saúde em geral. Graham e seus seguidores olhavam para o indivíduo, para o eu.

O movimento dos alimentos naturais: a medicina popular e a contracultura, 1950-1990 ✳ O interesse por alimentos naturais e saúde nutricional certamente não desapareceu com a morte de Graham, tampouco as seitas passageiras de saúde. Ele influenciou muitos discípulos e, de suas ideias sobre cereais e os riscos de comer carne, emergiu uma indústria comercial moderna – aquela de cereais para o desjejum. Tanto John Harvey Kellogg como C. W. Post se intitulavam discípulos de Graham. Kellogg, médico e adventista do sétimo dia, tornou-se diretor de um sanatório grahamita e, embora ainda seguisse os princípios de

---

51. Harry Gene Levine, "Demon of the middle class", *op. cit.* 1978; David Rothman, *The discovery of the asylum, op. cit.*

nutrição de Graham, aproximou-o de práticas médicas convencionais. Fez experiências com vários grãos e, em 1900, inventou o *corn flake*. Esse produto, originado de uma ameaça percebida no mercado, desenvolveu uma nova indústria. Durante os quase cinquenta anos em que desempenhou papel significativo no cenário da saúde americana, Kellogg foi um escritor prolífico. Escreveu também sobre questões morais, dando continuidade ao tema da pureza sexual que os primeiros defensores dos alimentos naturais tinham adotado.[52]

Outros continuaram a defender a causa da boa nutrição como o caminho que levava à boa saúde. Esses esforços, contudo, continuaram à margem das instituições médicas. Seguindo os feitos da imunização bacteriológica e do saneamento, e a organização da medicina como profissão dominada pelo paradigma da alopatia, o movimento dos alimentos naturais permaneceu marginal às formas centrais de consumo de alimentos nos Estados Unidos.[53]

O movimento dos alimentos naturais dos anos 1950 em diante ❊ Começando em alguma altura dos anos 1950 e continuando até o presente, houve uma aceleração do interesse na nutrição como meio para ter boa saúde e prevenir doenças.[54] A evidência disso está na crescente publicação de livros defendendo o valor dos "alimentos naturais" e criticando os hábitos alimentares americanos atuais. E comprova-se, mais ainda, no considerável aumento de publicações devotadas ao assunto e na proliferação de um novo tipo de empresa, a do "alimento saudável" ou indús-

---

52. John Harvey Kellogg e seu irmão William desenvolveram o negócio de cereais usando o seu sobrenome, mas finalmente se desentenderam sobre o caráter do produto. William queria melhorar o gosto dos cereais e comercializá-los sem se referir às suas propriedades saudáveis. John permaneceu comprometido com a ideia de alimentos naturais como alimentos saudáveis. Entretanto, William conseguiu ganhar controle legal sobre a empresa e afastou-a de suas origens grahamitas; ver Gerald Carson, *Cornflake crusade, op. cit.*

53. Siegfried Gideon, *Mechanization takes command*, Nova York: Oxford University Press, 1948, pp. 200-207; e Richard O. Cummings, *The American and his food: a history of food habits in the United States*, Chicago: University of Chicago Press, 1940.

54. Depois dos anos 1950, o movimento desenvolve vários ramos derivados e anexos. Enquanto a orientação central, mesmo quando apoiada por pesquisas médicas, permanece relativamente inalterada, seus significados simbólicos mudam de acordo com os grandes movimentos a que o movimento se associa. Esses são discutidos adiante.

tria do "alimento natural". Em 1990, na lista telefônica do condado de San Diego, havia 108 lojas de varejo sob a rubrica "Alimentos saudáveis e dietéticos – Varejo". Isso representa aproximadamente uma loja para cada 23.148 pessoas na região metropolitana de San Diego na época.

Referente ao movimento, reconheço uma ampla gama de grupos, organizados ou não organizados. Eles vão do vegano ou vegetariano estrito, dos que evitam açúcar, farinhas refinadas e todos os produtos cultivados com fertilizantes químicos e contendo aditivos e conservantes, que leem os livros e publicações defensores de dietas naturais, e para quem a dieta é um ponto central na vida,[55] ao consumidor casual que adotou alguns aspectos do "programa" de alimentos naturais – por exemplo, usando vitaminas, comprando apenas alimentos orgânicos e evitando ou limitando o consumo de carne ou açúcar – sem se julgar pertencente a qualquer movimento.

Na sociedade americana, há evidências de expansão da orientação para os alimentos naturais quando alguns deles também foram adotados no âmbito da distribuição comercial.[56] Por um longo tempo, só havia disponibilidade de granola em lojas especializadas em saúde ou em alimentos naturais. Em alguma altura dos anos 1970, os supermercados americanos começaram a estocar granola produzida por empresas pequenas que serviam as lojas de alimentos naturais. No final dos anos 1970, mesmo empresas maiores estavam produzindo e comercializando granola. E, nos últimos anos, houve certa tendência a estocar a granel, não empacotados, cereais e outros produtos básicos – hábito há muito característico das lojas de alimentos naturais, bem como das mercearias urbanas de antes da Segunda Guerra Mundial.

As diferenças entre as duas formas de estabelecimento no varejo talvez seja uma pista para o simbolismo do atual movimento de alimentos naturais e, ao mesmo tempo, evidência de sua similaridade com os movimentos análogos do século XIX. O dos anos 1950 é semelhante, de muitas maneiras, àquele dos anos 1830. Cada um deles encontra riscos e seguranças nos mesmos lugares e de pontos de vista altamente seme-

---

55. Randy Kandel & Gretel Pelto, "The health food movement", em Norge Jerome, Randy Kandel & Gretel Pelto (orgs.). *Nutritional anthropology*, Pleasantville, NY: Redgrave, 1980; Peter New & Rhea Priest, "Food and thought: a sociological study of food cultists", *Journal of the American Dietetic Association*, 51 (1), pp. 13-18, 1967.

56. Warren Belasco, *Appetite for change: how the counterculture took on the food industry*, 1966-1988, Nova York: Pantheon, 1989.

lhantes. Cada um deles simboliza, na mesma estrutura ou paradigma, os alimentos seguros e os perigosos. Embora as diferenças entre as duas formas de distribuir alimentos tenham sido, de alguma forma, atenuadas, elas ainda persistem. Você e eu sabemos muito bem o que esperar de uma loja que se especializa em "alimentos naturais".

Um dos aspectos mais impressionantes das lojas americanas contemporâneas de alimentos naturais é o grande número de produtos muito próximos do ponto de produção primária – vendidos em estado cru, natural e não processado. É mais provável encontrar especiarias, cereais e frutos secos a granel em lojas de produtos naturais do que num supermercado. Em lojas de produtos naturais, a ausência de embalagens complexas torna-se clara. Há mais proximidade temporal entre os clientes e os produtos em estado natural. A variedade de tais produtos também é maior – não são apenas muitas, mas quarenta ou cinquenta marcas de chá ou de mel. Por sua vez, as variedades dentro das categorias-padrão são amplas e diversificadas. As prateleiras não foram dominadas por marcas conhecidas nacionalmente. A diversidade de especiarias é muito maior do que aquela encontrada em mercearias convencionais. E é evidente o contraste entre a distribuição localizada, específica, e a produção em massa do supermercado.

Dois produtos ou tipos de produto se destacam por sua ausência ou presença limitada. Um deles é o grupo dos produtos animais – carnes, aves e peixes, mas notadamente carne vermelha. O outro é o dos enlatados. Em um período anterior, ambos seriam símbolos de progresso. Os produtos animais representavam progresso por fazerem parte da dieta das populações afluentes, com alto custo de produção e transporte, especialmente a carne. Já os enlatados representam o triunfo da tecnologia de conservação, sobre a natureza e o processo natural de deterioração. É quase supérfluo destacar a ausência de alimentos congelados para consumo imediato e, especialmente, do pão branco processado, a grande *bête blanche* dos entusiastas de alimentos naturais e símbolo, em sua "doce maciez", das indústrias de alimentos comercializados e da civilização moderna.[57]

Até certo ponto, entrar em uma loja de alimentos naturais é voltar a uma antiga forma americana de *merchandising*, que dá ao consumidor um sentido de maior proximidade com o produto e de controle sobre ele. Contudo, tal *merchandising* rebaixa as próprias qualidades das em-

---

57. Siegfried Gideon, *Mechanization takes command, op. cit.*, pp. 200-207.

balagens seguras, do medo reduzido de adulterações, da presença de conteúdo animal e da longa vida em prateleira, que foram anunciadas como sinal de uma tecnologia alimentar progressista. Qualidades que em outras circunstâncias são sinais de segurança e bem-estar, assim como aquelas relacionadas à agricultura progressista, que usa fertilizantes químicos e pesticidas efetivos, transformam-se em risco. A disponibilidade e aprovação do leite não pasteurizado é, de novo, símbolo da superioridade do natural sobre o artificial e o processado.

De outra maneira, as lojas de alimentos naturais e suas práticas de *merchandising* trazem ecos de uma era anterior, de economia em pequena escala. Até recentemente, quando importantes indústrias alimentícias americanas começaram a adotar os alimentos naturais e o país começou a ter consciência da ligação saúde-alimentos, os indispensáveis grupos agrícolas e de *merchandising* existentes representavam uma grande variedade de pequenos produtores que tinham ou produzido para um mercado pequeno e local ou ocupado um lugar muito marginal na rede de distribuição nacional. É verdade que a expansão do movimento do consumidor para os alimentos naturais dependeu da preexistência e da geração de uma indústria de alimentos naturais.[58] Entretanto, até certo ponto, esta já existia antes dos anos 1950.

As semelhanças entre o nostálgico sentido de Sylvester Graham, de um país tradicional, e aquele do movimento contemporâneo dos alimentos saudáveis são evidentes quando os escritos de líderes gurus grahamitas são comparados com publicações como *Vegetarian Times, Holistic Health, Whole Earth News, New Age, East/West* e *Prevention*. Um dos gurus contemporâneos mais populares e com maior número de leitores foi Adelle Davis, cujo livro *Let's eat right and keep fit* foi publicado pela primeira vez em 1954, republicado em uma edição revista em 1970, e ainda hoje é reimpresso e posto à venda em livrarias.[59] Mesmo havendo diferenças entre os alimentos que são incluídos e realçados em uma dieta, e diferenças na maneira como os autores distribuem a culpa, o livro de Davis, em sua concepção básica, é surpreendentemente parecido com o programa geral e a filosofia do movimento de alimentos naturais, e com

---

58. Laura Miller, "The commercialization of a social movement: the natural foods movement as lifestyle and politics", Conferência preparada para o Seminário de Movimentos Sociais, San Diego: Department of Sociology, University of California — San Diego, 1990.

59. Ver Adelle Davis, *Let's eat right to keep fit*, Nova York: Harcourt, Brace, Jovanovich, 1970.

os pronunciamentos de Graham nos anos 1830. Entretanto, embora isso seja verdade em certo nível de significado, não o é em outros âmbitos de significado e simbolismo.[60]

Tanto para Graham como para Davis, o surgimento das tecnologias de refinamento, embalagem e conservação de alimentos aumentou o risco de má saúde e doenças. Nos trâmites de aumento da produtividade agrícola, de processamento e de conservação dos alimentos por períodos mais longos e a serviço do ganho comercial, permitiu-se que desaparecessem as qualidades naturais do alimento. As fibras, vitaminas e minerais, essenciais à saúde física e mental, foram removidos de nossa dieta. E está a cargo do consumidor encontrar maneiras de restaurá-los, melhorando a dieta. Davis afirma que toda a sua farinha, integral, de trigo cultivado organicamente, é moída a pedra. Ela assa seu próprio pão, feito com essa farinha, comprada em uma loja local de alimentos saudáveis, pois acredita que a maquinaria de refino cria tal fricção na moagem que a farinha fica pré-cozida.

Em muitos pontos, Davis se refere à distinção entre a segurança do passado e os riscos produzidos pela atual sociedade comercial e tecnológica. A criação de galinhas em gaiolas, à sombra, bloqueia as propriedades saudáveis da luz do sol. Do mesmo modo, banhos frequentes privam a pele de óleos que permitem à luz solar exercer suas propriedades saudáveis: "A luz do sol seria uma excelente fonte [de vitamina D], não fosse o fato de as pessoas serem circundadas por nevoeiro, usarem roupas e viverem em casas com banheiras e aquecedores de água".[61] Davis pensa que, a despeito da melhor saúde dos primitivos, dos índios e das antigas famílias americanas, é um progresso tomar banho com frequência e usar sabonete. Ainda assim, a descrição dela lança muitas dúvidas.

Essa distinção entre o mundo moderno, do homem civilizado, culto, refinado, e um mundo anterior, de pessoas primitivas, rurais, mais rudes, está implícita, e frequentemente explícita, na obra de Davis, assim como estava na de Graham. Os trâmites do processamento de alimentos crus em seu estado original – adicionar à natureza a tecnologia moderna e outras conveniências – acentuam o risco de moléstias. O que quer que transforme o estado "natural" dos alimentos é prejudicial.[62] "Com a palavra *saudável*, quero me referir ao tipo de alimento que nossos avós e

---

60. *Idem*, p. 101.
61. *Idem*, p. 139.
62. Warren Belasco, *Appetite for change, op. cit.*

todos os nossos antepassados antes deles comeram em cada refeição. *Apenas comida simples*".⁶³

Davis usa estudos feitos por nutricionistas, mas é frequente se mostrar cética em relação a acadêmicos e ao pessoal médico, vendo, nos primeiros, pessoas cuja pesquisa se apoia na indústria alimentícia e, nos últimos, pessoas que ignoram a nutrição. O foco da medicina é a doença, não a saúde, ela escreve. "O propósito da medicina é ajudar a pessoa doente a ficar boa [...] O propósito da nutrição é manter a saúde e evitar a doença".⁶⁴ Como outros autores desse movimento, ela apresenta exemplos em que o "homem comum" sabe mais, e prova ser melhor, do que sábios doutores e professores. Tal abordagem é paradoxal, pois Davis era nutricionista e formada em química.⁶⁵

A mesma mensagem da virtude do primitivo e natural como superior ao civilizado e científico está em um anúncio, no *Vegetarian Times*, que descreve [o desodorante] Lavilin como "sem alumínio e outros produtos químicos irritantes", e ainda assim efetivo, por ter sido desenvolvido por cientistas que estavam alarmados com o uso indiscriminado de alumínio em desodorantes e que "redescobriram a arnica e a calêndula, flores conhecidas há séculos como suavizantes e antibacterianas".⁶⁶ Esses "extratos naturais" reduzem as bactérias que criam odores.

Nesse nível de aconselhamento específico sobre o que comer e o que evitar, o movimento atual de alimentos saudáveis concorda com suas manifestações anteriores. Dá conselhos aos indivíduos sobre como ajudar a si mesmos. Graham vivia em um país que estava apenas começando a reconhecer a organização nacional e regional, em uma sociedade em que a medicina estava apenas começando a assumir a regulamentação da profissão. A produção de alimentos estava começando a passar do domínio da família autossuficiente para se tornar uma preocupação comercial e tecnológica do mercado. Esses processos se tornaram maduros em nosso tempo, mas ainda assim o conselho básico permanece o

---

63. Adelle Davis, *Let's eat right to keep fit*, op. cit., p. 228; grifos meus.

64. *Idem*, p. 18.

65. Os movimentos dos alimentos naturais dos anos 1950 e 1960 foram denunciados por muitas autoridades médicas e nutricionistas como fraudes ou simplesmente errados. Como exemplos, incluindo bibliografias, ver Elizabeth Whalen & Frederick Stare, *Panic in the pantry*, Nova York: Atheneum, 1975; e Victor Herbert & Stephen Barrett, *Vitamins and "health food": the great American hustle*, Filadélfia: George F. Stickley, 1982.

66. *Vegetarian Times*, maio de 1986.

mesmo. Em certo sentido, a glorificação dos alimentos naturais é simbólica dos esforços para controlar as forças de destruição, encontrar segurança com nossos próprios meios, e não com a dependência da ordem estabelecida das instituições sociais. Em sua trajetória apolítica, o movimento atual difere consideravelmente dos movimentos de contracultura dos anos 1960 – pelo menos nos usos que faz dos alimentos naturais. Ainda assim, em seu desafio à medicina profissional e às grandes indústrias alimentícias de capital intensivo, ele projeta uma imagem tanto de contracultura como de revolta do consumidor. Tomando emprestado um termo usado por Warren Belasco para descrever os movimentos dos anos 1960, o movimento dos alimentos naturais é, no processo de contracultura, a fase de criar e adotar uma *contraculinária*.[67]

Os elementos contraculturais e contraestruturais dos movimentos de alimentos naturais e saudáveis dos anos 1950 vão tornar-se ainda mais proeminentes na contracultura dos anos 1960, no simbolismo ideológico do alimento. Durante os anos 1960, muitos elementos da síndrome dos alimentos naturais foram assumidos pelo lado cultural dos movimentos de contracultura. Essa fase do movimento dos alimentos naturais é marcada por duas diferenças. Primeira: não era mais, em sua base, um movimento de saúde. Os conselhos sobre o que comer e o que evitar eram colocados dentro do movimento ecológico geral, em vez de originarem-se do paradigma de manter a saúde e curar doenças. Segunda: os conselhos em relação à saúde traziam com frequência implicações ideológicas, expressando oposição a muitos aspectos da vida política e cultural americana.[68] Por exemplo, a antipatia ao pão branco, presente nos movimentos de alimentos naturais dos séculos XIX e XX, tornou-se oposição explícita à supremacia branca em particular, e à hegemonia política ou cultural em geral.

Entretanto, politicamente, o movimento de alimentos naturais dos anos 1960 mostrava sua afinidade mais forte com o movimento para a reforma ecológica. *Diet for a small planet*, de Frances Lappe, muito lido no final dos anos 1960, tocava em um tema comum a muitas publicações populares, como o *Whole Earth Catalog*. O que nos anos 1950 estava implícito tornou-se uma mensagem explicitamente programática de oposição às indústrias alimentícias e aos interesses empresariais, que são vistos como responsáveis pela destruição do equilíbrio ecológico da Terra. Assim, lembra Lappe, "antes, quando eu ia a um supermercado, sentia-me à mercê de nossa cul-

---

67. Warren Belasco, *Appetite for change*, op. cit.
68. *Idem, ibidem*.

tura publicitária. Meus gostos eram manipulados. E a comida, em lugar de ser minha conexão mais direta com a Terra que nos nutre, se tornara mera mercadoria pela qual eu cumpria meu papel de 'boa' consumidora".[69]

Ainda assim, formas do movimento dos anos 1950 persistiram e hoje podem ser encontradas tanto na classe médica propriamente dita como no movimento *New Age* e em outros semelhantes. A consciência de saúde dos anos 1980 mostra preocupação semelhante com a nutrição, desta vez apoiada em pesquisas médicas acerca dos efeitos, sobre a saúde, do colesterol, de fibras, carne vermelha e excesso de peso. Nesse caso também, como na medicina holística, o movimento vai à procura de fontes de doenças em estilos de vida e formas de comer imperfeitos.[70]

Contextos de significado: os anos 1830 e os anos 1950 ✻ Há duas maneiras altamente significativas em que o movimento atual, iniciado nos anos 1950, difere, pelo menos de forma manifesta, de seu precursor do século XIX. Uma está no que denomino seu populismo mais evidente. Com isso, quero referir-me à rejeição e condenação de instituições profissionais onde os americanos costumam ir em busca de orientação sobre a saúde. A filosofia da autoajuda foi acompanhada por uma rejeição à medicina e, muitas vezes, aos escritos acadêmicos e científicos. Em sua explícita antipatia pela medicina e ciência institucionalizada, o caráter contracultural do movimento dos anos 1950 se manifesta como medicina alternativa.

Em Graham, era menos estridente a antipatia pela medicina organizada, profissional, embora essa estivesse apenas começando a organizar-se como profissão. Graham era apenas um entre muitos sectários e reformadores médicos de sua época. Parte da simpatia que despertavam pode ser atribuída aos tratamentos penosos e ao baixo sucesso da medicina profissional. Nas práticas do século XIX, a medicina profissional frequentemente envolvia terapia "heroica" – medicamentos que produziam desconforto excessivo e sangramentos exagerados.[71]

---

69. *Idem*, p. 8.

70. June Lowenberg, *Caring and responsibility: the crossroads between holistic practice and traditional medicine*, Filadélfia: University of Pennsylvania Press, 1989; Irving Zola, "Medicine as an institution of social control", em J. Ehrenreich (org.), *The cultural crisis of modern medicine*, Nova York: Monthly Review, 1978; Rick Carlson, *The end of medicine*, Nova York: Wiley, 1975.

71. Paul Starr, *The social transformation of American medicine*, op. cit., pp. 94-102; e Richard Shryock, "Sylvester Graham and the health movement", *op. cit.*, pp. 178-179.

Uma segunda diferença entre o movimento atual e aquele do século XIX é a área do comportamento sexual. O sexo (pelo menos o sexo seguro) não é mais uma fonte de perigo, nem o desejo sexual, uma avenida para a enfermidade. E alguns escritores – por exemplo, Davis – sugerem uma relação positiva entre bons hábitos de alimentação e satisfação sexual. No movimento atual, o sexo em si não é um tema. Mas o movimento atual assemelha-se ao antigo em outro nível, ao exigir que a transigência seja rejeitada. A luxúria está para o sexo como a gula está para a fome. As indústrias alimentícias promovem o uso hedonístico do alimento sem considerar a saúde. Então o açúcar, mesmo em sua forma não refinada, é o inimigo. Os doces são um anátema: fonte de enfermidades e de má dentição.[72] Os símbolos do açúcar estão entre os termos em uso na vida americana para a agradável indulgência: "uma doce experiência". Em artigo sobre o alimento como símbolo, Roland Barthes relembra *Sugartime*, canção popular norte-americana, como expressão de alegria e prazer.[73]

Para viver bem e estar em boa forma – dizem os defensores do alimento natural –, é preciso, em níveis simbólicos, uma pessoa auto-orientada, não influenciada pela ordem institucional e surda aos seus atrativos. É preciso autocontrole. Um defensor mais extremo, escrevendo na publicação de medicina holística *Well-Being Newsletter*, declara isso claramente ao discutir a regra geral de que apenas aqueles alimentos próximos ao seu estado natural deveriam ser ingeridos: "A dieta higiênica serve para você? Só você pode responder a essa pergunta. Ela requer disciplina e autocontrole, mas oferece saúde e vitalidade vigorosas".[74]

A continuidade entre o movimento do século XIX e o do século XX parece refletir um individualismo que pode ser único do cenário cultural norte-americano.[75] O imaginado estado idílico da natureza implica uma rejeição dos controles e das instituições sociais, e leva a isso. Nessa estrutura de pensamento, os seres humanos são considerados capazes de obter autocontrole e exortados a depender de seu próprio conhecimen-

---

72. Max Garten, *"Civilized" diseases and their circumvention*, San Jose, CA: Maxmillion, 1978.

73. Roland Barthes, "Toward a psychosociology of contemporary food consumption", *op. cit*.

74. Stephen Forrest, "Principles of practical nutrition", *Well Being Newsletter*, 2, p. 5, nov.-dez. 1985.

75. Steven Lukes, *Individualism*, Oxford: Basil Blackwell, 1973.

to e habilidades para tal. São alertados a evitar a orientação de profissionais e os supostos valores do progresso tecnológico. Entretanto, o comportamento a que o movimento exorta a reagir não é o orientado para a política, mas o que se volta para o mercado. Nos termos de Hirschman ao descrever os consumidores em um livre mercado, tal comportamento não é de protesto, nem de lealdade. É uma saída.[76]

O ideal de caráter é o do consumidor independente, não controlado nem pelo mercado comercial nem pelo profissional treinado. Não são confiáveis os valores e conhecimentos dos profissionais da ciência, do governo e da tecnologia de alimentos: são vistos como riscos crescentes à saúde. O mundo industrial e a tecnologia agrícola pregam um evangelho de transigência e luxo. É nesse caminho que se encontra o perigo. A saúde e a segurança dependem da capacidade de autocontrole do indivíduo. A civilização produz risco; a natureza é a fonte de saúde.

Considerar essa filosofia uma forma de anarquismo amoral seria um erro. Ao mesmo tempo em que emerge de um contexto de oposição à estrutura institucional, ela também comanda um código de disciplina moral que é visto como mais severo e rigoroso do que o do ideal hedonístico imposto pelo mercado. Seguir a dieta do movimento dos alimentos naturais é dedicar-se a um exercício, um ritual – uma exposição, a si mesmo e a outros, desse caráter moral. A saúde é o prêmio. Quanto a isso, o movimento relembra o passado e um "primitivismo duro", de estabilidade moral e física. A ordem social produz enfermidade; a ordem natural cria saúde. A saúde é produto do "viver certo", e a enfermidade, sinal de imoralidade, de um estilo de vida deficiente.

Onde os dois movimentos (o dos anos 1830 e o atual) se separam é no modo como cada um deles considera a estrutura institucional da sociedade. Para os movimentos do século XIX, comer e beber excessivamente, e o decréscimo das restrições às práticas sexuais, simbolizam uma vida social em que a ordem moral perdeu a autoridade de fazer cumprir o que a natureza, na lei de Deus, exige. A enfermidade é resultado de uma estrutura social afrouxada. O apelo ao autocontrole é feito no contexto do que é percebido como um conjunto de regras sociais enfraquecidas e deslegitimadas. O corpo físico, bem como o corpo social e o corpo político, está fora de controle, e só a vontade do indivíduo pode fazê-lo readquirir o controle.

---

76. Albert Hirschman, *Exit, voice and loyalty*, Cambridge, MA: Harvard University Press, 1970.

No movimento contemporâneo, a mensagem substantiva é notavelmente semelhante, mas o contexto, e portanto o significado, é muito diferente. São as próprias instituições e seu poder que devem ser evitados. A medicina, a ciência e o mercado das indústrias alimentícias são demasiado dominadores, demasiado poderosos, e fontes de uma sabedoria demasiado convencional. Eles não são confiáveis e estão deslegitimados, na insistência do movimento pela naturalidade. No movimento de saúde contemporâneo, significa-se e simboliza-se a volta ao controle sobre o próprio corpo. No movimento grahamita, o que se significava e simbolizava era a tentativa de restaurar a autoridade moral.

Nos usuários dos alimentos naturais, essa alienação do convencional e do dominante ao comer é análoga à de outros movimentos relacionados. Examinar revistas variadas com preocupações em relação a alimentos saudáveis é entrar em um mundo de medicina holística, de poderes de cura de cristais de quartzo, de ritos iogues e tântricos, de formas de autotransformação psicoterapêutica não profissionalizada que hoje estão agrupadas sob a rubrica *nova era*. Ambos os movimentos procuram uma volta ao passado, mas os passados que procuram diferem. Para Graham e seus seguidores, o passado era uma estrutura tradicional, de leis bem observadas e compreendidas, e o poder atribuído à autoridade tradicional. Esse passado não poderia ser totalmente recuperado, porque não podiam ser revividas as instituições de autoridade. Mas as leis que aquelas instituições faziam cumprir ainda se aplicavam, e era possível um perfeccionismo cristão, se não por meio de instituições, então pela sociabilização do indivíduo. Uma mente saudável significava um corpo saudável e um caráter moral.

Para o movimento contemporâneo, o passado é mais diretamente reverenciado. O que se imagina é um mundo de indivíduos que abrem para si áreas separadas das fortes e sufocantes instituições que os cercam. Só neles mesmos (e em seu controle sobre suas vidas e o que comem) é que podem encontrar saúde e moralidade política, impedindo enfermidades e doenças. O que os grahamitas procuravam, o movimento contemporâneo considera como tendo sido encontrado e agora perdido.

Mas o século XIX estava aberto para uma visão da natureza como um sistema ordenado, e, a ele, a religião fornecia tanto compreensão como uma fonte de regras efetivas. A pureza moral e a pureza física eram sinônimos, e a expressão e o símbolo da fidelidade do indivíduo a ambas era o corpo. Em um mundo em que poucas instituições incorporavam esse ideal, o fardo da saúde é atirado sobre o indivíduo, assim como o fardo do comportamento social.

O movimento contemporâneo é mais secular, menos sacralizado em tom e conteúdo. Estamos diante de um mundo que tanto reprime como permite, que estimula os apetites e fornece elites profissionais para tratar os efeitos do apetite. A natureza se torna o símbolo da oposição. Descreve uma moralidade e uma fonte de conhecimento originárias de um eu instintivo e não socializado que a civilização, com seus atrativos e hierarquias, parece ter perdido. Culpa-se, assim, a vida moderna pela excessiva perversidade circundante.

Em alguns outros tópicos, os movimentos dos séculos XIX e XX são semelhantes. O mais importante é que ambos substituem um sistema ordenado de alimentar-se por um que é casual e espontâneo. As refeições não podem ser períodos não planejados de simples satisfação. As questões do que comer, quando comer, e como comer devem ser, todas, pensadas com cuidado e deliberadamente respondidas. O corpo, como o escritório, a fábrica, o lar, é posto sob o controle da alma racionalizada, o símbolo central da vida moderna e do sistema social moderno. Aqui está o paradoxo do antimodernismo do movimento dos alimentos saudáveis. Sua contracultura está comprometida com o valor dominante do projeto modernista.

Para os dois movimentos, o mundo orgânico, cru, de grãos e sementes, do não cozido, do não processado, do virginal e intocado tem uma aura sagrada. *Civilização* é uma palavra que significa desgraça, desencanto e desconfiança. John Harvey Kellogg usou essa palavra para descrever as origens de muito do que (ele achava que) nos aflige. Em uma expressão – que todos os entusiastas dos alimentos naturais teriam saboreado –, ele se referiu a certas enfermidades como produtos do "cólon civilizado".[77]

---

77. James Whorton, *Crusaders for fitness, op. cit.*, p. 221.

REFERÊNCIAS BIBLIOGRÁFICAS

• Abrams, M. H. "Art-as-such: the sociology of modern aesthetics". *Bulletin of the American Academy of Arts and Sciences*, 38 (6), pp. 8-33, 1985.
• Ariès, Phillipe. *Centuries of childhood: a social history of family life*. Nova York: Vintage, 1962.
• Barthes, Roland. *Mythologies*. St. Albans: Paladin, 1973.
• _____. "Toward a psychosociology of contemporary food consumption". Em: Forster, R. & Ranum, O. *Food and drink in history*. Baltimore: John Hopkins University Press, 1979.
• Belasco, Warren. *Appetite for change: how the counterculture took on the food industry, 1966-1988*. Nova York: Pantheon, 1989.
• Boas, George & Lovejoy, A. O. *Primitivism and related ideas in antiquity*. Baltimore: John Hopkins University Press, 1935.
• Bourdieu, Pierre. *Distinction: a social critique of the judgement of taste*. Cambridge, MA: Harvard University Press, 1984.
• Boyer, Paul. *Urban masses and the moral order in America, 1820-1920*. Cambridge, MA: Harvard University Press, 1978.
• Burke, Peter. *Popular culture in early modern Europe*. Londres: Temple Church, 1970.
• Carlson, Rick. *The end of medicine*. Nova York: Wiley, 1975.
• Carson, Gerald. *Cornflake crusade*. Nova York: Rinehart, 1957.
• Cummings, Richard O. *The American and his food: a history of food habits in the United States*. Chicago: University of Chicago Press, 1940.
• Davis, Adelle. *Let's eat right to keep fit*. Nova York: Harcourt, Brace, Jovanovich, 1970.
• Douglas, Mary. "Deciphering a meal". *Implicit meanings*. Londres: Routledge & Kegan Paul, 1975.
• _____. "Standard social uses of food: introduction". *Food and the social order: studies in three American communities*. Nova York: Russell Sage, 1984.
• Eliade, Mircea. *The myth of the eternal return*. Princeton, NJ: Princeton University Press, 1971.
• Farb, Peter & Armelagos, George. *Consuming passions: the anthropology of eating*. Nova York: Pocket, 1980.
• Forrest, Stephen. "Principles of practical nutrition". *Well Being Newsletter*, 2, p. 5, nov.-dez. 1985.
• Frye, Northrop. *Anatomy of criticism*. Princeton, NJ: Princeton University Press, 1957.

- GANS, Herbert J. *Popular culture and high culture*. Nova York: Basic, 1974.
- GARTEN, Max. *"Civilized" diseases and their circumvention*. San Jose, CA: Maxmillion, 1978.
- GEERTZ, Clifford. "Ideology as a cultural system". *The interpretation of cultures*. Nova York: Basic, 1973.
- GIDEON, Siegfried. *Mechanization takes command*. Nova York: Oxford University Press, 1948.
- GRAHAM, Sylvester. *Lectures on the science of human life*. Boston: Marsh, Capen, Lyon & Webb, 1839. 2 vols.
- _____. *Lectures to young men on chastity*. Boston: George W. Light, 1840.
- GUSFIELD, Joseph R. *The culture of public problems: drinking, driving and the symbolic order*. Chicago: University of Chicago Press, 1981.
- _____ & MICHELOWICZ, Jerzy. "Secular symbolism: studies of ritual, ceremony and the symbolic order in modern life". Em: TURNER, Ralph & SHORT, James (orgs.). *Annual Review of Sociology*, 10. Palo Alto, CA: Annual Reviews, 1984.
- HERBERT, Victor & BARRETT, Stephen. *Vitamins and "health food": the great American hustle*. Filadélfia: George F. Stickley, 1982.
- HIRSCHMAN, Albert. *Exit, voice and loyalty*. Cambridge, MA: Harvard University Press, 1970.
- KANDEL, Randy & PELTO, Gretel. "The health food movement". Em: JEROME, Norge; KANDEL, Randy & PELTO, Gretel (orgs.). *Nutritional anthropology*. Pleasantville, NY: Redgrave, 1980.
- LAPPE, Frances M. *Diet for a small planet*. Nova York: Ballantine, 1971.
- LEACH, Edmund. *Culture and communication*. Cambridge: Cambridge University Press, 1976.
- LEVINE, Harry Gene. "Demon of the middle class: liquor, self-control and temperance ideology in 19th-century America". Tese de doutorado. Berkeley: Department of Sociology, University of California — Berkeley, 1978.
- LÉVI-STRAUSS, Claude. *The raw and the cooked*. Nova York: Harper & Row/Vintage, 1969.
- LOWENBERG, June. *Caring and responsibility: the crossroads between holistic practice and traditional medicine*. Filadélfia: University of Pennsylvania Press, 1989.
- LUKES, Steven. *Individualism*. Oxford: Basil Blackwell, 1973.
- MILLER, Laura. "The commercialization of a social movement: the natural foods movement as lifestyle and politics". Conferência preparada para o Seminário de Movimentos Sociais. San Diego: Department of Sociology, University of California — San Diego, 1990.
- NEW, Peter & PRIEST, Rhea. "Food and thought: a sociological study of food cultists". *Journal of the American Dietetic Association*, 51 (1), pp. 13-18, 1967.

- NISSENBAUM, Stephen. *Sex, diet and debility in Jacksonian America: Sylvester Graham and health reform*. Westport, CT: Greenwood, 1980.
- PARSONS, Talcott. *The social system*. Glencoe, IL: Free Press, 1951.
- PIVAR, David. *Purity crusade: sexual morality and social control, 1868-1890*. Westport, CT: Greenwood, 1973.
- RISSE, Guenter; NUMBERS, Ronald & LEAVITT, Judith (orgs.). *Medicine without doctors*. Nova York: Science History Publications USA, 1977.
- ROSENBERG, Charles. *The cholera years: the United States in 1832, 1849 and 1866*. Chicago: University of Chicago Press, 1962.
- ROSENBERG, Charles & SMITH-ROSENBERG, Carroll. "Pietism and the origins of the American public health movement". Em: LEAVITT, Judith & NUMBERS, Ronald (orgs.). *Sickness and health in America*. Madison: University of Wisconsin Press, 1985.
- ROSENZWEIG, Roy. *Eight hours for what we will*. Cambridge: Cambridge University Press, 1983.
- ROTHMAN, David. *The discovery of the asylum: social order and disorder in the New Republic*. Boston: Little, Brown, 1971.
- SAHLINS, Marshall. *Culture and practical reason*. Chicago: University of Chicago Press, 1976.
- SCHORER, Mark. *William Blake: the politics of vision*. Nova York: Vintage, 1959.
- SCHUTZ, Alfred. The phenomenology of the social world. Evanston, IL: Northwestern University Press, 1967.
- SCHWARTZ, Hillel. *Never satisfied: a cultural history of diets, fantasies and fat*. Nova York: Anchor, 1986.
- SHRYOCK, Richard. "Sylvester Graham and the health movement". *Mississippi Valley Historical Review*, 18 (2), pp. 172-183, 1931.
- SMITH-ROSENBERG, Carroll. "Sex and symbol in Victorian piety". Em: DEMOS, John & BOOCOCK, Sarane. *Turning points: historical and sociological essays on the family*. Chicago: University of Chicago Press, 1978.
- SOKOLOW, Jayme. *Eros and modernization*. Londres: Associated Universities Press, 1983.
- STARR, Paul. *The social transformation of American medicine*. Nova York: Basic, 1982.
- STEPHEN, Leslie. *History of English thought in the eighteenth century*, 2. Londres: Putnam, 1927.
- STOCKING JUNIOR, George. "The ethnographic sensibility of the 1920s and the dualism of the anthropological tradition". *Romantic motives: essays on anthropological sensibility*. Madison: University of Wisconsin Press, 1989.
- SWIDLER, Anne. "Culture in action: symbols and strategies". *American Sociological Review*, 51 (2), pp. 273-286, 1986.

- THOMPSON, E. P. "Patrician society, plebeian culture". *Journal of Social History*, 7 (4), pp. 382-405, 1974.
- TURNER, Victor. *The forest of symbols: aspects of Noembu ritual*. Ithaca, NY: Cornell University Press, 1967.
- VEBLEN, Thorstein. *The theory of the leisure class* (1898). Nova York: Modern, 1934.
- WHALEN, Elizabeth & STARE, Frederick. *Panic in the pantry*. Nova York: Atheneum, 1975.
- WHITE, Hayden. "The forms of wildness: archeology of an idea". Em: DUDLEY, Edward & NOVAK, Maximilian (orgs.). *The wild man: an image in western thought from the Renaissance to Romanticism*. Pittsburgh: University of Pittsburgh Press, 1972.
- WHORTON, James. *Crusaders for fitness: the history of American health reformers*. Princeton, NJ: Princeton University Press, 1982.
- ZOLA, Irving. "Medicine as an institution of social control". Em: EHRENREICH, J. (org.). *The cultural crisis of modern medicine*. Nova York: Monthly Review, 1978.

5. CONSTRUINDO UMA FRONTEIRA MORAL MUTÁVEL: LITERATURA E OBSCENIDADE NOS ESTADOS UNIDOS DO SÉCULO XIX ❋ *Nicola Beisel*

Em 1872, Anthony Comstock dirigiu-se aos líderes da Associação Cristã de Moços de Nova York para pedir-lhes que apoiassem uma campanha para livrar as ruas da cidade da literatura obscena. Robert McBurney e Morris Jesup, ambos homens de negócio influentes e ricos, responderam, ajudando Comstock a fundar a New York Society for the Suppression of Vice.[1] A NYSSV era notável pela riqueza e prestígio de seus apoiadores: mais de 80% eram da classe alta ou da classe média alta. Em seus primeiros vinte anos, deram dinheiro para a campanha de Comstock 16% dos milionários da cidade de Nova York que também pertenciam ao Registro Social, cidadãos de vasta riqueza e do mais alto prestígio social.[2] Seus líderes incluíam Samuel Colgate, William Dodge, Kilian Van Rensselaer e David Dows. O apoio desses cidadãos ricos e influentes permitiu que Comstock tivesse sucesso em seu *lobby* por leis estaduais e federais contra a obscenidade. As Leis Comstock federais, aprovadas em 1873, tornaram ilegal transportar materiais obscenos pelo correio e fizeram de Comstock um agente especial do Serviço Postal. Ele usava seu escritório, e o de secretário da NYSSV, para guardar provas, obter mandados e processar aqueles que violassem as leis de obscenidade.

Mas essas leis não especificavam claramente quais materiais estavam sujeitos à ação penal. As leis Comstock proibiam postar dispositivos ou informações que causassem contracepção ou aborto, mas, em relação a material "obsceno", a lei proibia a distribuição "de qualquer livro, panfleto, imagem, artigo, manuscrito, impresso ou qualquer outra publicação obscena, lasciva ou libidinosa, de caráter indecente".[3] Recebendo,

---

1. NYSSV — Sociedade Nova-iorquina para a Supressão do Vício.
2. Nicola Beisel, "Class, culture, and campaigns against vice in three American cities, 1872-1892", *American Sociological Review*, 55 (1), pp. 44-62, 1990a; Paul S. Boyer, *Purity in print: the Vice Society movement and book censorship in America*, Nova York: Scribner's, 1968; e Richard C. Johnson, "Anthony Comstock: reform, vice, and the American way", Tese de Doutorado, Madison: University of Wisconsin, 1973.
3. Anthony Comstock, *Traps for the young* (1883), Cambridge, MA: Belknap, 1967, p. 209. Esta citação é da lei como foi emendada pelo Congresso em 1876. A lei Comstock

virtualmente, uma licença ilimitada para definir obscenidade como quisesse (e frequentemente apoiado pelas cortes, que, em mais da metade de suas prisões, mantinham seu julgamento), Comstock era refreado, em grande parte, por aquilo que conseguia convencer seus partidários a aceitar como legítimas metas de uma organização antiobscenidade.[4]

E a obscenidade provou ser um alvo móvel. Comstock começou sua campanha prendendo os fornecedores do que ele chamava de ilustrações e escritos "libidinosos", censurando materiais em cujo benefício ninguém ofereceu a defesa de terem mérito literário ou artístico. Em 1879, entretanto, descobriu obscenidade nos "clássicos", em grande parte por encontrar edições traduzidas de Ovídio e Boccaccio, que estavam sendo usadas para substituir a obscenidade mais comum, que fora suprimida. Não se sabe o número de vendedores de "clássicos devassos" que foram presos, mas, em 1881, Comstock relatou a prisão de dois livreiros de New Jersey que vendiam uma edição em inglês de um "livro italiano", contendo "ilustrações lascivas". Um deles promovia sua mercadoria dizendo aos jovens: "Você não deve deixar isso na mesa da sala de visitas, nem deixar que senhoras o vejam".[5] Comstock alegava que um detalhe "puramente técnico" permitia que esses comerciantes escapassem à condenação, mas afirmava que o processo tivera "efeito salutar sobre aqueles que se inclinavam a exibir esse conteúdo imundo como uma especialidade".[6] Era plausível que livreiros "respeitáveis" pudessem se abster de vender material potencialmente ilegal por temerem a prisão e a reputação de ser um vendedor de obscenidades.

As diatribes de Comstock contra a literatura clássica são importantes pelo que pressagiavam. Ele voltou seu olhar para a alta cultura e, em 1883, deu início, em Boston, à carreira da New England Society for the Suppression of Vice[7] na censura aos livros, fazendo suprimir uma nova edição integral de *Leaves of grass*, de Walt Whitman. A NESSV interrompeu a publicação (em Boston) do livro de Whitman e inibiu (embora não tenha detido inteiramente) sua circulação; no final, seu total controle

original, aprovada em 1873, não arrola explicitamente "manuscrito" como algo que se pudesse proibir.

4. Richard C. Johnson, "Anthony Comstock", *op. cit.*, 1973, p. 195.

5. NYSSV, *Annual reports*, 1883, p. 8.

6. *Idem, ibidem*.

7. NESSV – Sociedade da Nova Inglaterra para a Supressão do Vício – mais tarde rebatizada como Watch and Ward Society – Sociedade Observadora e Guardiã.

sobre a venda de livros em Boston levou a cidade a ganhar a reputação de capital da interdição de livros no país.

Este capítulo analisa a formação e mobilidade da fronteira entre literatura e obscenidade no final do século XIX. Afirmo, aqui, que a fronteira moral entre obscenidade e literatura foi construída a partir de ideologias relativas a outras categorias sociais, notadamente as categorias juventude, classe e etnicidade. Afirmo também que, à medida que Comstock subtraiu essas categorias de sua definição original do que constituía obscenidade, a fronteira em torno dela moveu-se constantemente para o âmbito da literatura.

A fronteira móvel como questão teórica ✳ Compreender a fronteira móvel que Comstock e seus adeptos traçaram entre a literatura e a obscenidade requer que consideremos não só a natureza das fronteiras mas também como a construção de fronteiras morais poderia permitir seu movimento. Para compreendê-las, uma das abordagens foi considerá-las parte da ordem simbólica da sociedade. Mary Douglas afirma que tabus de poluição manifestam a ordem social geral, e que a matéria "poluidora" é aquela fora do seu devido lugar. A preocupação sobre a poluição dos corpos físicos dos indivíduos, argumenta Douglas, reflete uma preocupação maior acerca da integridade do "corpo político".[8] Tal abordagem implica que a formação de fronteiras é uma resposta de uma sociedade inteira, e que a fronteira em si representa o consenso sobre os limites das ações socialmente aceitáveis.

Douglas também discute a formação de fronteiras como um processo que reflete divisões dentro da sociedade, e não apenas a fronteira em torno dela. As ideologias referentes ao comportamento sexual poluidor refletem crenças a respeito da natureza da ordem social ou das relações entre partes da sociedade.[9] Carroll Smith-Rosenberg usa a perspectiva de Douglas sobre a poluição para examinar as crenças sexuais vitorianas – em particular a histeria em torno da masturbação masculina de adolescentes, espalhada em meados do século XIX nos Estados Unidos por reformadores morais masculinos. Ela afirma que o corpo é uma metáfora da sociedade e que tentativas de controlar as funções e os desejos corporais indicam uma tentativa de controlar ou proteger grupos sociais

---

8. Mary Douglas, *Purity and danger* (1966), Nova York: Routledge & Kegan Paul, 1984, p. 124.

9. *Idem*, p. 4.

ou instituições. A reforma sexual é uma consequência da transição para uma sociedade industrial, que criou ansiedade relacionada à desordem social; ao mesmo tempo, a deterioração gradual do sistema de aprendizado profissionalizante gerou uma ansiedade particular em relação aos rapazes adolescentes.[10] Dadas a urbanização da sociedade americana e a apreensão sobre a ordem social que isso engendrou, fazem sentido os receios quanto à sexualidade masculina dos adolescentes e as orientações aos pais sobre seu controle.

A teoria que considera a preocupação com a poluição corporal como indício de preocupação com a ordem social esclarece a retórica de Comstock sobre a obscenidade. À literatura que desaprovava, Comstock chamava "carniça" ou "substâncias sujas", que "envenenariam e corromperiam os córregos da vida".[11] Ele comparava uma criança a um copo de água destilada, e equiparava a má leitura a pingar tinta no copo.[12] Usava metáforas de enfermidade, descrevendo a luxúria induzida pela leitura de obscenidades como um câncer que atacava a sociedade.[13] Se a preocupação com a poluição reflete a preocupação com a ordem social (como afirmam Douglas e Smith-Rosenberg), então compreender a censura de Comstock requer uma procura, em sua retórica, por alusões às preocupações sociais subjacentes.

Reconhecer, entretanto, que a retórica da poluição aponta para preocupações sociais, ou mesmo para tentativas de controlar grupos sociais potencialmente perigosos, não nos ajuda a compreender como a fronteira em torno da obscenidade arrastou-se constantemente em direção ao reino da literatura no final do século XIX. Enquanto a retórica da poluição pode refletir clivagens sociais, essa perspectiva não explica como a própria retórica é construída ou, mais importante, como ela é usada, de maneira que seu público-alvo compreenda quais conflitos sociais estão em questão e como deveria reagir a eles. Nos escritos de Douglas e Smith-Rosenberg, o processo de construir e usar metáforas parece quase mágico: metáforas corporais refletem preocupações amplamente

---

10. Carroll Smith-Rosenberg, "Sex as a symbol in Victorian purity: an ethnohistorical analysis of Jacksonian America", *American Journal of Sociology*, 84 (Suplemento), pp. S212-S248, 1978.

11. Anthony Comstock, *Traps for the young, op. cit.*, pp. 26, 141; e NYSSV, *Annual reports*, 1878, p. 11.

12. *Idem, Ibidem, op. cit.*, p. 240.

13. *Idem*, p. 132.

compartilhadas sobre instabilidades estruturais na sociedade. O que é mágico, nesse processo, é a ausência de atores humanos usando ideologias existentes, ou construindo novas ideologias, para explicar o conflito social. A fronteira social móvel entre obscenidade e literatura sugere que as fronteiras são ativamente construídas e reconstruídas em face tanto das condições sociais mutáveis quanto da receptividade pública cambiante à retórica da censura. Para compreender a fronteira entre literatura e obscenidade, devemos pensar nela como algo ativamente construído por pessoas, e não como uma reflexão passiva de estruturas ou tensões sociais subjacentes.

De que são construídas as fronteiras morais? Em sua discussão sobre as mudanças em categorias morais ocasionadas pela Revolução Francesa, Stinchcombe argumenta que a análise de uma ordem moral deveria proceder pelo exame das "categorias básicas ou difundidas do sistema normativo". As categorias sociais (e as obrigações morais) de esposa e filho, por exemplo, são compreendidas pelo exame dos papéis desses membros familiares na religião, na propriedade e na política. Assim, Stinchcombe argumenta que deveríamos analisar as categorias social e moral como combinações de outras categorias (que ele chama de "estruturas profundas"). Combinando categorias sociais mais profundas, que Stinchcombe chama "matérias-primas ideológicas", as pessoas dão sentido (e regras) para diferentes situações sociais.[14]

O trabalho de Stinchcombe pressupõe que as categorias sociais, como classe e família, existem como estruturas, em parte devido aos significados morais e culturais ligados às categorias. Em sua discussão e crítica do trabalho de Giddens[15] sobre estruturação, Sewell[16] refina esse ponto, argumentando que as estruturas sociais têm natureza dupla: consistem, simultaneamente, de recursos e regras. Recursos como fábricas – na sociedade capitalista – ou cobertores Hudson Bay – em um *potlatch*[17] dos Kwakiutl

---

14. Arthur L. Stinchcombe, "The deep structure of moral categories: eighteenth-century french stratification, and the revolution", em Eno Rossi (org.), *Structural Sociology*, Nova York: Columbia University Press, 1982, p. 68.
15. Anthony Giddens, *The constitution of society*, Berkeley: University of California Press, 1984.
16. William H. Sewell Junior, "A theory of structure: duality, agency, and transformation", *American Journal of Sociology*, 98 (1):1-29, jul. 1992.
17. Significa "dar" ou "dádiva" e nomeia uma cerimônia, entre povos indígenas da Colúmbia Britânica, no Canadá, entre elas as dos Haida e dos Kwakiutl. Ao oferecer um

— tornam-se recursos devido aos significados culturais a eles atribuídos e às regras sobre seu uso. A mudança estrutural é possível, argumenta Sewell, tanto porque a reprodução dos recursos nunca é certa (por exemplo, um campo plantado em um ano pode não prosperar no seguinte) e porque a ação humana torna as regras culturais transponíveis – uma regra sobre uma situação pode ser aplicada a outra. Como as categorias sociais são construídas tanto a partir de obrigações morais como de mobilização de recursos, elas são simultaneamente culturais/simbólicas e materiais.[18] Tanto o trabalho de Sewell como o de Stinchcombe dão a entender que uma fronteira moral, como a fronteira em torno da obscenidade, pode ser analisada por meio das categorias sociais, e as ideologias sobre essas categorias, que eram invocadas em sua construção. O movimento da fronteira entre obscenidade e literatura sugere que mudaram as categorias sociais usadas para construir a fronteira entre o material obsceno e o aceitável.

A cruzada de Comstock contra a literatura obscena e sua gradual redefinição de alvo permite-nos examinar a mobilização das regras culturais sobre as categorias sociais no processo de formação de fronteiras. Na medida em que a formação e a mobilidade das fronteiras morais havia sido (e é) objeto de vários movimentos políticos, Comstock é significativo tanto pelo alcance como pela persistência de sua cruzada. Durante sua carreira de quarenta anos, ele prendeu mais de 3,6 mil pessoas por vários crimes contra a moralidade pública. Seus casos estabeleciam precedentes legais na lei de censura, sendo as leis Comstock famosas por terem sido usadas para restringir a circulação de informações sobre contraceptivos, e dos contraceptivos em si, até os anos 1920.[19]

potlatch, os chefes realizam uma generosa distribuição (ou mesmo destruição) de presentes e bens, a fim de enfatizar sua riqueza e seu *status*. (N.T.)
18. William H. Sewell Junior, "A theory of structure: duality, agency, and transformation", *op. cit.*
19. James W. Reed, *The birth control movements and American society: from private vice to public virtue* (1978), Princeton, NJ: Princeton University Press, 1983. O mais importante precedente legal para a censura resultante das atividades de Comstock foi a determinação do juiz Blatchford *versus* D. M. Bennett, que serviu de base para a lei da obscenidade nos Estados Unidos por mais de cinquenta anos. Ver Martin Henry Blatt, *Free love and anarchism*, Urbana: University of Illinois Press, 1989, p. 119. Discuto a restrição da contracepção e do aborto em Nicola Beisel, "Upper class formation and the politics of censorship in Boston, New York, and Philadelphia, 1872-1892", Tese de Doutorado, Ann Arbor: University of Michigan, 1990b.

Na análise a seguir, mostro que, originalmente, Comstock construiu a fronteira moral entre obscenidade e literatura usando três conjuntos de categorias sociais: a juventude (e crenças sobre os efeitos da sexualidade nas crianças e na família); a classe, usada para argumentar que a classe alta estava sendo poluída pela sexualidade e pela cultura da classe baixa, bem como em afirmações de que materiais sexualmente excitantes ameaçavam a posição social dos jovens da classe alta; e, ainda, a etnicidade, que invocava ao argumentar que influências estrangeiras eram responsáveis pela poluição da cultura americana. Ele tentou mover a fronteira entre obscenidade e literatura subtraindo, da definição de obscenidade, uma ou mais categorias de classe, estrangeirismo e juventude. Originalmente definiu *obscenidade* como produtos indecentes da cultura das classes baixas vendidos por estrangeiros a jovens da classe alta. Procurando suprimir "os clássicos", ele argumentou que essa literatura era lúbrica e dirigida a um público-alvo jovem, mas, como tal literatura era parte da cultura da classe alta, ele só podia argumentar que era escrita por estrangeiros e refletia a natureza depravada de suas sociedades. Suprimir Whitman envolveu outra subtração: Whitman era um americano escrevendo para uma audiência de elite, o que deixou Comstock com o único argumento de que *Leaves of grass* apelava para a corrupção sexual, e a gerava.

Categorias para constituir obscenidade ✳ **Juventude e vulnerabilidade sexual** \ Apenas se as fontes, alvos e efeitos da leitura obscena pudessem ser explicados a potenciais adeptos e defensores seria possível justificar a censura e gerar fundos para perseguir os ofensores. Para Comstock, a justificativa primária de suas atividades iniciais de censura era a de que materiais obscenos corrompiam crianças. Mais ainda, que os vendedores de obscenidades procuravam e exploravam a curiosidade dos jovens para comercializar suas mercadorias. Os materiais tinham efeitos devastadores sobre a jovem audiência: crianças, afirmava, eram "arruinadas" pela exposição à obscenidade. A ruína era ocasionada pela excitação sexual e, em parte, resultado das consequências sociais do comportamento sexual ilícito. Mas a obscenidade também era prejudicial por denegrir a inata inocência das crianças:

Nenhuma linguagem pode descrever a total repugnância e aversão com que mentes puras devem considerar o tráfico; e, ainda assim, tão sagazes e astutos são os vendedores, tão escondido o modo de fazerem publicidade de suas mercadorias

[...] que em centenas de nossas escolas, seminários e colégios, sim, em milhares dos lares mais refinados e cristãos de nossa terra, eles conseguiram injetar um vírus, o mais destrutivo da inocência e da pureza da juventude, que, se não for neutralizado, pode ser a enfermidade mais mortal para o corpo.[20]

A obscenidade era assim tão perigosa não só porque os revendedores tinham crianças por alvo, mas também porque a inata inocência das crianças não as protegia da corrupção. Em vez disso, a inocência tornava as crianças particularmente vulneráveis. Comstock se dava ao trabalho de argumentar que mesmo crianças aparentemente puras, cujos pais tinham tentado ensinar virtudes morais, eram vulneráveis às tentações da obscenidade:

Que as crianças possam ser tão instruídas sobre o perigo, tão reforçadas em princípios pelos ensinamentos corretos, e tão nobilitadas por ambientes puros, de modo a afastar delas a tentação e desprezar o desgraçado que furtivamente quer levá-las ao vício, não temos dúvida; mas [...] quantos são totalmente corrompidos na imaginação, com as imagens mais vis – antes que pais confiantes tenham sonhado com o perigo! E este é o mais desastroso elemento da maldade – ele ataca especial e fatalmente os jovens [...] Os anos maduros são comparativamente seguros em relação a essa contaminação; a juventude é colocada em perigo pelo mais leve respirar disso, e o que será da sociedade dentro de vinte anos, se os meninos e meninas de hoje se encantarem com essa lepra?[21]

Comstock apelava por apoio jogando com as ansiedades dos pais sobre o futuro dos filhos. Mais ainda, os pais poderiam estar cegos às imprudências das crianças. Ele dizia, por exemplo, "nenhum garoto está seguro. Como você sabe que o último trocado que você deu [a seu filho] não foi usado exatamente em resposta a um engodo desses?[22]

A obscenidade ameaçava as crianças devido especificamente à sexualidade, porque materiais obscenos excitariam sentimentos e comportamentos sexuais que colocariam em perigo a saúde física e mental das crianças. Embora o tema de proteger crianças tenha dominado seus escritos, apenas à luz das ideologias sexuais do século XIX "a juventude" podia ser compreendidas como um componente na criação da fronteira entre obscenidade e literatura.

20. NYSSV, *Annual reports*, 1875, pp. 10-11.
21. *Idem*, 1877, pp. 7-8.
22. *Idem*, 1876, p. 11.

Comstock frequentemente aludia ao "vício secreto", referindo-se a crenças, compartilhadas por médicos e leigos, de que a atividade sexual frequente, especialmente a masturbação, tinha efeitos severos (possivelmente fatais) sobre a saúde.[23] Os materiais obscenos induziam à masturbação, levando a uma sede maior pela obscenidade, um ciclo de dependência que, argumentava ele, devastava os garotos.

A mente do garoto se torna um poço de corrupção e ele tem aversão a si mesmo. Em seus melhores momentos, ele luta e grita contra esse inimigo, mas tudo em vão; não ousa falar com seus amigos mais íntimos por vergonha, não ousa dirigir-se aos pais – quase tem medo de recorrer a Deus. O desespero toma conta de sua alma quando ele descobre que está perdendo a força de vontade – tornando-se nervoso e enfermo; sofre uma horrenda agonia durante as horas da noite, e acorda apenas para carregar um coração sobrecarregado o dia todo.[24]

Comstock costumava dizer que a obscenidade era uma "armadilha mortal" para os jovens.[25] No final do século XIX, em estudos da prostituição, era comum afirmarem que o suicídio era o destino inevitável das mulheres caídas. Comstock tomava emprestadas essas ideologias sobre a prostituição para argumentar que o suicídio era a única escapatória para uma vida em que havia "cenas nojentas diante da mente", e em que "doenças, ferimentos e chagas em putrefação" acometiam um homem "vítima da luxúria".[26]

A sexualidade, argumentava, também levava ao assassínio. Três garotos em uma cidade vizinha que tinham estuprado e assassinado uma "jovem e bela moça" eram prova dos efeitos da luxúria desenfreada.[27]

---

23. John S. Haller & Robin M. Haller, *The physician and sexuality in Victorian America*, Urbana: University of Illinois Press, 1974; E. H. Hare, "Masturbatory insanity: the history of an idea", *Journal of Mental Science*, 108 (1), pp. 1-2, jan. 1962; Robert H. MacDonald, "The frightful consequences of onanism: notes on the history of a delusion", *Journal of the History of Ideas*, 28 (3), pp. 423-431, jul.-set. 1967; e R. P. Neuman, "Masturbation, madness, and the modern concepts of childhood and adolescence", *Journal of Social History*, 8 (3), pp. 1-27, 1975.
24. NYSSV, *Annual reports*, 1877, p. 9.
25. Anthony Comstock, *Traps for the young*, op. cit., p. 131.
26. Idem, pp. 132-133; Barbara Meil Hobson, *Uneasy virtue: the politics of prostitution and the American reform tradition*, Nova York: Basic, 1987; e Judith Walkowitz, *Prostitution and Victorian society*, Nova York: Cambridge University Press, 1980.
27. Anthony Comstock, *Traps for the young*, op. cit., p. 133.

Quando a luxúria desgraçava famílias e causava doenças nas crianças, eram os indivíduos os prejudicados, mas Comstock afirmava que a luxúria também poderia destruir a sociedade:

> Eu repito, a luxúria é a melhor amiga de todos os crimes. Não há maldade tão vasta, nenhuma fazendo mais para destruir as instituições dos Estados Unidos livres. Põe de lado as leis de Deus e da moralidade; os laços de matrimônio são rompidos, leis estaduais ignoradas, e implantam-se antros de infâmia em quase todas as comunidades; e depois, esticando-se como imensas sépias,[28] levam, de todos os lados, nossos jovens à destruição.[29]

A corrupção sexual dos jovens tinha duas consequências. A "amada criança" poderia tornar-se um fracasso e a desgraça da família. Se a obscenidade e a luxúria se espalhassem sem controle, argumentava ele, a sociedade como um todo ver-se-ia frente à perda de toda a próxima geração. Na construção da fronteira entre obscenidade e literatura, Comstock apoiava-se em ideologias acerca dos efeitos da sexualidade nos jovens e fazia apelos para a preservação de um grupo social essencial: as crianças.

Policiando as fronteiras da classe ✳ Comstock também justificava a censura apelando para as preocupações dos pais quanto à posição de classe de seus filhos. O seu argumento de que a obscenidade levava à sexualidade desenfreada – que causava severos efeitos sobre a saúde – de alguma forma se tornava difícil de acreditar, devido à afirmação que o acompanhava: que 75% ou mais dos rapazes nas escolas eram afligidos pelo vício secreto.[30] Era mais fácil acreditar nos apelos em relação às consequências da decadência sexual para a posição social das crianças. Comstock insinuava que as crianças poderiam fracassar em assumir a classe social de seus pais devido ao "assassínio moral e [à] morte espiritual" resultantes de leituras inapropriadas, e afirmava que a literatura obscena levaria a associações com "pares baixos".[31] A luxúria levava as

---

28. Molusco cefalópode, também denominado choco ou siba. (N.T.)
29. Anthony Comstock, *Traps for the young*, op. cit., pp. 132-133.
30. NYSSV, *Annual reports*, 1880, pp. 10-11.
31. Em *Traps for the young*, Comstock conta a história do filho de um juiz que foge de casa em busca da excitante vida que havia lido em histórias de aventura. O rapaz foi espancado fatalmente em uma briga de bêbados num bar, mas antes de morrer conta à

crianças, tanto meninos como meninas, ao bordel.[32] Maus livros encorajavam a rebelião dos jovens, incluindo casamentos inadequados. *Traps for the young* conta a história de dois garotos, filhos de famílias "respeitáveis", que, como resultado da leitura de literatura obscena, tiveram um fim vergonhoso – um deles se casou com uma empregada, e o outro escapou das restrições do lar fugindo para a cidade de Nova York.[33] Embora todas as crianças pudessem ser vitimadas pela leitura não adequada, ele enfatizava que as crianças ricas não estavam imunes: "Onde essa maldade existe? Onde essas armadilhas estão armadas? Eu respondo, em toda parte. As crianças de todos os graus da sociedade, instituições de ensino em todas as partes da terra, e os lares mais seletos são invadidos pela diabólica literatura licenciosa".[34] Nesses argumentos jogava com as inquietações da classe alta sobre a estabilidade de sua posição de classe. A alta posição social não tornava as crianças da elite imunes às abordagens de pessoas depravadas, ou à sua exploração:

Uma linda menininha, que nem tinha 14 anos, estava voltando de uma das seletas escolas das áreas nobres para seu lar. Enquanto esperava por um carro, um vilão a abordou e lhe deu um pacote de papel, dizendo-lhe para levá-lo para casa e olhar seu conteúdo quando estivesse só. Essa doce criança, confiante, levou o pacote para casa e o entregou para sua mãe. A mãe o abriu e ficou chocada além da conta quando descobriu que muitas páginas dos assuntos mais abomináveis tinham sido colocadas nas mãos de sua querida filha.[35]

Em tais passagens está implícito que, para Comstock, os pornógrafos eram motivados, em parte, pela satisfação de corromper crianças ricas. Assim, a alta posição social tornava crianças ricas mais vulneráveis à obscenidade e à luxúria, e não menos.

Ao argumentar que a riqueza não anulava os impulsos sexuais inatos – que, se não controlados, poderiam tornar qualquer criança vítima da luxúria –, Comstock originou ansiedades sobre a hierarquia de classes.

boa mulher que lhe serve de enfermeira sobre como sua leitura o conduziu a relacionar-se com companheiros de baixa classe; ver Anthony Comstock, *Traps for the young, op. cit.*, p. 30-32

32. NYSSV, *Annual reports*, 1878, p. 11.
33. Anthony Comstock, *Traps for the young, op. cit.*, p. 139.
34. *Idem*, p. 136.
35. NYSSV, *Annual reports*, 1884, pp. 7-8.

A fraqueza interior, particularmente a fraqueza sexual, poderia levar à depravação da juventude e à perda da posição social. Em uma história sobre os efeitos corruptores da literatura obscena, Comstock fala de um garoto enviado ao internato que recebe um anúncio de obscenidade e, por curiosidade, responde a ele. Enquanto o garoto fica envergonhado com o pacote que chega pelo correio e considera livrar-se dele, o diabo o incita a abri-lo:

> Assim estimulado, o garoto rompe o selo e deixa o monstro solto. A aparência horrenda inicialmente choca a mente pura, e a pobre vítima alegremente o descartaria. Mas o tentador diz: "Não pode machucá-lo, você é forte. Dê uma olhada e veja o que é. Não tenha medo". Assim, encantado, ele olha uma segunda vez e então é solta uma força poderosa vinda de seu interior. As paixões que estavam adormecidas ou latentes são despertas, e o garoto é forçado para um precipício; e a morte e a destruição são certas, exceto se a graça de Deus o salvar.[36]

Em tais histórias, Comstock sugere que as distinções de classe são apenas distinções superficiais e fornecem pouca proteção contra as universais fraquezas humanas. Assim, sua retórica sobre a obscenidade invoca a classe de duas maneiras. A classe como estrutura social é empregada como uma fronteira que deve ser mantida entre as crianças de elite e os "degenerados" que tentam corrompê-las.[37] Mas, ao mesmo tempo, ele joga com a permeabilidade da fronteira. A distância social entre as classes não é tão grande que as crianças "puras" sejam inacessíveis aos pornógrafos; e, mais importante, em pelo menos um sentido as crianças da elite não são tão diferentes dos degenerados. Na ausência de desejos sexuais inatos que, acaso desencadeados, poderiam levar qualquer

---

36. Anthony Comstock, *Traps for the young, op. cit.*, pp. 135-136.

37. A linguagem usada pelos líderes da NYSSV deixa subentendido serem de baixa classe aqueles que procuravam corromper crianças respeitáveis. Por exemplo, em 1881, o reverendo T. B. McCleod falou, em apoio das ações da NYSSV: "A população de nosso país está crescendo muito rapidamente, e com isso há um aumento correspondente no crime. Enquanto muitos homens sérios e honestos estão entre a equipagem, esforçando-se para manter nosso navio à tona e no curso correto, há outros abaixo procurando afundar o barco"; ver NYSSV, *Annual reports*, 1881, p. 22. Essa passagem contém uma referência implícita aos imigrantes, que estavam engrossando a população do país e concentravam-se nas classes trabalhadoras. A referência àqueles "abaixo", que punham a embarcação em perigo, provavelmente diz respeito àqueles na parte "inferior" da estrutura de classes.

criança a uma vida de luxúria e desregramento, os negociantes de obscenidade teriam pouco efeito sobre as crianças.

Forasteiros, estrangeiros e as fontes da obscenidade ☀ Enquanto as considerações de Comstock sobre a juventude e a classe tentavam criar ansiedade em relação ao público-alvo das publicações obscenas, aquelas sobre estrangeiros procuravam localizar a fonte delas. Do mesmo modo que culpava a difusão da luxúria pela permeável fronteira entre as crianças de elite e seus inferiores sociais, ele justificava a censura lançando receios quanto a estrangeiros e forasteiros. No primeiro relatório público emitido pela NYSSV, ele anotou: "Do número total de pessoas presas, 46 eram irlandeses, 34 americanos, 24 ingleses, 13 canadenses, 3 franceses, 1 espanhol, 1 italiano, 1 negro e 1 judeu polonês, mostrando que uma grande proporção daqueles dedicados ao tráfico nefasto não eram cidadãos americanos nativos".[38] No ano seguinte, citou estatísticas similares, comentando: "Pode-se ver de relance que devemos muito desta desmoralização à importação de criminosos de outras terras".[39] Na cruzada contra a pornografia, argumentava que a obscenidade era difundida por estrangeiros, deixando implícito que ela era estranha à cultura norte-americana.

Comstock jogava com a permeabilidade das fronteiras sociais entre imigrantes e a elite nativa. A procura por influências estrangeiras potencialmente perigosas às crianças de elite não tinha de se afastar muito do lar, onde uma classe cada vez maior de serviçais imigrantes servia as famílias dos ricos.[40] A literatura sobre masturbação costumava culpar pelo vício a influência dos empregados.[41] Comstock jogava livremente com as ansiedades relativas a criados, argumentando, por exemplo, que as mães de elite deveriam devotar menos tempo a atividades sociais e mais às suas crianças, porque "este presente do céu não é algo pequeno, para ser confiado a alguma empregada ignorante e muitas vezes depravada".[42]

38. NYSSV, *Annual reports*, 1875, p. 6.

39. *Idem*, p. 11.

40. Barbara M. Solomon, *Ancestors and immigrants*, Cambridge, MA: Harvard University Press, 1956.

41. R. P. Neuman, "Masturbation, madness, and the modern concepts of childhood and adolescence", *op. cit.*

42. Anthony Comstock, *Traps for the young, op. cit.*, p. 245.

Quando recorreu às inquietações sobre os imigrantes, referiu-se a um problema maior do que serviçais imorais. A classe alta de Nova York sentia-se sitiada por imigrantes, e por boa razão. Em 1890, 80,5% da população branca da cidade de Nova York era composta de imigrantes ou filhos de imigrantes.[43] O poder de voto dos imigrantes minava o poder político das classes altas, que reagiam com acusações de que imigrantes politiqueiros estavam roubando o tesouro e arruinando o crédito da cidade.[44] Ao culpar pela difusão da obscenidade uma crescente classe trabalhadora imigrante, ele recorria a receios comuns de estarem sendo eclipsados a influência e o poder político e social da elite nativa.

Nos anos que se seguiram à Guerra Civil, era violento o racismo dirigido contra os afro-americanos, especialmente pela crença de que negros eram dotados de uma sexualidade quase animal.[45] Como ameaça mais imediata, Comstock utilizava os imigrantes, mas sua história mais extraordinária sobre serviçais corruptos e corruptores envolvia um negro:

> Um professor responsável por uma conhecida escola secundária contou-nos, em uma de nossas reuniões no oeste, um incidente ocorrido em sua própria escola, onde um homem de cor vestindo libré foi conduzido em uma elegante carruagem à porta de sua escola, desceu e entrou carregando uma bandeja com cerca de 15 a 20 envelopes vistosamente endereçados, dando a entender que eram cartões de casamento, destinados ao mesmo número de moças, filhas de algumas das melhores famílias daquela cidade. Depois que o homem se fora, ele abriu um daqueles envelopes e encontrou material incrivelmente obsceno e sedutor, para envenenar suas mentes e arruiná-las de corpo e alma.[46]

---

43. US Interior Departament, *Report on the population of the United States at the eleventh census: 1890*, 1, Washington, DC: Government Printing Office, 1895, p. CLXII.

44. Geoffrey Blodgett, "Yankee leadership in a divided city: Boston, 1860-1910", em Ronald P. Formisano & Constance K. Burns, *Boston, 1700-1980: the evolution of urban politics*, Westport, CT: Greenwood, 1984; John Higham, *Strangers in the land* (1955), New Brunswick, NJ: Rutgers University Press, 1988; Frederic C. Jaher, *The urban establishment*, Urbana: University of Illinois Press, 1982; e Jon C. Teaford, *The unheralded triumph*, Baltimore: John Hopkins University Press, 1984.

45. Jacqueline Dowd Hall, "The mind that burns in each body: women, rape, and racial violence", em Ann Snitow, Christine Stansell & Sharon Thompson, *Powers of desire: the politics of sexuality*, Nova York: Monthly Review, 1983.

46. NYSSV, *Annual reports*, 1880, p. 9.

Essa história é significativa por sua afirmação sobre a fragilidade da fronteira entre as classes sociais. Comstock está afirmando não só que os serviçais poderiam corromper as crianças da elite, mas também que os empregados poderiam conscientemente usar a pompa de sua posição para corromper garotas. Em lugar de invocar deferência e respeito, os símbolos do *status* de classe poderiam facilitar a corrupção sexual. Pior, poderiam tornar-se um veículo de poluição nas mãos de alguém em quem uma família de elite presumivelmente confiava – neste caso, ou o serviçal, ou o cocheiro, ou ambos.

Mas há nesse exemplo um outro argumento sobre instituições e a poluição dos jovens, pois o serviçal manchou duas instituições cujo objetivo é proteger a moralidade e a pureza social: o casamento, que ele considerava fundamental para a ordem social, se tornara um veículo para a perversão sexual através do estratagema de usar convites de casamento para difundir obscenidades; e os internatos, instituições que tinham por objetivo proteger as crianças dos perigos morais da cidade, tornaram-se um meio de destruí-las. Além de usar as categorias sociais de juventude, classe e etnia, Comstock afirmava que a ruptura das fronteiras sociais causava a poluição das instituições.

Fronteiras rompidas: a poluição das instituições ✳ Era frequente Comstock argumentar que instituições inteiras estavam ameaçadas pelo vício. Em suas considerações sobre funcionários enlouquecidos pelo jogo, impostores que imitavam as maneiras dos ricos e rapazes que se masturbavam obsessivamente, estava implícito que a aparência das pessoas podia enganar.[47] Mas ele também considerava como as instituições poderiam não ser o que pareciam, sobretudo como as instituições poderiam não oferecer a proteção que as pessoas aí procuravam. A literatura obscena era difundida através de muitos canais, mas Comstock afirmava ser distribuída principalmente por pornógrafos atuando no mercado encontrado nas escolas.[48] Os negociantes de obscenidades operavam comprando, de agentes do correio, os nomes de crianças que residiam em escolas internas exclusivas.[49] Uma segunda fonte de nomes eram os catálogos escolares, que listavam os nomes e endereços dos estudantes. Tais listagens eram usadas para enviar anún-

---

47. Anthony Comstock, *Traps for the young, op. cit.*, pp. 57-64.
48. NYSSV, *Annual reports*, 1878, p. 6.
49. Anthony Comstock, *Traps for the young, op. cit.*, p. 134.

cios de literatura obscena para estudantes.⁵⁰ Quase todas as escolas de elite, afirmava ele, foram afetadas: "Em nossa terra, quase não há uma escola ou seminário proeminente para qualquer dos sexos em que, se fosse feita uma busca exaustiva, não seria encontrado mais ou menos dessa familiaridade com tal literatura que enfraquece a mente, destrói o corpo e arruína as almas de suas vítimas".⁵¹

As escolas ofereciam muitos perigos. Primeiro, os pornógrafos utilizavam o mercado criado pela concentração de crianças para distribuir literatura obscena. Segundo, nas escolas, as boas crianças estavam expostas às más. Comstock frequentemente escrevia sobre seguir a pista de maus livros até chegar a um ou dois criadores de encrenca.⁵² Um terceiro problema eram professores sexualmente corruptos (e corruptores). Um caso particularmente interessante foi o do professor de francês G. H. Gautier, atuante em "muitas das instituições líderes de ensino", que importava "os livros, ilustrações e artigos mais vis jamais feitos" e os mostrava a seus alunos.⁵³

Mas o perigo mais grave nos internatos era a falta de supervisão dos pais sobre as atividades das crianças. Era frequente a literatura sobre masturbação do século XIX aludir a esse perigo, fundada na crença de que apenas a incessante vigilância dos pais protegia as crianças do vício.⁵⁴ As histórias de Comstock sobre jovens sendo "arruinados" na escola interna usavam desses receios, bem como dos temores de que as escolas, criadas como meio de assegurar a mobilidade ascendente,

---

50. NYSSV, *Annual reports*, 1875, p. 11.

51. *Idem*, 1876, p. 15.

52. Anthony Comstock, *Traps for the young, op. cit.*, p. 139.

53. NYSSV, *Annual reports*, 1877, p. 8. Comstock não revelou que Gautier fora condenado por sodomia, bem como por negociar com obscenidade; ou que a NYSSV tinha apelado ao governador Alonzo Cornell para mantê-lo preso. "Na época em que foi preso, e por anos antes, ele fora professor de francês e línguas em várias de nossas melhores instituições de ensino, em Nova York e no Brooklyn. Embora tão comprometido e desfrutando da confiança de nossas melhores famílias, ele tinha o hábito de mostrar livros e ilustrações os mais obscenos e sujos aos garotos para excitá-los, e depois praticava neles o vício italiano". Esta citação estava no catálogo de venda da Sotheby's, de 29 de outubro de 1986. O item 27 era essa carta de Comstock a Alonzo Cornell, referente a um presidiário cujos amigos provavelmente apelariam por seu perdão.

54. R. P. Neuman, "Masturbation, madness, and the modern concepts of childhood and adolescence", *op. cit.*, p. 4.

seriam responsáveis por arruinar as crianças moralmente (logo, economicamente).

O que, no mundo, é mais bonito do que a juventude viril, elástica em exuberância física, a face radiante com o viço de um sangue puro, o semblante indicando uma retidão consciente e uma integridade inabalável? Quantos desses jovens podem ser encontrados nos vários lares desta terra! Com que orgulho o pai de tal rapaz o coloca em alguma seleta instituição de ensino, onde ele pode se qualificar para futuros postos de confiança e honra! Ele faz com alegria qualquer sacrifício necessário. Como o coração da mãe bate com emoção contida quando ele deixa pela primeira vez o teto dos pais! Depois que ele vai, como os carinhosos pais consolam um ao outro, na certeza de que tudo está bem; não há o que temer por ele; o caráter está bem estabelecido [...] Espere um pouco. O nome do rapaz chega ao conhecimento de tais canalhas. Aí, o que acontece? [...] a mente suscetível do rapaz recebe impressões que incendeiam sua natureza inteira. Sua imaginação é pervertida. Fixa-se sobre ela uma indelével mancha negra, e a consciência, antes um monitor fiel, agora está insensível e silenciada. A vontade, que antes elevava uma forte barreira contra as instigações nocivas, não mais se impõe, e nosso nobre jovem brilhante com muita frequência se torna uma ruína do que era.[55]

A ameaça da difusão da obscenidade nos internatos atingia, na psique dos pais de classe alta, um ponto particularmente vulnerável, pois os internatos eram fundados, em parte, para proteger as crianças dos vícios das cidades com populações que cresciam rapidamente. O enorme tamanho das cidades e a proliferação de cortiços e áreas precárias tornavam os pais ainda mais preocupados com as influências sobre suas crianças. Assim, os internatos em pequenas cidades do interior eram atraentes por seu isolamento.[56] As escolas não só tinham por objetivo ser um refúgio contra a imoralidade, como também serviam para transmitir cultura e refinamento aos filhos dos novos-ricos.[57] A menção

55. NYSSV, *Annual reports*, 1878, p. 11.
56. Steven B. Levine, "The rise of American boarding schools and the development of a national upper class", *Social Problems*, 28 (1), pp. 63-94, 1980; e James McLachlan, *American boarding schools: a historical study*, Nova York: Scribner's, 1970.
57. E. Digby Baltzell, *Philadelphia gentlemen: the making of a national upper class* (1958), Philadelphia: University of Pennsylvania Press, 1979; William G. Roy, "Institutional governance and social cohesion: the internal organization of the American capitalist class, 1886-1905", *Research in Social Stratification and Mobility*, 3, pp. 147-171, 1984; e do

ao pai que faz sacrifícios para enviar o filho à escola indica que as escolas eram consideradas um meio para a mobilidade ascendente. A ameaça mais poderosa de Comstock era, provavelmente, a de que as crianças pudessem ser corrompidas nessas escolas.

Embora as escolas fossem o solo mais fértil para difundir o vício, ele também se espalhava em outras instituições, incluindo igrejas e negócios respeitáveis:

> Um sacristão de uma igreja fabrica suas fotografias licenciosas em um cômodo separado da escola paroquial apenas por portas sanfonadas, emprega homens ou rapazes para vendê-las na rua enquanto perambulam por vias públicas lotadas. Um negociante de joias de passagem pelo comércio fornece aos jovens libidinosos encantos microscópicos. Outros ainda, frequentando os degraus das casas bancárias em Wall Street e na Broadway, fornecem aos filhos das classes ricas espécimes caros da mais alta arte licenciosa [...] Garotos jornaleiros nas ferrovias, carregadores em barcos a vapor e hotéis, meninos e jovens em escolas e universidades, todos difundem o contágio, e de forma tão furtiva que, frequentemente, não são detectados.[58]

Ao construir a fronteira entre a obscenidade e a literatura, Comstock mobiliza as categorias sociais de juventude, classe e etnia para justificar a censura. A obscenidade era uma ameaça – principalmente para os jovens de elite – que normalmente vinha das classes mais baixas e de estrangeiros. Comstock tentou angariar mais crédito para seu argumento, e tornar mais convincente a ameaça da obscenidade, alegando que as instituições sociais destinadas a proteger a moral e os filhos estavam sendo pervertidas pela obscenidade e pela luxúria.

A poluição da literatura: literatura como poluição ❊ Em 1879, Comstock descobriu um novo problema. Enquanto, até então, o assalto à obscenidade fora travado como uma guerra contra as influências corruptoras que escorriam das classes mais baixas e poluíam as crianças da elite, ele agora se confrontava com o problema da poluição que emanava de dentro da própria cultura da classe alta. O novo problema eram "os clássicos". Ele alegava que os negociantes de obscenidade, receando serem presos

mesmo autor, "The social organization of the corporate class segment of the American capitalist class at the turn of this century", trabalho apresentado na conferência *Bringing class back in*, Lawrence: University of Kansas, 1989.

58. NYSSV, *Annual reports*, 1876, p. 8.

por fazê-la circular em suas formas mais antigas, estavam publicando edições traduzidas, resumidas e ilustradas de literatura "clássica", em particular obras de Ovídio e Boccaccio. Suas tentativas de justificar a interdição dessas edições indecentes desenvolveram-se em uma campanha contra escritos de romancistas franceses vivos (mas anônimos) e, por fim, em uma campanha temporariamente bem-sucedida contra a poesia de Walt Whitman.

Comstock reconhecia que a autoridade que ajuntara em virtude de sua experiência vetando obscenidades comuns não se traduzia em uma jurisdição sobre livros que eram considerados grande literatura. Ao encontrar clássicos traduzidos, resumidos e ilustrados, ele consultava editores e negociantes de livros "de alto nível". Esses homens, presumivelmente mais entendidos, respondiam dizendo a Comstock, quanto aos clássicos conspurcados: "Qualquer pessoa que faça isso devia ser processada".[59] Comstock também procurava justificação para seus atos na lei, que, afirmava, permitia a censura de materiais que "corrompem a mente dos jovens e despertam pensamentos lascivos e libidinosos, se vendidos de maneira a estarem sujeitos a cair em suas mãos".[60]

Ainda assim, parecia perceber que a prudência (e a classe social de quem o apoiava) ditava que ele próprio não podia argumentar serem os clássicos poluidores em si, devendo, portanto, ser suprimidos. Ao optar por restrição, em vez de erradicação, argumentou que, se fossem mantidos fora de circulação entre o público em geral, os clássicos eram aceitáveis: "Esta sociedade nunca interferiu com qualquer obra de arte, clássico ou obra de medicina, exceto para mantê-las em sua própria esfera especial. Não achamos que é interferir em um clássico quando punimos um homem na corte [de justiça] por prostituir tal livro, fazendo dele um artigo obsceno para servir seus próprios propósitos vis".[61]

Ao criar a fronteira em torno da "esfera especial" dos clássicos, delimitando usos obscenos e usos aceitáveis de tais obras, Comstock de novo invocou a vulnerabilidade dos jovens e a ameaça das influências estrangeiras. Mas o processo de mover a fronteira entre obscenidade e literatura, para que os clássicos traduzidos fossem considerados moralmente inaceitáveis, forçou-o a mudar seus argumentos sobre classe social e os efeitos da literatura. Ao censurar a obscenidade comum, argu-

---

59. NYSSV, *Annual reports*, 1879, p. 16.
60. *Idem, ibidem*.
61. *Idem*, p. 17.

mentou que estava erigindo uma barreira entre os materiais poluentes e as puras crianças da elite. Mas a literatura clássica era um símbolo de sofisticação; e, como parte do capital cultural da classe alta, os clássicos não eram mero símbolo de *status*, mas parte da "alta" cultura, uma esfera dotada do poder de elevar e purificar aqueles que a consumiam.[62] Assim, ao argumentar que os clássicos resumidos e traduzidos eram obscenos e deviam ser suprimidos, Comstock foi forçado a conceder que os clássicos não eram inerentemente maus. Contudo, quando usados de certas formas por certas audiências, eles tanto eram poluentes como poluídos.

Assim como argumentara que a obscenidade comum era extremamente perigosa para crianças, Comstock tentou restringir a circulação dos clássicos falando do efeito de tal literatura sobre os jovens. Enquanto o consumo desses clássicos podia ter sido adequado para adultos da elite, ele dizia que as crianças eram colocadas em perigo por clássicos lascivos da mesma forma que o eram pela pornografia comum. Esse "veneno literário", sendo "lançado nas fontes da vida social", estava deixando os jovens com "a mente fraca, obtusos, sentimentais, concupiscentes [e] criminosos".[63] Mais ainda, dizia, os assim chamados clássicos estavam sendo comercializados da mesma maneira que outros materiais obscenos, ou seja, pelo envio de publicidade a crianças nas escolas. A comercialização dessas obras resumidas e traduzidas para jovens era uma de suas principais justificativas para suprimi-las.[64]

Suas discussões sobre os efeitos dos clássicos nas crianças eram repletas de contradições. Enquanto, às claras, ele queria reconhecer a aura que circundava tal literatura e provavelmente receava que censurá-la ofenderia quem o apoiava e minaria seu trabalho, seus argumentos deixavam transparecer considerável hostilidade em relação a ela. Ainda assim, aparentemente não conseguia decidir se os clássicos eram poluidores por definição ou se apenas os traduzidos causavam deterioração moral. Algumas vezes, defendia a primeira asserção. Após comparar a literatura clássica à estricnina tornada palatável por uma cobertura doce, conclui: "Essa maldita literatura corrompe os pensamentos, perverte a imaginação, destrói a força de vontade, torna a vida impura, profana

---

62. Lawrence W. Levine, *Highbrow/lowbrow: the emergence of cultural hierarchy in America*, Cambridge, MA: Harvard University Press, 1988.

63. NYSSV, *Annual reports*, 1880, p. 11.

64. *Idem*, 1879, p. 16.

o corpo, endurece o coração e condena a alma [...] A prática de difundir literatura impura entre os jovens está rapidamente os afundando ao nível da antiga idolatria".[65]

Mas as diatribes de Comstock contra os clássicos eram moderadas pelo reconhecimento de que essa literatura poderia ter usos legítimos. Tal concessão tinha muito a ver com a classe social das pessoas que consumiam literatura clássica. Em discussões sobre a literatura clássica e obscenidade comum, *classe* significava coisas diversas. A pornografia de rua, vendida por canalhas de baixa classe, ameaçava os jovens de elite com a ruína moral que resultaria em sua queda do topo da hierarquia de classe para o fundo. Os clássicos, quando usados de maneira inapropriada, ameaçavam com o mesmo resultado. Comstock concedia que os clássicos podiam ser tolerados, desde que fossem usados para satisfazer as demandas legítimas do público de elite, mas, quando clássicos corrompidos alimentavam desejos ilegítimos, surgiam problemas:

Essas obras, até agora cuidadosamente escondidas da vista pública e mantidas pelos livreiros apenas para atender o que alguns consideram a demanda legítima do estudante, ou a biblioteca de cavalheiros, agora são promovidos e vendidos por certas pessoas como livros "ricos, raros e ousados", "aventuras amorosas", "descrições picantes", "intrigas de amor malicioso" etc.[66]

Qual o lugar adequado para os clássicos? Ele tentou resolver essa questão argumentando que essas obras deveriam ser confinadas ao "mundo literário", sugerindo que só quem sabia lê-las no idioma original devia ter essa permissão. Assim, elas deveriam ser propriedade apenas das pessoas educadas. Comstock tornou esse argumento mais explícito em *Traps for the young*, ao citar uma carta que um professor de literatura inglesa lhe escrevera a respeito da reivindicação de que a tradução de obras clássicas, neste caso de Boccaccio, deveria ficar confinada ao mundo literário:

Você faz concessões demais. O livro a que você está realmente se referindo é um livro inglês, que não tem "utilidade no mundo literário", porque você está escrevendo sobre uma tradução. Você parece admitir que uma versão em inglês de Boccaccio tem os direitos de um clássico. Isso não é verdade. O apelo para a liberdade na cir-

---

65. *Idem*, 1883, p. 168.
66. *Idem*, 1879, p. 16.

culação dos clássicos só é bom para Boccaccio no original italiano. A tradução é um livro em inglês, que nenhum acadêmico quer, que ninguém quer, para propósitos literários ou educacionais. Se há professores que querem conhecer o belíssimo italiano de Boccaccio, eles devem, com certeza, aprender a ler italiano.[67]

Enquanto a obscenidade comum era ruim em si (e Comstock procurava erradicá-la totalmente), os clássicos poluíam ao deixarem as bibliotecas dos cavalheiros educados. Mais ainda, os clássicos eram poluídos por aqueles que tentavam popularizá-los publicando traduções que podiam ser lidas por todas as classes. Se, por um lado, havia a possibilidade de pessoas cultas fazerem uso legítimo dos clássicos, "eles são claramente ilegais quando assim prostituídos naquilo que antes se pensava ser o lugar apropriado e legítimo para eles".[68]

Os que sabiam falar idiomas estrangeiros podiam ler a literatura clássica, mas Comstock jogava com os receios em relação a estrangeiros e à cultura estrangeira para justificar seu ataque tanto à literatura como à pornografia de rua. Assim como era mais provável que os criminosos que tentavam vender obscenidades comuns a crianças puras, nativas, de elite, fossem estrangeiros, nas discussões sobre os clássicos ele acusava a cultura estrangeira de poder ser inerentemente poluidora. Dizia que os clássicos italianos eram "celebrados em todo o mundo por suas indecências", dando a entender que tais obras tinham causado e causariam o colapso das nações:[69] "Ao reconhecer as alegações da arte e dos clássicos, não reconhecemos o direito de qualquer homem de explorar os registros de corrupção dos séculos passados e depois servir para a juventude de nossa terra, como um pedacinho de doce, o que ajudou a destruir as nações antigas".[70] Sua campanha contra os autores estrangeiros não estava confinada às civilizações antigas. Ele defendia que os modernos romances franceses e italianos, traduzidos de "maneira popular e barata", também eram nocivos, pois "muitas dessas histórias são pouco melhores do que histórias de bordéis e prostitutas, naquelas nações amaldiçoadas pela luxúria".[71] Mesmo condenando os romances estrangeiros, não está claro que tenha feito muito a respeito deles, embora estimu-

---

67. Anthony Comstock, *Traps for the young*, op. cit., p. 174.
68. NYSSV, *Annual reports*, 1879, p. 16.
69. *Idem*, 1883, p. 7.
70. *Idem*, p. 8.
71. Anthony Comstock, *Traps for the young*, op. cit., p. 179.

lasse quem o apoiava, em outras cidades, a examinar as prateleiras das bibliotecas públicas e a agitar a opinião pública para que a literatura ofensiva fosse removida.[72] Ir de autores falecidos aos vivos permitiu a Comstock procurar literatura moderna (desprotegida da aura "dos clássicos") que pudesse ser incluída no rótulo de obscena. Em 1882, o objetivo de proteger os jovens da sexualidade, impressa ou em ilustrações, levou-o aos livros de um dos maiores poetas americanos: Walt Whitman.

***Folhas de relva* e folhas de figueira**[73] ✲ O ataque de Comstock a Whitman representou uma reviravolta final na fronteira entre obscenidade e literatura. Enquanto, no início, a obscenidade fora definida como alguma coisa proveniente de estrangeiros e pessoas de classe baixa, que poluiria crianças respeitáveis despertando desejos sexuais proibidos, Whitman era a quintessência (embora controversa) da poesia norte-americana, cuja obra tinha muitos admiradores de alta classe. Mais ainda, embora Comstock justificasse muito de sua carreira de quarenta anos no movimento antivício com a razão de que estava protegendo crianças, ele nunca declarou ser a poesia de Whitman vendida a jovens. Só lhe restava a alegação de que, na alta cultura, a sexualidade era desmoralizante. Sob o título "Semiclássico", ele anota: "Outro 'clássico' do qual se apela que se esquivem é uma tentativa de um autor de nosso tempo de revestir os pensamentos mais sensuais com as flores e fantasias da poesia, tornando a concepção lasciva apenas mais insidiosa e desmoralizante".[74]

Comstock claramente queria suprimir a poesia de Whitman, mas reconheceu que esse era um caso difícil de defender junto a quem o apoiava. Embora mais tarde tenha arriscado uma batalha pública quanto a serem obscenas reproduções fotográficas de nus dos Salões de Paris,[75] ele não tentou censurar Whitman publicamente. Em vez disso, recorreu a aliados em Boston e tentou impedir a publicação de sua obra.

---

72. NYSSV, *Annual reports*, 1886, p. 12.
73. Nas bíblias inglesas, as folhas usadas por Adão e Eva para cobrir sua nudez foram as de figueira (Gen. 3,7). Seu uso disseminou-se na pintura e na estatuária, principalmente na época vitoriana, quando a "modéstia" estava na moda; já as *Folhas de relva* aludidas no título deste item são a tradução do título de *Leaves of grass*, obra de Whitman. (N.T.)
74. *Idem*, 1882, p. 6.
75. Anthony Comstock, *Morals versus art*, Nova York: J. S. Ogilvie, 1887; Nicola Beisel, "Upper class formation", *op. cit.*

Seus aliados estavam na New England Society for the Suppression of Vice.[76] Em Boston, o trabalho antivício começara em 1875, quando Comstock visitou o Monday Morning Minister's Meeting, um grupo que financiava suas viagens a Boston para prender negociantes de obscenidades. A NESSV foi oficialmente incorporada em 1878. Como a sociedade antivício de Nova York, a organização bostoniana era dirigida por vários homens de negócio proeminentes e, no final dos anos 1880, apoiada por uma substancial proporção da classe alta da cidade.[77] Mas no início era uma organização vacilante. Até janeiro de 1882, os líderes da NESSV empregavam Comstock como agente, tanto que o que se conseguiu no sentido de suprimir a obscenidade em Boston ocorreu nas mãos de Comstock.

Em 1882, os líderes da NESSV empregaram Henry Chase como novo agente e, logo depois, votaram que Chase deveria consultar Mr. Barrows, o procurador do Estado, em relação à acusação de pessoas que vendiam "um livro ou muitos mais deles". Os livros em questão incluíam: *Droll stories*, de Balzac; *Leaves of grass*, de Whitman; e o *Decameron*, de Boccaccio.[78] Na reunião do mês seguinte, o Comitê lê uma carta de Comstock, aparentemente em relação à poesia de Whitman, e vota unanimemente que "o volume de poemas de Walt Whitman, *Leaves of grass*, é uma obra que tende a corromper a moral dos jovens. Portanto, apelam aos editores, James Osgood & Co., que retirem a dita obra de circulação, ou dela expurguem todas as matérias obscenas e imorais".[79] No Ministério Público, a NESSV encontrou um aliado disposto. Em 1 de março de 1882, o promotor público Oliver Stevens entrou em contato com a editora James R. Osgood and Company, que estava produzindo uma nova edição de *Leaves of grass*. James Osgood era uma firma conhecida e reagiu alarmada ao ser informada pelo promotor: "Somos da opinião que esse livro é tal que o leva ao âmbito das disposições dos Estatutos Públicos que se referem à literatura obscena e sugerimos a conveniência de retirá-lo de circulação e suprimir suas edições".[80] Osgood imediatamente contatou Whitman, dizendo ainda não saber a quais porções do livro se referiam as objeções da

---

76. NESSV – Sociedade da Nova Inglaterra para a Supressão do Vício.
77. Nicola Beisel, "Class, culture, and campaigns against vice", op. cit.
78. NESSV, *Minutes of Executive Committee Meetings*, 6 de fevereiro de 1882.
79. *Idem*, 6 de março de 1882.
80. Thomas B. Harned, "Whitman and his Boston publishers, 2", *The Conservator*, VII, pp. 163-166, jan. 1896, p. 163.

promotoria, mas que eles "estavam, entretanto, naturalmente relutantes a ser identificados com quaisquer procedimentos legais em um assunto dessa natureza".[81] Antes do acordo de publicação com Osgood, Whitman informara que suas "odes sobre sexualidade" poderiam ser controversas; e, assim, os termos de seu contrato de publicação incluíam o entendimento de que aqueles poemas seriam publicados na íntegra.[82] Mas, ao ser ameaçado com um processo, Osgood começou a negociar com Whitman sobre a alteração dos poemas. Whitman expressou boa vontade em eliminar algumas passagens, até que lhe disseram que dois poemas inteiros, "A woman waits for me" e "Ode to a common prostitute", teriam de ser removidos. Quando Whitman se opôs a eliminar aqueles poemas, Osgood recusou-se a publicar o livro. Assim, Whitman levou seu livro à Filadélfia, onde o furor surgido por sua supressão em Boston o tornou um enorme sucesso financeiro.[83]

Logo depois disso, a NESSV publicou seu *Annual Report* para 1881-1882, em que declarava:

O promotor público, a nosso pedido, notificou muitos livreiros de que um certo livro imoral, até agora livremente exposto à venda, se enquadra na proibição da lei, e que qualquer venda futura dele poderá levar o negociante a ser processado. Uma editora proeminente concordou, como consequência de notificação oficial semelhante, em expurgar um de seus livros contendo material muito indecente.[84]

Para a NESSV, foi um triunfo forçar Osgood a suspender a publicação de *Leaves of grass*, mas, publicamente, isso não foi reconhecido. Embora o *Annual Report* da NESSV desse pistas sobre seu papel na supressão da obra de Whitman, a sociedade não admitiu ter sido a força por trás da censura a Whitman até 1895.[85] Isso pode ter sido resultado da opinião pública desfavorável sobre a retirada do livro.[86] Contudo, Homer

---

81. Idem, ibidem.
82. Thomas B. Harned, "Whitman and his Boston publishers, 1", *The Conservator*, VI:150-153, dez. 1895.
83. Ralph E. McCoy, "Banned in Boston: the development of literary censorship in Massachussetts", Tese de Doutorado, Urbana: Universidade de Illinois, 1956.
84. NESSV, Annual reports, 1881-1882, p. 4.
85. Ralph E. McCoy, "Banned in Boston", *op. cit.*, p. 95.
86. O alcance da oposição à supressão dos poemas de Whitman é disputado na literatura histórica. Blatt afirma que Benjamin Tucker desafiou a censura de Whitman obtendo

Sprague, o presidente da NESSV, não hesitou em expressar sua opinião sobre *Leaves of grass*. Em setembro de 1882, Sprague publicou um artigo na revista *Education*. Nele, interpretava o problema da obscenidade nos mesmos termos usados por Comstock, argumentando que a obscenidade era uma desgraça "maligna" e "com cabeças de hidra"[87] alimentadas por "apetites e paixões fortíssimos". Como Comstock, Sprague usou a literatura "clássica" para construir a ponte retórica entre "ilustrações degradantes" e "músicas sujas", e os poemas de Whitman. Embora a NESSV tivesse escolhido perseguir Whitman em vez de negociantes de clássicos traduzidos, Sprague argumentou que os clássicos traduzidos, em que estavam armazenadas "as obscenidades gregas, italianas ou francesas mais vis", ameaçavam arruinar até "pessoas maduras".[88] Finalmente, como Comstock, a única acusação de Sprague contra Whitman era a de qua a sexualidade tornava seu trabalho indecente – embora não fosse nem explicitamente destinado a jovens, nem produto de um estrangeiro ou de cultura estrangeira. Sem mencionar o nome de Whitman, Sprague fez comentários sobre o poeta dizendo:

Em seguida, vêm os comedores de sujeira, cada um deles rolando à sua frente seu querido bocado de imundície literária; revoltados com artificialidades e com o comportamento decente aceito pela sociedade – e encontrando alimento em *Folhas de Relva*, mas não em folhas de figueira; tão apaixonados pela Natureza que, como os pobres vermes humanos, em Xenofonte, desejam fazer em público o que outros fazem privadamente [e] abolindo todas as leis contra a exposição indecente.[89]

muitas cópias de *Leaves of grass* e vendendo-as abertamente, mas outra fonte declara que a ameaça de processo fez com que os livreiros de Boston circulassem o livro tão secretamente quanto possível; ver Martin Henry Blatt, *Free love and anarchism*, Urbana: University of Illinois Press, 1989, p. 142; e William S. Kennedy, "Suppressing a poet", *The Conservator*, VI:169-171, jan. 1895.

87. Referência à Hidra de Lerna, animal fantástico da mitologia grega, com corpo de dragão, sem asas e com nove cabeças de serpente, em que a central era imortal. Qualquer cabeça que fosse decepada, logo surgiam duas outras em seu lugar. O sangue e o hálito da hidra eram venenos mortais. (N.T.)

88. Homer B. Sprague, "Societies for the Suppression of Vice", *Education*, pp. 70-81, set. 1882, pp. 72-73.

89. *Idem*, p. 74. [Os "vermes humanos" que satisfazem em público todos os sentidos e desejos estão em *Hieron*, de Xenofonte, numa fala de Simônides. (N.T.)]

Enquanto os líderes do movimento antivício tentavam alterar a fronteira entre obscenidade e literatura ampliando-a o bastante para incluir Walt Whitman (e, de fato, conseguiram usar seu poder e influência para suprimir o poeta em Boston), eles não tiveram muito sucesso na tentativa de usar as leis contra a obscenidade para purificar a alta cultura. Nos anos 1880, nem a NYSSV, nem a NESSV obtiveram muito apoio para sua afirmação de ser justificável a supressão da sexualidade na alta cultura. Tanto antes quanto depois da censura a Whitman, a NESSV era uma organização em luta. Embora um promotor público cooperativo tenha ajudado os líderes da NESSV a suprimir Whitman, foi só a partir de 1883, quando a organização começou uma campanha contra os jogos de azar e a corrupção no governo da cidade, que ela teve em mãos uma causa que unisse a alta classe de Boston em seu apoio. Em 1890, a NESSV novamente perseguiu o assunto da obscenidade na cultura, atacando a obscenidade no palco – em teatros frequentados pelas classes trabalhadoras. A partir do final dos anos 1890 até os anos 1920, a NESSV censurou impunemente, mas só conseguiu fazer isso depois de desenvolver uma forte base de apoio na classe alta de Boston.[90]

Conclusão ❊ Afirmei que a fronteira moral entre a literatura e a obscenidade foi construída no final do século XIX com as matérias-primas das estruturas sociais já existentes e as ideologias que as apoiavam. Comstock começou sua campanha contra a obscenidade definindo como proibidas aquelas obras que, em virtude de seu conteúdo sexual, podiam corromper os jovens. Argumentava que a reprodução da elite estava ameaçada porque a depravação moral ocasionada por leituras obscenas poderia fazer as crianças da classe alta não assumirem a posição de classe de seus pais. A fronteira entre literatura e obscenidade também se justificava com base nas divisões étnicas da sociedade norte-americana no século XIX: ele afirmava que muito da literatura obscena era difundida por estrangeiros e era o produto da cultura estrangeira. O movimento da fronteira entre literatura e obscenidade resultou de negligência ao julgar a alegação de serem os estrangeiros a fonte da pornografia, e a juventude, a sua audiência. Já a cruzada contra Whitman se apoiava apenas na acusação de que sua obra continha, e gerava, depravação sexual.

Os esforços feitos por Comstock e seus aliados em Boston para mudar

---

90. Paul S. Boyer, "Boston book censorship in the twenties", *American Quarterly*, 15 (1), pp. 3-24, 1963.

a fronteira entre obscenidade e literatura levam a alguns *insights* sobre a formação e manutenção de fronteiras morais. A teoria de Mary Douglas – de que a retórica da poluição manifesta clivagens sociais já existente – é, de fato, útil para compreender a cruzada de Comstock contra a obscenidade. Mas essa abordagem não nos auxilia a compreender o movimento da fronteira entre obscenidade e literatura precisamente por não reconhecer o papel dos seres humanos ativos, pensantes (e, neste caso, mobilizantes), cujas ações mantêm e transformam as fronteiras sociais.[91] Embora Douglas afirme que a ordem simbólica de uma sociedade reflete sua ordem social, essa abordagem ao entendimento das fronteiras morais concede às categorias culturais pouquíssima autonomia em relação às estruturas sociais. A asserção de que a ordem simbólica de uma sociedade (representada pela retórica moral) reflete suas divisões sociais significa que a mudança cultural pode ocorrer apenas em reação à mudança estrutural. Isso se torna bastante problemático ao nos darmos conta (como devemos ao examinar a carreira de cruzados morais como Anthony Comstock) de que as pessoas usam ideologias existentes para tentar transformar estruturas sociais e fronteiras morais.

Entretanto, em outro sentido, a obra de Douglas sobre poluição concede à ordem simbólica demasiada autonomia em relação às estruturas sociais. A retórica de Comstock sobre a obscenidade apoia a asserção de Stinchcombe de que as categorias morais são construídas a partir de outras categorias sociais.[92] As ideologias que sustentam e mantêm as categorias sociais e as clivagens sociais são os materiais que os seres humanos pensantes usam para dar sentido a seu mundo e modificá-lo. A ordem simbólica não é totalmente autônoma da estrutura social, pois os mesmos agentes humanos que usam essas estruturas ideológicas para dar sentido ao mundo também usam suas experiências no mundo para desafiar (e transformar) as estruturas ideológicas.

---

91. Anthony Giddens, *The constitution of society*, op. cit.; William H. Sewell Junior, "A theory of structure: duality, agency, and transformation", *op. cit.*

92. Arthur L. Stinchcombe, "The deep structure of moral categories", *op. cit.*

REFERÊNCIAS BIBLIOGRÁFICAS

• BALTZELL, E. Digby. *Philadelphia gentlemen: the making of a national upper class* (1958). Filadélfia: University of Pennsylvania Press, 1979 (reimpressão).
• BEISEL, Nicola. "Class, culture, and campaigns against vice in three American cities, 1872-1892". *American Sociological Review*, 55 (1), pp. 44-62, 1990a.
• _____. "Upper class formation and the politics of censorship in Boston, New York, and Philadelphia, 1872-1892". Tese de Doutorado. Ann Arbor: University of Michigan, 1990b.
• BLATT, Martin Henry. *Free love and anarchism*. Urbana: University of Illinois Press, 1989.
• BLODGETT, Geoffrey. "Yankee leadership in a divided city: Boston, 1860-1910". Em: FORMISANO, Ronald P. & BURNS, Constance K. *Boston, 1700-1980: the evolution of urban politics*. Westport, CT: Greenwood, 1984.
• BOYER, Paul S. "Boston book censorship in the twenties". *American Quarterly*, 15 (1), pp. 3-24, 1963.
• _____. *Purity in print: the Vice Society movement and book censorship in America*. Nova York: Scribner's, 1968.
• COMSTOCK, Anthony. *Traps for the young* (1883). Cambridge, MA: Belknap, 1967 (reimpressão).
• _____. *Morals versus art*. Nova York: J. S. Ogilvie, 1887.
• DOUGLAS, Mary. *Purity and danger* (1966). Nova York: Routledge & Kegan Paul, 1984 (reimpressão).
• GIDDENS, Anthony. *The constitution of society*. Los Angeles: University of California Press, 1984.
• HALL, Jacqueline Dowd. "The mind that burns in each body: women, rape, and racial violence". Em: SNITOW, Ann; STANSELL, Christine & THOMPSON, Sharon. *Powers of desire: the politics of sexuality*. Nova York: Monthly Review Press, 1983.
• HALLER, John S. & HALLER, Robin M. *The physician and sexuality in Victorian America*. Urbana: University of Illinois Press, 1974.
• HARE, E. H. "Masturbatory insanity: the history of an idea". *Journal of Mental Science*, 108 (1), pp. 1-2, jan. 1962.
• HARNED, Thomas B. "Whitman and his Boston publishers, 1". *The Conservator*, VI, pp. 150-153, dez. 1895.
• _____. "Whitman and his Boston publishers, 2". *The Conservator* VII, pp. 163-166, jan. 1896.
• HIGHAM, John. *Strangers in the land* (1955). New Brunswick, NJ: Rutgers University Press, 1988 (reimpressão).

- HOBSON, Barbara Meil. *Uneasy virtue: the politics of prostitution and the American reform tradition*. Nova York: Basic, 1987.
- JAHER, Frederic C. *The urban establishment*. Urbana: University of Illinois Press, 1982.
- JOHNSON, Richard C. "Anthony Comstock: reform, vice, and the American way". Tese de Doutorado. Madison: University of Wisconsin, 1973.
- KENNEDY, William S. "Suppressing a poet". *The Conservator*, VI, pp. 169-171, jan. 1895.
- LEVINE, Lawrence W. *Highbrow / lowbrow: the emergence of cultural hierarchy in America*. Cambridge, MA: Harvard University Press, 1988.
- LEVINE, Steven B. "The rise of American boarding schools and the development of a national upper class". *Social Problems*, 28 (1), pp. 63-94, 1980.
- MCCOY, Ralph E. "Banned in Boston: the development of literary censorship in Massachussetts". Tese de Doutorado. Urbana: University of Illinois, 1956.
- MACDONALD, Robert H. "The frightful consequences of onanism: notes on the history of a delusion". *Journal of the History of Ideas*, 28 (3), pp. 423-431, jul.-set. 1967.
- MCLACHLAN, James. *American boarding schools: a historical study*. Nova York: Scribner's, 1970.
- NEUMAN, R. P. "Masturbation, madness, and the modern concepts of childhood and adolescence". *Journal of Social History*, 8 (3), pp. 1-27, 1975.
- NESSV. *Annual reports*. Boston: New England Society for the Suppression of Vice, v.d.
- _____. *Minutes of Executive Committee Meetings*. 1878-1888. Coleção particular.
- NYSSV. *Annual reports*. Nova York: New York Society for the Suppression of Vice, 1874-1892.
- REED, James W. *The birth control movements and American society: from private vice to public virtue* (1978). Princeton, NJ: Princeton University Press, 1983 (reimpressão).
- ROY, William G. "Institutional governance and social cohesion: the internal organization of the American capitalist class, 1886-1905". *Research in Social Stratification and Mobility*, 3, pp. 147-171, 1984.
- _____. "The social organization of the corporate class segment of the American capitalist class at the turn of this century". Trabalho apresentado na conferência *Bringing class back in*. Lawrence: University of Kansas, 1989.
- SEWELL JUNIOR, William H. "A theory of structure: duality, agency, and transformation". *American Journal of Sociology*, 98 (1), pp. 1-29, jul. 1992.
- SMITH-ROSENBERG, Carroll. "Sex as a symbol in Victorian purity: an ethnohis-

torical analysis of Jacksonian America". *American Journal of Sociology*, 84 (Suplemento), pp. S212-S248, 1978.

• SOLOMON, Barbara M. *Ancestors and immigrants*. Cambridge, MA: Harvard University Press, 1956.

• SPRAGUE, Homer B. "Societies for the Suppression of Vice". *Education*, set. 1882, pp. 70-81.

• STINCHCOMBE, Arthur L. "The deep structure of moral categories: eighteenth-century French stratification, and the Revolution". Em: ROSSI, Eno (org.). *Structural Sociology*. Nova York: Columbia University Press, 1982.

• TEAFORD, Jon C. *The unheralded triumph*. Baltimore: John Hopkins University Press, 1984.

• US DEPARTAMENT OF THE INTERIOR (Census Office). *Report on the population of the United States at the eleventh census: 1890*, 1. Washington, DC: Government Printing Office, 1895.

• WALKOWITZ, Judith. *Prostitution and Victorian society*. Nova York: Cambridge University Press, 1980.

PARTE II

ALTA CULTURA E EXCLUSÃO

6. O PÚBLICO PARA A ARTE ABSTRATA: CLASSE, CULTURA E PODER ✱ *David Halle*

Em boa parte das teorias do século XX, idealizou-se o público para a arte abstrata. Abundam noções, não pesquisadas, das capacidades superiores – inteligência, sensibilidade estética e assim por diante – daqueles que admiram a arte abstrata, comparadas às daqueles que não o fazem. Le Corbusier, por exemplo, escreveu: "A arte de nossa época [acima de tudo o cubismo] está desempenhando funções apropriadas ao dirigir-se aos poucos escolhidos. A arte não é algo popular, menos ainda um brinquedo caro para gente rica [...] mas é, em sua essência, arrogante".[1] Já Ortega y Gasset comentou que, por ter a arte abstrata eliminado o "elemento humano" que atraía as massas, ela só poderia ser apreciada por uma minoria que possuía "qualidades especiais de sensibilidade artística".[2] Ingarden, por sua vez, argumentava que, quanto mais abstrata a obra de arte, maior o esforço intelectual exigido do público.[3] Benjamin explicava a ampla impopularidade da obra de Picasso como resultado do fato de que "as massas procuram distração", enquanto a arte "exige a concentração do espectador".[4] Clement Greenberg defendia que a arte abstrata apelava apenas para o segmento mais "cultivado" da sociedade – "a vanguarda" –, que se dedicava ao processo de "reflexão" necessário para apreciar a arte abstrata; contrastando com isso, as "massas", bem como a maior parte dos ricos e da classe média, foram seduzidas pelo *kitsch*, que "pré-digere a arte para o espectador e economiza o seu esforço".[5] E Bourdieu escreveu que a classe trabalhadora requer que a arte seja prática – uma ati-

---

1. Le Corbusier, *Towards a new architecture* (1921), trad. Frederick Etchells, Nova York: Dover, 1986, p. 102.

2. José Ortega y Gasset, "The dehumanization of art" (1925), *Velasquez, Goya and the dehumanization of art*, trad. Alexis Brown, Nova York: Norton, 1972, p. 69.

3. Roman Ingarden, *The ontology of the work of art* (1928), Columbus: Ohio State University Press, 1986.

4. Walter Benjamin, "The work of art in the age of mechanical reproduction" (1936), *Illuminations*, trad. Harry Zohn, Nova York: Schocken, 1969, pp. 234, 239.

5. Clement Greenberg, "Avant-garde and kitsch" (1939), *Art and culture*, Boston: Beacon, 1961, pp. 14-15.

tude incompatível com o "distanciamento e desinteresse" necessários para relacionar-se com a arte abstrata.⁶

Dadas essas suposições compartilhadas acerca do público da arte abstrata, é surpreendente descobrir que, de fato, sabemos muito pouco sobre o que acontece quando as pessoas olham para tal arte. Ninguém jamais perguntou, de forma sistemática, o que as pessoas que gostam de arte abstrata veem nela e o que se passa em suas mentes quando a observam. As pesquisas sociológicas fizeram pouco mais do que documentar que algumas pessoas gostam de arte abstrata e outras não. Bourdieu, por exemplo, pediu aos entrevistados que, de uma lista que incluía Leonardo da Vinci, Renoir, Kandinsky e Picasso, nomeassem seu pintor favorito.⁷ Os sociólogos mal perguntaram por que as pessoas gostam (ou não) dessa arte, que dizer de investigarem o processo experiencial aí envolvido. Assim, repousa em solo frágil a opinião de que admirar arte abstrata envolve algum tipo de ato superior de experimentação.

Compreender o que ocorre quando as pessoas olham para a arte abstrata não é apenas questão de preencher uma lacuna em nosso conhecimento. Essa arte é, indiscutivelmente, a componente central da arte do século xx e também da cultura do século xx em geral. E alguns dos mais influentes teó-

---

6. Pierre Bourdieu, *Distinction: a social critique of the judgement of taste*, trad. Richard Nice, Cambridge, MA: Harvard University Press, 1984, p. 4.

7. Bourdieu fez aos entrevistados três perguntas sobre arte abstrata. Além da citada no texto, perguntou se essa arte "lhes interessava" tanto quanto "as escolas clássicas". Perguntou também o que as pessoas pensavam da seguinte afirmação: "A pintura moderna é jogada ali de qualquer jeito; uma criança poderia fazer isso". A última pergunta começa a aproximar-se de algumas das questões experienciais.

É verdade que, em muitas outras áreas da cultura moderna, as pesquisas sociológicas muitas vezes fizeram pouco mais do que estabelecer quem se ocupa e quem não se ocupa do comportamento ou da atitude em questão. Como Herbert Gans escreveu, "o fato é que ainda sabemos praticamente nada sobre pessoas e gostos [...] As pesquisas em geral só podem se permitir perguntar às pessoas sobre suas atividades mais frequentes e seus gostos (e desgostos) em geral, produzindo dessa forma constatações sobre tendências gerais [...] Ainda não foram produzidos os dados etnográficos e de história de vida que podem identificar padrões fundamentais de escolha cultural e que são pré-requisitos necessários para pesquisas"; ver Herbert J. Gans, "American popular culture and high culture in a changing class structure", *Prospects*, 10, pp. 17-38, 1986, p. 33. Os marxistas também pouco disseram sobre arte abstrata, como ressaltou Vera Zolberg, *Constructing a sociology of the arts*, Cambridge: Cambridge University Press, 1990, p. 56.

ricos da cultura moderna foram estimulados por esse assunto. De fato, são poucas as teorias importantes da cultura moderna que não contêm também a opinião do público sobre tal arte. Da mesma maneira, provavelmente vai estar em sérios apuros uma teoria da cultura moderna que não dê conta do caso do público de arte abstrata. Assim, a análise desse público constitui um estudo de caso bastante crítico para discussões sobre cultura moderna.

Neste texto, primeiro vou apontar como, na teoria do capital cultural, está implicada uma imagem particular da maneira como o público da arte abstrata se relaciona com as obras. Depois, apresento dados que lançam dúvidas sobre a validade dessa imagem. Finalmente, sugiro que deveríamos reconsiderar teorias – e, entre elas, a teoria do capital cultural é apenas um exemplo (importante) – que veem arte e cultura como basicamente poder e dominação.

A teoria do capital cultural e o público para a arte abstrata ※ Considere a maneira como certa imagem do público de arte abstrata – na realidade, a imagem idealizada das capacidades superiores daqueles que gostam dela – está inserida na teoria do capital cultural. Para tornar isso claro, faço um breve resumo dessa teoria, como descrita por dois dos mais interessantes sociólogos da cultura: Pierre Bourdieu, na França; e Paul DiMaggio, nos Estados Unidos.[8]

Em primeiro lugar, argumenta-se que a apreciação das altas artes, e a familiaridade com elas, é uma capacidade treinada. Nas palavras de Bourdieu: "Uma obra de arte tem significado e interesse apenas para alguém que possui a competência cultural, ou seja, o código em que ela está codificada [...] um contemplador que não tem o código específico

---

8. As versões deles são similares, mas não idênticas; ver, de Pierre Bourdieu, "Outline of a sociological theory of art perception", *International Social Science Journal*, 20 (4), pp. 589-612, 1968; e *Distinction, op. cit.*; de Paul DiMaggio, "Classification in art", *American Sociological Review*, 52 (4), pp. 440-455, 1987; e desse mesmo autor e de Michael Useem, "Social class and arts consumption: the origins and consequences of class differences in exposure to the arts in America", *Theory and Society*, 5 (2), pp. 141-161, 1978; e, ainda, "The arts in class reproduction", em Michael Apple (org.), *Cultural and economic reproduction in education*, Boston: Routledge & Kegan Paul, 1981. Talvez a principal diferença entre Bourdieu e DiMaggio seja que Bourdieu defende que gostos separados são associados a cada classe social. Já DiMaggio, pelo menos em seu trabalho de 1987, defende que o gosto pela cultura popular é comum entre todas as classes sociais, mas que apenas membros das classes sociais mais altas têm gosto pela alta cultura.

sente-se perdido num caos de sons e ritmos, cores e linhas".[9] Aqueles que adquirem essa capacidade passam a expressar o que é chamado "gosto legítimo" ou um gosto pela alta cultura.

Em segundo, argumenta-se que o gosto pela alta cultura, a capacidade de compreender ou decodificar a alta arte, é desigualmente distribuído entre as classes sociais, pois essa capacidade (que constitui "capital cultural") é ensinada acima de tudo no sistema educacional, especialmente nos níveis mais altos. Também é ensinada na família moderna, mas principalmente em famílias das classes alta e média alta. Assim, a classe trabalhadora e os pobres – que costumam provir de famílias de origem social modesta e têm menor probabilidade de receber educação superior – têm pouca chance de adquirir a capacidade de apreciar as altas artes. Temos aqui a origem de dois gostos fundamentais na sociedade moderna – o gosto pela alta cultura, que é associado às classes dominantes; e o gosto pela cultura popular, que é associado às classes dominadas. Nesse raciocínio, *classe dominante* ou *classe alta* e *média alta* tendem a referir-se a capitalistas, administradores e profissionais liberais; já *classe dominada* ou *classe trabalhadora*, a trabalhadores de colarinho azul e trabalhadores de colarinho branco de hierarquias mais baixas (esses últimos, principalmente funcionários de escritório, secretárias e empregados no comércio de varejo).

Por fim, argumenta-se que a competência nas altas artes opera para preservar e reproduzir a estrutura de classe de duas formas principais. Primeiro, a familiaridade com a alta cultura é usada como critério de acesso à classe dominante. Assim, aqueles que desejam entrar nas classes dominantes são aconselhados a adquirir, especialmente através da educação superior, competência nas altas artes, pois essa competência será o capital cultural crucial para sua mobilidade. Segundo, a familiaridade e a participação na alta cultura constroem solidariedade entre as classes dominantes. Por exemplo, o comparecimento a eventos culturais em comum e a discussão de fenômenos culturais em comum criam solidariedade de classe.

É perceptível como certa imagem, idealizada, do público de arte abstrata está embutida nessa teoria. Aqueles que gostam de arte abstrata o fazem devido a seu "capital cultural" – o extenso treinamento intelectual e empírico de que são portadores para estabelecer uma ligação com as obras. Por outro lado, olhar e gostar de arte abstrata (como um componente da alta cultura) é usado pela classe dominante como critério para acesso às suas próprias fileiras e para reforço da solidariedade interna.

9. Pierre Bourdieu, *Distinction, op. cit.*, p. 2.

De duas maneiras importantes, no mínimo, o argumento do capital cultural é problemático. Primeiro, a "alta cultura" (incluindo o gosto pela arte abstrata) não é tão difundida entre as classes dominantes (no caso dessas duas teorias, nos Estados Unidos ou na França) quanto as teorias fazem parecer (já afirmei isso em outra obra).[10] Embora seja verdade que os dados de pesquisa ao nosso alcance mostrem ser maior a probabilidade das classes dominantes de participar da alta cultura do que aquela das classes subordinadas, itens de alta cultura não parecem ser, de fato, de grande interesse para a maior parte da classe dominante. Ao contrário: parecem atrair apenas uma minoria. Por exemplo, uma pesquisa da Fundação Ford,[11] aplicada no início dos anos 1970, avaliando a exposição às artes em doze cidades norte-americanas importantes, mostrou pouco interesse em alta cultura entre os trabalhadores de colarinho azul. No ano anterior, apenas 4% deles tinham estado em um concerto sinfônico, só 2% tinham ido ao balé e só 1% à ópera. Mesmo assim, os administradores e profissionais liberais pesquisados estavam apenas um pouco mais interessados em alta cultura. Entre os administradores, só 14% tinham comparecido a um concerto sinfônico no ano anterior, 4% ao balé e 6% à ópera. Entre os profissionais liberais, só 18% tinham ido a um concerto sinfônico, 9% ao balé e 5% à ópera. Esses números mal sugerem que, como grupo, administradores e profissionais liberais sejam ávidos consumidores de alta cultura.[12] Isso levanta sérias dúvidas sobre

10. David Halle, "Class and culture in modern America: the vision of the landscape in the residences of contemporary Americans", *Prospects*, 13, pp. 373-406, 1989; ver também Peterson & Simkus, no próximo capítulo deste volume.

11. Ford Foundation, *The finances of the performing arts: a survey of the characteristics and attitudes of audiences for theater, opera, symphony, and ballet in 12 US cities*, Nova York: Ford Foundation, 1974.

12. O mesmo padrão emerge de outras pesquisas, nos Estados Unidos, sobre o envolvimento na cultura e na alta cultura. O envolvimento com a alta cultura varia com o nível socioeconômico, acima de tudo com o nível de educação. Aqueles com nível superior têm probabilidade maior do que os que não possuem de ter *algum* interesse na alta cultura. Ainda assim, apenas uma minoria, mesmo da população educada em universidades, gasta muito tempo de lazer com isso. Por exemplo, um estudo de homens em diferentes ocupações em Detroit descobriu que, embora apenas 1% dos trabalhadores de colarinho azul lessem um jornal "de qualidade" todos os dias, apenas 11% dos engenheiros o faziam. Mesmo entre professores universitários e advogados, um grupo altamente educado, apenas uma minoria lia um jornal "de qualidade" (42% de todos os professores universitários e 36% de todos os advogados); ver Harold

a importância da alta cultura como critério para entrada e permanência nas classes dominantes.[13]

O mesmo quadro da penetração limitada da alta cultura, mesmo entre as classes dominantes, emerge de um reexame dos dados de Bourdieu na França. Por exemplo, para investigar a diferença entre o gosto das classes dominantes e a "estética popular" das classes dominadas (que era sua hipótese de trabalho), Bourdieu perguntou aos membros de cada grupo se achavam que podia ser feita uma fotografia "bela" de um objeto que era socialmente considerado insignificante (como um repolho), ou repulsivo (como uma serpente), ou deformado (como uma mulher grávida). A ideia era investigar o gosto ("legítimo") das classes dominantes, que, Bourdieu argumentava, acentua qualidades "formais" de objetos. Seria, portanto, mais provável que tal gosto defendesse que qualquer objeto possa, em princípio, ser "formalmente" apresentado como belo. (O gosto das "classes dominadas" ou "populares", ao contrário, segundo Bourdieu, dá ênfase à "função" acima da "forma"). Bourdieu descobriu que apenas cerca de 5% da seção menos educada da classe trabalhadora pensava que um repolho poderia dar uma bela fotografia, e apenas 8% achava que uma mulher grávida o faria.[14] Mas as classes dominantes, como grupo, estavam pouco convencidas do potencial estético desses objetos. Apenas 27% da seção mais altamente educada das classes dominantes achava que um repolho poderia dar uma bela foto e, quanto à mulher grávida, só 29,5%. Disso se deduz uma imagem das altas artes como sendo, mesmo entre as classes dominantes, um gosto da minoria.

Assim, se a alta cultura nos Estados Unidos e na França penetrou apenas parte das classes dominantes, fica menos claro em que extensão ela funciona para reforçar a estrutura de classe existente.[15]

Wilensky, "Mass society and mass culture", *American Sociological Review*, 29 (2), pp. 173-197, 1964. Ver também John Robinson, *How Americans use time*, Nova York: Praeger, 1977.

13. Essas dúvidas são reforçadas por estudos de caso dos escalões mais altos da estrutura corporativa, ainda fortemente dominados por homens. Por exemplo, nos Estados Unidos, o conhecimento de esportes (que não é difícil de adquirir nem distribuído de maneira desigual na estrutura de classe) parece pelo menos tão importante para o sucesso individual na hierarquia corporativa quanto o conhecimento das altas artes; ver Rosabeth Moss Kanter, *Men and women of the corporation*, Nova York: Basic, 1979.

14. Pierre Bourdieu, *Distinction, op. cit.*, pp. 37-38.

15. Para uma discussão interessante da desconfortável relação entre os dados de Bourdieu e sua teoria, ver David Gartman, "Bourdieu's *Distinction*", *American Journal of So-*

Neste capítulo, quero focar em um segundo componente problemático da teoria do capital cultural – a natureza da relação experiencial entre o público e a obra cultural. No caso da arte abstrata, isso envolve a ideia, até agora não demonstrada, de que o público que gosta dessa arte traz, para a relação com as obras, um prolongado treinamento intelectual recebido na família ou no sistema educacional (ou em ambos), que usa para "decodificar" as obras. É posta, assim, em debate a natureza do ato experiencial assumido pelo espectador da arte abstrata. Há três questões em jogo. Gostar de arte abstrata envolve conhecimento especializado, que é difícil de adquirir e que, portanto, pode servir para limitar o acesso aos círculos sociais da classe dominante? Esses espectadores merecem o *status* especial a eles atribuído em tantas teorias culturais do século XX? E, mais amplamente, cultura, consiste fundamentalmente de poder e dominação, como a teoria do capital cultural sugere?

A pesquisa ✳ Os dados que vou considerar estão baseados em entrevistas sobre arte abstrata com uma amostra de residentes em casas de quatro áreas da região da cidade de Nova York. Duas dessas áreas são de classe média ou média alta (uma na cidade, uma no subúrbio); duas são de classe trabalhadora e média baixa (novamente, uma na cidade e uma no subúrbio).

Das casas de cada área, escolhi uma amostra randômica e, depois, entrevistei os residentes em suas casas. A análise, aqui, se baseia em pesquisa em 160 residências, 40 em cada área. O foco das entrevistas recaiu nos chefes das unidades familiares. Casais vivendo juntos – na amostra, a vasta maioria (86%) dos casos – foram definidos em conjunto como chefes da unidade familiar; sempre que possível, entrevistei ambos os cônjuges. A taxa de resposta (definida como a porcentagem de entrevistas obtidas com pelo menos um chefe da unidade familiar em cada

---

ciology, 97 (2), pp. 421-447, 1991. Para a afirmação de que, além da familiaridade com a alta cultura, outros traços culturais – especialmente traços morais (como a honestidade e o respeito pelos outros) e traços sociais (como o poder e a associação em certos clubes sociais) – são importantes para ganhar acesso aos círculos da classe dominante, e para uma tentativa muito interessante de especificar quais desses traços são mais valorizados nos Estados Unidos e na França, ver Michèle Lamont, *Money, morals and manners: the culture of the French and the American upper-middle class*, Chicago: University of Chicago Press, 1992. Ver, também, de Michèle Lamont & Annette Lareau, "Cultural capital: allusions, gaps and glissandos in recent theoretical developments", *Sociological Theory*, 6 (2), pp. 153-168, 1988.

residência) foi 62%.[16] Na maior parte (90%) dos casos entrevistados, os chefes da unidade familiar eram proprietários da residência.

Na vizinhança urbana de classe média alta estão as caras moradias do Upper East Side, de Manhattan, da rua 60 à rua 86, e entre as avenidas Segunda e Park. A área suburbana de classe média superior inclui Manhasset, Flower Hill e Plandome – três subúrbios afluentes e contíguos na costa norte de Long Island, cujos moradores costumam viajar diariamente para trabalhar em Manhattan. (Por conveniência, vou me referir a esses três subúrbios como Manhasset.) Nas amostras de Manhattan (urbana) e de Manhasset (suburbana), o maior número de chefes da unidade familiar que estão na força de trabalho exerce ocupações gerenciais ou de profissionais liberais, ou é proprietário de seu próprio (pequeno ou grande) negócio.[17] Essas ocupações (capitalistas, proprietários de pequenos negócios e gerentes ou profissionais liberais) cabem perfeitamente no domínio do que Bourdieu chama variadamente de "classes dominantes", de "camada superior" da estrutura de classes, ou de "classe alta e média alta".

A vizinhança urbana de classe média baixa e de classe trabalhadora é Greenpoint, no Brooklyn. As residências lá são modestas – há fileiras de casas geminadas ou casas pequenas separadas. A amostra foi retirada de duas seções adjacentes, uma em sua maioria polonesa, a outra em gran-

16. As porcentagens de resposta para cada área são as seguintes: Medford, 68%; Manhasset, 67%; Greenpoint, 60%; Manhattan, 53%. Em Greenpoint, a resposta na seção predominantemente polonesa foi de 74%, enquanto naquela onde predominavam os italianos foi de 39%.

17. Assim, na amostra de Manhattan, entre homens chefes de unidades familiares que estavam na força de trabalho, 47% tinham altas ocupações de colarinho branco, 18% eram capitalistas (definidos como proprietários de um negócio que emprega pelo menos cinco pessoas) e 35% eram proprietários de pequenos negócios (que empregavam menos de cinco pessoas). Também aí, entre as mulheres chefes de unidades familiares, 36% tinham altas ocupações de colarinho branco, 14% possuíam pequenas empresas, 14% tinham trabalhos inferiores de colarinho branco, e 29% eram donas de casa (outros 7% se ocupavam em trabalho voluntário/caridade, não remunerado). Na amostra de Manhasset, entre os homens chefes de unidades familiares que estavam na força de trabalho, 46% tinham altas ocupações de colarinho branco, 43% eram proprietários de suas próprias empresas, e 11% eram trabalhadores de colarinho azul. Nessa mesma amostra, entre as mulheres chefes de unidades familiares, 37% eram donas de casa, 32% tinham altas ocupações de colarinho branco e 32% tinham ocupações inferiores de colarinho branco. Note-se que os dados são para ocupações pagas atuais ou (se a pessoa se aposentou) pela última ocupação paga.

de parte italiana. Já a vizinhança suburbana de classe média baixa e de classe trabalhadora é Medford, em Long Island, próximo à rodovia e cerca de noventa quilômetros a leste de Manhattan. Medford foi construída no final dos anos 1950 e nos anos 1960 por empresários, e pretendia-se que fosse barato morar aí. As casas são modestas – a maior parte, simples bangalôs. Tanto na amostra de Greenpoint como na de Medford, a maior parte dos chefes de unidade familiar (homens e mulheres) que estão na força de trabalho tem empregos de colarinho azul ou baixo colarinho branco (trabalho de escritório ou secretariado). Essas ocupações se enquadram perfeitamente em "classes dominadas", "classe trabalhadora", ou "classes populares", como definidas por Bourdieu. Por conveniência vou me referir aos residentes de Greenpoint e Medford, e a seus lares, como "classe trabalhadora".[18]

As entrevistas basearam-se em um questionário com perguntas tanto abertas como fechadas. Também registrei um conjunto completo de fotografias do interior de cada casa.[19]

18. Na amostra de Greenpoint, entre os homens empregados chefes de unidades familiares, 60% tinham ocupações de colarinho azul (aqui, *colarinho azul* inclui porteiros e supervisores de primeira linha), 10% tinham ocupações inferiores de colarinho branco (definidas como trabalho de escritório, secretariado ou de vendas no varejo), 10% tinham altas ocupações de colarinho branco (definidas como ocupações de administração ou em profissões liberais), e 20% eram proprietários de pequenas empresas (definidas como empregando cinco pessoas ou menos). Entre as mulheres chefes de unidades familiares (aqui a esposa, como o marido, é considerada chefe de unidade familiar), 45% tinham ocupações inferiores de colarinho branco, 9% tinham ocupações de colarinho azul, 12% tinham altas ocupações de colarinho branco, 3% eram proprietárias de seus próprios negócios e 30% eram donas de casa. Na amostra de Medford, entre os homens chefes de unidades familiares empregados, 47% tinham ocupações de colarinho azul, 25% tinham ocupações inferiores de colarinho branco, 12% tinham altas ocupações de colarinho branco, e 16% possuíam pequenas empresas. Entre as mulheres chefes de unidades familiares, 55% tinham ocupações inferiores de colarinho branco, 9% tinham ocupações de colarinho azul, 18% tinham altas ocupações de colarinho branco e 18% eram donas de casa. Assim como nos casos de Manhattan e Manhasset, os dados se referem às atuais ocupações pagas, exceto no caso de pessoas aposentadas, que foram classificadas por sua última ocupação paga antes da aposentadoria.

19. No projeto inteiro, analiso toda a gama de artes e bens culturais nas casas estudadas, incluindo arte de retratos e imagens de família, arte primitiva, arte abstrata, arte e iconografia religiosas, e arte de paisagem. Aqui vou me centrar na arte abstrata.

Definição de arte abstrata ✷ Primeiro, a definição de arte abstrata. Na arte do século xx, algumas discussões abordam esse tópico (embora provavelmente não tanto quanto deveriam). Por exemplo, embora alguns artistas, como Kandinsky[20] e Mondrian[21], pudessem referir-se ao próprio trabalho como abstrato, outros, como Naum Gabo, não queriam.[22]

Ainda assim, certa definição de arte abstrata é aceita (implícita ou explicitamente) pela maior parte dos autores do século xx, bem como pelas pessoas entrevistadas neste estudo. Dessa maneira, poucos dos inquiridos nas entrevistas – tanto da classe trabalhadora como da classe média – tiveram dificuldade, ao ser feita a pergunta, em determinar o que era arte abstrata (ou *arte moderna*, frequentemente usada como sinônimo; ver a nota à Tabela 1). Para a maior parte deles, a arte abstrata tinha duas características. Primeira, evita imagens do mundo exterior facilmente reconhecíveis – é "não figurativa". Segunda, é apresentada como "arte"; por exemplo, se for pintura, em geral é emoldurada, pendurada em uma parede e considerada de valor estético. Essa definição, amplamente aceita em outros lugares, vai servir aqui.

Quem tem arte abstrata? ✷ A arte abstrata é, de fato, um gosto de elite. Nas moradias da classe trabalhadora que participaram da entrevista, ela está quase ausente (seja original, seja em reprodução) (ver Tabela 1). Apenas dois lares na suburbana Medford (e nenhuma em Greenpoint) tinham arte que identificavam como abstrata, e o grau de abstração era moderado. Por exemplo, uma mulher de Medford mostrou um pôster emoldurado, adquirido na loja de bebidas onde trabalha, fazendo propaganda dos vinhos Paul Masson. O pôster era, nas palavras da proprietária, "abstrato, mas não pesadamente abstrato". Representa um copo de vinho reconhecível, embora distorcido, cujo conteúdo tem as improváveis cores laranja e azul. Mesmo em Manhasset, entre a classe média alta, só um terço das moradias expunha qualquer arte abstrata. E

---

20. Wassily Kandinsky, *Concerning the spiritual in art* (1912), Nova York: Wittenborn, 1947.
21. Piet Mondrian, "Towards the true vision of reality" (1937), em *Plastic art and pure plastic art*, Nova York: Wittenborn, 1945.
22. Ver Naum Gabo, "Russia and constructivism" (1956), em *Gabo: constructions, sculpture, paintings, drawings, engravings*, Londres: Lund Humphries, 1957. Assim, Gabo, o construtivista russo, se opôs ao uso da palavra *abstração* em arte, considerando-a uma "terminologia falsa".

aí nenhuma moradia apresentava arte abstrata no sentido de fazer dela o motivo dominante em um cômodo (em vez de ser o tema de um ou dois itens exibidos em uma sala, junto a imagens figurativas). Em contraste, 60% das moradias de Manhattan exibiam arte abstrata. E doze delas (30%) apresentavam arte abstrata em pelo menos um cômodo, no sentido definido acima.

TABELA 1 ✼ Presença de arte abstrata na casa, por tipo de vizinhança na qual a residência se localiza*

PRESENÇA DE ARTE ABSTRATA (%)	VIZINHANÇA			
	CLASSE ALTA URBANA (MANHATTAN)	CLASSE MÉDIA ALTA SUBURBANA (MANHASSET)	CLASSE TRABALHADORA URBANA (GREENPOINT)	CLASSE TRABALHADORA SUBURBANA (MEDFORD)
Casas com qualquer arte abstrata	60	33	0	5
Casas sem arte abstrata	40	67	100	95
Total	100	100	100	100
	(N=40)	(N=40)	(N=40)	(N=40)

Nota: Perguntou-se aos entrevistados se tinham algum tipo de "arte abstrata". Alguns deles, especialmente entre as classes trabalhadora e média baixa, não estavam certos sobre a expressão *arte abstrata*; nesses casos a pergunta era reformulada com *arte moderna* substituindo *arte abstrata*. Isso quase sempre esclarecia a pergunta aos respondentes, cujas respostas então tornavam claro que compreendiam *arte moderna* como sinônimo de *arte abstrata*. *$p < 0{,}001$ (qui quadrado).

Quando perguntados se gostavam ou não de arte abstrata, os comentários dos residentes seguiam padrão semelhante (ver Tabela 2). A arte abstrata não é particularmente apreciada entre a classe trabalhadora e entre os residentes suburbanos da classe média alta. Apenas 25% dos residentes em Greenpoint, 33% dos de Medford e 40% dos de Manhasset apreciavam-na. De novo, os residentes de Manhattan diferem. A grande maioria (84%) disse gostar de arte abstrata, e apenas 16% não gostavam.

TABELA 2 ✷ Atitude dos residentes em relação à arte abstrata, pelo tipo de vizinhança em que a residência se localiza*

ATITUDE EM RELAÇÃO À ARTE ABSTRATA (%)	VIZINHANÇA			
	CLASSE ALTA URBANA (MANHATTAN)	CLASSE MÉDIA ALTA SUBURBANA (MANHASSET)	CLASSE TRABALHADORA URBANA (GREENPOINT)	CLASSE TRABALHADORA SUBURBANA (MEDFORD)
Gosta de arte abstrata	84	40	25	33
Não gosta de arte abstrata	16	55	41	40
Sem opinião	0	5	34	26
Total	100	100	100	99
	(N=62)	(N=51)	(N=55)	(N=57)

Nota: Os entrevistados que disseram gostar de um pouco, da maior parte ou de toda arte abstrata foram classificados como quem gosta de arte abstrata. Aqueles que disseram que não gostavam de toda ou quase toda arte abstrata foram classificados como quem não gosta de arte abstrata. *$p < 0{,}001$ (qui quadrado).

Por que as pessoas não gostam de arte abstrata ✷ O que as pessoas têm contra a arte abstrata? Uma objeção comum é que os artistas são charlatães, que não sabem nem desenhar nem pintar. Em resumo, a arte abstrata é uma fraude. Essa é uma das duas principais críticas feitas por pessoas da classe trabalhadora. Ela também é comum entre os residentes suburbanos de Manhasset (lá é a terceira objeção mais comum, mas não muito atrás, em frequência, das duas mais comuns) e também é encontrada na minoria dos residentes de Manhattan que criticam a arte abstrata (ver Tabela 3). É comum esse ponto de vista ser expresso com veemência. Aqui estão alguns exemplos. Uma residente de Greenpoint, com cerca de vinte e cinco anos: "Parece que alguém pisou nela [na arte abstrata]"; um carpinteiro de Medford, que vê arte abstrata ao reformar as casas de veraneio de pessoas ricas na área dos Hamptons, em Long Island: "A tinta caiu do caminhão e eles cortaram o asfalto e o penduraram na parede. Isso é arte abstrata para mim. Eu só vejo confusão".[23] E o depoimento de um arquiteto de Manhattan:

23. É possível afirmar que esses comentários críticos da classe trabalhadora podem ser vistos em termos de noção de resistência cultural; ver Paul Willis, *Common culture*, Boul-

Arte abstrata? É um zero à esquerda! É uma coisa que os charlatães nos impingem, e vendida por charlatães. Pelo menos Picasso e Klee queriam fazer algo mais. Quando pintavam seus próprios filhos, não colocavam três cabeças neles. Gottlieb, Motherwell, esses são fraudes. Jackson Pollock é o pior. A arte abstrata se tornou uma coisa altamente intelectual. Mas a arte tem de ter um sentido imediato. Se eu vejo um Rembrandt, ele tem um imediatismo. Você não precisa ter alguém escrevendo um livro a respeito dele.

TABELA 3 ✻ Razões principais para não gostar de arte abstrata, por tipo de vizinhança em que a casa se localiza

PRINCIPAL RAZÃO PARA NÃO GOSTAR DE ARTE ABSTRATA* (%)	VIZINHANÇA			
	CLASSE ALTA URBANA (MANHATTAN)	CLASSE MÉDIA ALTA SUBURBANA (MANHASSET)	CLASSE TRABALHADORA URBANA (GREENPOINT)	CLASSE TRABALHADORA SUBURBANA (MEDFORD)
Os artistas são charlatães, fraudes	20	21	30	36
Não tem significado	40	28	13	14
Feia	30	4	9	0
Áspera, fria, sem emoção	0	25	0	0
Muito complexa para entender/ ultramoderna	0	0	48	50
Outras	10	22	0	0
Total	100	100	100	100
	(N=10)	(N=28)	(N=23)	(N=23)

*Essas são as razões dadas pelos entrevistados que foram classificados na Tabela 2 como não gostando de arte abstrata. Alguns deles deram mais de uma razão, caso em que suas duas razões principais para não gostar de arte abstrata foram incluídas aqui.

der, CO: Westview, 1990; e James Scott, *Domination and the arts of resistance*, New Haven, CT: Yale University Press, 1990. De qualquer maneira, esses comentários certamente não sustentam a noção da "sociologia de Frankfurt" de que a classe trabalhadora é dominada e passiva.

Outra alegação é a de que a arte abstrata não tem significado. Essa é uma das duas principais objeções entre os residentes de classe média alta de Manhasset. Um homem de Manhasset, por volta dos cinquenta, disse: "Para mim não tem qualquer mensagem". Uma mulher de Manhattan, na casa dos quarenta: "Elas [pinturas abstratas] não significam coisa alguma. Veja os expressionistas alemães. Eu não sou alemã, e olhar para suas obras é horrível. Elas não me dizem nada". Uma mulher de Manhasset, aparentando sessenta anos: "Eu fico ali olhando para duas manchas, tentando encontrar um significado naquilo. O significado é que eles conseguem ganhar fantásticas quantias de dinheiro pelas obras!"

Entre os residentes da classe média alta de Manhasset, a outra crítica comum é a de que a arte abstrata é "fria", "áspera", "sem emoção". Um homem de Manhasset que negocia arte japonesa: "A arte abstrata não me afeta visualmente e não me afeta emocionalmente. Me deixa frio". Uma mulher da mesma região: "Eu realmente não gosto dela [arte moderna]. É áspera demais, não é macia. Não reflete a natureza. Eu gosto de coisas quentinhas e confortáveis".

Por fim, há um par de objeções encontradas na classe trabalhadora implicando que a arte abstrata é item de alta cultura, que está além de sua compreensão e é parte de um mundo cultural forasteiro. Assim, alguns desses residentes objetam dizendo ora que a arte abstrata é complexa demais para ser compreendida, ora que é moderna demais, "ultramoderna". Essas pessoas da classe trabalhadora não gostam dessa arte, mas acreditam que isso acontece por não estarem preparadas para compreendê-la e não circularem nos meios culturais que podem fazê-lo. A perspectiva desses entrevistados é semelhante à do significativo grupo de entrevistados da classe trabalhadora (34% em Greenpoint, 26% em Medford – ver Tabela 2) que dizem não ter opinião sobre ela (de novo, principalmente por acharem que não sabem muito a seu respeito).

Esses resultados não vão surpreender aqueles que acreditam ser a arte abstrata o domínio de uma elite intelectual e cultural que é capaz de apreciá-la. De fato, vai confirmar o ponto de vista deles. Por que teriam os residentes da classe trabalhadora, ou mesmo a maior parte dos suburbanos da classe média alta, a habilidade de apreciá-la?

São os residentes do East Side de Manhattan que oferecem um grupo quase perfeito para examinar o modelo amplamente postulado do público para essa arte – um espectador com capacidades superiores que, ao ver as obras, exerce algum tipo de ato especial (e superior) e experiencial. Essas pessoas vivem perto de quatro dos mais importantes museus de arte do mundo: três são especializados em arte moderna (o Museu de Arte Moderna, o Guggenheim e o Whitney), e o quarto (o Metropolitan) também abriu uma importante ala de arte moderna. Suas ocupações são uma mistura de dois tipos principais – ou o escalão superior do mundo dos negócios, que oferece os meios econômicos para adquirir arte, ou as próprias artes criativas. Os exemplos de entrevistados nas artes criativas incluem um diretor de cinema ganhador do Oscar, um fotógrafo famoso, o diretor de uma agência de publicidade, um arquiteto, e um negociante de "arte primitiva". Muitos dos entrevistados que trabalham no mundo dos negócios também estão intimamente envolvidos com a arte. Por exemplo, a primeira esposa do diretor de uma empresa conhecia muitas das principais figuras na cena de arte francesa (Braque pintou um retrato de casamento para eles, a avó dela tinha sido amante de Raoul Dufy), e ele próprio comprara obras dos primeiros artistas *pop*, como Warhol e Lichtenstein, antes que se tornassem famosos; uma advogada está no comitê que adquire obras de arte para os escritórios de sua empresa. De fato, quase todos os residentes estão interessados em arte e vão a galerias e museus (pelo menos de vez em quando). Assim, dado que a cena da arte moderna domina Nova York desde a Segunda Guerra Mundial, esse grupo cabe no modelo mais que qualquer grupo residencial nos Estados Unidos (com a possível exceção de bairros onde residem principalmente artistas).

**Por que as pessoas gostam de arte abstrata ✻ A arte abstrata como decoração ** Os teóricos da arte abstrata ofereceram muitas definições sobre o que é apreciar essa arte. Alguns dizem que é compreender as intenções do artista; outros, que é receber o prazer da arte. Outros, ainda, que é relacionar-se às obras de modo imaginativo. No entanto, como foi com o movimento modernista em geral, esses autores concordaram sobre o que *não* valeria como vivenciar arte abstrata. E uniram-se em oposição à arte considerada "decorativa". Kandinsky, por exemplo, alertou contra produzir "obras que são mera decoração geométrica, parecendo alguma coisa como um nó de gravata ou um tapete".[24] Mondrian preveniu que "toda arte se torna 'decorativa' quando falta profundidade à expressão".[25] De fato, a crítica à arte meramente decorativa era uma das pedras angulares do modernismo. O arquiteto austríaco Adolf Loos, em

---

24. Wassily Kandinsky, *Concerning the spiritual in art*, op. cit., p. 68.
25. Piet Mondrian, "Towards the true vision of reality", *op. cit.*, p. 14.

um pronunciamento famoso, declarou que a "evolução cultural é equivalente à remoção de ornamentos dos artigos que estão em uso diário".[26] E Frank Lloyd Wright afirmou: "Qualquer decoração de casa é, como tal, um paliativo arquitetônico, não importa quão bem-feita tenha sido".[27]

É salutar descobrir, então, que, dos residentes do East Side que apreciam a arte abstrata, o maior número (52%) diz que é o *design* ou as qualidades decorativas das obras que os atrai (ver Tabela 4). Eles gostam das cores, das linhas, das formas, ou do efeito geral. (Para os residentes de Manhasset, essa também é a principal razão de gostarem dela.)

TABELA 4 ✻ Principais razões para gostar de arte abstrata, pelo tipo de vizinhança em que a casa está localizada

Principais razões para gostar de arte abstrata* (%)	Vizinhança			
	Classe alta urbana (Manhattan)	Classe média alta suburbana (Manhasset)	Classe trabalhadora urbana (Greenpoint)	Classe trabalhadora suburbana (Medford)
Decorativa / *design*:				
Puramente decorativa / *design*	37	35	57	68
Decoração (como as artes combinam com o ambiente)	15	15	7	0
Permite que a imaginação divague	33	25	14	21
Outras	15	25	21	11
Total	100	100	99	100
	(N=52)	(N=20)	(N=14)	(N=19)

* Estas são as razões dadas pelos entrevistados que foram classificados na Tabela 2 como gostando de arte abstrata. Alguns deles deram mais de uma razão e, nesse caso, as duas principais razões para gostar dela foram incluídas aqui.

26. Adolf Loos, "Ornament and crime" (1908), em Ludwig Münz & Gustav Künstler (orgs.), *Adolf Loos*, Nova York: Praeger, 1966, pp. 226-227.

27. Ver Frank Lloyd Wright, "The cardboard house", *Modern architecture: being the Kahn lectures for 1930*, Princeton, NJ: Princeton University Press, 1931, p. 78. A citação de Wright

Daqueles que falam dessa forma, cerca de um terço centra-se explicitamente no que pode ser chamado *decoração* – como a arte combina com a aparência da sala ou a torna melhor. Por exemplo, de uma grande pintura (1,80 m x 1,20 m) que dominava sua sala de estar, uma mulher falou: "Essa é uma pintura que amamos. Temos um ambiente calmo, e a pintura explode. Ela dá luz à sala". (Entrevistador: "O que ela significa para você?") "Ela não significa coisa alguma, na verdade. O artista em geral diz, 'não é para ela ter um significado'. Aprendi a não perguntar sobre significado aos artistas." Um homem, por volta dos cinquenta, discutiu as várias pinturas abstratas nas paredes de seu quarto de dormir: "Eu gosto delas porque são coloridas. Elas animam a parede (*algumas partes das paredes são pintadas de cinza, com uma parte central pintada na cor salmão*). Procurei arte colorida por causa do cinza da parede e do tapete também". A residência da advogada que está no comitê de arte que escolhe as pinturas para seu escritório de advocacia é dominada por arte abstrata e primitiva. Ela gosta de arte abstrata porque

eu gosto das cores. Penso em arte em termos semidecorativos. Penso em como vai combinar com o resto do ambiente. Para mim, as linhas e cores são importantes em si mesmas. Por exemplo (*discutindo uma tapeçaria grande e brilhante de Sonia Delaunay*), eu gosto das cores vibrantes – o escuro afunda e se enfraquece. E, desde que retiramos os tapetes, queríamos uma tapeçaria para absorver o som.

Em si, esses comentários sobre decoração estão longe de demonstrar que a arte abstrata tenha significado apenas para alguém com extenso treinamento cultural. Nem dão base à noção de uma clara diferenciação de classe que esteja subjacente ao ato experiencial de gostar desse tipo de arte, especialmente se considerarmos o ponto de vista convencional que associa a classe trabalhadora com a escolha de "arte" especificamente, para combinar com a mobília do cômodo (*arte do sofá*, como depreciativamente é algumas vezes chamada).

Entretanto, os residentes para quem essa arte é decorativa geralmente se centram nas qualidades do *design* da arte, sem ligá-la, como nos casos ora citados, explicitamente ao cômodo em que a arte é exibida. O

completa é: "Qualquer decoração de casa é, como tal, um paliativo arquitetônico, não importa quão bem-feito possa ter sido, a menos que a decoração, assim chamada, seja parte do desenho do arquiteto tanto no conceito como na execução". Ver também Le Corbusier, *Towards a new architecture* (1921), trad. Frederick Etchells, Nova York: Dover, 1986.

negociante de arte primitiva: "Para mim [a arte abstrata é] basicamente *design* – *design* puro e *design* decorativo. Meu favorito é Klee – é do *design* que eu gosto". Uma mulher de Manhattan, fotógrafa, com cerca de sessenta anos: "Sendo matemática, eu amo Mondrian. Vejo equilíbrio e cor nas pinturas. Sinto-me confortável com elas". Um homem de Manhattan, chefe de uma agência de publicidade, descrevendo uma pintura pendurada na sala de estar formal: "Gosto do efeito que cria – sua iridescência, sua luminosidade. É muito atraente. E eu gosto da cor". Uma mulher de Manhattan que é escultora profissional: "Eu amo [a arte abstrata]. É tão clara, tudo o mais parece tão indistinto. Parece reduzir-se a formas centrais. Acho que é muito bonita". O capitalista de risco de Manhattan para quem Braque pintou um retrato de casamento, discutindo um Frank Stella pendurado em sua sala de estar: "Por que eu gosto dele? É um dos Stella mais bem coloridos desse seu período. Eu gosto desse tipo de arte abstrata. Gosto das cores e da aparência geral".

Todos esses comentários caem no domínio do decorativo e criam problemas difíceis para avaliar a qualidade da experiência de ver a arte abstrata. Para esses espectadores, ela pode ser decorativa, mas certamente não é (pode-se dizer) *apenas* decorativa para todos eles. A noção de *decorativo* (em acréscimo à distinção já feita entre *decoração de ambiente e puramente decorativa*) dissolve-se, ou não, em várias categorias? Há, ou não – entre aqueles que veem a arte abstrata como decorativa –, uma diferença entre espectadores com um olhar "artístico" e espectadores com um olhar "não artístico"? Ao gostar das qualidades decorativas da arte abstrata, não estariam alguns desses residentes entrevistados exercitando, sobre as obras, um conjunto de faculdades mentais (estéticas e outras) que são qualitativamente superiores àquelas que a classe trabalhadora e partes menos talentosas ou educadas da classe média alta trazem à tona ao olhar para itens decorativos?

Essas não são questões que possam ser investigadas mais a fundo aqui. O que pode ser dito é que, daqueles que afirmam ser o ato experiencial de olhar para a arte abstrata superior àquele de olhar para a arte figurativa, poucos pesquisaram o assunto; e aqueles que o fizeram não resolveram o problema. Entre os últimos, Clement Greenberg é um exemplo interessante. Ele reconheceu que, mesmo para os artistas, a associação entre a arte moderna e a arte decorativa é próxima. De fato, ele afirma que a pintura moderna era quase inevitavelmente "decorativa": "a decoração é o espectro que assombra a pintura modernista".[28]

---

28. Clement Greenberg, "Milton Avery", *Arts*, 32, pp. 40-45, dez. 1957.

Para Greenberg, então, a tarefa do artista moderno, de alguma maneira, era fazer infundir arte na decoração. Mas como se fica sabendo se um artista obteve sucesso ao fazê-lo? Aqui Greenberg cai na subjetividade, velada sob uma linguagem obscurantista, frequentemente mergulhada em símiles avaliativos extraídos da culinária. Por exemplo, discutindo artistas que, em sua opinião, não fizeram a infusão da arte no decorativo, Greenberg reclama que os óleos de um artista têm "cor de sacarina e simbolismo gelatinoso"; as cores de outro artista se parecem com "açúcar florentino mofado". Como Donald Kuspit escreveu,

o uso de Greenberg de termos qualitativos da cozinha é, em si, intrinsecamente emocional: não são termos que descrevam sem equívocos. É impossível dizer que são precisos, só que são evocativos [...] Com certeza, pode-se argumentar que a retórica da cozinha é um tipo de taquigrafia perceptual, mas é difícil dizer que intuições ela abrevia.[29]

Assim, entre o público da arte abstrata, pode haver, por um lado, uma atitude de vanguarda ou "artística" em relação à decoração; e, por outro, uma atitude não sofisticada ou de massa em relação a ela. Entretanto, até que seja oferecido algum critério claro, que possa permitir a um observador distinguir, entre os comentários ou ações dos entrevistados, aqueles que indicam atitudes "de vanguarda" ou "artísticas" (em relação a decoração) daqueles que indicam atitudes não sofisticadas ou de massa, o argumento não é convincente.[30]

A resposta criativa? \ A segunda razão mais comum que os residentes do East Side dão para gostar de arte abstrata parece apoiar o estereótipo existente acerca do público para essa arte: dizem que ele pemite que a imaginação divague. Permite uma resposta criativa à obra, por guiar, determinar e fixar a resposta do espectador bem menos que a arte fi-

---

29. Donald B. Kuspit, *Clement Greenberg, art critic*, Madison: University of Wisconsin Press, 1979, p. 180.
30. Note-se que minhas afirmações, neste capítulo, são sobre o público da arte abstrata, não sobre os artistas. Não quero sugerir que, para os artistas que a produziram, a arte abstrata fosse principalmente decorativa, embora alguns autores tenham flertado com essa ideia mais radical, como Gombrich, que escreveu: "Só o século XX testemunhou a elevação final do desenho de padrões para a atividade autônoma da 'arte abstrata'"; ver Ernest Gombrich, *The sense of order*, Oxford: Phaidon, 1979, p. VII.

gurativa. (Essa também é a segunda razão mais comum dada pelos residentes de Manhasset que gostam de arte abstrata.) Dos entrevistados de Manhattan que a apreciam, 33% deram essa como a razão principal, assim como 25% dos entrevistados na suburbana Manhasset.

Eis alguns exemplos dos entrevistados do East Side que expressaram tal opinião, sobre a arte abstrata em geral ou sobre determinadas obras. Uma mulher com cerca de quarenta anos: "Gosto desta arte. Ela dá muito que pensar. Gosto de ter nas minhas paredes coisas que fazem a gente sonhar um pouco, que não são realistas". Um homem com cerca de 45 anos: "Gosto de arte abstrata porque ela não restringe. Posso olhar para as linhas e cores e ver todo tipo de coisas. Chagall é o meu artista favorito: gosto da imaginação nas obras dele". Um homem de aproximadamente 55 anos, discutindo uma pintura abstrata: "Há duas maneiras de olhar para isto. Isso é o que me intriga nessa obra".

Está bastante difundida a ideia de que a "grande arte" se distingue por sua habilidade de desencadear a imaginação criativa do público.[31] Assim, esse tipo de relação entre o espectador e a arte parece mais promissor para corroborar o argumento de que os entusiastas da arte abstrata se dedicam a algum tipo de ato experiencial superior (se comparado àqueles que não gostam de arte abstrata ou preferem a arte figurativa).

Entretanto, seria um erro parar aí. Surge nesse ponto a questão de quais imagens os entrevistados criam quando veem arte abstrata. Sobre quais objetos a imaginação deles se firma quando é "solta" pela arte abstrata? Aos que disseram gostar dessa arte porque podiam olhar para ela criativamente, perguntou-se quais imagens vinham à mente quando assim olhavam para suas obras. Suas respostas foram impressionantes. Metade, de uma forma ou de outra, via paisagens. Enquanto observavam as obras, pareciam ver o oceano, ondas, a praia, nuvens, o sol, montanhas, prados e por aí afora. Por exemplo, um homem de Manhattan disse: "Vejo nuvens flutuando". Uma mulher de Manhattan (falando de uma pintura esbranquiçada): "Olho para isso e imagino que é a neve das estepes russas". Uma mulher de Manhasset sobre uma pintura de autoria de um artista mexicano: "Ela me lembra da península do Iucatã. Se você olhar para ela, é quase como as escavações de uma cidade antiga". Um homem, que gostava da ambiguidade em suas pinturas abstratas: "Eu olho para isso e me pergunto, 'isto está no meio de uma névoa ou é uma mancha em Júpiter com as nuvens em torno dela?' Ou veja esta

---

31. Ver, por exemplo, Frank Willett, *African art*, Nova York: Praeger, 1971.

pintura. Será que eu estou no alto do Grand Canyon olhando para baixo para o rio Colorado, ou estou lá embaixo, no rio, olhando para cima, com o sol aparecendo lá no alto?".

O problema em aceitar esses comentários como evidência de que esses respondentes se relacionam de uma maneira distintamente criativa com suas pinturas é que as paisagens são, de longe, o tópico mais popular das pinturas exibidas nos quatro bairros estudados. Elas constituem 35% de todas as pinturas exibidas nas casas de Manhattan, 32% daquelas em Manhasset e 32% daquelas em Greenpoint e Medford. O motivo paisagem está difundido entre a classe trabalhadora e a classe média alta. Em outro texto, analisei o conteúdo e significado dessas paisagens.[32] Aqui, desejo sublinhar que a minoria a permitir que suas imaginações flutuem por pinturas abstratas parece, como quase todo mundo, descansar no mesmo ponto: a paisagem. Isso mal pode ser considerado criatividade, a menos que se queira sustentar que as paisagens discernidas por esses residentes são mais criativas do que outras. Esse é um argumento que teria de ser justificado.

Conclusão ✲ As constatações apresentadas aqui, pelo menos para o caso crítico da arte abstrata, lançam dúvida sobre a afirmação – dos teóricos do capital cultural – de ser o longo treinamento adquirido na família de origem, ou no sistema educacional, que produz gostos, conhecimento e capacidade para sustentar o interesse na alta cultura. Se a arte abstrata, para a maior parte de seu público, é decoração, então a brecha aparente entre aqueles que gostam e aqueles que não gostam dela parece menos um abismo e mais uma rachadura. Todo mundo (a classe trabalhadora, a classe média, a classe média alta) exibe motivos puramente decorativos – linhas, cores e por aí afora – em suas casas. Papel de parede, cortinas e louça presentes nas residências da classe trabalhadora, bem como nas da classe média e da média alta, frequentemente apresentam esses motivos. Assim, mover-se de um gosto cultural para outro pode não exigir treinamento cultural elaborado; melhor, pode ser um simples passo, envolvendo pouco mais do que a decisão de usar arte abstrata na decoração.

A pergunta permanece em relação a por que tais decisões foram tomadas principalmente por membros das classe média e média alta. Pode ser resultado de treinamento anterior elaborado, como insiste a teoria

---

32. David Halle, "Class and culture in modern America", *op. cit.*

do capital cultural. Mas também pode ser consequência de outros fatores que não exigem experiências elaboradas prévias – por exemplo, um conhecimento de passagem, adquirido da imprensa popular (lembrem-se do famoso simpósio na revista *Life*, que apresentou opiniões a favor e contra a arte abstrata)[33] ou por observar as casas de amigos e conhecidos. Na verdade, é tão provável que esse gosto seja adquirido após o ingresso na classe média e classe média alta quanto que seja uma condição para ganhar acesso a essas classes. A descoberta de que muitos daqueles que gostam de arte abstrata o fazem por causa de suas qualidades decorativas deixa espaço para todas essas possibilidades, enquanto a teoria do capital cultural sugere apenas a primeira.

Se é difícil adquirir gosto por arte abstrata, então o gosto por alta cultura pode servir como barreira para a mobilidade de classe. Por outro lado, decidir-se a exibir arte abstrata não exige mais conhecimento cultural do que a decisão – tomada por alguém de origens sociais modestas que se torna um rico advogado corporativo – de vestir um terno completo (calça, paletó e colete); então a arte abstrata parece uma barreira cultural menos provável.

A cultura, assim, pode ser mais fluida e complexa do que sugerem as teorias que a veem como sendo principalmente sobre dominação e poder. De fato, tentativas de assimilar poder cultural no modelo do poder econômico e político podem ser um erro. No ensaio, agora clássico, "The power of the powerless", Havel ressaltou que, mesmo quando as sociedades do Leste Europeu foram dominadas pela União Soviética e pelos partidos comunistas locais, o modo como o povo se relacionava com a estrutura do poder era demasiado complexo para se ajustar a um modelo de elite ditatorial que impunha suas atitudes sobre o resto.[34] Meu estudo sugere que o modelo de um grupo exercendo poder cultural sobre outro também não é o único modelo para compreender a cultura ocidental moderna.

---

33. *Life*, 11 de outubro de 1948.
34. Václav Havel, "The power of the powerless", em John Keane (org.), *The power of the powerless*, Londres: Hutchinson, 1985.

REFERÊNCIAS BIBLIOGRÁFICAS

- BENJAMIN, Walter. "The work of art in the age of mechanical reproduction" (1936). *Illuminations*. Trad. Harry Zohn. Nova York: Schocken, 1969.
- BOURDIEU, Pierre. "Outline of a sociological theory of art perception". *International Social Science Journal*, 20 (4), pp. 589-612, 1968.
- _____. *Distinction: a social critique of the judgement of taste*. Trad. Richard Nice. Cambridge, MA: Harvard University Press, 1984.
- DIMAGGIO, Paul. "Classification in art". *American Sociological Review*, 52 (4), pp. 440-455, 1987.
- _____ & USEEM, Michael. "Social class and arts consumption: the origins and consequences of class differences in exposure to the arts in America". *Theory and Society*, 5 (2), pp. 141-161, 1978.
- _____ & _____. "The arts in class reproduction". Em: APPLE, Michael (org.). *Cultural and economic reproduction in education*. Boston: Routledge & Kegan Paul, 1981.
- FORD FOUNDATION. *The finances of the performing arts: a survey of the characteristics and attitudes of audiences for theater, opera, symphony, and ballet in 12 US cities*. Nova York: Ford Foundation, 1974. 2 vols.
- GABO, Naum. "Russia and constructivism" (1956). *Gabo: constructions, sculpture, paintings, drawings, engravings*. Londres: Lund Humphries, 1957 (reimpressão).
- GANS, Herbert J. "American popular culture and high culture in a changing class structure". *Prospects*, 10: 17-38, 1986.
- GARTMAN, David. "Bourdieu's *Distinction*". *American Journal of Sociology*, 97 (2), pp. 421-447, 1991.
- GOMBRICH, Ernest. *The sense of order*. Oxford: Phaidon, 1979.
- GREENBERG, Clement. "Avant-garde and kitsch" (1939). *Art and culture*. Boston: Beacon, 1961 (reimpressão).
- _____. "The crisis of the easel picture" (1948). *Clement Greenberg: the collected essays and criticism*, 2, 1945-1949. Chicago: University of Chicago Press, 1986 (reimpressão).
- _____. "Milton Avery". *Arts*, 32:40-45, dez. 1957.
- HALLE, David. "Class and culture in modern America: the vision of the landscape in the residences of contemporary Americans". *Prospects*, 13, pp. 373-406, 1989.
- HAVEL, Václav. "The power of the powerless". Em: KEANE, John (org.). *The power of the powerless*. Londres: Hutchinson, 1985.
- INGARDEN, Roman. *The ontology of the work of art* (1928). Columbus: Ohio State University Press, 1986 (reimpressão).

- KANDINSKY, Wassily. *Concerning the spiritual in art* (1912). Nova York: Wittenborn, 1947 (reimpressão).
- KANTER, Rosabeth Moss. *Men and women of the corporation*. Nova York: Basic, 1979.
- KUSPIT, Donald B. *Clement Greenberg, art critic*. Madison: University of Wisconsin Press, 1979.
- LAMONT, Michèle. *Money, morals and manners: the culture of the French and the American upper-middle class*. Chicago: University of Chicago Press, 1992.
- _____ & LAREAU, Annette. "Cultural capital: allusions, gaps and glissandos in recent theoretical developments". *Sociological Theory*, 6 (2), pp. 153-168, 1988.
- LE CORBUSIER. *Towards a new architecture* (1921). Trad. Frederick Etchells. Nova York: Dover, 1986.
- LOOS, Adolf. "Ornament and crime" (1908). Em: MÜNZ, Ludwig & KÜNSTLER, Gustav (orgs.). *Adolf Loos*. Nova York: Praeger, 1966 (reimpressão).
- MONDRIAN, Piet. "Towards the true vision of reality" (1937). Em: *Plastic art and pure plastic art*. Nova York: Wittenborn, 1945 (reimpressão).
- ORTEGA Y GASSET, José. "The dehumanization of art" (1925). *Velasquez, Goya and the dehumanization of art*. Trad. Alexis Brown. Nova York: Norton, 1972.
- ROBINSON, John. *How Americans use time*. Nova York: Praeger, 1977.
- SCOTT, James. *Domination and the arts of resistance*. New Haven, CT: Yale University Press, 1990.
- WILENSKY, Harold. "Mass society and mass culture". *American Sociological Review*, 29 (2): 173-197, 1964.
- WILLETT, Frank. *African art*. Nova York: Praeger, 1971.
- WILLIS, Paul. *Common culture*. Boulder, CO: Westview, 1990.
- WRIGHT, Frank Lloyd. "The cardboard house". *Modern architecture: being the Kahn lectures for 1930*. Princeton, NJ: Princeton University Press, 1931.
- ZOLBERG, Vera. *Constructing a sociology of the arts*. Cambridge: Cambridge University Press, 1990.

7. COMO OS GOSTOS MUSICAIS MARCAM OS GRUPOS DE *STATUS* OCUPACIONAL[1]
※ *Richard A. Peterson & Albert Simkus*

Nas sociedades capitalistas, as artes têm sido usadas para marcar distinções de classe social, como notado por estudiosos desde Max Weber, Émile Durkheim e Thorstein Veblen até David Riesman, Irving Goffman, Herbert Gans, Pierre Bourdieu e Mary Douglas. E muitos estudos recentes mostram, em detalhe, como a ideia de belas-artes *como alta cultura* foi propagada pelos empresários morais do século XIX, para servir como base para marcar a posição de classe social.[2]

Enquanto evidências da primeira metade do século XX sugerem fortes ligações entre *status* social e gosto cultural, há outras, crescentes, de que não mais existe, em sociedades avançadas pós-industriais, como os Estados Unidos, uma correspondência biunívoca entre gosto e associação a grupo de *status*. As evidências a esse respeito vêm de diversas fontes. É mais provável que as pessoas que frequentam eventos artísticos de elite sejam provenientes das camadas de mais alto *status* da sociedade,[3] mas,

---

1. Agradecemos aos úteis comentários sobre rascunhos anteriores feitos por Karen Campbell, Daniel Cornfield, Paul DiMaggio, Terrill Hayes, Jennifer Jasper, Sue Hinze Jones, Mary Karpos, Michèle Lamont, Oscar Miller, John Mohr, Claire Peterson e Karl Erik Rosengren. Obrigado também a Miller e Dee Warmath por facilitarem a análise de dados. Os dados para o estudo foram disponibilizados pela generosidade de Thomas Bradshaw, diretor de pesquisa da National Endowment for the Arts (Dotação Nacional para as Artes). Agradecemos ao seu predecessor, Harold Horowitz, por apoiar Richard Peterson na National Endowment for the Arts, Washington, DC, quando começou a desenvolver o que se tornou a Pesquisa da Participação Pública nas Artes.

2. Ver, especialmente, John Berger, *Ways of seeing*, Nova York: Penguin, 1972; a primeira e a segunda partes de Paul DiMaggio, "Cultural entrepreneurship in nineteenth-century Boston", *Media, Culture and Society*, 4 (1), pp. 33-50 e 4 (4), pp. 303-322, 1982; e, ainda, "Fronteiras culturais e mudança estrutural". Ver, também, Lawrence W. Levine, *Highbrow/lowbrow: the emergence of cultural hierarchy in America*, Cambridge, MA: Harvard University Press, 1988; e, de Tia DeNora, "Musical patronage and social change in Beethoven's Vienna", *American Journal of Sociology*, 97 (2), pp. 310-346, set. 1991.

3. Paul DiMaggio & Michael Useem, "Cultural democracy in a period of cultural expansion: the social composition of arts audiences in the United States", *Social Problems*, 26:

mesmo entre esses grupos, apenas uma minoria participa das artes de elite.[4] Em seu estudo comparativo de pessoas de classe média alta em quatro cidades na França e nos Estados Unidos, Michèle Lamont mostra que, mesmo havendo marcadores claros de distinções de *status*, o gosto pelas belas-artes não funciona como um marcador universalmente reconhecido de tal distinção.[5] Mais ainda, David Halle sugere que, embora o gosto em artes visuais varie segundo a classe social, muitos daqueles que escolhem obras de arte de elite o fazem por razões prosaicas de moda, e não por terem, conscientemente, padrões estéticos de elite.[6]

Devemos então concluir que as artes não mais significam *status*? Achamos que não. E, para sugerir o contínuo uso das artes para sinalizar distinções de *status*, vamos considerar, para sermos breves, apenas um tipo importante de *status*, o *status ocupacional*, e um aspecto do gosto, o *gosto musical*. Empregaremos uma técnica metodológica sofisticada, para que a classificação das ocupações e dos tipos de música não dependam dos julgamentos convencionais dos críticos, mas da avaliação de uma amostra representativa da população americana.

A ocupação como medida de *status* ✷ Pesquisadores mantêm opiniões amplamente divergentes quanto à ocupação contribuir na formação de valores e gostos. Bensman e Lilienfeld, por exemplo, argumentam que o trabalho exercido por adultos na metade das horas em que estão despertos estrutura fundamentalmente todos os aspectos de suas vidas.[7] Collins, de modo semelhante, escreve: "As ocupações são o principal

---

180-197, 1979; e, dos mesmos autores, "Social class and arts consumption: the origins and consequences of class differences in exposure to the arts in America", *Theory and Society*, 5 (2), pp. 141-161, 1978.

4. Sobre este ponto, ver Richard Peterson, *Arts audience statistics and culture indicators: a review of contemporary approaches*, Washington, DC: National Endowment for the Arts, 1980. Além disso, Michèle Lamont & Annette Lareau, em "Cultural capital: allusions, gaps and glissandos in recent theoretical developments", *Sociological Theory*, 6 (2), pp. 153-168, 1988, citam vários pesquisadores que não encontraram ligação clara entre *status* e gosto.

5. Michèle Lamont, *Money, morals and manners: the culture of the French and the American upper-middle class*, Chicago: University of Chicago Press, 1992.

6. David Halle, "O público para a arte abstrata", neste volume.

7. Joseph Bensman & Robert Lilienfeld, *Craft and consciousness: occupational technique and the development of world images*, Nova York: Aldine de Gruyter, 1991.

fundamento das culturas de classe; essas culturas, por sua vez, juntamente com recursos materiais de intercomunicação, são os mecanismos que organizam as classes como comunidades, isto é, como grupos de *status*".[8] Mesmo assim, Davis afirma que "o estrato ocupacional simplesmente não tem, sobre nossas atitudes e opiniões não vocacionais, os efeitos difusos e fortes que, de modo geral, os sociólogos supuseram".[9] Numerosos outros estudos, embora não tão extremos, geralmente apoiam alguma dessas asserções discrepantes.[10]

A Pesquisa de Participação Pública nas Artes (SPPA), feita nacionalmente em 1982 pelo Departamento do Censo dos Estados Unidos para a National Endowment for the Arts, é particularmente adequada para abordar este nosso estudo.[11] Antes de nos voltarmos para descobrir se há gostos musicais distintivos relacionados às ocupações, precisamos

---

8. Randall Collins, *Conflict sociology: toward an explanatory science*, Nova York: Academic, 1975.

9. James A. Davis, "Achievement variables and class cultures: family, schooling, job, and forty-nine dependent variables in the cumulative GSS", *American Sociological Review*, 47 (5), pp. 569-586, 1982.

10. Entretanto, a evidência não é tão ambígua quanto parece à primeira vista. De um lado, as obras mostrando a importância da ocupação tendem a ser estudos de caso etnográficos, de especialidades ocupacionais selecionadas (por exemplo, Bensman & Lilienfeld, *Craft and consciousness*, op. cit.) ou ensaios acerca das bases das distinções entre as classes sociais e as "culturas de gosto" (por exemplo, Herbert J. Gans, *Cultura popular e alta cultura*: Edições Sesc São Paulo, 2014; e Randall Collins, *Conflict sociology*, op. cit., pp. 61-75). Por outro lado, os estudos mostrando que a ocupação tem pouco ou nenhum efeito sobre padrões de escolha cultural tendem a ser análises estatísticas de dados de pesquisas quantitativas que buscam separar o efeito líquido da ocupação dos efeitos de outras variáveis sociais relacionadas à classe, mais notadamente renda e educação (ver, por exemplo, Norval D. Glenn, *Social stratification*, Nova York: Wiley, 1969; e James A. Davis, "Achievement variables", op. cit.). As pesquisas que não separam os efeitos da educação e da renda daqueles da ocupação tendem a mostrar uma associação próxima entre ocupação e gosto (ver, por exemplo, William H. Form & Gregory P. Stone, "Urbanism, anonymity, and status symbolism", *American Journal of Sociology*, 62 (5), pp. 504-514, 1957; e Pierre Bourdieu, *Distinction: a social critique of the judgement of taste*, Cambridge, MA: Harvard University Press, 1984).

11. Durante 1982, a pesquisa foi aplicada mensalmente às amostras, mas somente durante os meses de novembro e dezembro de 1982 foram feitas aos entrevistados todas as perguntas relacionadas à escolha musical e às artes. Assim, só os dados desses dois

definir cuidadosamente nossa aferição de grupos ocupacionais e nossa categorização de gostos musicais. Também precisamos apresentar os meios estatísticos que utilizamos para delinear a relação entre gostos musicais e grupos de *status* ocupacional.

A música como medida de gosto ✷ Geralmente, a presença em apresentações de música clássica e de ópera é considerada um bom indicador de gosto musical de alta cultura.[12] Como indexado tanto em pesquisas da população em geral como em análises de presença em eventos de arte,[13] os grupos ocupacionais mostraram ter diferentes taxas de presença em apresentações de música clássica e de ópera. Ainda assim, a atividade artística depende da disponibilidade das artes, que varia bastante segundo o tamanho da cidade e a região do país. E, mais ainda, ela varia dependendo da fase de vida das pessoas. Estudantes universitários urbanos, por exemplo, têm porcentagens de participação muito mais altas do que profissionais autônomos urbanos – que são casados e têm filhos, mas são apenas cinco anos mais velhos e, provavelmente, compartilham em grande parte os mesmos gostos.[14]

Para evitar os problemas associados com a participação, nossa medida de gosto musical está baseada nas preferências estéticas declaradas pelos entrevistados. Na pesquisa da National Endowment for the Arts, dentre treze gêneros de música, perguntou-se a todos de quais eles gostavam. Assim, há uma medida para cada entrevistado. Ao evitar o problema da variação na disponibilidade de atividades, essa alternativa torna a escolha muito fácil, pois os respondentes poderiam escolher (e

meses puderam ser usados para este estudo. Detalhes completos da SPPA são fornecidos em John P. Robinson *et al.*, *Public Participation in the Arts: final report on the 1982 survey*, College Park: University of Maryland, 1985. Já Paul DiMaggio & Francie Ostrower, em "Participation in the arts by black and white Americans", *Social Forces*, 63 (3), pp. 753-778, 1990, fornecem excelente ilustração de como os dados podem ser usados para responder sofisticadas questões de pesquisa.

12. Pierre Bourdieu, *Distinction, op. cit.*; Paul DiMaggio, "Cultural entrepreneurship", *op. cit.*, e "Cultural boundaries", *op. cit.*

13. Sobre pesquisas da população em geral, ver Paul DiMaggio & Michael Useem, "Cultural democracy", *op. cit.*; sobre a análise dos frequentadores de eventos artísticos, ver, dos mesmos autores, "Social class and arts consumption", *op. cit.*

14. Michael Hughes & Richard A. Peterson, "Isolating cultural choice patterns in the US population", *American Behavioral Scientist*, 26 (4), pp. 459-478, 1983.

muitos o fizeram) mais de uma categoria de música. A questão seguinte, entretanto, é ideal para o uso que pretendemos. Pedia-se aos entrevistados para dizer de qual tipo de música gostavam mais. Também aqui, há uma unidade de medida para cada participante.[15]

Tomando uma definição de gosto que segue estritamente a teoria do capital cultural,[16] poderíamos ter atribuído o valor 1 (um) a todas as pessoas que escolhessem ou "música clássica" ou "ópera", e o valor 0 (zero) às pessoas que escolhessem todas as outras formas. Contudo, essa técnica não permitiria diferenciar claramente os grupos ocupacionais em que não houvesse frequência na escolha de música clássica ou ópera.

Alternativamente, poderíamos classificar todas as escolhas musicais em termos de mérito estético presumido. Embora Shils, Gans e outros tenham feito distinção dos gostos musicais entre *highbrow*, *middlebrow* e *lowbrow*, nem as classificações relativas dos tipos de música, nem as distâncias relativas entre classificações são autoevidentes.[17] Por exemplo, enquanto a música "clássica" é amplamente conhecida por se classificar mais alto do que *"country & western"*,[18] e tanto *blues* como *country* muitas vezes sejam sustentadas em oposição à "estética burguesa",[19] não há uma base *a priori* para classificar aqueles gostos musicais que, espera-se, iriam classificar-se entre um e outro, como música *"folk"*, *"big band"*,

---

15. Um número muito pequeno de pessoas escolheu "nenhum" ou "outro"; ou, recusando-se a escolher, disse "todos igualmente". Devido a pouquíssimas pessoas terem escolhido "ópera", *"bluegrass"* (subgênero de *country*) e *"barbershop"* (quartetos à capela) como sua forma musical favorita, qualquer um que tenha escolhido essas categorias foi retirado da análise.

16. John Mohr & Paul DiMaggio, "Patterns of occupational inheritance of cultural capital", trabalho apresentado no 85º Encontro Anual da Associação Americana de Sociologia, Washington, DC, 1990.

17. Edward Shils, "The mass society and its culture", em Norman Jacobs (org.), *Culture for the millions*, Princeton, NJ: Van Nostrand, 1961, pp. 1-27; e Herbert J. Gans, *Cultura popular e alta cultura*, op. cit.

18. Richard A. Peterson & Paul DiMaggio, "From region to class, the changing locus of country music: a test of the massification hypothesis", *Social Forces,* 53 (3), pp. 497-506, 1975; John S. Reed & Philip Marsden, *Leisure time use in the south: a secondary analysis*, Washington, DC: National Endowment for the Arts, 1980, pp. 2-10.

19. Charles Keil, *Urban blues*, Chicago: University of Chicago Press, 1966; Richard Peterson, "Between art and pop: what has sustained country music?", trabalho apresentado no 85º Encontro Anual da Associação Americana de Sociologia, Washington, DC, 1990.

"*rock*" e "música ambiente/*middle-of-the-road*".[20] E, também, caso a música "clássica" se classifique acima dos "musicais", quão mais alta em sua atração estética ela é exatamente? Para resolver esses problemas, fizemos uso de uma técnica estatística – discutida adiante – da qual, tanto para gostos musicais e grupos de *status* ocupacional, podemos derivar um conjunto de valores escalares que melhor predizem o padrão de associação entre as duas variáveis.

Este estudo está centrado na demarcação de fronteiras estabelecida pelos gostos musicais. Embora útil para mostrar a marcação de fronteiras, o conjunto de dados apresentados não foi concebido para alcançar a dinâmica do processo. Poderíamos perguntar: as pessoas nos grupos de *status* ocupacional mais alto frequentam concertos de música clássica por terem aprendido a fruir a música e, no processo, afirmam seu alto *status*?; ou elas são indiferentes à música e frequentam concertos principalmente para afirmar esse *status*? Embora não tenha sido criado para esse propósito, o estudo fornece duas maneiras de começar a enquadrar uma resposta a essa questão muito importante. No Apêndice A nos dedicamos a elas.

Definindo grupos de *status* ocupacional ✳ Os pesquisadores americanos que trabalham com *surveys* convencionaram categorizar os milhares de títulos de cargos em categorias ocupacionais usando o esquema desenvolvido para o Departamento do Censo nos anos 1930.[21] Nesse esquema, médicos e economistas, bem como assistentes sociais e dançarinas exóticas, são agrupados juntos como *profissionais liberais*; e os profissionais assim definidos são classificados acima da categoria chamada *administradores*, que inclui não só os diretores de corporações multinacionais mas também supervisores de pontos de venda de *fast-food*. No estudo já citado, Davis agregou até esses amplos grupos, juntando-os.[22] Não surpreende, portanto, que não sejam encontrados padrões distintivos de escolha cultural em grupos ocupacionais assim definidos.

---

20. Mais do que um estilo, a música *middle-of-the-road* (MOR) engloba aquelas "fáceis de ouvir", de qualquer gênero, como as chamadas "música de elevador", "música de FM" ou, pejorativamente, "muzak", entre outras. (N.T.)

21. Alba Edwards, *A social-economic grouping of the gainful workers of the United States*, Washington, DC: US Census Bureau, 1938.

22. James A. Davis, "Achievement variables and class cultures", *op. cit.*

Ao definir grupos de *status* ocupacional, agrupamos ocupações que envolvem as mesmas condições de trabalho e o mesmo nível de requisitos em habilidades sociais e culturais. Os conjuntos agrupados foram feitos depois de examinar a classificação de ocupações à luz de classificações existentes em um amplo leque de pesquisas e artigos sobre ocupação e classe social que sugerem os modos como as fronteiras entre esses grupos estão sendo redefinidas na prática.[23]

Nessas bases, definimos 19 grupos de *status* ocupacional que incluem, entre eles, o total documentado da força de trabalho civil empregada.[24] Os cargos representativos para cada um dos grupos definidos aparecem na Tabela 1. Nessa tabela, a ordem dos grupos é simplesmente uma questão de conveniência, porque o método de análise que empregamos

23. Ao formar os grupos ocupacionais, levamos em conta cinco linhas de teorização e pesquisa. Elas incluem: *1.* a questão do poder e do conhecimento no controle dos meios de produção, levantada pelo debate sobre o aparecimento de uma "nova classe" de especialistas e funcionários burocráticos; ver Ivan Szelenyi & Bill Martin, "The three waves of new class theories", *Theory and Society*, 17 (5), pp. 645-667, 1988; Charles Derber, William Schwartz & Yale Magrass, *Power in the highest degree: professionals and the rise of the new mandarin order*, Nova York: Oxford University Press, 1990; *2.* a crescente importância de licenças e certificações em algumas esferas ocupacionais; ver Randall Collins, *The credential society*, Nova York: Academic, 1979; Eliot Freidson, *Professional powers: a study of the institutionalization of formal knowledge*, Chicago: University of Chicago Press, 1986; *3.* nas classes altas, a cisão entre aquelas ocupações que controlam principalmente o capital econômico e aquelas que se apoiam mais no capital cultural; ver Pierre Bourdieu, *Distinction, op. cit.*; e desse autor e de Luc Boltanski, "Changes in social structure and changes in the demand for education", em S. Giner & M. Scotford Archer, *Contemporary Europe: social structure and cultural patterns*, Londres: Routledge & Kegan Paul, 1977, pp. 197-227; *4.* a crescente importância do controle sobre a disseminação da informação; ver James R. Beniger, *The control revolution*, Cambridge, MA: Harvard University Press, 1986; e, por fim, *5.* a ecologia social do local de trabalho, isto é, se os titulares ocupacionais lidam principalmente com questões técnicas, com pessoas de mesma ocupação, com o público em geral ou com pessoas de maior poder, capital econômico ou capital cultural; ver Joseph Bensman & Robert Lilienfeld, *Craft and consciousness, op cit.*; David Halle, *America's working man*, Chicago: University of Chicago Press, 1984; Rick Fantasia, *Cultures of solidarity*, Berkeley: University of California Press, 1988.

24. Ao dizer "documentado", reconhecemos que nossa classificação não apresenta aqueles muitos milhares de trabalhadores americanos que estão empregados em atividades ilícitas e ilegais, em ocupações criminosas.

não dá importância *a priori* às ligações lógicas entre os grupos ocupacionais ou mesmo à ordem de classificação das categorias ocupacionais. Para uma discussão mais detalhada dos critérios usados na colocação de cargos específicos em cada um dos grupos ocupacionais de *status*, ver o Apêndice A. Antes de nos dedicarmos à análise empírica, fizemos predições sobre os níveis relativos de *status* de cada um desses grupos. No Apêndice B, adiante, o leitor interessado pode encontrar um resumo disso.

TABELA 1 ✻ Ocupações representativas em cada um dos grupos de *status* ocupacional

Cultural mais alto	Arquitetos, advogados, clérigos, bibliotecários, acadêmicos
Cultural mais baixo	Trabalhadores sociais, professores em níveis de ensino abaixo de universidade, trabalhadores religiosos, relações-públicas
Artistas	Atores, escritores, dançarinos, editores, músicos, pintores
Técnico mais alto	Engenheiros químicos, atuários, químicos, geólogos, médicos, dentistas
Técnico mais baixo	Contadores, programadores de computador, quiropráticos, farmacêuticos, enfermeiras registradas, técnicos de saúde, dietistas
Gerencial mais alto	Proprietários, gerentes, administradores, funcionários públicos, superintendentes, com renda acima de US$ 30.000/ano em 1981
Gerencial mais baixo	Proprietários, gerentes, administradores, funcionários públicos, superintendentes, com renda inferior a US$ 30.000/ano em 1981
Vendas mais alto	Agentes de seguro, corretores de imóveis, representantes comerciais, corretores de valores na Bolsa
Vendas mais baixo	Vendedores de jornal, vendedores de varejo, vendedores de banquinhas, camelôs
Serviços de escritório	Caixas de banco, arquivistas, carteiros, datilógrafos, operadores de máquinas de escritório, vendedores de ingressos, recepcionistas, aferidores ou leitores de parquímetros etc.
Trabalhos manuais especializados	Padeiros, pedreiros, operadores de escavadeira, carpinteiros, maquinistas, mecânicos, impressores, pintores de parede etc., encanadores, instaladores de telefone
Trabalhos de transporte semiespecializados	Caminhoneiros, motoristas de táxi, entregadores, operadores de empilhadeira, guarda-chaves ferroviários

Trabalhos manuais semiespecializados	Operários de fábricas, frentistas, trabalhadores em lavanderias, tecelões
Trabalhadores	Ajudantes em trabalhos braçais, trabalhadores em almoxarifado, pescadores, trabalhadores em construção, lixeiros
Serviços especializados	Assistentes de dentistas, auxiliares de enfermagem, cuidadoras, barbeiros, cosmetólogos, comissários de bordo
Serviços de proteção	Policiais, xerifes, bombeiros, vigias, oficiais de justiça, operadores de pontes levadiças e faróis
Serviços não especializados	Zeladores, arrumadeiras, garçons, serventes, carregadores, cozinheiros
Fazendeiros	Proprietários de fazendas e familiares, administradores de fazenda
Trabalhadores rurais	Trabalhadores agrícolas, capatazes, trabalhadores em outros trabalhos rurais

Um método para classificar simultaneamente ocupações e gostos ✳

Usamos modelos log-multiplicativos, desenvolvidos por Leo Goodman,[25] para construir, estatisticamente, a escala de gêneros musicais em uma hierarquia de gosto e para construir uma escala de grupos de *status* ocu-

---

25. Cruzamos os dados dos entrevistados da SPPA, com base em nossos 19 grupos ocupacionais, com as dez categorias de preferência musical. As frequências dessa tabela, então, foram enquadradas de forma multidimensional no modelo II log-multiplicativo, desenvolvido por Leo Goodman e explicado em seu "The analysis of cross-classified data having ordered and/or unordered categories: association models, correlation models and asymmetry models for contingency tables with or without missing entries", *Annals of Statistics*, 13 (1), pp. 10-69, 1985. Esse modelo tem grande vantagem sobre outros, pois não exige suposições *a priori* sobre valores escalares ou mesmo o ordenamento das categorias de ocupação e preferência musical. Os parâmetros estimados para esse modelo fornecem pontuações para aquelas categorias que proporcionam o melhor ajuste para o padrão observado da associação linha-por-coluna. Para ter média zero (0), essas pontuações são normalizadas, e a soma das diferenças quadradas da média (soma dos quadrados das diferenças da média) é igual a um (1). A informação fornecida por essas pontuações envolve as diferenças relativas entre as pontuações das categorias, e não o valor absoluto dessas pontuações. A versão aqui empregada do modelo possibilita a estimativa de mais de uma dimensão de pontuações de linhas e colunas, permitindo-nos estimar pontuações para muitas bases subjacentes da tabela de associações observada; ver Goodman, "Analysis of cross-classified data", *op. cit.*; Mark Becker & Clifford C. Clogg,

pacional. Esse modelo toma as escolhas de gênero musical dos 19 grupos de *status* ocupacional e, progressivamente, reordena as ocupações e as escolhas de gosto, de maneira que fiquem adjacentes não só os grupos com os padrões mais similares de escolhas musicais, mas também os gêneros musicais escolhidos pelos padrões mais semelhantes de grupos de *status* ocupacional. Assim, a técnica ordena, simultaneamente, cada uma das variáveis em termos da outra.

Além de reordenar as ocupações e os gostos para formar uma classificação empírica mais parcimoniosa, o método fornece uma medida da distância relativa entre um gênero musical e outro. Assim, por exemplo, três gêneros musicais podem estar classificados em ordem, mas é possível que dois tenham valores bastante parecidos enquanto o terceiro se destaca por ter um valor escalar bem distintivo. Verificando a Tabela 2 adiante, vemos esse caso. Em gosto, a música *folk* e os musicais se classificam bem alto, mas, na hierarquia, a música clássica é distintamente mais alta do que esse par. Finalmente o método fornece uma medida indicando quão distintas são as escolhas de cada grupo de *status* ocupacional. Quanto melhor a classificação desses grupos e dos gostos musicais, mais alta a pontuação (*score*); quanto mais as classificações se aproximam de aleatórias, menor a pontuação.

Resultados ❋ A ordem de gosto dos estilos musicais \ Ao examinar os resultados, a primeira questão a considerar é se, desse processo de modelo log-multiplicativo, emerge uma ordem de preferências de estilos musicais que faça sentido; e a resposta é claramente afirmativa. É possível prever, com precisão razoável, o padrão de gostos musicais para cada uma das ocupações.[26]

"Analysis of sets of two-way contingency tables using association models", *Journal of the American Statistical Association*, 84 (405), pp. 142-151, 1989. Assim, a lógica de nossa análise envolve um método indutivo de conformidade, pois nosso procedimento estatístico indutivamente descobre os valores escalares ótimos para os grupos de *status* ocupacional e os gêneros musicais, e observamos o grau em que as escalas resultantes se conformam às nossas expectativas teóricas.

26. Neste modelo, o "desvio" – a razão de verossimilhança do qui-quadrado, que pode ser fracionada e interpretada de maneira análoga à variância explicada em um modelo de regressão – da primeira escala é 57% daquele feito sob o modelo da linha de base de independência entre ocupação e preferência musical. (O desvio sob este modelo é 302,0, com 136 graus de liberdade, enquanto aquele sob o modelo da linha de base é

Passando ao específico, a Tabela 2 mostra a ordem dos estilos musicais inerentes aos dados e revelada pelo modelo. A coluna da esquerda mostra, para o total da amostra, a posição relativa das dez formas musicais. A música clássica está claramente em um extremo da classificação de gosto.[27] A música *country & western* está claramente na outra ponta. Sua distância em relação à forma mais baixa seguinte é aproximadamente a mesma que a distância entre a música clássica e a música *folk*, na outra ponta da hierarquia do gosto. A Tabela 3 mostra o ordenamento similar feito com os 19 grupos de *status* ocupacional. As três colunas de dados do lado direito da Tabela 3 mostram que, de fato, o modelo log-multiplicativo ordenou por aproximação os grupos ocupacionais na medida da música clássica e ordenou a medida da música *country & western* na direção oposta.[28]

703,4, com 162 graus de liberdade). Assim, a porção maior, mas nem de perto toda, da relação entre grupo ocupacional e preferência musical pode ser prevista com base nas escalas unidimensionais de ocupação e gosto musical.

27. Como dito anteriormente, pouquíssimas pessoas escolheram ópera como tipo favorito de música, o que não permitiu sua inclusão no modelo estatístico. A ópera pode ser classificada como tão ou mais alta do que a música clássica.

28. Como o método procura o ordenamento das ocupações que melhor se encaixa no padrão de escolhas dos dez tipos de música simultaneamente, não surpreende que o ordenamento de determinado gênero de música não seja perfeito. Além disso, em alguns casos, fatores especiais podem influir. Por exemplo, poucos negros escolheram a música *country & western* como favorita e, ao mesmo tempo, os negros estão super-representados em muitas ocupações, incluindo trabalhadores em serviços do grupo mais baixo e trabalhadores. Isso deprimiu a proporção desses dois grupos ocupacionais relatando a música *country & western* como seu gênero musical preferido na Tabela 3.

TABELA 2 ✻ Pontuação na escala log-multiplicativa para os dez tipos de música mais apreciados

GOSTO MUSICAL	POPULAÇÃO TOTAL BIDIMENSIONAL		BRANCOS:
	ESCALA 1	ESCALA 2	ESCALA 1
Clássica	0,51	0,31	0,50
Folk	0,37	0,04	0,35
Musicais	0,31	0,14	0,26
Jazz	0,14	0,16	0,27
Ambiente/MOR	0,07	- 0,61	0,03
Big band	- 0,05	- 0,07	- 0,03
Rock	- 0,26	0,11	- 0,29
Hinos/gospel	- 0,31	0,03	- 0,36
Soul/blues/R&B	- 0,35	0,53	- 0,28
Country	- 0,44	- 0,63	- 0,44

Nota: MOR = middle-of-the-road. R&B = rhythm and blues.

Não há nada inerente às manipulações estatísticas que identifique uma ponta como de gosto "mais alto" e a outra como de gosto "mais baixo". Entretanto, por um século, foi atribuído à música clássica alto valor estético e, à música *country*,[29] valor baixo. As colunas da esquerda das Tabelas 2 e 3 fornecem maior apoio para a asserção de que música clássica e música *country* definem a hierarquia do gosto do alto para baixo. A pontuação das ocupações profissionais liberais e gerenciais têm o mesmo sinal que a música clássica, enquanto a das ocupações manuais mais baixas têm o mesmo sinal que a música *country & western*, indicando a direção da afinidade entre a hierarquia dos grupos de *status* ocupacional e a hierarquia de gosto dos gêneros musicais.

---

29. Sobre a música clássica, ver Paul DiMaggio, "Cultural entrepreneurship", *op. cit.*; Lawrence W. Levine, *Highbrow/lowbrow*, *op. cit.*, p. 32. Sobre música *country*, ver Richard A. Peterson & Paul DiMaggio, "From region to class", *op. cit.*; e, ainda, John S. Reed & Philip Marsden, *Leisure time use*, *op. cit.*, seções 2.4 – 2.11.

TABELA 3 ❊ Ocupação por pontuação na escala de gosto musical e escolhas musicais selecionadas

GRUPO OCUPACIONAL	PONTUAÇÃO DE GOSTO MUSICAL			CLÁSSICA (%)		COUNTRY MELHOR (%)	NENHUMA MELHOR (%)
	AMOSTRA TOTAL						
	ESCALA 1	ESCALA 2	APENAS BRANCOS	MELHOR	ASSISTE		
Cultural mais alto	0,39	0,50	0,43	28,9	39,4	8,9	13,3
Cultural mais baixo	0,31	0,29	0,35	18,9	38,1	7,1	7,8
Técnico mais alto	0,27	-0,24	0,23	18,0	26,6	13,5	10,1
Artistas	0,26	0,99	0,30	24,5	34,6	12,2	14,6
Gerencial mais alto	0,22	-0,78	0,16	9,8	22,9	19,5	7,5
Vendas mais alto	0,15	-0,51	0,12	11,0	20,7	20,5	11,9
Técnico mais baixo	0,13	-0,35	0,11	8,3	23,4	23,4	7,7
Serviços especializados	0,04	0,47	0,02	8,9	17,6	17,9	8,8
Vendas mais baixo	0,02	-0,26	0,00	4,3	14,7	19,3	4,3
Serviços de escritório	0,01	-0,12	- 0,00	6,3	15,2	20,8	7,3
Gerencial mais baixo	- 0,00	-0,32	- 0,00	3,6	13,1	21,5	8,9
Serviços de proteção	-0,03	-0,17	-0,01	9,2	9,9	26,2	7,7
Fazendeiros	-0,12	-0,22	-0,14	3,0	8,6	30,3	4,9
Serviços não especializados	-0,14	0,38	-0,09	4,2	9,8	20,2	2,3
Serv. manuais especializados	-0,22	-0,33	-0,23	3,4	6,3	36,4	6,4
Serv. manuais semiespecializados	-0,26	0,14	-0,25	2,5	4,6	30,4	6,0
Serv. transporte semiespecializados	-0,26	-0,16	-0,31	2,6	4,3	32,5	4,1
Trabalhadores	-0,30	0,43	-0,28	0,0	4,8	20,7	2,4
Trabalhadores rurais	-0,47	0,27	-0,42	0,0	6,3	42,6	2,1
Média	0,00	0,00	0,00	6,6	14,0	23,1	7,1

❊ Como os gostos musicais marcam os grupos de *status* ocupacional / RICHARD A. PETERSON & ALBERT SIMKUS

Voltando à coluna da esquerda da Tabela 2, a música *folk* se classifica, em relação à música clássica, em um consistente segundo lugar. Embora uma definição para a palavra *folk* não fosse apresentada aos entrevistados, ao examinar o padrão de resposta inferimos que, quando responderam que gostavam de "música *folk*" mais do que de outras, a maioria tinha em mente um gosto pela ampla gama de músicas étnicas, nacionais e regionais de pessoas do mundo todo ou pela música acústica mais ou menos baseada em tais músicas.[30] Na sequência, aparecem os musicais e o *jazz*, seguidos de um grande salto entre eles e a pontuação do gosto por música ambiente/*middle-of-the-road* e *big band* para dançar. Essas, juntas, estão próximas ao ponto central da classificação. De novo, há uma grande distância entre esses dois tipos de música e os próximos três: *rock*, hinos/*gospel*, e *soul/blues*. É interessante que, embora sejam vistas por quem as aprecia como claramente distintas, essas três formas compartilham afinidades musicais[31] e, pela evidência desta análise, são escolhidas com mais frequência por pessoas de classificação ocupacional comparável.

DiMaggio e Ostrower notaram que negros e brancos de *status* comparável escolhem com frequência diferentes formas de música.[32] Usando o mesmo conjunto de dados do presente estudo, eles fizeram uma análise detalhada de escolhas musicais e participação em atividades artísticas, e sugeriram que negros de todos os níveis escolhem *jazz* e *soul/blues* com maior frequência do que os brancos, para mostrar sua identificação com a herança e a cultura negras. Ao mesmo tempo, alguns brancos de alto *status* escolhem *jazz* e, em menor grau, *soul/blues*, enquanto praticamente todos os brancos de *status* mais baixo se afastam dessas músicas. Peterson sugere que os brancos de *status* alto escolhem *jazz*

---

30. Os respondentes poderiam inferir que a expressão *folk music* se refere à música secular de sua própria formação étnica, nacional ou religiosa. Como pessoas nascidas no exterior que mais provavelmente fariam tal escolha se agrupam nas ocupações de baixa classificação, sua escolha de "*folk*" teria dado ao gênero uma classificação próxima do final entre os gêneros musicais. Assim, inferimos que tais pessoas não escolheram esse gênero. É mais provável que aquelas pessoas que gostam da música que representa sua herança particular tendam a referir-se a ela por seu próprio nome, e não pelo genérico termo *folk*. O pequeno número de respostas (menos de 1% da amostra) desse tipo, incluindo "húngara", "iídiche" e "música irlandesa", foram codificadas sob o termo "outros".
31. Bill C. Malone, *Southern music/American music*, Lesington: University of Kentucky Press, 1979).
32. Paul DiMaggio & Francie Ostrower, "Participation in the arts", *op. cit.*, p. 35.

como uma forma de música de arte.[33] Se isso é verdade, um modelo log-multiplicativo baseado nos entrevistados brancos deveria mostrar a pontuação de prestígio tanto do *jazz* como do *soul/blues* substancialmente mais alta.[34] A coluna da direita da Tabela 2 mostra os resultados apenas para a amostra de brancos. A distribuição geral de gêneros de música é a mesma, com exceção de que, como previsto, o *jazz* se moveu para o alto e, aqui, está ligeiramente acima de musicais; e *soul/blues* também subiu, para ficar acima tanto de *rock* como de hinos/*gospel*.[35] Essa constatação de que a classificação dos gostos musicais por grupos de *status* ocupacional varia de algum modo por raça está em linha com pesquisas anteriores, mas coloca em jogo a afirmativa de que a classificação obtida para o total da amostra é universalmente aceita na população americana – ponto a que voltaremos adiante.

A ordem entre os grupos de *status* ocupacional ❉ Na Tabela 3, é possível ver a pontuação para os grupos de *status* ocupacional. A ordem de classificação dos grupos ocupacionais na primeira dimensão do modelo bidimensional para o total da amostra (a coluna de números à esquerda) é praticamente a mesma válida para o modelo unidimensional para respondentes brancos (a terceira coluna a partir da esquerda).[36] Assim, as duas podem ser consideradas ao mesmo tempo.

As pontuações na Tabela 3 mostram que as classificações de gosto dos grupos de *status* ocupacional se agrupam em três faixas distintas. Os sete grupos superiores têm pontuações claramente positivas de gosto, os se-

---

33. Richard Peterson, "A process model of the folk, pop, and fine art phases of jazz", em Charles Nanry, *American music: from Storyville to Woodstock*, New Brunswick, NJ/Nova York: Trans-Action/Dutton, 1972, pp. 135-151.
34. O modelo unidimensional para brancos responde por 60% do desvio sob o modelo da linha de base para brancos; isto é, apenas 3% acima do desvio explicado para o teste que modela a amostra inteira. Isso garante apoio modesto à ideia de que os diferentes padrões de escolha de brancos e negros sistematicamente reduzem a variância explicada na modelagem inicial do total da amostra.
35. O número de negros na amostra era demasiado pequeno para permitir uma classificação específica de raça comparável usando os respondentes negros.
36. Três pares de ocupações adjacentes trocam de ordem. Eles incluem técnicos do grupo mais alto e artistas; fazendeiros e serviço não especializado; transporte semiespecializado e trabalhadores. Em nenhum caso a distância numérica do deslocamento é tão grande quanto a dos gêneros musicais antes discutidos.

te grupos inferiores têm pontuações claramente negativas de gosto, e os cinco grupos ocupacionais no meio têm pontuações de gosto próximas a zero. Pela conveniência de comparar esta tabela com as próximas duas – que mostram a participação nas artes e as características demográficas dos grupos de *status* ocupacional –, os grupos estão listados na mesma ordem que na Tabela 3, e foram acrescentadas linhas em branco para separar os três conjuntos de ocupações que acabamos de identificar.

A primeira observação substantiva é que a ordem das ocupações indicada por essas pontuações é bastante consistente com a classificação que tínhamos esperado, incluindo os desvios da ordem convencional que predissemos. Para detalhes de nossas previsões, ver Apêndice B.

O conjunto superior de grupos de *status* ocupacional inclui as cinco ocupações profissionais liberais mais os administradores de grupo ocupacional mais alto e os vendedores de grupo ocupacional mais alto, correspondendo aproximadamente ao que Bourdieu chama de classe dominante.[37] Nossa divisão das profissões liberais em cinco grupos também provou ser frutífera. Enquanto todos os cinco tipos de profissionais se encaixam no conjunto superior de ocupações, eles se estendem amplamente e na ordem que previmos, tendo no topo os profissionais culturais do grupo mais alto e na base os profissionais técnicos do grupo mais baixo.

O conjunto do meio dos grupos ocupacionais, aqueles com pontuação de gosto próxima de zero, são todos funcionários de colarinho branco, cor-de-rosa ou azul, nomeadamente: funcionários de escritório, os de vendas do grupo mais baixo, os de administração do grupo mais baixo, os trabalhadores em serviços do grupo mais alto e os trabalhadores em serviços de proteção. A classificação de gosto desses dois grupos de trabalhadores em serviços está em enorme variância com as expectativas convencionais, que colocam os trabalhadores em serviços abaixo de todos os trabalhadores manuais, ou muito próximo disso. Ainda assim, como predissemos, os trabalhadores em serviços do grupo mais alto alcançam o topo do conjunto médio dos grupos ocupacionais, e os trabalhadores em serviços de proteção também estão no conjunto médio.[38]

37. Pierre Bourdieu, *Distinction, op. cit.*, pp. 23-24.
38. M. Therese Stafford "Occupational sex segregation and inequality in the United States", Austin: University of Texas at Austin, 1990, fornece evidências que apoiam nossa constatação de que alguns trabalhadores em serviços têm alto prestígio e também de que há, entre os trabalhadores em serviços dos grupos mais alto e mais baixo, uma gama mais ampla

O conjunto mais baixo dos grupos de *status* ocupacional consiste nas quatro categorias de: trabalhadores manuais, nos trabalhadores do serviço do grupo mais baixo, e nos dois grupos com base rural: os fazendeiros e os trabalhadores rurais. A ordem dentro do conjunto não está de acordo com a classificação padrão, mas se enquadra bem em nossa previsão. Os trabalhadores em serviços do grupo mais baixo se classificam acima dos quatro grupos de trabalhadores manuais. Que essa classificação mais alta não seja artefato da medida específica de gosto é sugerido pelo fato, mostrado na Tabela 5 adiante, de que a incidência de atividade, em todas as formas de arte dos trabalhadores em serviços do grupo mais baixo é igual ou mais alta do que a de todos os outros grupos ocupacionais do conjunto mais baixo. Ao mesmo tempo, sua classificação relativamente alta não pode ser atribuída à sua educação ou renda, porque, como se pode ver na Tabela 5, sua educação e renda são bastante baixas, mesmo quando comparadas às de outros no conjunto mais baixo dos grupos ocupacionais. Os fazendeiros mostram gostos mais próximos daqueles de seus associados no trabalho rural do que os de seus correspondentes na gerência de atividades urbanas. Finalmente, os trabalhadores manuais especializados, que convencionalmente são vistos ocupando um *status* bem acima do de outros trabalhadores manuais,[39] têm pontuações de gosto apenas levemente superiores àquelas de trabalhadores manuais menos especializados.

Em cada caso, as divisões que fizemos, dentro das várias categorias ocupacionais convencionais, entre ocupações mais altas e mais baixas criaram enormes diferenças na classificação de gosto entre administradores, vendedores e profissionais técnicos. Apenas a divisão entre os profissionais culturais de ocupações mais altas e os de ocupações mais baixas criou diferenças que deixam os dois grupos em classificações de gosto adjacentes, e sua diferença (0,08) na pontuação não é desprezível.[40]

do que para qualquer outro grupo ocupacional. Dividindo cada uma das oito categorias convencionais não rurais de ocupações em três níveis baseados em suas pontuações SES *status* socioeconômico, ela mostra que a diferença entre trabalhadores em serviços dos grupos mais alto e mais baixo é quase duas vezes maior do que aquela para qualquer outra categoria ocupacional.

39. E. E. Lemasters, *Blue-Collar aristocrat*, Madison: University of Wisconsin Press, 1975, p. 28; e Joseph Bensman & Robert Lilienfeld, *Craft and Consciousness*, op. cit., pp. 7-8.

40. O programa para a modelagem log-multiplicativa é novo e, no momento em que

**As atividades artísticas dos grupos de *status* ocupacional ** É útil verificar a validade da medida de gosto que escolhemos: o gênero musical preferido. Tal escolha é, com certeza, expressão de uma opinião e pode não refletir o comportamento. Mais ainda, o gosto musical pode não refletir o gosto nas artes em geral. Por conseguinte, para ver quão passível de generalização é a ordenação de ocupações por gosto musical, foram examinados os dados de participação para todas as formas de arte disponíveis no conjunto de dados. Tais dados são exibidos na Tabela 4.

Como mostra essa tabela, o nível de participação em atividades artísticas está intimamente associado com a classificação de gosto dos grupos ocupacionais. Os sete grupos ocupacionais que integram o conjunto superior da classificação são também os sete primeiros em todas as medidas de participação nas sete artes públicas – desde assistir a concertos de música clássica até visitar museus de arte – e o mesmo é verdade, com uma reversão, para atividades artísticas privadas solitárias: ler prosa ou poesia. A exceção é que é um pouco maior o grupo de funcionários de escritório que relatam ler prosa ou poesia do que o grupo de trabalhadores em vendas do grupo ocupacional mais alto. Essa inversão provavelmente se deve ao gênero de composição dos dois grupos ocupacionais. As mulheres geralmente leem mais do que os homens, e 29% dos trabalhadores em vendas do grupo ocupacional mais alto são mulheres, enquanto 83% dos funcionários de escritório são mulheres. Centrando-se no conjunto superior de ocupações, os profissionais culturais do grupo mais alto classificam-se na primeira, segunda ou terceira posição em todas as atividades artísticas, enquanto os profissionais culturais do grupo mais baixo classificam-se quase tão alto na participação em todas as formas de arte.

escrevemos, não conhecemos nenhum programa de computador que possa estimar o limiar das diferenças estatisticamente significativas entre as pontuações escalares.

TABELA 4 ✳ Ocupação por atividades artísticas

	CLÁSSICA	ÓPERA	SHOW	JAZZ	TEATRO	DANÇA	MUSEU DE ARTE	PROSA, POESIA
Cultural mais alto	39,4	12,0	45,0	17,9	37,8	10,8	59,4	84,3
Cultural mais baixo	38,1	8,3	42,5	20,2	32,3	13,7	48,3	89,5
Técnico mais alto	26,6	8,7	36,5	15,1	26,3	7,4	45,0	75,7
Artistas	34,6	14,0	36,8	25,0	28,4	12,5	57,4	82,5
Gerencial mais alto	22,9	5,4	38,1	14,0	22,9	7,5	39,3	73,7
Vendas mais alto	20,7	6,4	37,0	16,0	24,5	7,7	41,2	67,1
Técnico mais baixo	23,4	5,0	31,8	15,0	22,0	9,5	37,3	74,2
Serviços especializados	17,6	4,9	26,9	8,3	10,4	5,5	23,6	60,8
Vendas mais baixo	14,7	5,4	18,7	11,5	12,7	5,9	25,6	67,1
Serviços de escritório	15,2	2,6	23,9	11,0	14,1	5,7	25,0	68,7
Gerencial mais baixo	13,1	3,9	22,5	11,3	14,5	5,4	29,4	58,5
Serviços de proteção	9,9	0,5	12,4	8,9	7,9	2,5	20,3	61,8
Fazendeiros	8,6	0,5	9,6	1,6	4,3	1,6	13,9	44,9
Serviços não especializados	9,8	2,9	13,1	11,1	8,6	3,5	16,8	53,4
Serv. manuais especializados	6,3	1,2	10,9	8,0	5,9	1,7	14,4	41,5
Serv. manuais semiespecializados	4,6	0,9	7,5	5,8	3,9	1,3	9,6	39,9
Serv. transporte semiespecializados	4,3	1,0	6,2	6,7	5,0	1,0	9,8	33,2
Trabalhadores	4,8	1,0	6,7	11,1	5,8	1,4	14,7	42,8
Trabalhadores rurais	6,3	0,0	4,7	6,3	7,0	0,0	14,8	38,3
Média	14,0	3,3	20,3	11,0	13,1	4,8	24,3	60,4

Os cinco grupos de *status* ocupacional no conjunto intermediário mostram índices médios de participação em artes, exceto para os trabalhadores em serviços de proteção, cujos índices, considerada a amostra como um todo, estão consideravelmente abaixo da média — embora, como a Tabela 5 adiante mostra, a média de seus resultados educacionais e sua renda estejam acima daquelas de todos os outros grupos do conjunto intermediário. Como a tarefa desses trabalhadores em serviço é proteger vidas, propriedades e a ordem pública, e como eles podem interagir com pessoas de *status* mais alto em posição de autoridade, predissemos que eles cultivariam gostos mais altos e teriam índices mais altos de participação nas artes, índices esses comparáveis aos dos trabalhadores em serviço especializado. Pode ser que, naquelas situações em que os trabalhadores do serviço de proteção interagem com pessoas de *status* alto, eles o façam em situações altamente estruturadas, em que seu sucesso no desempenho dependa principalmente de seguir um conjunto explícito de regras, e não tanto de suas habilidades socioculturais. Assim, ao contrário dos demais trabalhadores em serviços, eles não precisam cultivar gostos de *status* mais alto.[41] Centrando-se em policiais e guardas – que, com os bombeiros, constituem a maior proporção dos trabalhadores em serviços de proteção –, Mary Karpos sugere uma explicação alternativa para as baixas porcentagens de participação nas artes entre esses trabalhadores dos serviços de proteção. Em inúmeras fontes, ela encontra evidências de que eles detestam interagir livremente em público, onde podem ser confrontados por aqueles a quem previamente tiveram de prender ou repreender.[42] Essa explicação encontra apoio suplementar no fato de que o consumo de artes privado (leitura, televisão, rádio e gravações) dos trabalhadores em serviços de proteção

---

41. É difícil obter uma imagem das atividades de lazer dos trabalhadores em serviço de proteção – bem como as das outras ocupações de *status* não alto – porque essa pesquisa survey, centrada principalmente nas artes, não fez perguntas sobre atividades como: colecionar armas, radioamadorismo, participação em esportes, fabricação doméstica de cerveja, caça, pesca e trabalho voluntário. Além disso, a pesquisa juntou atividades de tipos totalmente diferentes. Por exemplo, "exercício" se refere a aeróbica ou a fisiculturismo? E "acompanha esportes" se refere a esportes como polo ou luta livre profissional? Mais ainda, a pesquisa agrupou atividades totalmente diferentes. Por exemplo, "casa e conserto de automóveis" e "fazer excursões a pé, acampar e andar de barco".

42. Maryaltani Karpos, "Leisure lifestyles of the armed and dangerous", Nashville: Vanderbilt University, 1991.

é muito mais alto do que seu consumo de artes em público, e é mais compatível com a educação e a renda deles.

Os sete grupos ocupacionais no conjunto mais baixo tendem a ter os índices mais baixos de participação em atividades artísticas. Os índices de participação para fazendeiros são, em geral, mais baixos do que se esperaria por sua classificação de gosto, o que reflete a menor disponibilidade de atividades artísticas em cidades pequenas e em áreas rurais. Mas o isolamento relativo pode não ser a resposta completa, pois fazendeiros também exibem baixas taxas de participação em atividades de lazer individuais, rurais e sedentárias.[43] Longas horas de trabalho e idade avançada provavelmente contribuem para esse padrão de baixa participação.

Esses marcadores são de grupos de *status* ocupacional? \ Se, como vimos, o gosto musical é um marcador de *status* ocupacional, também é provavelmente, em algum grau, um marcador de outros *status*, como gênero, raça, idade, renda, educação e região. De fato, os dados mostram claramente que: a preferência por música *country* é mais alta entre aqueles com pouca educação formal; é mais provável que os negros, mais do que os brancos, escolham *jazz*; os jovens tendem a preferir o *rock* mais do que as pessoas mais velhas etc. Seriam, então, as diferenças entre os grupos ocupacionais só um reflexo da representação diferencial desses outros grupos de *status* nos grupos de *status* ocupacional? As variáveis relevantes para as quais temos dados – idade, gênero, raça, renda e educação – são exibidas na Tabela 5.[44]

Idade • A média das idades dos 19 grupos de *status* ocupacional se aproxima da média total da amostra, de 38,6 anos. Nenhum grupo tem média maior do que cinco anos acima ou abaixo da média geral, exceto os proprietários-administradores de fazenda, cuja média de idade é dez

---

43. Em uma análise – não discutida aqui – das atividades de lazer de grupos de *status* ocupacional, os fazendeiros se classificam no nível mais baixo ou muito próximo do mais baixo em assistir à televisão, exercitar-se, caminhar, acampar, andar de barco e jogar.

44. As diferentes regiões do país têm gostos bem distintos, e uma análise minuciosa terá de levar em conta a região, como mostram claramente Judith Blau, *The shape of culture*, Cambridge: Cambridge University Press, 1989; e Michèle Lamont, "The refined, the virtuous, and the prosperous: exploring boundaries in the French and American upper--middle class", trabalho apresentado no 85º Encontro Anual da Associação Americana de Sociologia, Washington, DC, 1990.

anos maior do que a média geral. Está claro que a classificação de gosto dos grupos de *status* ocupacional não é afetada consistentemente pela idade. Isso continua sendo verdade mesmo se grupos de faixa etária diferente têm padrões bem distintos de gosto musical. A música clássica, a *big band* e os hinos/*gospel* são escolhidos com maior frequência pelos mais velhos, o *rock* é escolhido quase exclusivamente por grupos de idade mais jovem, e tanto a música *country* como a ambiente/*middle-of-the-road* são escolhidas por aqueles que não são nem muito jovens, nem muito velhos.[45]

Gênero • Mulheres e homens fazem escolhas musicais diferentes[46] e estão distribuídos de modo diferente nos vários grupos de *status* ocupacional. Assim, o gênero pode influenciar a classificação dos gostos musicais. Como se pode ver na Tabela 5, as mulheres estão sub ou sobrerrepresentadas em grupos de *status* ocupacional em nossos três conjuntos de grupos (alto, médio e baixo). Entretanto, desses três, elas estão visivelmente menos representadas no conjunto de grupos de *status* ocupacional mais baixo e são encontradas mais frequentemente em três dos grupos ocupacionais no conjunto intermediário de ocupações.

Executado separadamente para cada gênero, o modelo log-multiplicativo revelou que, embora homens e mulheres tendam a fazer escolhas estéticas diferentes e tendam a ser encontrados em diferentes grupos de *status* ocupacional, mulheres e homens no mesmo grupo ocupacional fazem escolhas musicais de mesmo padrão; assim, a distribuição assimétrica dos gêneros pelos grupos ocupacionais não afetou as classificações de ocupação e gosto musical.

45. Edward L. Fink, John P. Robinson & Sue Dowden, "The structure of music preference and attendance", *Communication Research,* 12 (3): 301-318, 1985.
46. Marshall Greenberg & Ronald E. Frank, "Isolating cultural choice patterns in the US population", *American Behavioral Scientist,* 26 (4): 439-458, 1983; Edward L. Fink, John P. Robinson & Sue Dowden, "The structure of music preference", *op. cit.*, p. 310.

TABELA 5 ✳ Ocupação por variáveis demográficas

Ocupação	Educação	Renda (US$)	Idade	Mulher (%)	Negro (%)	Casos (N)
Cultural mais alto	18,1	33.194	41,8	32,7	4,8	251
Cultural mais baixo	16,9	33.393	38,2	74,0	7,7	520
Técnico mais alto	16,9	39.005	38,2	9,6	2,9	312
Artistas	14,7	29.545	38,2	40,4	2,9	136
Gerencial mais alto	14,9	45.540	43,1	27,4	3,4	704
Vendas mais alto	14,5	36.448	41,4	29,5	4,0	376
Técnico mais baixo	14,9	32.629	38,6	55,0	7,0	889
Serviços especializados	12,5	25.651	38,5	86,3	8,2	182
Vendas mais baixo	12,7	26.707	38,0	66,4	3,4	443
Serviços de escritório	12,8	27.920	37,2	83,4	8,8	2.494
Gerencial mais baixo	13,0	20.833	41,1	37,4	6,5	596
Serviços de proteção	13,1	28.640	40,6	13,9	11,4	202
Fazendeiros	11,8	26.540	48,7	20,7	0,5	188
Serviços não especializados	11,5	21.390	36,6	69,5	19,8	1.562
Serv. manuais especializados	11,8	26.738	39,9	8,4	6,6	1.613
Serv. manuais semiespecializados	10,9	23.498	38,1	48,1	13,5	1.529
Serv. transporte semiespecializados	11,2	24.417	39,9	11,7	12,9	420
Trabalhadores	11,2	23.234	34,3	14,4	15,8	584
Trabalhadores rurais	10,1	20.157	35,1	24,2	12,5	128
Média	12,8	27.846	38,6	47,9	9,6	13.129

Raça • Os afro-americanos representam 9,6% da amostra total. Eles estão sub-representados em todos os grupos ocupacionais do conjunto mais alto de ocupações. No conjunto intermediário, estão tanto sobrerrepresentados quanto sub-representados; e, em todas as ocupações do conjunto mais baixo, exceto nos grupos ocupacionais de fazendeiros e trabalhadores manuais especializados, estão sobrerrepresentados.

Como já mencionamos, é muito mais provável que, em ocupações de *status* mais baixo, afro-americanos escolham *jazz* e *blues* do que seus pares ocupacionais brancos o façam. Assim, como observaram DiMaggio e Ostrower,[47] e nossas constatações corroboraram, os gêneros musicais historicamente afro-americanos operam de maneira diversa ao marcar *status* social para afro-americanos e para brancos. Assim, de uma forma ou de outra, futuros estudos usando gostos musicais como marcador de *status* precisarão levar em conta esses padrões racialmente específicos.

Renda • Na época do nosso estudo, a renda anual média variava de US$ 20.157 – para trabalhadores rurais – a US$ 45.540 – para administradores do grupo ocupacional mais alto. Enquanto seis dos sete grupos ocupacionais classificados no topo são os únicos a ter uma média superior a US$ 30.000, e o grupo ocupacional de classificação mais baixa também tem a renda mais baixa, há muitos grupos cuja renda não acompanha o padrão da classificação de gosto, e a correlação entre a pontuação escalar da primeira dimensão e a renda é 0,75. Dentro dos conjuntos amplos de ocupações, no entanto, há muito pouca associação entre a classificação estética e a renda, e a desconexão entre a classificação de gosto e a renda concorda, em linhas gerais, com as previsões decorrentes da formulação de Bourdieu e Passeron da distribuição inversa do capital econômico e cultural.[48]

Educação • Na amostra, a média de anos de escolaridade varia do décimo grau,[49] para os trabalhadores rurais, a dois anos de pós-graduação, para os profissionais culturais no grupo mais alto. Os três grupos de classificação de gosto mais alta são os únicos cujo nível educacional médio vai além de quatro anos de faculdade. No outro extremo, os trabalhadores rurais têm média de dois anos de ensino secundário e todos os sete gru-

---

47. Paul DiMaggio & Francie Ostrower, "Participation in the arts", *op. cit.*, pp. 760-762.

48. Pierre Bourdieu & Jean-Claude Passeron, *Reproduction in education society, and culture*, Beverly Hills, CA: Sage, 1977, pp. 74-76.

49. O décimo grau, no sistema escolar norte-americano, corresponde mais ou menos ao primeiro ano do ensino médio brasileiro. (N.T.)

pos ocupacionais da porção inferior da classificação chegam, na média, a completar a educação secundária. Como se esperava de todas as pesquisas anteriores, anos de escolaridade estão associados de perto com a classificação de gosto do grupo ocupacional. Nas pontuações escalares bidimensionais para a população inteira, a correlação entre as pontuações para a primeira dimensão e o nível educacional médio dos grupos ocupacionais é 0,91. Os administradores, profissionais técnicos de grupo mais baixo e trabalhadores em serviços de proteção têm, todos, pontuações de gosto mais baixas do que seria predito por seu nível de educação.

As altas correlações de educação e renda com o grupo de *status* ocupacional – 0,91 e 0,75, respectivamente, neste estudo – levaram vários pesquisadores a concluir que a ocupação não é muito importante na marcação de *status*.[50] Isso é verdade apenas no sentido específico de que, controlando simultaneamente os efeitos da educação e da renda, a ocupação tem pouco efeito independente sobre o *status*.[51] Pode ser conveniente usar anos de escolaridade como substituto para outras concepções mais complexas de *status*, mas isso não significa que a ocupação seja desimportante na determinação do *status*. Afinal de contas, em grande parte, é por meio de resultados no trabalho que se realizam os frutos da educação. Por exemplo, não há físicos (com educação graduada) ou trabalhadores braçais bem educados que tenham rendimentos semelhantes àqueles de administradores dos grupos mais altos que sejam comparavelmente educados. A educação necessária para desempenhar funções ocupacionais e o nível de remuneração recebido estão intimamente ligados à natureza da ocupação e, assim, é artificial e enganoso considerar apenas os efeitos *líquidos* da ocupação depois de controlar essas outras duas variáveis intrínsecas ao seu significado. Por essa razão, os procedimentos estatísticos usados convencionalmente, que fracionam a variância em uma variável dependente entre as variáveis independentes, não estão de acordo com a visão de grupos ocupacionais aqui desenvolvida.

**A segunda dimensão do gosto e grupos ocupacionais: raça e gênero **
Até agora nos centramos nos resultados da primeira dimensão do mo-

---

50. Norval D. Glenn, *Social stratification*, op. cit., pp. 28-32; James A. Davis, "Achievement variables and class cultures", *op. cit.*, p. 580.

51. A ocupação, como mensurada convencionalmente, pode ser uma forma de prever menos poderosa, simplesmente porque se mensura melhor a educação como "anos de escolaridade"; e a renda é mais bem mensurada como "dólares ganhos". Assim, uma

delo log-multiplicativo. Antes de discutir as implicações do que constatamos no aperfeiçoamento da compreensão do uso de gostos musicais na marcação das fronteiras dos grupos de *status*, será frutífero considerar a segunda dimensão. Para a segunda dimensão, o modelo log-multiplicativo considera as relações entre as ocupações e os gêneros musicais, sendo removidas todas as relações levadas em conta na primeira dimensão. Com efeito, deixando de lado a primeira dimensão, pergunta-se: Há, entre grupos de *status* ocupacional e gosto por gêneros musicais, qualquer relação estatisticamente significativa? As pontuações de gosto musical na segunda dimensão estão exibidas na Tabela 2, e aquelas para ocupações, na Tabela 3. Examinando as duas tabelas juntas, lembrem-se de que grupos ocupacionais e gêneros musicais de mesmo sinal (positivo ou negativo) estão associados uns aos outros.

O ordenamento entre ocupações está surpreendentemente diverso daquele na primeira dimensão e, das seis formas musicais de classificação mais baixa na primeira dimensão, cinco estão nos extremos da segunda dimensão, mas com sinais diferentes. As músicas *big band*, ambiente/*easy listening* e *country & western*, assim como os grupos de administrador mais alto e vendedor mais alto, estão todos com pontuação alta e positiva; já hinos/*gospel*, *soul*/*blues* e música clássica – juntamente com artistas, profissionais culturais do grupo mais alto, trabalhadores de serviço especializado, de serviço não especializado e trabalhadores braçais – estão todos com pontuação alta e negativa.

Acreditamos haver duas maneiras relacionadas de compreender os pares na segunda dimensão. Ambas têm a ver com padrões raciais distintos de escolha de gêneros musicais afro-americanos já mencionados. Primeira: vários artistas, juntamente com os profissionais culturais do grupo mais alto, sendo mais aventureiros, procuram e cultivam o que consideram formas musicais urbanas *déclassés* – *soul*/*blues* e hinos/*gospel* –, enquanto muitos entre os administradores do grupo mais alto e seus associados laborais (os trabalhadores em vendas do grupo mais alto) escolhem as formas musicais esteticamente menos desafiadoras – *big band*, ambiente/*middle-of-the-road* e *country*.[52] Segunda: os afro-

---

construção mais sensível das categorias ocupacionais, seguindo as linhas desenvolvidas nesta pesquisa, pode mostrar o grupo ocupacional como forma de previsão mais poderosa em um amplo leque de arenas de pesquisa.

52. Segundo Bill C. Malone em *Southern music/American music*, a música *country* não é convencionalmente considerada suave (no sentido que a música *middle-of-the-road* o é),

-americanos estão sobrerrepresentados em dois dos grupos mais baixos da segunda dimensão – trabalhadores em serviços não especializados e trabalhadores braçais. Como mencionado anteriormente, as escolhas de gosto musical dos negros diferem significativamente das dos brancos na mesma ocupação, e esses padrões específicos de raça podem explicar as características da segunda dimensão.

Discussão ✳ Está claro que a reformulação dos grupos de *status* ocupacional funcionou bem. Os vários conjuntos de ocupações, como previsto, têm padrões distintivos tanto de preferências estéticas quanto de índices de participação nas artes. Tão importante quanto isso, o gosto musical funciona como marcador de *status*, ajudando a estabelecer e manter fronteiras de *status*. Em pesquisas futuras sobre o cultivo de diferenças, essas constatações devem ser levadas em conta.

Além desses resultados claros, até mesmo convencionais, há duas constatações inesperadas que sugerem a necessidade de reformulação teórica da ideia aceita de hierarquia de *status*. A primeira tem a ver com a forma da hierarquia de *status*. A segunda chama a atenção para as características distintivas e subteorizadas de grupos em diferentes níveis da hierarquia.

A hierarquia como pirâmide, e não como coluna \ Com efeito, a escala de gosto aqui desenvolvida proporcionou uma discriminação melhor no extremo superior da hierarquia de prestígio ocupacional do que nas categorias mais abaixo. Em cada uma das subamostras testadas, a música clássica emergiu claramente como a mais prestigiosa, enquanto a ordem de classificação mais abaixo variou grandemente de uma subamostra a outra, de acordo com o gênero, raça e idade.[53] Isso pode ser devido à natureza

---

mas, na época em que a pesquisa foi feita, em 1980, o estilo atraiu muitos novos fãs e foi escolhido por mais pessoas do que qualquer outra forma de música. Muitos desses novos fãs eram seguidores de intérpretes como Kenny Rogers, Crystal Gayle e Lee Greenwood. O autor Richard A. Peterson, em "Between art and pop", chamou-os de fãs *soft-shell* ("concha mole"), em contraste com os seguidores de George Jones, George Straight e Loretta Lynn, que ele denomina fãs *hard-core* ("da pesada"). De fato, alguns destes últimos teriam escolhido *bluegrass* como sua favorita, em lugar de *country & western*, aumentando ainda mais a representação dos "moles" entre aqueles que escolhem música *country*.

53. Essa constatação se reflete não só na análise relatada aqui, mas também em análises não reportadas.

do instrumento (a pesquisa *survey*),[54] mas pode também refletir, nos Estados Unidos de hoje, as realidades do uso da música para marcar fronteiras.

Nossos resultados sugerem haver, entre os americanos, concordância geral de que a música clássica ancora o extremo superior do gosto hierárquico e constitui, assim, capital cultural. Ao mesmo tempo, à medida que se move para baixo na hierarquia do gosto, os dados sugerem haver cada vez menos consenso na classificação. Em vez disso, pode haver um número crescente de formas alternativas, cujo valor de gosto é mais ou menos igual. Como indicado pelos resultados desta análise, encontramos, abaixo da música clássica, a música *folk*, depois *jazz*, seguido de *middle-of-the-road* e *big band* (próximas do meio), e *rock*, música religiosa, *soul* e *country* todas próximas do final.

Sendo esta uma descrição ampla da estrutura subjacente das preferências, a hierarquia do gosto vai representar não tanto uma delgada coluna de gêneros de apreciação, um sobre o outro, mas sim uma pirâmide, com uma preferência de elite no topo e, à medida que se move para baixo na pirâmide, em direção à sua base, mais e mais formas alternativas posicionadas em um mesmo nível. Além disso, à medida que nos aproximamos da base, o gosto musical serve para marcar não só o nível de *status*, mas também as fornteiras de *status* entre grupos definidos por idade, gênero, raça, região, religião, estilo de vida etc., praticamente no mesmo nível do estrato.[55]

A hipótese onívora-unívora \ Enquanto a imagem da pirâmide ajuda a conceituar as distinções dos gostos não hierarquizados verticalmente, encontrados entre os gostos da não elite, ainda há alguma dificuldade em identificar os grupos de *status* ocupacional mais alto com os gostos de elite. Mesmo entre os profissionais culturais do grupo mais alto, cuja classificação de gosto é a mais elevada, apenas 28,9% dizem gostar mais

---

54. A pesquisa SPPA usada neste estudo foi criada para compreender melhor a dinâmica de participação nas belas-artes e, portanto, pode não ter investigado adequadamente o leque de opções de música popular e quase *folk* disponíveis como alternativas à música artística.

55. Essa conjetura substantiva está em linha com as constatações da pesquisa de Judith Blau, "High culture as mass culture", *Society*, 23 (4), pp. 65-69, 1986, e, da mesma autora, "The elite arts, more or less of rigueur: a comparative analysis of metropolitan culture", *Social Forces*, 64 (4), pp. 875-905, 1986; e, ainda, Paul DiMaggio, "Cultural entrepreneurship", *op. cit.*, e "Cultural boundaries", *op. cit.*; além de Paul DiMaggio & Francie Ostrower, "Participation in the arts", *op. cit.*; e Richard A. Peterson, "Process model", *op. cit.*

do que tudo de música clássica (ver Tabela 3), e mais indivíduos dizem que gostam mais de música *country & western* do que os que dizem que gostam mais de ópera! E, ainda mais, 13,3% dos profissionais culturais no grupo mais alto não conseguiram escolher um tipo de música de que gostavam mais do que todos. Isso significa estar o gosto em música perdendo eficácia como marcador de *status* para a elite? Talvez, mas achamos que não. Pode significar apenas que a imagem do intelectual de gosto exclusivo, juntamente com as classificações do "luxo ao lixo" (*from "snob" to "slob"*), é obsoleta.

Há evidências crescentes de que os grupos de alto *status* não só participam mais do que os outros em atividades de alto *status*, mas também tendem a participar com mais frequência na maior parte dos tipos de atividades de lazer.[56] Com efeito, o gosto de elite não mais é definido com uma apreciação expressa de formas de alta arte (e um desdém moral ou tolerância alvar por todas as outras expressões estéticas). Aqui, ele está sendo redefinido como uma apreciação da estética de cada forma distintiva juntamente com uma apreciação das altas artes.[57] E, como se ganha *status* conhecendo-se a respeito de todas as formas e participando delas (ou seja, consumindo), o termo *onívoro* parece apropriado para qualificar tal gosto.[58]

56. Paul DiMaggio & Michael Useem, "Social class and arts consumption", *op. cit.*; Richard A. Peterson & Michael J. Hughes, "Social correlates of five patterns of arts participation", em Elit Nikolov (org.), *Contributions to the sociology of the arts*, Sofia: Bulgarian Research Institute for Culture, 1984, pp. 128-136; John P. Robinson et al. *Public participation in the arts*; Paul DiMaggio, "Classification in the arts", *American Sociological Review*, 52, pp. 440-455, 1987.

57. Richard A. Peterson, "Audience and industry origins of the crisis in classical music programming: toward world music", em David B. Pankratz & Valerie B. Morris, *The future of the arts: public policy and arts research*, Nova York: Praeger, 1990, pp. 207-227.

58. Foi sugerida a palavra *diletante*, mas conota uma pessoa que se aventura na prática de várias formas estéticas e se apresenta para uma audiência de elite mais ou menos desinteressada. O onívoro tem mais em comum com o tipo *"other-directed"* ("influenciado por outros"), descrito por David Riesman em seu *The lonely crowd*, New Haven, CT: Yale University Press, 1950. O que os dois têm em comum é que mudam para ajustar-se às circunstâncias de seu entorno imediato. Os dois são diferentes pelo fato de que o personagem de Riesman caracteristicamente encontrava segurança na adaptação a gostos e valores mais brandos, enquanto o onívoro pode exibir uma variedade de gostos muito diferentes, conforme as circunstâncias assim o exigirem.

Um indicador da mudança profunda que está ocorrendo na formulação do gosto, e colocando o gosto onívoro em evidência, é a comparação da cobertura, em revistas literárias de elite, dada à música *country*. Nos anos 1920, os autores de revistas de elite ficavam chocados ao encontrar música *country* ainda florescendo nas colinas e em locais economicamente atrasados do interior. Nos anos 1930, ela foi romantizada como relíquia de um passado mais puro e simples, que desaparecia rapidamente. Nos anos 1970, os artigos zombavam das roupas, do sotaque e das letras retrógradas e não liberadas. Mas, já nos anos 1980, escritores de revistas de elite instruíam seriamente seus leitores na estética musical *country* e apresentavam os expoentes musicais mais criativos com palavras que chegavam a gênio.[59]

Se o onívoro está no topo da pirâmide de gosto, como deveríamos caracterizar aqueles da base? Na Tabela 4 está claro que os grupos de *status* ocupacional próximos da base tendem a ter, em todas as atividades, incidência mais baixa. Isso sugere o termo *inativo*, mas é injusto, pois a pesquisa da SPPA fez poucas perguntas sobre formas de lazer não elitistas. Na Tabela 3, examinando novamente a coluna mais à direita, fica claro que os grupos de *status* ocupacional mais baixo podem, com frequência muito maior, escolher um único gênero musical de que gostam mais. Provisoriamente, o melhor nome parece ser *unívoro*, sugerindo que aqueles próximos da base da pirâmide tendem a envolver-se ativamente em uma, ou, na melhor das hipóteses, em apenas algumas tradições estéticas alternativas.

Ao juntar as ideias de onívoro-unívoro e de pirâmide, no lugar da hierarquia colunar, parece haver uma contradição. O ápice da pirâmide é singular, a sua base variegada, e, ainda assim, os onívoros de alto *status* escolhem muitos gêneros, enquanto os unívoros na base tendem a escolher apenas um. Mas essas duas ideias podem se encaixar. O onívoro, sugerimos, reforça o *status* ao demonstrar qualquer um de uma série de gostos, dependendo do que a situação exigir, enquanto o unívoro usa um gosto particular para afirmar as diferenças em relação a outros que estejam aproximadamente no mesmo nível e possuam uma afiliação a

---

59. Esta breve resenha está baseada em uma leitura informal de dúzias de artigos *outsider* escritos sobre música *country* durante os últimos oitenta anos. Uma análise detalhada desse gênero em especial poderia revelar muitíssimo sobre a construção do gosto e sobre as imagens variáveis do campo *versus* cidade e Norte *versus* Sul dos Estados Unidos.

um grupo diferente. Assim, o elaborado código de gosto musical do onívoro membro da elite pode aclamar a música clássica e, ainda assim, no contexto apropriado, mostrar conhecimento passageiro de uma ampla gama de formas musicais. Ao mesmo tempo, é mais provável que as pessoas próximas da base da pirâmide defendam fortemente suas restritas preferências de gosto – seja em música religiosa, *country*, *blues*, *rap* ou alguma outra música nativa – contra pessoas que adotem outra das formas musicais de *status* baixo.[60]

APÊNDICE A

O gosto como marcador de *status* ou como apreciação das artes ✳ Para começar a tratar a questão da participação nas artes como marcador de *status versus* participação como apreciação das artes, é possível usar os dados disponíveis de três maneiras distintas. A primeira é comparar a proporção de cada grupo ocupacional que diz gostar mais do que tudo de música clássica (Tabela 3) com a proporção de quem assistiu a pelo menos um concerto de música clássica no ano anterior (Tabela 4). Observando as ocupações com pelo menos 10% de espectadores – todas as dos onze grupos do topo –, a proporção de espectadores é sempre mais alta do que a proporção daqueles que gostam da música clássica mais do que de todas as outras. Como, em cada grupo, alguns disseram que apreciavam ópera acima de tudo – e até mais disseram que não prefeririam nenhuma forma específica –, a taxa mais alta de comparecimento não pode ser tomada simplesmente como um índice de comparecimento estritamente por razões de afirmação de *status*.

Os resultados são, no mínimo, sugestivos porque a diferença entre a preferência e o comparecimento a um concerto varia amplamente entre os grupos ocupacionais. Para três grupos – administrador mais alto, administrador mais baixo e vendedor mais baixo – o comparecimento vai além de três vezes mais do que a medida do gostar. A elevada incidência de comparecimento a concerto desses três grupos não pode ser

---

60. Os gostos musicais podem muito bem operar de maneira mais ou menos paralela às constatações de Bernstein para os códigos linguísticos; ver Basil Bernstein, *Class, codes and control*, *3*, Londres: Routledge & Kegan Paul, 1977. Bernstein distingue o código linguístico elaborado da elite inglesa bem educada e o código linguístico restrito da classe trabalhadora pouco escolarizada.

explicada por sua incomum alta escolha por ópera ou por "não preferir nenhuma forma". Assim, a elevada incidência de comparecimento em relação à preferência, declarada, pode muito bem representar uma taxa mais alta de comparecimento puramente por razões de afirmação de *status*. Esses três grupos estão relacionados, por semelhança, a grupos ocupacionais franceses que Bourdieu identifica como tendo capital cultural inferior em relação a outros grupos ocupacionais de alto *status*.[61]

Em segundo lugar, é possível, em cada grupo de *status* ocupacional, comparar a proporção dos que comparecem a eventos artísticos públicos com a proporção dos que consomem privadamente a mesma forma de arte, por meio de gravações e televisão.[62] Pressupõe-se que o comparecimento público pode servir tanto para aumentar o *status* quanto para a apreciação, enquanto é mais provável que o consumo privado seja motivado apenas por apreciação das artes. Por inúmeras razões, tal suposição é altamente simplificadora. Por exemplo, o comparecimento público depende de estar a atividade artística disponível; e o consumo doméstico pode ser preferido seja para impressionar convidados, seja para ganhar familiaridade com artes que podem ser apresentadas como gosto a fim de aumentar o *status*. Foram examinados dados sobre música clássica, ópera, balé e peças não musicais. A incidência relativa de comparecimento público *versus* consumo privado (por meio de gravações ou televisão) varia amplamente de um grupo de *status* ocupacional a outro, e de uma forma de arte a outra, não emergindo daí nenhuma imagem clara.

Em terceiro lugar Ganzeboom, em um estudo exploratório, contrasta o que ele chama de teorias de "processamento de informação" e aquelas de "busca de *status*" em atividade de alta cultura diferencial.[63] Os dados disponíveis permitiram-lhe apenas conclusões equivocadas. A SPPA, com sua amostra muito maior e conjunto de questões mais rico, tornou possível levar a questão mais adiante. Hayes, usando o conjunto de dados

---

61. Pierre Bourdieu, *Distinction, op. cit.*

62. Terrell H. Hayes, "Public and private arts consumption: thoughts on a single conception model", Nashville: Vanderbilt University, 1991.

63. Harry B. G. Ganzeboom, "Explaining differential participation in high-cultural activities: a confrontation of information-processing and status-seeking theories", em Wener Raub, *Theoretical models and empirical analyses: contributions to the explanations of individual actions and collective phenomena*, Utrecht: E. S. Publications, 1982.

da SPPA e nossa classificação dos grupos de *status* ocupacional em 19 categorias, fez a análise do caminho paralelo entre o consumo de artes privado e o público. Constatou que a renda não tinha efeito direto na participação tanto em atividades públicas quanto privadas, enquanto, tanto no consumo público quanto no privado, a educação tinha o mesmo efeito positivo moderado. Em linha com a hipótese de que a participação pública nas artes é feita tanto por razões de *status* como por apreciação, o efeito da socialização mais precoce nas artes era maior sobre o consumo de artes privado do que sobre o consumo em público.[64]

Fica claro que a dinâmica entre o consumo de artes em público *versus* o consumo privado é mal compreendida e – como meio de chegar à dinâmica da participação nas artes por busca e marcação de *status versus* a participação por razões de apreciação – merece outros estudos.

APÊNDICE B

Critérios usados na criação dos grupos de *status* ocupacional ✵ Este apêndice fornece uma discussão mais detalhada dos critérios usados na colocação de cargos específicos em cada um dos grupos de *status* ocupacional. Os 19 grupos de *status* ocupacional, juntamente com os cargos representativos, estão na Tabela 1.

Profissionais liberais \ Os trabalhos geralmente classificados como profissões liberais são divididos em cinco categorias. *Profissionais culturais* são aqueles cujo trabalho é criar, avaliar, interpretar, ensinar, disseminar e preservar ideias, e estão ligados à natureza da existência humana e aos relacionamentos entre as pessoas. Todos nesse grupo têm o direito de fazer isso em virtude de sua instrução formal, certificação e avaliação por seus pares. Em muitas situações, sua posição é sinalizada pela demonstração de capital cultural. *Profissionais culturais do grupo mais alto*, como clérigos e acadêmicos, têm a autoridade de criar e avaliar tais ideias, enquanto os *profissionais culturais do grupo mais baixo*, incluindo assistentes, trabalhadores sociais e professores em escolas, basicamente aplicam e ensinam ideias segundo os padrões criados e supervisionados de maneira burocrática. Por essa razão, para trabalhadores culturais do grupo mais alto, o período de instrução (idealmente um doutorado) é

---

64. Terrell H. Hayes, "Public and private arts consumption", *op. cit.*

geralmente muito mais longo e os padrões de certificação mais elevados do que para os profissionais culturais do grupo mais baixo.

Aumentar o número de categorias significa que ocupações pouco afins podem ser separadas. Isso cria outro problema, porque pessoas que desempenham diferentes tipos de trabalho ainda estão incluídas juntas em algumas categorias. Os advogados estão em um desses casos. Como eles moldam e interpretam a ordem simbólica que compreende as leis da interação social, e porque durante o trabalho devem exibir capital cultural, eles estão classificados como profissionais culturais do grupo mais alto. No entanto, muitos advogados simplesmente aplicam a lei e, dessa maneira, deveriam ser classificados como profissionais culturais do grupo mais baixo, enquanto outros advogados, que lidam com leis imobiliárias, atuam mais como técnicos do que como profissionais culturais. Esse conjunto de dados, como a maioria dos outros, não permite um fracionamento mais refinado de advogados. Todos eles estão classificados como profissionais culturais do grupo mais alto porque sua qualificação profissional é longa e sua ideologia ocupacional os leva a agir como outros criadores de cultura. Dessa maneira, sua socialização profissional difere daquela dos profissionais culturais do grupo mais baixo, como os assistentes sociais.

Profissionais técnicos são aqueles que manipulam o mundo físico ou que, como os médicos, pensam no corpo humano e o manipulam como objeto físico/fisiológico. Todos têm o direito de fazer isso amparados em sua instrução formal, certificação e avaliação por seus pares. *Profissionais técnicos do grupo mais alto*, como engenheiros, geólogos e dentistas, exigem qualificação superior avançada, e contam com ampla liberdade no seu âmbito de trabalho. *Profissionais técnicos do grupo mais baixo*, como enfermeiras registradas e contadores, requerem educação técnica, além da escola secundária, e podem ter licença concedida pelo Estado, mas em geral trabalham sob a supervisão de técnicos ou de administradores do grupo mais alto, em um cenário altamente burocrático.

Os *artistas* criam e recriam símbolos expressivos, como pinturas, romances e atuações sinfônicas. Muitos artistas, incluindo pintores e escritores, competem por trabalho em um mercado de bens estéticos e serviços, mercado esse aberto, que muda rapidamente. Aqueles que estão nas artes performáticas – dançarinos, atores, músicos – veem suas oportunidades de trabalho minguarem à medida que seus corpos se atrofiam. Enquanto o número de anos de escolaridade de muitos é considerável, indo além da escola secundária, não há hoje [década de

1990], nos Estados Unidos, nenhuma escola superior que demarque oficialmente esse *status* profissional ou limite o número de candidatos a trabalhos nas artes performáticas. Por essa razão, é impossível distinguir artistas de grupo mais alto ou de grupo mais baixo nas mesmas bases usadas para os profissionais culturais e técnicos.

Administradores \ Os administradores exercem poder por controlar outros trabalhadores e por sua habilidade de alocar recursos. Embora convencionalmente haja distinção entre a propriedade e o controle dos meios de produção, muitos dos administradores empregados têm poder muito maior do que o de muitos administradores proprietários. Assim, aqui, tal distinção não foi feita. Seria melhor distinguir os administradores do grupo mais alto daqueles do grupo mais baixo pela magnitude do controle, pelo valor dos recursos sob sua responsabilidade ou pelo nível de risco que assumem ao exercer o poder. Infelizmente, essas mensurações não estão disponíveis em muitos conjuntos de dados, inclusive nos nossos. Entretanto, para administradores, a renda pode ser usada como substituto para a quantidade de poder exercido no cargo, pois, para eles, a remuneração está fortemente associada com o nível de autoridade e o tamanho da empresa. Por essa razão, baseamo-nos na renda familiar durante o ano precedente à pesquisa para dividir os administradores nos grupos mais alto e mais baixo.[65]

Vendedores \ A tarefa do vendedor é convencer outros a adquirir determinadas mercadorias ou serviços. Em maior ou menor extensão, os vendedores devem usar não só o conhecimento do produto, mas também uma ampla gama de habilidades interpessoais, para persuadir seus clientes potenciais a comprar. Por essa razão, os vendedores são muitas vezes comissionados de acordo com o valor monetário das vendas que fazem. As ocupações em vendas variam de vendedores de rua a corretores de valores. Estão, entre os *vendedores do grupo mais alto*, os corretores de valores, os representantes comerciais, e os corretores de imóveis, pois todos requerem um nível relativamente alto de conhecimento técnico, confiança e perícia, e, além deles, quem vende bens e serviços caros, ou os que vendem por atacado a indivíduos de *status* mais alto. *Vendedores do grupo*

---

65. Embora seja oportuno usar a renda para diferenciar os administradores dos grupos mais alto e mais baixo, isso significa que, no nível do indivíduo, para essas duas categorias de trabalho gerencial, a renda é confundida com a ocupação.

mais baixo são aqueles que – como os vendedores no varejo e camelôs – vendem ao público em geral.

Trabalhadores em escritórios \ *Trabalhadores em escritórios* processam informações e ajudam em sua transmissão. Os exemplos incluem caixas de banco, aferidores ou leitores de medidores [de eletricidade, gás, água, parquímetros etc.], e operadores de máquinas de escritório. Em sociedades onde poucos sabem ler, é possível que alguns funcionários de escritório ganhem grande poder controlando o fluxo de informações vitais; em sociedades industriais avançadas, com altas taxas de alfabetização e uma bateria de máquinas de escritório cada vez mais sofisticadas, o trabalho dos funcionários administrativos da informação é, cada vez mais, semelhante àquele de muita gente em ocupações "manuais".[66] Ao mesmo tempo, é difícil categorizar de modo realista tais pessoas em estratos distintos. Em economias de mercado com altos níveis de educação média, a variação nas habilidades e responsabilidades entre as ocupações de escritório variam grandemente nos diferentes locais de trabalho.[67] Não há, portanto, uma base clara para que se possa distinguir níveis de trabalhadores em escritórios de grupos mais alto e mais baixo, se estiverem disponíveis apenas as informações fornecidas pelas categorias detalhadas no censo para essas ocupações.

Trabalhadores em produção/construção \ Os trabalhadores em produção estão convencionalmente subdivididos em três grupos relacionados à quantidade de perícia exigida pelo trabalho. Retivemos essas distinções e subdividimos uma, para levar em conta a natureza das interações sociais exigidas por seu trabalho. Os *trabalhadores manuais especializados* incluem todas as ocupações tradicionais do ofício, como carpinteiros e operadores de máquinas, cujo trabalho não foi substancialmente simplificado pela introdução de máquinas. Também fazem parte desse grupo aqueles trabalhos manuais de alta perícia surgidos no século XX, incluindo a instalação de telefones e a operação de guindastes.

---

66. James R. Beniger, *The control revolution, op. cit.*; Robert T. Michael, Heidi I. Hartmann & Brigid O'Farrell (orgs.), *Pay equity: empirical inquiries*, Washington, DC: National Academy Press, 1989.

67. Toby L. Parcel, "Comparable worth, occupational labor markets, and occupational earnings: results from the 1980 Census", em Robert T. Michael, Heidi I. Hartmann & Brigid O'Farrell, *Pay equity: empirical inquiries, op. cit.*, pp. 134-152.

Porque seu trabalho de motoristas geralmente envolve maior contato com o público e menor supervisão cerrada ou controle pelo ritmo das máquinas, os *trabalhadores em transporte* estão separados dos outros *trabalhadores semiespecializados* – aqueles que tipicamente trabalham em máquinas ou em linhas de montagem no contexto de uma fábrica ou de uma oficina.

Os trabalhadores não especializados – aqui denominados *trabalhadores* – estão envolvidos em trabalhos fisicamente pesados, em construção civil, ou em trabalhos insalubres, como coleta de lixo, que não exigem grande instrução ou habilidade. Seu trabalho é feito sob a supervisão cerrada direta de capatazes ou chefes de seção em oficina.

Trabalhadores em serviços \ Tradicionalmente, os trabalhadores em serviços estavam ligados às residências e desempenhavam tarefas manuais de rotina que, em sua ausência, teriam sido feitos por membros da família. Tais tarefas incluíam trabalhos de criada, cozinheiro, mordomo e guarda-noturno. Convencionalmente, os trabalhadores em serviço estão classificados abaixo de outros trabalhadores manuais não rurais, ou abaixo de todos, exceto os trabalhadores braçais.[68] Ao longo do século XX, à medida que o tamanho dos lares foi ficando menor, o setor de serviços da economia cresceu rapidamente na medida em que os tipos de trabalho antes feitos por empregados domésticos, agora são desempenhados por várias ocupações independentes, que continuam a proliferar. Algumas dessas novas categorias não são especializadas, enquanto outras requerem educação técnica e envolvem contato social direto com indivíduos de alto *status*, ou envolvem tarefas de manter a lei e a ordem. Distinguimos três tipos de trabalhadores em serviços.

Os *trabalhadores em serviços de proteção* podem ser licenciados para portar armas, dirigir o fluxo de trânsito, deter pessoas e entrar na propriedade de terceiros para salvaguardar pessoas e propriedades. A sua permissão para intervir e controlar ações de outros em nome do bem-estar geral normalmente é assinalada por usarem fardas distintivas e insígnias especiais. Exemplos de trabalhadores em serviços de proteção incluem policiais, bombeiros e guardas de trânsito.

Os trabalhadores em serviços não caracterizados por fardas podem ser divididos em dois grupos, com base na importância associada às

---

68. James A. Davis, "Achievement variables and class cultures", *op. cit.*; Norval D. Glenn, *Social stratification, op. cit.*

habilidades que desempenham ou na natureza íntima de seus serviços. Os *trabalhadores em serviços especializados* passam por treinamento especial, e muitos são dotados de certificados formais para desempenhar o trabalho. Os exemplos incluem barbeiros, assistentes de dentistas e cosmetólogos. Dos *trabalhadores em serviços não especializados* em geral espera-se que sejam discretos no desempenho de seu serviço e exige-se pouca educação formal ou treinamento. Os exemplos incluem empregados domésticos, auxiliares de enfermagem e garçons.

Trabalhadores rurais \ Os trabalhadores rurais são colocados em grupos separados daqueles das ocupações não rurais porque vivem relativamente isolados de outras pessoas, trabalham ao ar livre, em condições em grande parte estruturadas pelas exigências do tempo, e tendem a considerar as atividades rurais mais como um modo de vida do que um emprego. Os proprietários de fazenda/administradores – aqui chamados *fazendeiros* – com frequência romantizam seu trabalho como "a fazenda/rancho da família, que é a espinha dorsal do modo de vida americano". No desempenho do trabalho, tanto os fazendeiros como os trabalhadores rurais estão isolados dos outros, mas a administração da fazenda exige maior educação formal e envolve interagir com um leque de pessoas em posições administrativas e de vendas. Para os *trabalhadores rurais*, é mais frequente o modo de vida ser condicionado pela exigência de pouca educação formal e por eles serem pobres, em muitos casos em atividades em que há exploração baseada em discriminação étnica ou racial.

APÊNDICE C

Expectativas de gostos musicais nos 19 grupos de *status* ocupacional

✻ Baseados nas constatações de dois *corpora* da literatura, sugerimos, aqui, o nível de gosto musical esperado de cada um dos 19 grupos de *status* ocupacional. O primeiro *corpus* é a pesquisa sobre capital cultural inspirada no trabalho de Pierre Bourdieu e seus colegas.[69] O segundo *corpus* é o amplo leque de estudos inspirados pelos trabalhos seminais

---

69. Ver especialmente Pierre Bourdieu, *Distinction, op. cit.*; do mesmo autor, "The social space and the genesis of groups", *Theory and Society*, 14 (6), pp. 723-744, 1985; e, ainda, Pierre Bourdieu & Jean-Claude Passeron, *Reproduction in education, society and culture*

de C. Wright Mills e Everett Hughes, que detalham características laborais e relações sociais no trabalho.[70]

Para demarcar fronteiras de *status*, os profissionais liberais geralmente dependem do capital cultural e, assim, sua classificação no gosto musical deveria ser mais alta do que a dos administradores, os quais dependem mais do capital econômico e de organização; de recursos profissionais liberais e administradores, dois elementos do que Bourdieu chama classe dominante deveriam classificar-se, em gosto musical, acima de todas as classes dominadas.[71] Com base em evidências e teorias anteriores, é possível classificar alguns grupos ocupacionais em relação a outros, mas não de maneira completa a propiciar a ordenação de todos os 19 grupos em relação uns aos outros. Segue-se a análise racional para nosso esperado ordenamento de grupos ocupacionais.

Os *profissionais culturais do grupo mais alto* deveriam classificar-se mais alto do que todos os outros grupos ocupacionais, por serem os árbitros do capital cultural. Mostrando gosto, eles podem consolidar sua reivindicação ao *status* social de elite. Os *profissionais culturais do grupo mais baixo* deveriam classificar-se em seguida, por seus trabalhos envolverem a manutenção da ordem moral e por seu *status* ocupacional depender da manutenção do *status quo* estético. Os *artistas* produzem símbolos expressivos, e alguns desses símbolos acabam se tornando marcos do mais alto gosto. Ainda assim, frequentemente são recompensados por desviarem-se do padrão convencional do gosto.[72] Prediz-se que essa "boemia" leve os artistas a selecionar seu gosto favorito a partir de um amplo leque de gêneros musicais e, assim, seu gosto médio não será tão alto como o dos profissionais culturais mais convencionais.[73]

(1970), Beverly Hills, CA: Sage, 1977; e, também, Pierre Bourdieu & Luc Boltanski, "Changes in social structure", *op. cit.*, p. 209.

70. C. Wright Mills, *White collar*, Nova York: Oxford University Press, 1953; e Everett C. Hughes, *Men and their work*, Glencoe, IL: Free, 1958.

71. Pierre Bourdieu, *Distinction, op. cit.*, p. 116.

72. Charles R. Simpson, *SoHo: the artist in the city*, Chicago: University of Chicago Press, 1981; Howard S. Becker, *Art worlds*, Berkeley: University of California Press, 1982; Joseph Bensman & Robert Lilienfeld, *Craft and consciousness, op. cit.*, p. 32.

73. Os artistas da amostra provaram ter gostos muito mais amplos do que os de qualquer outro grupo, e, se esse grupo ocupacional tivesse sido excluído do estudo, o poder de previsão do modelo estatístico que empregamos teria aumentado notadamente.

Os *profissionais técnicos do grupo mais alto* dependem, para viver, de sua habilidade em tomar decisões cruciais sobre objetos físicos ou pessoas tratadas como tal; assim, o capital cultural não é importante no trabalho, mas ainda é importante para reivindicarem *status* de elite. Os *profissionais técnicos do grupo mais baixo* classificam-se como profissionais liberais por convenção, mas seu trabalho envolve a manipulação de objetos ou pessoas tratadas como tal sob a supervisão de outros; além disso, sua educação técnica direcionada não inculca gostos de elite. Assim, *profissionais técnicos do grupo mais baixo* podem classificar-se bem abaixo da linha de todos os grupos ocupacionais.

Os *administradores do grupo mais alto* apresentam certo problema, por incluírem tanto os proprietários como os administradores de alta renda. Possuindo capital econômico, os proprietários não deveriam precisar tanto de capital cultural quanto os profissionais liberais. Entretanto, os administradores requerem capital cultural para mostrar que estão prontos para avançar até posições de maior autoridade, onde se misturam com profissionais de alto *status*. Por causa dessa necessidade de mostrar alto gosto convencional, os *administradores do grupo mais alto* podem muito bem classificar-se tão alto quanto os profissionais técnicos do grupo mais alto. Os *administradores do grupo mais baixo* têm menos sucesso financeiro. Eles não são capitães de indústria e de organizações, mas supervisores de trabalhadores manuais ou de escritório. O capital cultural pode ser de algum benefício no relacionamento com seus superiores, mas é de pouco uso na relação com seus subordinados.

Uma vez que o trabalho realizado por vendedores exige lidar continuamente com a impressão, é necessário que eles tenham gostos mais ou menos comparáveis àqueles de seus clientes. Isso significa que a classificação dos dois tipos de vendedores deveria ser bem diversa. Os *vendedores do grupo mais alto* continuamente interagem em uma base familiar, como quase iguais, com profissionais liberais e administradores do grupo mais alto; portanto, sua classificação deveria ser mais ou menos comparável com a média dos grupos antes citados. Como o *vendedor do grupo mais baixo* lida com o público em geral, deveria ter gostos comparáveis à média da amostra inteira. Os *trabalhadores de escritório*, como já mencionado, agora desempenham tarefas pouco diferentes daquelas de muitos operários de fábrica, mas seu trabalho ocorre em escritórios, em lugar de fábricas. Deles se espera que se vistam e ajam de modo "apresentável" ao público em geral. Eles deveriam classificar-se no meio, junto com os vendedores do grupo mais baixo.

Os trabalhadores da produção e construção fazem trabalhos manuais, segundo o ponto de vista das pessoas de alto *status* e do público em geral. O trabalho de alguns requer grande perícia, mas não costuma haver a exigência de que interajam com pessoas de alto *status*; assim, não há razão para que desenvolvam gostos de alto *status*. Como sabem que seus trabalhos não são tidos em alta conta e interagem principalmente com pessoas de seu próprio grupo ocupacional, eles podem nutrir gostos que são contrários aos gostos de elite, baseados em suas origens étnicas ou de classe.[74] Por conseguinte, os quatro tipos de trabalhadores da produção e da construção deveriam estar perto da base da hierarquia de gosto.

Os *trabalhadores manuais especializados* – artesãos – foram chamados de "aristocratas de colarinho azul".[75] Embora executem tarefas específicas, costumam ter grande critério sobre como fazer o trabalho. Sua habilidade é, com frequência, certificada por organizações de artesãos, governos ou testes organizacionais. A renda deles é alta e seus empregos, mais seguros do que os de outros trabalhadores manuais. O gosto musical e outros elementos do capital cultural não deveriam ser importantes para trabalhadores manuais especializados, exceto na medida em que seus estilos de vida de classe média relativamente afluente os levem ao contato com pessoas de *status* mais alto.[76] Portanto, suas preferências musicais deveriam se classificar bem baixo, mas, ainda assim, acima daquelas de outros trabalhadores manuais. Os *trabalhadores manuais semiespecializados* – operários – costumam trabalhar com máquinas, sob supervisão cerrada, em oficinas ou fábricas. A segurança no emprego é baixa e, embora possam pertencer a sindicatos de trabalhadores, é provável que sua identificação no trabalho seja com seus pares étnicos e do mesmo gênero. Seus gostos deveriam estar na média dos trabalhadores manuais. Os *trabalhadores em transporte* são convencionalmente classificados com os operários semiespecializados. Isso é apropriado para o nível de habilidade deles, mas o emprego como motorista significa que têm maiores critérios no desempenho de suas tarefas, que muitas vezes exigem que interajam com administradores do grupo mais baixo e

---

74. David Halle, *America's working man, op. cit.*; Rick Fantasia, *Cultures of solidarity, op. cit.*; e Paul Willis, *Common culture*, Boulder, CO: Westview, 1990.

75. Edgard E. LeMasters, *Blue-collar aristocrats*, Madison: University of Wisconsin Press, 1975.

76. David Halle, *America's working man, op. cit.*, pp. 220-228.

membros do público em geral. Portanto, o nível de gosto deveria estar acima daquele dos operários e quase tão alto quanto o dos artesãos. Os *trabalhadores* desempenham trabalho manual insalubre ou trabalho manual pesado não especializado, muitas vezes sob a supervisão de trabalhadores manuais especializados. Eles não têm contato social com o público em geral e suas preferências de gosto deveriam classificar-se abaixo daquelas de quaisquer trabalhadores urbanos.

Os trabalhadores em serviços são convencionalmente classificados abaixo de outros trabalhadores manuais não rurais ou abaixo de todos, com exceção dos trabalhadores em trabalho insalubre ou pesado.[77] Com base no *status* daqueles que servem, entretanto, esperamos grandes diferenças entre os três tipos de trabalhadores em serviços que identificamos. Os *trabalhadores em serviços especializados* interagem com o público em geral, mas o desempenho do trabalho depende, ao dar conta de seus serviços, de projetar algo do *status* mais alto do pessoal de nível técnico que representam. Assim, sua classificação deveria ser mais alta do que a de todos os trabalhadores "manuais". Os *trabalhadores em serviços não especializados* desempenham tarefas de rotina e espera-se que sejam discretos. Assim, sua classificação deveria ser mais baixa do que qualquer grupo mencionado antes, mas mais alta do que a dos operários de fábrica. Os *trabalhadores em serviços de proteção* são pagos para proteger a vida e a propriedade, e representam a lei e a ordem em suas ações oficiais. Isso posto, o seu nível de gosto deveria estar acima da média do nível de todos os grupos ocupacionais, pois o que a maior parte dos trabalhadores em proteção são pagos para salvaguardar são as vidas e propriedades dos que estão bem de vida e das corporações.

Historicamente, em virtude de sua residência rural, os agricultores tiveram menor contato com os gostos cosmopolitas. Assim, os *trabalhadores rurais*, além de isolados, não têm instrução formal. É provável que eles, mais do que todos os outros grupos, nutram gostos de origem étnica, religiosa ou racial e, na hierarquia do gosto, deveriam ocupar o degrau mais baixo dos grupos. Em virtude de suas funções gerenciais, os *fazendeiros* – proprietários e administradores de fazendas – deveriam classificar-se com outros administradores. No entanto, devido a seu isolamento e a terem contato principalmente com trabalhadores rurais, deveriam classificar-se pouco acima desses trabalhadores. Historicamente,

---

[77]. James A. Davis, "Achievement variables and class cultures", *op. cit.*, p. 81; Norval D. Glenn, *Social stratification, op. cit.*, pp. 28-32.

os proprietários e administradores de fazendas desenvolveram gostos culturais bastante diversos daqueles dos trabalhadores rurais com que se associavam. Exemplos vívidos e relevantes disso estão na aristocracia europeia proprietária de terra do século XIX e nos proprietários de grandes fazendas monocultoras do sul dos Estados Unidos. Mas padrões semelhantes de isolamento provavelmente ainda operam, embora em menor grau, nos Estados Unidos hoje, pois os agricultores americanos empregam muitos membros de fora da família.

REFERÊNCIAS BIBLIOGRÁFICAS

- BECKER, Howard S. *Art worlds*. Berkeley: University of California Press, 1982.
- BECKER, Mark & CLOGG, Clifford C. "Analysis of sets of two-way contingency tables using association models". *Journal of the American Statistical Association*, 84 (405), pp. 142-151, 1989.
- BENIGER, James R. *The control revolution*. Cambridge, MA: Harvard University Press, 1986.
- BENSMAN, Joseph & LILIENFELD, Robert. *Craft and consciousness: occupational technique and the development of world images*. Nova York: Aldine de Gruyter, 1991.
- BERGER, John. *Ways of seeing*. Nova York: Penguin, 1972.
- BERNSTEIN, Basil. *Class, codes and control*, 3. Londres: Routledge & Kegan Paul, 1977.

BLAU, Judith. "High culture as mass culture". *Society*, 23 (4), pp. 65-69, 1986.

- _____. "The elite arts, more or less de rigueur: a comparative analysis of metropolitan culture". *Social Forces*, 64 (4), pp. 875-905, 1986.
- _____. *The shape of culture*. Cambridge: Cambridge University Press, 1989.
- BOURDIEU, Pierre. *Distinction: a social critique of the judgement of taste*. Cambridge, MA: Harvard University Press, 1984.
- _____. "The social space and the genesis of groups". *Theory and Society*, 14 (6), pp. 723-744, 1985.
- _____ & BOLTANSKI, Luc "Changes in social structure and changes in the demand for education". Em: GINER, S. & ARCHER, M. Scotford. *Contemporary Europe: social structure and cultural patterns*. Londres: Routledge & Kegan Paul, 1977, pp. 197-227.
- _____. & PASSERON, Jean-Claude. *Reproduction in education society, and culture*. Beverly Hills, CA: Sage, 1977.
- COLLINS, Randall. *Conflict sociology: toward an explanatory science*. Nova York: Academic, 1975.
- _____. *The credential society*. Nova York: Academic, 1979.
- DAVIS, James A. "Achievement variables and class cultures: family, schooling, job, and forty-nine dependent variables in the cumulative GSS". *American Sociological Review*, 47 (5), pp. 569-586, 1982.
- DENORA, Tia. "Musical patronage and social change in Beethoven's Vienna". *American Journal of Sociology*, 97 (2), pp. 310-346, set. 1991.
- DERBER, Charles; SCHWARTZ, William A. & MAGRASS, Yale. *Power in the highest degree: professionals and the rise of the new mandarin order*. Nova York: Oxford University Press, 1990.

- DIMAGGIO, Paul. "Cultural entrepreneurship in nineteenth-century Boston, 1". *Media, Culture and Society*, 4 (1), pp. 33-50, 1982.
- _____. "Cultural entrepreneurship in nineteenth-century Boston, 2". *Media, Culture and Society*, 4 (4), pp. 303-322, 1982.
- _____. "Classification in the arts", *American Sociological Review*, 52, pp. 440--455, ago. 1987.
- _____ & OSTROWER, Francie. "Participation in the arts by black and white Americans". *Social Forces*, 63 (3), pp. 753-778, 1990.
- _____. & USEEM, Michael. "Social class and arts consumption: the origins and consequences of class differences in exposure to the arts in America". *Theory and Society*, 5 (2), pp. 141-161, 1978.
- _____ & _____. "Cultural democracy in a period of cultural expansion: the social composition of arts audiences in the United States". *Social Problems*, 26, pp. 180-197, 1979.
- EDWARDS, Alba. *A social-economic grouping of the gainful workers of the United States*. Washington, DC: US Census Bureau, 1938.
- FANTASIA, Rick. *Cultures of solidarity*. Berkeley: University of California Press, 1988.
- FINK, Edward L.; ROBINSON, John P. & DOWDEN, Sue. "The structure of music preference and attendance". *Communication Research*, 12 (3), pp. 301-318, 1985.
- FORM, William H. & STONE, Gregory P. "Urbanism, anonymity, and status symbolism". *American Journal of Sociology*, 62 (5), pp. 504-514, 1957.
- FREIDSON, Eliot. *Professional powers: a study of the institutionalization of formal knowledge*. Chicago: University of Chicago Press, 1986.
- GANS, Herbert J. *Popular culture and high culture*. Nova York: Basic, 1974.
- GANZEBOOM, Harry B. G. "Explaining differential participation in high-cultural activities: a confrontation of information-processing and status-seeking theories". Em: RAUB, Werner. *Theoretical models and empirical analyses: contributions to the explanations of individual actions and collective phenomena*. Utrecht: E. S. Publications, 1982.
- GLENN, Norval D. *Social stratification*. Nova York: Wiley, 1969.
- GOODMAN, Leo. "The analysis of cross-classified data having ordered and/or unordered categories: association models, correlation models and asymetry models for contingency tables with or without missing entries". *Annals of Statistics*, 13 (1), pp. 10-69, 1985.
- GREENBERG, Marshall & FRANK, Ronald E. "Isolating cultural choice patterns in the US population". *American Behavioral Scientist*, 26 (4), pp. 439-458, 1983.
- HALLE, David. *America's working man*. Chicago: University of Chicago Press, 1984.

- HAYES, Terrell H. "Public and private arts consumption: thoughts on a single conception model". Nashville: Vanderbilt University, 1991. (Datilografado.)
- HUGHES, Everett C. *Men and their work*. Glencoe, IL: Free, 1958.
- HUGHES, Michael & PETERSON, Richard A. "Isolating cultural choice patterns in the US population". *American Behavioral Scientist*, 26 (4), pp. 459-478, 1983.
- KARPOS, Maryaltani. "Leisure lifestyles of the armed and dangerous". Nashville: Vanderbilt University, 1991. (Datilografado.)
- KEIL, Charles. *Urban blues*. Chicago: University of Chicago Press, 1966.
- LAMONT, Michèle. "The refined, the virtuous, and the prosperous: exploring boundaries in the French and American upper-middle class". Trabalho apresentado no 85º Encontro Anual da Associação Americana de Sociologia, Washington, DC, 1990.
- _____. *Money, morals and manners: the culture of the French and the American upper-middle class*. Chicago: University of Chicago Press, 1992.
- _____ & LAREAU, Annette. "Cultural capital: allusions, gaps and glissandos in recent theoretical developments". *Sociological Theory*, 6 (2), pp. 153-168, 1988.
- LEMASTERS, Edgard E. *Blue-collar aristocrats*. Madison: University of Wisconsin Press, 1975.
- LEVINE, Lawrence W. *Highbrow/lowbrow: the emergence of cultural hierarchy in America*. Cambridge, MA: Harvard University Press, 1988.
- MALONE, Bill C. *Southern music/American music*. Lesington: University of Kentucky Press, 1979.
- MICHAEL, Robert T.; HARTMANN, Heidi I. & O'FARRELL, Brigid (orgs.). *Pay equity: empirical inquiries*. Washington, DC: National Academy Press, 1989.
- MILLS, C. Wright. *White collar*. Nova York: Oxford University Press, 1953.
- MOHR, John & DIMAGGIO, Paul. "Patterns of occupational inheritance of cultural capital". Trabalho apresentado no 85º Encontro Anual da Associação Americana de Sociologia, Washington, DC, 1990.
- PARCEL, Toby L. "Comparable worth, occupational labor markets, and occupational earnings: results from the 1980 census". Em: MICHAEL, Robert T.; HART
- MANN, Heidi I. & O'FARRELL, Brigid (orgs.). *Pay equity: empirical inquiries*. Washington, DC: National Academy Press, 1989.
- PETERSON, Richard A. "A process model of the folk, pop, and fine art phases of jazz". Em: NANRY, Charles (org.). *American music: from Storyville to Woodstock*. New Brunswick, NJ/Nova York: Trans-Action/Dutton, 1972.
- _____. *Arts audience statistics and culture indicators: a review of contemporary approaches*. Washington, DC: National Endowment for the Arts, 1980.
- _____. "Audience and industry origins of the crisis in classical music programming: toward world music", Em: PANKRATZ, David B. & MORRIS, Valerie B.

(orgs). *The future of the arts: public policy and arts research*. Nova York: Praeger, 1990a.

• _____. "Between art and pop: what has sustained country music?" Trabalho apresentado no 85º Encontro Anual da Associação Americana de Sociologia, Washington, DC, 1990b.

• _____ & DIMAGGIO, Paul. "From region to class, the changing locus of country music: a test of the massification hypothesis". *Social Forces,* 53 (3), pp. 497--506, 1975.

• _____ & HUGHES, Michael J. "Social correlates of five patterns of arts participation". Em: NIKOLOV, Elit (org.). *Contributions to the sociology of the arts*. Sofia: Bulgarian Research Institute for Culture, 1984, pp. 128-136.

• REED, John S. & MARSDEN, Philip. *Leisure time use in the south: a secondary analysis*. Washington, DC: National Endowment for the Arts, 1980, pp. 2-10.

• RIESMAN, David. *The lonely crowd*. New Haven, CT.: Yale University Press, 1950.

• ROBINSON, John P. et al. *Public participation in the arts*. Relatório final da pesquisa de 1982. College Park: University of Maryland, 1985.

• SHILS, Edward. "The mass society and its culture". Em: JACOBS, Norman (org.). *Culture for the millions*. Princeton, NJ: Van Nostrand, 1961, pp. 1-27.

• SIMPSON, Charles R. *SoHo: the artist in the city*. Chicago: University of Chicago Press, 1981.

• STAFFORD, M. Therese. "Occupational sex segregation and inequality in the United States". Austin: University of Texas at Austin, 1990. (Datilografado.)

• SZELENYI, Ivan & MARTIN, Bill. "The three waves of new class theories". *Theory and Society,* 17 (5), pp. 645-667, 1988.

• WILLIS, Paul. *Common culture*. Boulder, CO: Westview, 1990.

8. BARREIRA OU NIVELADOR?
O CASO DO MUSEU DE ARTE[1] ✽ *Vera L. Zolberg*

> *O papel do museu é expandir a elite.*
> **Diretor de um museu de arte americano**
>
> *Fornecer uma experiência de elite para todo mundo.*
> **Joshua Taylor**
>
> *Cultura é o que fica quando tudo o mais foi esquecido.*
> **Edouard Herriot**

Para aqueles que acreditam ser a cultura reservada a "poucos felizardos", àquela minoria sensível de quem Stendhal se considerava o porta-voz, ninguém mais — nem o trabalhador e o camponês sem instrução, nem o insensível filisteu novo-rico — é capaz de apreciar as artes. Ao contrário da maioria, que reduz as artes ao seu valor monetário, os poucos felizardos valorizam as artes de modo desinteressado, próprio de uma aristocracia. Nesses termos, é utópica a ideia de poderem as artes chegar a um público mais amplo.

Desde a primeira parte do século XIX, quando Stendhal era ativo, o mundo vem mudando: nos países industrializados, a despeito das insuficiências, os trabalhadores não mais constituem uma massa não escolarizada; homens de negócios e banqueiros têm boa instrução; o patrocínio da elite ou o valor de mercado não determinam, sozinhos, o sucesso ou o fracasso das obras de arte. Os países modernos, sejam democracias liberais ou estados autoritários, estão comprometidos em tornar disponíveis — para todos que desejem ter acesso a elas — formas de arte que antes eram privilégio da elite. De fato, esses públicos teriam de ser educados para *querer* tal acesso. Antes um bem privado ou uma questão de

---

1. Agradeço aos atenciosos e críticos leitores das versões anteriores deste ensaio, que me encorajaram a repensar as ideias e suas implicações, mas sem modificar fundamentalmente minha análise: Daniel Sherman e Irit Rogoff, organizadores da conferência sobre museus de arte no Centro para Estudos Europeus da Universidade Harvard, em 1988, onde apresentei uma primeira versão deste ensaio; e também a Diane Barthel, Paul DiMaggio, Michèle Lamont e Marcel Fournier. Devo agradecimentos também a muitos educadores de museus que compartilharam suas experiências comigo.

gosto pessoal, a capacidade cultural passou a ser considerada um direito de cidadania, que afeta a posição de uma nação no mundo.

Se essa caracterização estiver correta, como pode ser, então, que estudos de instituições culturais, como os museus de arte, mostrem que, a despeito de seu compromisso com a democratização, tais instituições parecem não alcançar ninguém além dos altamente educados? Ora, apesar da impressão de maior lotação, parece que o público de música séria, de teatro e de museus de arte continua a ser formado desproporcionalmente por aqueles que tiveram pelo menos alguma educação universitária. Esse relativo fracasso nos força a perguntar se a democratização da arte é realmente de alta prioridade. Neste ensaio, examino como dois países — a França e os Estados Unidos — tornam as artes disponíveis aos seus cidadãos ou as mantêm longe deles. As duas nações compartilham uma tradição democrática, mas enfatizam diferentes razões fundamentais para suas políticas culturais. Nos Estados Unidos, trazer a arte para um grande público tende a ser justificado pelo fato de ela ter valor moral ou cívico; na França, a política cultural, democratizante ou não, foi dirigida para a tarefa simbólica de glorificar a nação.[2]

Centrar-se na arte como uma forma de compreender a estrutura e a mobilidade sociais pode parecer inapropriado: afinal de contas, não é a instituição educacional que é diretamente relacionada ao *status* social? Mas afirmo que o museu de arte fornece um objeto apropriado de estudo porque, além das funções que lhes são claramente atribuídas de preservar os valores estéticos, muitos dizem que eles criam e reforçam desigualdades na sociedade.[3] Para os Estados Unidos, Paul DiMaggio mostrou que as fronteiras entre a alta arte e a arte popular foram criadas no século XIX, através de políticas de instituições de alta cultura recém-fundadas, como museus de arte e orquestras sinfônicas.[4] Na França, Pierre Bourdieu argumenta que o gosto artístico é mais do que um prazer idiossincrático: é uma arma cultural na batalha em torno da persistência de estruturas de reprodução social.[5]

2. André-Hubert Mesnard, *La politique culturelle de l'état*, Paris: Presses Universitaires de France, 1974.

3. Pierre Bourdieu et al., *The love of art: European art museums and their public* (1969), trad. C. Beattie & N. Merriman, Stanford, CA: Stanford University Press, 1990.

4. Paul DiMaggio, "Cultural entrepreneuship in nineteenth century Boston, 1", *Media, Culture and Society*, 4 (1), pp. 33-50, 1982.

5. Pierre Bourdieu, *Distinction: a social critique of the judgement of taste* (1979), Cambridge, MA: Harvard University Press, 1984.

Por convincentes que os argumentos de Bourdieu possam ser, outros insistem que, ao enfatizar a natureza exclusiva do capital cultural, negligencia-se o fato de indivíduos emergentes de grupos dominados terem tido sucesso na aquisição de capitais escassos e em seu uso eficaz. Alguns questionaram as interpretações de Bourdieu por ele omitir certos tipos de dados,[6] não dar suficiente atenção aos processos de mediação,[7] exagerar as bases de gosto relacionadas ao *status*[8] e negligenciar as diferenças transnacionais.[9]

Não é minha intenção resolver todos os aspectos do debate em andamento entre esses acadêmicos, mas seus estudos informam minha análise de museus de arte na França e nos Estados Unidos. Começo por apresentar aspectos desses museus da perspectiva das relações entre a desigualdade social e a missão atribuída aos museus de arte em relação aos seus públicos, o tratamento a seus visitantes e as percepções dos diferentes setores do público dessas instituições. Além das declarações de intenção, assumo a posição de que, nos museus de arte, as estruturas de educação são indicadoras do compromisso das instituições com a democratização. Então, considero de que modo uma interpretação restrita do papel da educação do público pode aprofundar as estruturas de desigualdade tanto na França como nos Estados Unidos. Finalmente, sugiro estratégias de pesquisa apropriadas para preencher lacunas persistentes no conhecimento e para compreender a relação entre as artes e o *status* social.

Os museus de arte americanos: uma tradição de bom acolhimento ao público? ❊ Os museus de arte americanos são extremamente heterogêneos: vão de enormes instituições "públicas", com coleções enciclopédicas, a pequenas galerias; podem abranger grande variedade de

---

6. Robert V. Robinson & Maurice A. Garnier, "Class reproduction among men and women in France: reproduction theory on its home ground", *American Journal of Sociology*, 91 (2), pp. 258-280, 1985.

7. David Swartz, "Classes, educational systems and labor markets", *European Journal of Sociology*, 22 (2), pp. 325-353, 1981; e Paul DiMaggio & John Mohr, "Cultural capital, educational attainment, and marital selection", *American Journal of Sociology*, 90 (6), pp. 1231-1261, 1985.

8. David Halle, "The family photograph", *Art Journal*, 46 (3), pp. 217-225, 1987; e o ensaio que consta deste volume.

9. Michèle Lamont, "The power-culture link in a comparative perspective", *Comparative Social Research*, 11, pp. 131-150, 1989.

trabalhos ou então serem especializados a ponto de exibir a obra de um único artista; alguns sequer têm uma coleção permanente. Considerados instituições educacionais, alguns museus de arte americanos meramente oferecem paredes, iluminação e etiquetas para quadros, enquanto outros institucionalizaram elaborados programas de visitas guiadas por especialistas, painéis didáticos, apresentações em vídeo e séries de palestras. A despeito de sua diversidade, entretanto, eles têm algumas coisas em comum.

Fundados por homens ricos e por eles dirigidos como bens pessoais, os museus de arte passaram a admitir, em seu pessoal, indivíduos que buscavam transformá-los em organizações de gestão profissional com coleções de arte de alta qualidade, que são relativamente autônomas do controle do conselho diretivo. Ao mesmo tempo, em troca da ajuda direta e indireta do setor público, comprometeram-se a atender a um público mais amplo. Esses dois objetivos foram reiterados por reformadores que desejavam tanto a democratização como a profissionalização. Em tempos de escassez, com a necessidade de fazer escolhas difíceis, cortes no orçamento quase sempre afetaram primeiro a missão pública, enquanto o colecionar era preservado.

Cercados por essas reivindicações conflitantes, os museus de arte americanos parecem conseguir apenas um objetivo, à custa do outro. Mesmo assim, aqueles de grande público, em sua maioria apoiados por uma combinação de fundos privados e do governo local, têm um histórico considerável em educação e, como outras organizações burocráticas, durante longo tempo avaliaram seu desempenho contando quantos visitantes e membros conseguiam atrair.

Apenas o grande número de visitantes, especialmente a partir da Segunda Guerra Mundial, não deveria ser tomado acriticamente como um indicador de democratização substancial. Reanalisando mais de trezentos estudos de público de grande variedade de instituições culturais, agências governamentais e grupos de artes performáticas, DiMaggio, Useem e Brown descobriram que, no conjunto, embora os museus em geral atraiam uma porção mais representativa do público americano do que apresentações artísticas ao vivo (que tinham uma audiência mais afluente e escolarizada),[10] os museus de arte não estavam atraindo um

10. Ver Paul DiMaggio, Michael Useem & Paula Brown, *Audience studies in the performing arts and museums: a critical review*, Washington, DC: National Endowment for the Arts, 1978.

Mas muitas das diferenças parecem ser explicadas pela idade, pois os visitantes de museu

público representativo dos grupos de *status* mais baixo. Aqueles que frequentam museus de arte tendem a ser mais escolarizados, ter melhor situação financeira e ser mais velhos; e é mais provável que sejam profissionais liberais, um público diferente daquele que visita museus de história, ciência ou outros.[11] Pesquisas recentes feitas pelo Departamento do Censo dos Estados Unidos geralmente confirmam as constatações de que os museus de arte continuam a atrair profissionais liberais, empregados da administração e estudantes, mas repelem operários, trabalhadores braçais e trabalhadores em serviços.[12]

Essas constatações levantam a questão: isso se deve simplesmente à natureza de suas coleções ou a eles deliberadamente procurarem um público de *status* alto? Embora seja impossível responder diretamente, os próprios funcionários dos museus, nos Estados Unidos, lançam dúvidas sobre sua abertura a indivíduos que não têm facilidade em lidar com o que Pierre Bourdieu chamou de *capital cultural* da arte legítima.[13] Para ter uma perspectiva maior acerca das realizações ou dos fracassos dos museus de arte norte-americanos, é útil dar uma olhada nos museus de arte estrangeiros.

Barreiras em museus de arte franceses ✳ Até recentemente, estender a mão para dar boas-vindas aos visitantes era uma atividade que deixava a maioria dos museus de arte europeus aquém de muitos dos museus americanos. Entretanto, especialmente desde a Segunda Guerra Mundial, a França, entre outras nações, tentou expandir o público dos museus de arte e, de modo mais geral, ampliar o grupo de amantes da

---

incluem muitas classes escolares de crianças. Mesmo assim, como em tantas outras áreas, as escolas nos bairros mais pobres são provavelmente as menos representadas. A despeito de mudanças recentes, entrevistas com educadores de museu em Chicago, Washington, DC, e Nova York, levadas a efeito entre 1988-1991, continuam a apoiar esta observação.

11. Os museus contam seus visitantes para justificar seu valor para o público, para fornecer aos seus administradores índices do sucesso em programas de captação de recursos, e para certificar-se de que a comercialização de produtos auxiliares está valendo a pena. A exatidão e validade de tais autoanálises pode ser questionada, pois as reivindicações nelas baseadas não estão livres de interesses; ver Paul DiMaggio, Michael Useem & Paula Brown, *Audience studies in the performing arts and museums*, op. cit.

12. John Robinson, *Public participation in the arts*, College Park: University of Maryland Survey Research Center, 1985.

13. Pierre Bourdieu, *Distinction*, op. cit.

arte. Em parte, foi com essa finalidade que se pediu a Pierre Bourdieu e seus colegas que fizessem um importante estudo dos museus de arte na França e em muitos outros países europeus.¹⁴ Eles perguntaram se a afluência de grande número de visitantes, no pós-guerra, indicava que o capital cultural valorizado é mais procurado, mais bem compreendido e mais disponível a camadas desprovidas do que o era no passado. A resposta, incisiva, foi não ser esse o caso. Por outro lado, em museus de arte de países como Espanha, França, Grécia, Holanda e Polônia, Bourdieu e seus colegas constataram, de modo consistente, que, a despeito do amplo leque de orientações políticas, os governos de todos esses países favoreciam a abertura do acesso à alta cultura para todos como meta ideal. Entretanto, por ainda outro, nenhum deles realmente teve sucesso nessa missão. Como a pesquisa de Bourdieu e seus colegas definiu a agenda para estudos e debates complementares, vale a pena reexaminar suas constatações e ver se elas ainda são verdadeiras.

É importante ter em mente que, quase sempre, a visita a museus é uma atividade voluntária, envolvendo visitantes que já têm conhecimento da existência e acessibilidade da instituição. Ainda assim, mesmo entre os visitantes autosselecionados, em vez da experiência única em que cada indivíduo "recebe" as obras de arte de maneira idiossincrática, constatou-se que os visitantes entrevistados haviam experimentado a arte segundo os atributos sociais que compartilhavam com outros: entre eles, os mais destacados eram o histórico familiar, o desempenho educacional, o *status* ocupacional e o fato de residir em cidades grandes ou pequenas.

Os indivíduos com alto nível de escolaridade estavam super-representados: vinham aos museus já bem informados sobre quais obras estavam na coleção. Provavelmente tinham planejado a visita, de modo a centrarem-se em obras específicas, e estavam familiarizados com nomes de mais artistas, escolas de arte e estilos do que qualquer indivíduo dos outros grupos. Sua experiência de museu era confortável: sentiam-se à vontade, permaneciam por mais tempo do que outros visitantes, preferiam ficar longe das multidões, e chegavam ou sós ou com um amigo igualmente competente. No conjunto, evitavam guias de turismo ou do museu e guias impressos do museu, apoiando-se em suas leituras prévias ou em obras de referência mais acadêmicas.

A categoria seguinte em tamanho estava composta de visitantes de *status* ocupacional de classe média. Pareciam ansiosos para entender

---

14. Pierre Bourdieu *et al.*, *The love of art*, op.cit.

o que podiam, mesmo não sendo tão sofisticados como visitantes de melhor educação formal; liam guias, seguiam os educadores do museu e absorviam informações. Em contraste com a naturalidade do *dilettante* aristocrático, o visitante de classe média agia de modo pedante, sinal seguro de um *parvenu*.[15] Trazendo estampada em sua atitude a aspiração ao conhecimento cultural, eles revelam aceitar a legitimidade de seus "melhores" e seu próprio rebaixamento, tornando-se por isso cúmplices de sua própria subordinação.

Os efeitos da privação são ainda mais notáveis entre os visitantes de classe baixa, para quem a experiência do museu era muito inquietante. Aos olhos deles, o museu de arte tinha as qualidades solenes de uma catedral. Não a convidativa catedral do abade Suger[16] – que desenhou intencionalmente a Basílica de Saint-Denis para ser tão atraente quanto possível para muitos, enchendo-a com extravagantes visões e sons: uma Disneylândia, mas com ouro e pedras preciosas de verdade –, mas como uma austera abadia cisterciense, de cujo santuário são Bernardo vituperou contra objetos de ouro, considerando-os distrações da devoção, e excluiu os comungantes frívolos. Quaisquer que sejam as intenções dos museus de arte, as pessoas que receberam pouca educação formal não se sentiram à vontade em salas de aspecto sagrado, com escuros óleos sobre tela pendurados nas paredes. Os trabalhadores de colarinho azul que moravam na zona rural não estavam preparados para as herméticas qualidades das obras e não conseguiam compreender orientações de direção mal dadas, legendas inadequadas e guardas que pareciam hostis. Os menos escolarizados pareciam estar mais confortáveis quando cercados por membros da família e amigos, e preferiam visitar museus folclóricos, cujo artesanato encerrava o tipo de habilidade e refinamento que podiam admirar e compreender. Sem se atrever a fazer perguntas a guias de turismo, por receio de expor sua ignorância, fracassaram no uso dos poucos serviços que os museus ofereciam naquele tempo.

As pesquisas de Bourdieu e outras, encomendadas ou apoiadas pelos serviços culturais dos países estudados, levaram a esforços para superar algumas das características dos museus e abri-los para mais visitantes. Embora não necessariamente como resultado de suas constatações e

---

15. Pierre Bourdieu, *Distinction*, op. cit.

16. O abade Suger (1081-1151), abade de Saint-Denis, França, desde 1122 até a sua morte, promoveu uma reforma, realizada entre 1137 e 1144, na Catedral Basílica de Saint-Denis, igreja considerada "mãe" das igrejas francesas, transformando-a num primor do estilo gótico. (N.T.)

recomendações, agora é mais provável que as galerias públicas combinem as pinturas de "alta arte" com objetos mais caseiros, como mobília e cerâmica, de modo a contextualizar as obras, em lugar de fetichizá-las. Em anos recentes, em parte como resultado do crescente tempo de lazer de um público mais escolarizado, com liberdade para viajar, combinado com o desejo das localidades para atraí-los, agora se faz propaganda de museus pela televisão, e exposições especiais são até levadas ao noticiário e a outras mídias. Essas práticas se tornaram comuns também nos Estados Unidos.[17] Seria incorreto, portanto, considerar que as condições encontradas por Bourdieu há muitos anos se mantêm ao longo do tempo, em todos os lugares, sob diferentes condições institucionais e políticas. É necessário ir além de suas constatações e investigar se os museus de arte de hoje diferem disso e como isso ocorre.

Pode ser sinal do sucesso dos museus de arte em atrair grande número de visitantes que, em anos recentes, alguns observadores começaram a criticá-los por transformar as belas-artes em entretenimento de massa. Tal acusação foi dirigida principalmente ao Centro Pompidou, em Paris. Em comparação com os museus de arte franceses habituais, o Centro Pompidou era único em seu compromisso de atrair um grande público fornecendo a liberdade de um supermercado ou cafeteria de eventos, e exposições em um ambiente relaxante. Mostra formas de arte pouco comuns, como elementos usados por grandes artistas em suas obras (recortes de jornal ou invólucros de cigarros em colagens), novos estilos (*pop art*), novas formas de arte (fotografia ou vídeo), e arte marginalizada (de minorias étnicas, de gênero ou raciais, que não se conformam ao discurso estetizante e às representações da arte moderna). O Centro também apresenta filmes e abriga um centro líder de música experimental, uma importante biblioteca pública com sala de leitura, um museu infantil interativo, restaurantes e lojas de presentes.

Seria possível esperar que essas estratégias, com o objetivo de atrair e agradar novos públicos (especialmente as pessoas sem instrução que frequentam museus), superassem o elitismo dos museus comuns e trouxessem uma audiência mais popular. Local de algumas das pesquisas

---

17. Além do desenvolvimento da indústria de turismo, é igualmente importante a entrada cada vez maior, no apoio aos museus, de grandes corporações. Fazendo a "publicidade" do museu de arte e de sua presença nele, tais corporações se apresentam como suas patrocinadoras e, ao mesmo tempo, tentam ganhar um pouco de sua aura; ver Rosanne Martorella, *Corporate art*, New Brunswick, NJ: Rutgers University Press, 1990.

mais detalhadas sobre os públicos dos museus de arte franceses, o Centro nos permite avaliar tal situação. Mas os resultados desapontam. Como disseram Claude Pecquet e Emmanuel Saulnier, o Centro Beaubourg tem pouco em comum com o projeto de trazer as massas à escola, como havia sido, no final do século XIX, o objetivo de reformadores políticos franceses como Jules Ferry. A razão, dizem eles, é que "a orientação do Beaubourg não é nacional, é parisiense [...], porque o Centro não tem absolutamente nenhuma ambição popular [...] mas é exclusivamente orientado para uma diretriz elitista e, finalmente, porque o Beaubourg não tem vocação pedagógica, mas é dedicado ao que é divertido, estetizante e consumista".[18]

Congruente com essa observação, um estudo dos visitantes do Centro Pompidou constatou que, a despeito de eles serem em grande número, o museu ainda não lhes fornecia uma experiência democratizante. Em vez disso, os visitantes tendiam a formar um minimuseu para si próprios, correspondente à bagagem cultural que haviam trazido com eles. Nathalie Heinich observa que "os públicos específicos para as atividades principais têm aproximadamente as mesmas características dos públicos para essas atividades em outros lugares: o público da galeria de arte é semelhante aos públicos de galerias de arte de toda parte, e os usuários da biblioteca são como outros usuários de biblioteca".[19]

As constatações de Heinich vão ao encontro de outros estudos mais gerais das práticas culturais francesas: "As atividades culturais (música, teatro, museus etc.) separam os franceses mais escolarizados dos menos escolarizados".[20] Esse padrão é confirmado em relação a ocupações, pois 60% dos frequentadores de museus são executivos ou profissionais liberais, e 49% são administradores de posição média. As proporções caem dramaticamente para funcionários assalariados de grupo mais bai-

---

18. Claude Pecquet & Emmanuel Saulnier, "Le vide beaubourgeois", *Autrement*, 18: 169-178, abr. 1979, p. 172; tradução livre. Tal observação é confirmada por dados sobre práticas de lazer provenientes de pesquisas independentes. Quando se considera a localização urbana-rural, Paris revelou ser o único lugar onde mais de 50% dos habitantes dizem ter visitado um museu nos doze meses anteriores; ver Gérard Mermet, *Francoscopie. Les Français: Qui sont-ils? Où vont-ils?*, Paris: Larousse, 1985, p. 352.

19. Nathalie Heinich, "The Pompidou Centre and its public: the limits of a utopian site", em R. Lumley, *The museum time machine: putting culture on display*, Nova York: Routledge & Kegan Paul, 1988, p. 210.

20. Gérard Mermet, *Francoscopie, op. cit.*, p. 350.

xo, trabalhadores especializados e trabalhadores não especializados, e os relacionados à área rural.

À vista de novas e pouco familiares formas de arte, aqueles de origem social modesta são forçados a adquirir habilidade para interpretá-las. Eles poderiam aprender os discursos apropriados para compreender as belas-artes e adquirir familiaridade com a alta cultura através de escolaridade formal, mas, nas escolas públicas – tanto na França como nos Estados Unidos –, a cobertura da arte é deplorável, tema ao qual retorno mais adiante. Mas, sem educação formal, essa equiparação cultural parece condenada de antemão. É nesse ponto que deveria entrar o setor educativo do museu.

Educação museal comparada: uma profissão desvalorizada ※ Enquanto o curador é o advogado da obra de arte, o educador do museu deve ser o advogado do espectador. Para sua missão educacional, não é um bom sinal saber que, na hierarquia do *status* interno do museu de arte, os educadores são sobrepujados pelos curadores.[21] Pois, enquanto a profissionalização quase sempre significou crescente competência curatorial (por exemplo, como indicado pelo fato de que cada vez mais se espera que os curadores tenham um doutorado em história da arte), a democratização (a função de educar o público) até recentemente permaneceu em grande parte como uma atividade voluntária, sob o controle administrativo de mulheres com mestrado.[22] Os educadores lidam com professores e burocracias escolares, não com doadores importantes e com conselheiros ou administradores de museu e, destes, só alguns estão comprometidos com o projeto de servir o público.

Um ambiente agradável, legendas explicativas, palestras, apresentações em vídeo e panfletos podem constituir o atraente equipamento de museus de arte maiores, mas a questão, tanto na Europa como nos Estados Unidos, permanece sendo se os museus de arte estão alcançando o público dos menos alcançáveis ou, até mesmo, se deveriam tentar fazê-lo. Seja nos museus franceses, altamente centralizados e financiados pelo governo, ou nos descentralizados museus norte-americanos, que

---

21. E. W. Eisner & S. M. Dobbs, "The uncertain profession: observations on the state of museum education in 20 American art museums", relatório para o Centro J. Paul Getty para a Educação nas Artes, Santa Monica, CA, 1984, p. 7.

22. Vera L. Zolberg, "Tensions of mission in American art museums", em Paul DiMaggio (org.), *Nonprofit enterprise in the arts*, Nova York: Oxford University Press, 1986.

dependem de uma mistura de fontes de financiamento públicas e privadas, o pessoal dos museus de arte parece compartilhar pontos de vista semelhantes aos de seu público. Um funcionário de um museu francês escreveu: "Se for permitido às obras de arte que expressem sua eloquência natural, a maioria das pessoas vai compreendê-las; isso será muito mais eficaz do que qualquer guia impresso, conferência ou palestra".[23]

Nos Estados Unidos, a atitude não parece muito diferente. Criticando seu museu, um educador de um museu norte-americano disse: "Não é à toa que o museu de arte do século XX está sendo comparado à catedral e aos templos de eras passadas. É do interesse dos 'padres' manter o significado da arte um mistério". O diretor de um importante museu de arte, em uma grande cidade americana, declarou: "Eu honestamente não sei o que devem fazer os departamentos educativos dos museus". Alguns dos que trabalham em museus acreditam que a educação é algo que "você tem [...] ou não tem [...] e você não vai inculcá-la em uma pessoa".[24] Em um fórum público, o diretor de um museu de arte universitário admitiu:

Acho difícil ser populista [...] fico um pouco paralisado. A crise real que encaramos não está absolutamente nos museus, mas na educação. Mais e mais gente está sen-

---

23. *Apud* Pierre Bourdieu et al., *The love of art, op. cit.*, p. 1.

24. E. W. Eisner & S. M. Dobbs, "The uncertain profession", *op. cit.*, pp. 6, 7, 44. Esse estudo da educação em museus de arte norte-americanos, encomendado pela Fundação Getty, não tem a pretensão de lidar com uma amostra representativa dos museus de arte. Os diretores de museus e chefes do setor educativo, em vinte museus não poderiam representar toda a variedade dos quase quatrocentos museus existentes na época. Seus autores são apropriadamente modestos em suas reivindicações, dizendo que estudaram não as operações de fato dos programas educativos, mas os objetivos e as percepções como foram declarados pelas autoridades dos museus. Vale a pena notar que a maioria dos museus em questão eram grandes instituições, estabelecidas em centros metropolitanos ou, pelo menos, em cidades importantes. Algumas autoridades e curadores de museus censuraram os autores (mas não, até onde sei, muitos educadores) por serem unilaterais e hostis a valores estéticos. Suas observações convergem com as de outros que estudaram o relacionamento dos museus com seu público, tanto nos Estados Unidos como no exterior; ver, por exemplo, Eilean Hooper-Greenhill, "Counting visitors or visitors who count"; e Tony Bennett, "Museums and the people", ambos em R. Lumley (org.), *The museum time machine: putting cultures on display*, Nova York: Routledge & Kegan Paul, 1988.

do educada de mal a pior [...] Os processos de educação não deveriam ocorrer nos museus: de fato, o ingresso dessas pessoas poderia ser mais bem-feito depois de exames gerais, escritos e orais.[25]

Toda vez que ocorre um evento de sucesso em museus de arte, atraindo multidões de novos visitantes, são renovadas as reclamações sobre a falta de preparo do público.

Como indicam as declarações anteriores, o público, na opinião dos profissionais de museu, deve ser altamente motivado, bem escolarizado e apresentável, ou o museu pouco deve a eles, se dever. O tema recorrente é a necessidade (quase) inerente de julgamento artístico. Essa crença fortalece a manutenção de definições ou especificações pouco claras de como entender e avaliar a arte, tendo como resultado que sua qualidade inefável a torna um privilégio de uma quase aristocracia. Supostamente a arte deveria ser apreendida por alguma qualidade inata do espírito humano, através de alguma coisa parecida com a "graça". Portanto, os museus só têm de tornar a arte disponível para o público, pois aqueles com essa qualidade especial não precisam de mais, enquanto aqueles que não a têm, seja como for, não podem ser alcançados. Estão, assim, em conformidade com a observação de Bourdieu de que "de todos os objetos oferecidos para a escolha do consumidor, não há nenhum mais classificatório do que obras de arte legítimas, que, sendo distintivas de modo geral, permitem a produção de distinções *ad infinitum*, jogando com divisões e subdivisões em gêneros, períodos, estilos, autores etc.".[26]

O pessoal dos museus algumas vezes afirma não haver necessidade de especialistas em educação, pois no museu de arte, pela própria natureza da instituição, todo mundo é um educador. Por que tentar desenvolver a profissão de educador de museu e seguir o caminho de faculdades e escolas de educação, obstruídas por requisitos vazios que só conseguem limitar o acesso de seus alunos às artes liberais? Como em geral no campo da educação – onde ensinar uma matéria é considerado mais respeitável do que ensinar um aluno –, muitos do pessoal dos museus de arte assu-

---

25. Vera L. Zolberg, "Tensions of mission in American art museums", *op. cit.*, p. 194.
26. Pierre Bourdieu, *Distinction, op. cit.*, p. 16. Como diz Bourdieu em outro lugar: "A religião da arte também tem seus fundamentalistas e seus modernistas; ainda assim, essas facções se unem ao levantar a questão da salvação cultural na linguagem da Graça"; ver Pierre Bourdieu *et al.*, *The love of art, op. cit.*, p. 1.

mem que, se os estudantes não estão preparados para aprender, não há sentido em desperdiçar com eles seus escassos recursos. Relacionado a essa perspectiva, está o fato de que educar o aluno requer compreensão das técnicas de ensino, mas ao custo de ter pouca substância ou conteúdo para transmitir.[27] Como, nos Estados Unidos, o educador em museus de arte é, na melhor das hipóteses, considerado um técnico e, em todo caso, é subordinado ao real propósito do museu – que é, segundo diretores e conselheiros tendem a vê-lo, adquirir e cuidar de obras de arte –, então a democratização tem um longo caminho pela frente.

Ao observar que havia poucos sinais de inovação nos programas educacionais nos museus de arte que pesquisaram, Eisner e Dobbs sugerem que isso se deve a uma escassez de oportunidades de carreira para educadores de museus, o que produz moral baixo e leva os mais ambiciosos a sair do campo. O diretor de um museu americano observa:

Não há sistema de credenciamento para educadores de museu. Não há sistema para estabelecer uma avaliação da sua realização no campo. Na maior parte dos departamentos educativos, não há plano de carreira e constatamos – e isso é uma fonte de muitas falas e discussões – que educadores querem sair dessa área tão rapidamente quanto possível, devido a um senso de indignidade ou de inviabilidade. Há esse clima no campo, e ele tem estado lá por muitos e muitos anos.[28]

Na França, a profissão de educador de museu é até menos desenvolvida do que nos Estados Unidos. Os membros do pessoal de museu de arte são treinados em arte e regulamentos administrativos, mas dificilmente algum deles recebe qualquer subsídio em educação museal. Em uma publicação da Direção dos Museus Franceses, de 1979, ao contrário do amplo espaço e detalhes devotados a curadores, restauradores e guardas, menos de uma página foi devotada ao educador de museu (ou *animateur*) como profissional autônomo. Isso não significa que a "animação" (inclusive mostras que atraem público amplo) não seja considerada importante. José Frèches, o autor, recusa-se a tomar uma posição favorecendo quer uma instituição relativamente fechada quer uma totalmente aberta. Como ele declarou: "Animar um museu não deveria

---

27. Alan Bloom, *The closing of the american mind*, Nova York: Simon & Schuster, 1987; e E. D. Hirsch Junior, *Cultural literacy: what every American needs to know*, Boston, MA: Houghton Mifflin, 1987.

28. E. W. Eisner & S. M. Dobbs, "The uncertain profession", *op. cit.*, p. 13.

terminar ameaçando a própria razão de ser da instituição, fundada para preservar e apresentar um patrimônio. Mas isso não seria justificativa para excluir o público ou reduzi-lo apenas às elites".[29] Em 1986, a situação do *animateur* não melhorou grande coisa. Uma publicação do Ministério da Cultura francês, expondo um programa de desenvolvimento para museus, lembra os curadores de que são obrigados a educar o público de maneira ativa, alcançando especialmente os jovens. E são instados a fazer isso tanto no próprio museu como também por meio de programas itinerantes (ônibus-museus). Mas há pouca orientação sobre como realizar de fato essa tarefa. Só o cargo relativamente novo de *animateur* chega perto de fornecer informações ao pessoal de museu sobre como educar o público. Espera-se que os *animateurs* tenham um diploma nessa área ou algum treinamento enquanto estudam arte ou educação geral.[30]

O fato é que, com poucas exceções, tanto na França como nos Estados Unidos, raramente os museus de arte procuram os grupos adultos por eles servidos; ao contrário, tais grupos se autosselecionam. No que se refere a crianças em idade escolar, os museus de arte americanos raramente vão além de certas escolas, públicas ou privadas, a maior parte delas localizadas em bairros ou subúrbios relativamente prósperos. Quem mais perde são os estudantes que estão menos preparados para as belas-artes, como o estão para a educação em geral, tendo pouco capital cultural "herdado" sob forma de conhecimento e gosto artístico estimados.[31] Mas isso é de fato tão importante quanto os proponentes da democratização dizem ser? Considero, a seguir, a relação entre gosto artístico, por um lado, e *status* social e mobilidade por outro.

As artes e o *status* social: um debate contínuo ✣ A relação entre *status* social e gosto é reconhecida por praticamente todos os estudiosos, mas há considerável desacordo no que se refere à maneira exata como eles se relacionam e a quais consequências trazem para o indivíduo e a so-

---

29. José Frèches, *Les musées de France: Gestion et mise en valeur d'un patrimonie*, Paris: La Documentation Française, 1979, p. 165; tradução livre.

30. Ministère de la Culture et de la Communication, *Faire un musée: Comment conduire une operation muséographique?*, Paris: La Documentation Française, 1986, pp. 51-60. Espera-se que os esforços na educação pública sejam pagos pelas cidades e regiões, e que usem tecnologia audiovisual atual.

31. Pierre Bourdieu, *Distinction*, op. cit., p. 81.

ciedade em geral. As questões que esses acadêmicos levantam têm por objetivo ajudar a especificar as condições sob as quais diferentes formas de gosto tendem a se salientar e a preencher os "hiatos e glissandos" que atormentam as tentativas de compreender as ligações entre cultura e sociedade.[32]

Entre os analistas mais proeminentes, Herbert J. Gans trata o comportamento cultural como dependente de oportunidades cujos limites são a classe e o *background* educacional. Em uma reanálise atualizada de seu agora clássico *Cultura popular e alta cultura*, Gans nota que, a despeito de mudanças, "as diferenças de classe no uso da cultura permanecem fortes em sua maioria".[33] Já Richard A. Peterson interpretou dados semelhantes de modo diferente, argumentando que o gosto não corresponde precisamente, nem o bastante, a elementos sociais estruturais como classe, ocupação, escolaridade, região ou etnicidade para que expliquem os padrões de escolha cultural que ele e outros discerniram.[34] Embora tanto Gans quanto Peterson concebam a cultura como valores que podem tomar a forma de bens consumíveis e servir como indicadores sociais, para Peterson a escolha cultural parece ser mais aberta e estar relacionada a uma busca por melhoria de vida individualista; para Gans, as preferências estéticas são um direito humano a um prazer potencialmente inspirador. Nenhum deles considera seus possíveis efeitos de *feedback* na posição social do indivíduo, formulação essa que é componente central da análise do gosto feita por Bourdieu.[35]

Bourdieu não está sozinho ao sugerir que a mobilidade social depende da aquisição de certos adornos: riqueza, insígnias, certificados educacionais.[36] A despeito de convergências em suas ideias, esses outros autores

---

32. Michèle Lamont & Annette Lareau, "Cultural capital: allusions, gaps and glissandos in recent theoretical developments", *Sociological Theory*, 6 (2), pp. 153-168, 1988.

33. Herbert J. Gans, "American popular culture and high culture in a changing class structure", em J. Balfe & M. J. Wyszomirski (orgs.) *Art, ideology, and politics*, Nova York: Praeger, 1985, p. 32.

34. Richard A. Peterson, "Patterns of cultural choice: a prolegomenon", *American Behavioral Scientist*, 26 (4), pp. 422-438, 1983.

35. Pierre Bourdieu, *Distinction, op. cit.*

36. T. H. Marshall, *Class, citizenship and social development* (1950), Garden City, NY: Doubleday Anchor, 1965; Edmond Goblot, *La barrière et le niveau*, Paris: Presses Universitaires de France, 1967; Christopher Jencks, *Inequality*, Nova York: Basic, 1972; e, também, E. D. Hirsch Junior, *Cultural literacy, op. cit.*

e seus seguidores dedicam-se a um debate contínuo a respeito das relações entre gosto e poder social. Tal debate é orientado por hipóteses divergentes quanto à natureza do indivíduo na sociedade, às interações da cultura e do poder, e ao grau de rigidez da reprodução social.

Alguns consideram que atingir um *status* mais alto explica-se adequadamente pela escolha racional do indivíduo – ou, nos termos de James S. Coleman, pela ação voluntária.[37] Embora Bourdieu não exclua de sua análise a racionalidade e o comportamento estratégico, sua concepção do indivíduo é bastante diferente. Do ponto de vista dele, o capital cultural não só está "por aí", mas se torna parte do indivíduo; por isso, ele considera os materiais e símbolos de *status* não simplesmente como objetos a serem adquiridos mas, como até certo ponto Durkheim o fez, como integrados no ser do indivíduo. Por ser o indivíduo, em seus termos, resultado da interação das propensões inatas e das forças sociais, Bourdieu rejeita os modelos puramente individualizantes ou psicológicos das causas do comportamento social.[38] E situa em seu conceito de *habitus* o foco integrativo do microambiente da interação com a macroestrutura da sociedade.

Sendo crucial para permitir aos indivíduos que manipulem o capital cultural de modo convincente, o *habitus* conota a bagagem social total de cada um. Seu caráter varia entre as frações sociais: é socialmente valorizado ou desvalorizado ao ser comparado ao *habitus* de outros. Enquanto, por um lado, o capital cultural abrange um amplo leque de símbolos, informações e significados que representam a educação, a linguagem e as formas matemáticas, por outro, é através de seu *habitus* que o indivíduo gasta ou manipula o capital que chega até ele — ou encontra dificuldades para fazê-lo com eficácia. Seus componentes são múltiplos e estão entrelaçados em sua origem social. Aí entram tamanho e forma do corpo, educação e conduta, como desempenhados em uma arena de oportunidades muito específica, combinando tendências macrossociais e macropolíticas de um lado, e tradições intelectuais do outro.[39] Uma das importantes implicações dessa formulação é que conhecer o con-

---

37. James S. Coleman, "Social capital in the creation of human capital", *American Journal of Sociology*, 94 (Suplemento), pp. S95 – S120, 1988.

38. Steven Lukes, "Conclusion", em M. Carrithers, S. Collins & S. Lukes (orgs.), *The category of the person: anthropology, philosophy, history*, Nova York: Cambridge University Press, 1985, p. 286.

39. Por analogia com a gramática gerativa de Noam Chomsky, Pierre Bourdieu define *habitus* como um sistema de esquemas interiorizados que permite engendrar pen-

teúdo da cultura é apenas o começo da compreensão; mais crítica é a maneira como os indivíduos se comportam em relação à cultura, e como seu comportamento é percebido pelos outros.[40]

Mais recentemente, Peterson e Simkus[41] constatam que a relação, por eles analisada, entre gostos musicais e grupos ocupacionais converge com as predições de Bourdieu, especialmente quanto às categorias sociais que Bourdieu trata como "classe dominante". Mas a formulação de Bourdieu foi desafiada. Ficaram na mira dois conjuntos de dúvidas pertinentes a este nosso ensaio. O primeiro deles aponta que Bourdieu parece pressupor que a reprodução social é tão herdável e imutável que a mudança para diminuir seu impacto é ilusória. Embora na maioria dos países modernos a desigualdade não mais esteja amarrada a políticas oficiais de critérios genéticos ou raciais, segundo Bourdieu, ela pode ser mantida pela socialização familiar, servindo como substituto para raça e outras definições biológicas. Esse *status* inicial é mantido na passagem por outras instituições, especialmente as escolas.

Uma segunda crítica está implícita naqueles que, ao observar que a cultura tradicional de elite foi desafiada por uma explosão de estilos culturais, acreditam que os símbolos hierarquicamente ordenados da cultura perderam seu monopólio sobre o que constitui a alta cultura. Assim, na arte, surgiram em cena tantas novas formas e estilos que a arte antes claramente apropriada para museu (óleos sobre tela, estatuária de mármore ou bronze) não mais monopoliza o domínio da alta cultura. A elas se uniram obras que, no passado, não teriam sido consideradas arte: esculturas de material não convencional (*soft sculptures*), restos esfarrapados de palha e outros detritos, réplicas de latas de sopa, ou pilhas de

---

samentos, percepções e ações; ver Pierre Bourdieu, "Postface", em Erwin Panofsky, *Architecture gothique et pensée scolastique*, Paris: Minuit, 1967.

40. Isso não implica ser necessário que aqueles que têm acesso a um tipo de capital estejam igualmente à vontade com outras formas de capital. Ao contrário, os capitais econômico, cultural e social constituem "recursos e forças úteis" que são controlados desigualmente por diferentes classes e facções de classe na sociedade; ver Pierre Bourdieu, *Distinction, op. cit.*, p. 114. Embora seja mais provável que os grupos dominantes nas sociedades modernas exerçam controle sobre o capital econômico e político, eles não são necessariamente adeptos ao uso do capital cultural. Ainda há outros trabalhadores – rurais ou não especializados – que em geral são deficientes tanto no capital cultural quanto no econômico; ver *idem*, pp. 408, 136.

41. Ver capítulo anterior neste volume.

tijolos.⁴² Essas obras continuam a tradição dos movimentos de vanguarda que, sucessivamente, depuseram arte e gostos estabelecidos.

Uma implicação desse fenômeno (sugerida pelos estudos etnográficos, feitos por David Halle, de americanos que possuem obras de arte) é que o gosto não está tão ligado ao *status* como Bourdieu sugere. Halle constatou que todos os grupos de *status* gostam do gênero paisagem, sendo rara a preferência por arte abstrata mesmo entre os grupos mais dominantes. Mais ainda: é extremamente limitada a habilidade de expressar qualquer compreensão da arte abstrata, mesmo entre seus colecionadores. Isso levou Halle a questionar a validade das reivindicações de Bourdieu que assimilam o capital cultural ao poder econômico e político.

Entretanto, a formulação de Bourdieu não requer aos membros das categorias sociais dominantes que eles realmente compreendam arte difícil em qualquer profundidade; de fato, espera-se, até, que não procurem dar a impressão de saber demais. Eles são amadores, não especialistas. No *habitus*, são as maneiras que contam, não o pedantismo. Na verdade, eles podem de imediato, sem ameaçar a sua posição, rejeitar parte da arte moderna; de fato, podem usar tal rejeição como forma de reforçar a sua posição. Se Bourdieu e seus colegas estiverem corretos, mais importante ainda é: precisamente, é a classe dominante que está em posição de ajudar a estabelecer as regras da legitimidade das formas e dos estilos de arte. E isso inclui não só o conteúdo, mas também o modo de apresentar essa *expertise*. Espera-se que as pessoas de alta origem social tenham familiaridade fácil com as belas-artes, mas não se espera que verbalizem esse conhecimento como se fossem especialistas. Como já têm essas qualidades, está em seu interesse promover o mito da habilidade "natural".

Nesses termos, as classes subordinadas estão em uma situação sem saída. Se aceitarem a reivindicação de legitimidade dos grupos dominantes e sua cultura, então sua habilidade de ascender depende de adquirir habilidade naquela cultura, para ganhar reconhecimento social. Mas, aqueles que a aprenderem bem demais, correm o risco de ser tachados de ambiciosos em demasia – "CDFs".⁴³

Embora Halle argumente convincentemente, aqui neste volume, em prol de interpretações mais dinâmicas de conceitos como *habitus* e capital cultural, que levem em conta o caráter fluido do gosto artístico,

---

42. Vera L. Zolberg, *Constructing a sociology of the arts*, Nova York: Cambridge University Press, 1990.

43. Pierre Bourdieu, *Distinction, op. cit.*

isso não quer dizer que a exclusividade dos museus de arte tenha sido minada por tentarem fornecer alguma coisa para todo mundo. Se fosse esse o caso, então não importaria o fracasso do Centre Beaubourg e de muitos museus norte-americanos em fornecer "uma experiência de elite para todos", como está numa das epígrafes deste capítulo. Tal conclusão, como eu apresento a seguir, é prematura.

Museus de arte, educação e mobilidade social ✻ As instituições educacionais servem ostensivamente como mediadoras para sociabilizar crianças e jovens, afim de que estes possam preencher papéis de produção e cidadania. Esse é um conjunto relativamente limitado de funções. Os sociólogos da educação começaram a acreditar que a educação deveria ser entendida mais amplamente, envolvendo não só ir à escola no sentido estrito, mas também aculturação ou integração a uma cultura comum da sociedade.[44] Os certificados educacionais ajudam as pessoas a avançar em carreiras valorizadas que desempenham um papel na determinação do *status* social. Na França, o mais importante desses certificados é o *baccalauréat*, que marca a graduação no ensino médio e, até recentemente, servia como virtual passaporte para o ensino superior de elite. Sem ele, não havia oportunidade de chegar a entrar em profissões de alto nível.

Em uma obra influente, escrita em 1912 por Edmond Goblot (embora não tivesse sido publicada até 1928) e que se tornou um clássico menor na literatura francesa sobre a estratificação social, foi reconhecida a indispensabilidade do *baccalauréat*.[45] Goblot apresentou a dúplice natureza dessa peça-chave da educação francesa. Concebendo o *baccalauréat* como a principal barreira a separar a burguesia do povo, argumentou que, uma vez obtido, ele serviria para incorporar os talentosos na elite, quaisquer que fossem seus históricos, nivelando assim as desigualdades sociais preexistentes.

Levando em maior conta barreiras menos definidas, há estudos de Bourdieu e de outros que levantam questões sobre quão adequada é

44. Christopher Jencks, *Inequality, op. cit.*; Jerome Karabel & A. H. Halsey (orgs.), *Power and ideology in education*, Nova York: Oxford University Press, 1977; Basil Bernstein, *Class, codes and control*, Londres: Routledge & Kegan Paul, 1971; e, ainda, Pierre Bourdieu & Jean-Claude Passeron, *The inheritors: French students and their relation to culture* (1964), trad. R. Nice, Chicago: University of Chicago Press, 1979.
45. Ver Edmond Goblot, *La barrière et le niveau, op. cit.*

essa conceituação. Goblot dera pouca ou nenhuma consideração ao fato de que, embora o *baccalauréat* fosse baseado em questões dissertativas aparentemente concretas, escritas e orais, as respostas eram consideradas aceitáveis não só por conterem informações "corretas", mas também pela maneira como eram apresentadas: habilidade retórica, senso de medida, certa concepção da psicologia humana e consciência do eu. Esses critérios abrangem a cultura *geral*, aquela que permite que se expresse cultura, no sentido de "o que permanece quando tudo o mais foi esquecido",[46] como Edouard Herriot comentou. Mas essas são qualidades que vêm da socialização em uma série de instituições e experiências, das quais a escola é apenas uma. Nesse sentido mais amplo, uma nota para passar depende do tipo de capital cultural de base familiar, o que Bourdieu analisou mais tarde.

Depois da Segunda Guerra Mundial, o influente teórico inglês T. H. Marshall argumentou, de um ponto de vista diferente, a favor da inclusão social para todos, como fundamento para a existência de um estado democrático. Para atingir esse objetivo, ele defendia o aumento evolutivo de três conjuntos de direitos que deveriam ampliar as oportunidades individuais: legais, políticos e econômicos. Tendo acesso à educação, os indivíduos estariam preparados para a participação ativa no emprego produtivo e para desempenhar seus papéis como cidadãos.

Embora bem-intencionada, a análise de Marshall não é menos falha do que a de Goblot, pois ele não reconheceu que apenas criar oportunidades *teoricamente* disponíveis não é suficiente para chegar à democratização, porque a capacidade de "recepção" da cultura da escola por membros das categorias sociais já está enviesada pelo efeito de suas origens sociais. Materialmente, isso significa que os pobres provavelmente sofrerão por serem inadequadas suas instituições educacionais. Mais ainda, Marshall não previu, nas economias modernas, mudanças que tornam rapidamente obsoleta a educação vocacional especializada, e não pensou em uma preparação mais geral para novas formas de trabalho, bem como de lazer.

Mirar na educação como uma avenida para a mobilidade social tem, sob diferentes condições estruturais, consequências diversas. Em uma nação centralizada, como a França, até recentemente havia bem pouca preocupação com as diferenças regionais. A tendência geral era serem

---

46. Antoine Prost, *Histoire de l'enseignement en France, 1800-1967*, Paris: Armand Colin, 1968, p. 249, citando Edouard Herriot.

feitas poucas concessões ao fato de os indivíduos aprenderem com diferentes graus de velocidade. As crianças que não aprendem rápido, em geral, costumam repetir de ano. O resultado é que alunos de famílias com pouca escolarização frequentemente vão parar nos últimos lugares, ou ficam velhos demais para conseguir admissão em qualquer escola de educação pós-secundária que não as mais limitadas.

No outro extremo, as extraordinárias estruturas descentralizadas da educação pública norte-americana – em que os impostos locais sobre as propriedades servem de base para as despesas escolares distritais – produzem resultados altamente desiguais em suas crianças. Esse efeito é notório nas escolas públicas das áreas centrais de cidades, em que se permite que os "realmente menos favorecidos" caiam em condições desastrosas cada vez maiores.[47] Mas, mesmo em outras áreas, as desigualdades são implacáveis. Nos subúrbios em que há propriedades com alto valor imobiliário, as despesas com escola são bem maiores do que naqueles da baixa classe média, muito mais numerosos.[48]

Por se esperar que as escolas forneçam um capital cultural "prático", potencialmente aplicável ao preparo ocupacional, o capital cultural do museu de arte é visto como não tendo qualquer retorno direto e não é considerado uma despesa legítima dos recursos públicos. Na maioria das escolas públicas, seja nos Estados Unidos, seja na França, a alta cultura reconhecida recebe apenas cobertura marginal. E até menos é voltado às formas de arte de vanguarda, que mudam constantemente e que são desconhecidas na maioria das famílias. A educação nas escolas públicas é, portanto, em geral inadequada para compensar a falta de conhecimento para a apreciação e de familiaridade em indivíduos com

---

47. William J. Wilson, *The truly disadvantaged: the inner city, the underclass, and public policy*, Chicago: University of Chicago Press, 1987; ver, também, Loïc Wacquant, "The ghetto, the state, and the new capitalist economy", *Dissent*, 36 (4), pp. 508-520, set. 1989.

48. Um subúrbio rico de Dallas gasta seis mil dólares por ano para educar cada estudante, enquanto nem mesmo metade dessa quantia é alocada em cidades pobres próximas; ver Robert B. Reich "Secession of the successful", *New York Times Magazine*, 20 de janeiro de 1991, p. 45. A inadequação dos programas aos quais os pobres têm acesso foi reconhecida pelo Departamento de Educação dos Estados Unidos e pelo National Endowment for the Arts. O resultado foi que esta última instituição estabeleceu um centro nacional de pesquisa para promover o estudo de artes performáticas e belas-artes nas escolas; ver *New York Times*, 15 de outubro de 1987. À luz dos crescentes cortes orçamentários, é quase certo que programas como esse sejam extintos.

background modesto. Ainda assim, em um mundo onde o lazer se expandiu consideravelmente e o emprego moderno é cada vez mais caracterizado por um trabalho não claramente distinto dos divertimentos, é plausível argumentar que a educação para lazer de "qualidade" ou "construtivo" é uma necessidade, e não um luxo. Essa ideia não é nova, pois há muito tem sido o objetivo de educadores progressistas, que defendem a educação da "criança inteira". Mas, exceto em ambientes educacionais favorecidos, esse projeto raramente vai além da expressão de um ideal.

Tipicamente, a educação para o lazer, incluindo aí as artes, foi distribuída quase exclusivamente por escolas privadas; quando se fala de escolas públicas, financiadas pelos contribuintes, as artes não são consideradas indispensáveis, mas secundárias. Especialmente nas áreas pobres centrais das cidades, favorece-se o "básico", e as artes e a música são tratadas como um enteado. Mesmo os programas de esporte ganham importância se forem ocasiões competitivas, que glorificam a escola, e são disponibilizados para "astros" de talento (na maior parte masculinos). Significativamente, tais "astros" são encorajados cada vez mais a encarar os esportes como profissões, e não como atividades de lazer. Esse tende a ser o caso também nas artes performáticas.[49] Consistente com sua orientação acadêmica, Bourdieu exerceu pressão ativa em prol de reformas educacionais generalizadas, afim de superar a cultura familiar baseada socialmente e seu efeito sobre o *habitus* das crianças. Entre suas recomendações, está a criação de elos – entre escolas e outras agências e instituições, como os museus – para desenvolver uma nova concepção de vida associativa e educação cívica. Mais tarde, quando o ministro da Educação nomeou Bourdieu copresidente de uma comissão para reformar completamente todo o programa educacional francês, da escola infantil à universidade, Bourdieu recomendou mudanças estruturais importantes, para evitar a repetição de ano, quase automática, dos alunos que aprendem com lentidão.[50]

---

49. Peter Cookson & Carolyn Hodges Persell, *Preparing for privilege: the elite prep schools*, Chicago: University of Chicago Press, 1985.

50. *Le Monde*, 9 de março de 1989. Bourdieu foi um dos membros do corpo docente do Collège de France chamado pelo presidente francês para falar sobre o futuro da educação. O relatório está publicado em Collège de France, *Propositions pour l'enseignement de l'avenir*, Paris: Collège de France, 1985.

O museu de arte: barreira, nivelador ou irrelevante? ✹ Embora tenham sido feitos estudos sobre os efeitos das realizações educacionais na ocupação profissional subsequente, na renda e nas condições materiais em geral,[51] pouco se sabe sobre o efeito do gosto nas trajetórias individuais de carreira. Mesmo tendo Bourdieu construído um retrato brilhante da natureza interligada dos capitais cultural, social e econômico como a base da desigualdade social, ele não vai muito além de afirmar que tal configuração provavelmente vai persistir. Precisamos saber mais sobre as relações precisas entre, por um lado, as habilidades associadas ao lazer e, por outro, a mobilidade ocupacional ou social de maneira mais geral.

Até que estudos mais longos tenham sido realizados, permanecem obscuras as consequências sociais, para os indivíduos, de serem culturalmente competentes. Estudos que explicitamente comparassem padrões de carreira individual entre aqueles nascidos com capital cultural, em oposição àqueles que o adquirem com atraso, constituiriam a base de uma importante pauta de pesquisa. Ser membro de um museu ou assinante de uma sinfônica não é a mesma coisa que conseguir um diploma universitário, mas, assim como o conhecimento técnico é exigido no trabalho, a competência cultural também é importante. Além disso, também é relevante ver o efeito das diferenças nacionais no grau em que a competência cultural é valorizada, como Michèle Lamont sugeriu, ao comparar a França e os Estados Unidos.[52]

A despeito das lacunas no conhecimento, a observação impressionista e evidências casuais convincentes sugerem que, em um domínio tão central à economia e à corporação, certas habilidades e gostos não relacionados a trabalho parecem receber atenção especial. Tanto nos Estados Unidos como, cada vez mais, em outros países, as corporações encorajam o pessoal administrativo e os executivos a dedicarem-se a certas atividades de lazer. Aí incluídos tradicionalmente – quase um clichê – golfe, caça e tênis. Mais recentemente, ganharam proeminência esportes como *squash* ou raquetebol. O ingresso das corporações no apoio às artes e na coleta de fundos para elas (especialmente por meio de exibições em museus, serviços na diretoria de óperas e sinfônicas,

---

51. Paul DiMaggio & John Mohr, "Cultural capital, educational attainment, and marital selection", *op. cit.*
52. Michèle Lamont, "The power-culture link in a comparative perspective", *op. cit.*

colecionamento corporativo de arte) sugere que a competência cultural pode ser uma vantagem ao serem consideradas promoções.[53]

Embora os museus de arte sejam mais afetados pelas macrotendências da sociedade do que responsáveis por elas, está-se pedindo a eles que desempenhem um papel mais ativo no preparo das não elites da sociedade, para que ascendam. Para tanto, os museus deveriam fornecer-lhes oportunidades na aquisição de estruturas de pensamento e faculdades críticas que lhes permitam integrar novas informações, incluindo como compreender novas formas estéticas. É claro que, enquanto grupos dominados dependerem do capital social de suas origens parentais e tiverem pouco acesso ao tipo de educação que lhes ensina as habilidades e o comportamento apropriado (que não adquiririam de outra forma), tais grupos estarão em desvantagem se comparados a concorrentes mais bem dotados.

Não está claro se, num mundo "pós-moderno", onde o relativismo estético parece evitar "padrões", ainda é válido pensar que há apenas *uma* cultura de elite. Afinal de contas, o museu de arte não é estranho às vanguardas que tentaram derrubar as fronteiras tradicionais entre os gêneros, antes hierarquizados, das belas-artes e da arte inferior, de estilos acadêmicos e *designs* comerciais, ou promover a coexistência de estilos de arte e formas não convencionais. Entretanto, se parece haver um *éthos* "vale tudo" no mundo das belas-artes, isso não significa que as culturas de gosto de todos os grupos de *status* social sejam avaliadas igualmente. Mais ainda, mesmo se muito da arte pós-abstrata parece ser visualmente mais acessível para os não educados (*pop art*, fotorrealismo, surrealismo figurativo), a compreensão e a habilidade de manipular seus significados (como o estudo do Centro Pompidou sugere) não são menos dificultosas para essas obras do que para a arte do passado. Mesmo que se permita que a arte preferida por eles se torne parte de coleções de museus, os dominados não podem beneficiar-se de seu reconhecimento, a menos que tenham alguma familiaridade com um discurso de esteticismo congruente com sua universalização.

Os museus de arte americanos são justamente aclamados por fornecer serviços a um público relativamente educado. Não é realista, entretanto, imaginá-los capazes de "fornecer uma experiência de elite para todo

---

53. Daniel Bell, *The cultural contradiction of capitalism*, Nova York: Basic, 1976; e, também, E. D. Hirsch Junior, *Cultural literacy, op. cit.*; e Rosanne Martorella, *Corporate art, op. cit.*

mundo".⁵⁴ Mas, à luz da generosidade, para com os museus de arte, do sistema público de impostos – seja através de subvenções diretas para ajudar a pagar as despesas operacionais, seja de reduções de impostos indiretas, como isenção de impostos imobiliários e deduções fiscais para os doadores individuais e corporativos –, os museus devem muito em troca.⁵⁵ Como os museus de arte franceses dependem muito mais do Estado e, no fundo, do contribuinte (*contribuable*), eles parecem ter uma obrigação ainda maior. Na França, o consenso entre todas as elites e os líderes políticos é que o museu representa o Estado e a nação: o acesso está disponível a todos que escolherem usá-lo. O museu raramente é ameaçado de ser completamente "cortado", como ocasionalmente ocorre nos Estados Unidos. Assim mesmo, reembolsar essa obrigação é complicado, pelo fato de ser o museu de arte intrinsecamente "bimórfico". Ou seja, ele atende a gostos individuais, mas, ainda assim, depende do financiamento de todos os contribuintes, quaisquer que sejam seus gostos. Não surpreende que o museu de arte e a democracia constituam um casal muito estranho.

54. Vera L. Zolberg, "Tensions of mission in American art museums", *op. cit.*, p. 192, citando Joshua Taylor.
55. Dick Netzer, *The subsidized muse: public support for the arts in the United States*, Nova York: Cambridge University Press, 1978.

REFERÊNCIAS BIBLIOGRÁFICAS

- BELL, Daniel. *The cultural contradiction of capitalism*. Nova York: Basic, 1976.
- BENNETT, Tony. "Museums and the people". Em: LUMLEY, R. (org.). *The museum time machine: putting cultures on display*. Nova York: Routledge & Kegan Paul, 1988.
- BERNSTEIN, Basil. *Class, codes and control*. Londres: Routledge & Kegan Paul, 1971.
- BLOOM, Alan. *The closing of the american mind*. Nova York: Simon & Schuster, 1987.
- BOURDIEU, Pierre. "Postface". Em: PANOFSKY, Erwin. *Architecture gothique et pensée scolastique*. Paris: Minuit, 1967.
- _____. *Distinction: a social critique of the judgement of taste* (1979). Cambridge, MA: Harvard University Press, 1984 (reimpressão).
- _____. et al. *The love of art: European art museums and their public* (1969). Trad. C. Beattie & N. Merriman. Stanford, CA: Stanford University Press, 1990.
- _____ & PASSERON, Jean-Claude. *The inheritors: French students and their relation to culture* (1964). Trad. R. Nice. Chicago: University of Chicago Press, 1979.
- COLEMAN, James S. "Social capital in the creation of human capital". *American Journal of Sociology*, 94 (Suplemento), pp. S95 – S120, 1988.
- COLLÈGE DE FRANCE. *Propositions pour l'enseignement de l'avenir*. Paris: Collège de France, 1985.
- COOKSON, Peter & PERSELL, Carolyn Hodges. *Preparing for privilege: the elite prep schools*. Chicago: University of Chicago Press, 1985.
- DIMAGGIO, Paul. "Cultural entrepreneurship in nineteenth century Boston, 1". *Media, Culture and Society*, 4 (1): 33-50, 1982.
- _____ & MOHR, John. "Cultural capital, educational attainment, and marital selection". *American Journal of Sociology*, 90 (6), pp. 1231-1261, 1985.
- _____; USEEM, Michael & BROWN, Paula. *Audience studies in the performing arts and museums: a critical review*. Washington, DC: National Endowment for the Arts, 1978.
- EISNER, E. W. & DOBBS, S. M. "The uncertain profession: observations on the state of museum education in 20 American art museums". Relatório para o Centro J. Paul Getty para a Educação nas Artes. Santa Monica, CA, 1984.
- FRÈCHES, José. *Les musées de France: gestion et mise en valeur d'un patrimonie*. Paris: La Documentation Française, 1979.
- GANS, Herbert J. *Popular culture and high culture: an analysis and evaluation of taste*. Nova York: Basic, 1974.

• _____. "American popular culture and high culture in a changing class structure". Em: BALFE, J. & WYSZOMIRSKI, M. J. (orgs.). *Art, ideology, and politics*. Nova York: Praeger, 1985.

• GOBLOT, Edmond. *La barrière et le niveau*. Paris: Presses Universitaires de France, 1967.

• HALLE, David. "The family photograph". *Art Journal*, 46 (3), pp. 217-225, 1987.

• HEINRICH, Nathalie. "The Pompidou Centre and its public: the limits of a utopian site". Em: LUMLEY, R. *The museum time machine: putting culture on display*. Nova York: Routledge & Kegan Paul, 1988.

• HIRSCH JUNIOR, E. D. *Cultural literacy: what every American needs to know*. Boston, MA: Houghton Mifflin, 1987.

• HOOPER-GREENHILL, Eilean. "Counting visitors or visitors who count". Em: LUMLEY, R. *The museum time machine: putting culture on display*. Nova York: Routledge & Kegan Paul, 1988.

• JENCKS, Christopher. *Inequality*. Nova York: Basic, 1972.

• KARABEL, Jerome & HALSEY, A. H. (orgs.). *Power and ideology in education*. Nova York: Oxford University Press, 1977.

• LAMONT, Michèle. "The power-culture link in a comparative perspective". *Comparative Social Research*, 11, pp. 131-150, 1989.

• _____ & LAUREAU, Annette. "Cultural capital: allusions, gaps and glissandos in recent theoretical developments". *Sociological Theory*, 6 (2), pp. 153-168, 1988.

• LUKES, Steven. "Conclusion". Em: CARRITHERS, M.; COLLINS, S. & LUKES, S. (orgs.). *The category of the person: anthropology, philosophy, history*. Nova York: Cambridge University Press, 1985.

• MARSHALL, T. H. *Class, citizenship and social development* (1950). Garden City, NY: Doubleday Anchor, 1965 (reimpressão).

• MARTORELLA, Rosanne. *Corporate art*. New Brunswick, NJ: Rutgers University Press, 1990.

• MERMET, Gérard. *Francoscopie. Les Français: Qui sont-ils? Où vont-ils?* Paris: Larousse, 1985.

• MESNARD, André-Hubert. *La politique culturelle de l'état*. Paris: Presse Universitaires de France, 1974.

• MINISTÈRE DE LA CULTURE ET DE LA COMMUNICATION. *Faire un musée: comment conduire une operation muséographique?* Paris: La Documentation Française, 1985.

• NETZER, Dick. *The subsidized muse: public support for the arts in the United States*. Nova York: Cambridge University Press, 1978.

• PECQUET, Claude & SAULNIER, Emmanuel. "Le vide beaubourgeois". *Autrement*, 18, pp. 169-178, abr. 1979.

• PETERSON, Richard A. "Patterns of cultural choice: a prolegomenon". *American Behavioral Scientist*, 26 (4), pp. 422-438, 1983.

• PROST, Antoine. *Histoire de l'enseignement en France, 1800-1967*. Paris: Armand Colin, 1968.

• REICH, Robert B. "Secession of the successful". *New York Times Magazine*, 20 de janeiro de 1991, pp. 16-45.

• ROBINSON, John. *Public participation in the arts*. College Park: University of Maryland Survey Research Center, 1985.

• ROBINSON, Robert V. & GARNIER, Maurice A. "Class reproduction among men and women in France: reproduction theory on its home ground". *American Journal of Sociology*, 91 (2), pp. 258-280, 1985.

• SWARTZ, David. "Classes, educational systems and labor markets". *European Journal of Sociology*, 22 (2), pp. 325-353, 1981.

• WACQUANT, Loïc. "The ghetto, the state, and the new capitalist economy". *Dissent*, 36 (4), pp. 508-520, set. 1989.

• WILSON, William J. *The truly disadvantaged: the inner city, the underclass, and public policy*. Chicago: University of Chicago Press, 1987.

• ZOLBERG, Vera L. "Tensions of mission in American art museums". Em: DIMAGGIO, Paul (org.). *Nonprofit enterprise in the arts*. Nova York: Oxford University Press, 1986.

• _____. *Constructing a sociology of the arts*. Nova York: Cambridge University Press, 1990.

PARTE III

**RECURSOS PARA A DEMARCAÇÃO DE FRONTEIRAS:
O CASO DO GÊNERO E DA ETNICIDADE**

9. MULHERES E A PRODUÇÃO DE CULTURAS DE *STATUS*
✶ *Randall Collins*

As diferenças de gênero no comportamento e na cultura são produzidas por diferenças nos padrões típicos de participação de homens e mulheres no sistema vertical de classes e nas estruturas que produzem os símbolos de *status* e onde circulam. Este ensaio se dedica à discussão dos vários aspectos em que a posição das mulheres, nas duas dimensões de estratificação, produz culturas femininas. Embora meu foco principal esteja nas mulheres, também vou comentar as condições que produzem culturas tipicamente encontradas entre homens. Nessas dimensões, a posição de estratificação das mulheres é geralmente muito mais complexa do que a dos homens. Quando as mulheres têm emprego remunerado, seus trabalhos costumam exercer-se em um setor anômalo, aparentemente de classe média. Mas, segundo o critério do dar e receber ordens, a maioria dessas mulheres é, na verdade, "classe trabalhadora de colarinho branco". Entretanto, em geral, a dimensão da classe fica encoberta por uma forte mistura de exibição de *status* dentro do próprio trabalho – o que eu chamo de "trabalho goffmaniano". Isso equivale a dizer que as posições organizacionais que se especializam na primeira linha de gerenciamento das impressões – para representar a imagem da organização no "proscênio" analisado por Goffman – costumam ser preenchidas por mulheres. Tais posições têm efeito significativo na modificação da cultura da classe trabalhadora de mulheres que recebem ordens.

Depois, volto-me para discutir como as dimensões da estratificação aparecem na esfera doméstica. Em casa, as relações de maridos e donas de casa (bem como as de pais e filhos) também podem ser analisadas usando o critério de classe: de quem dá e de quem recebe ordens. Novamente, vemos que a "posição de classe doméstica" das mulheres é fortemente encoberta por trabalhos na área de produção de *status* (mais do que de reprodução econômica) para a família. Por fim, vou considerar a organização da produção cultural em relação à estrutura econômica e ocupacional da sociedade inteira: aqui constatamos que as mulheres frequentemente estão envolvidas na produção e no consumo da cultura, enquanto os homens estão mais concentrados no âmbito da produção material e suas relações de poder.

Por estarem localizados ao longo da grade de estrutura de classe dessas diferentes maneiras é que homens e mulheres experimentam a vida em padrões distintivos de gênero. Estou assumindo um ponto de vista materialista da cultura em sentido amplo. Por *materialista* não quero dizer meramente os meios de produção econômica, ou as condições materiais weberianas de distribuição econômica. O âmbito material da práxis corporal sensual inclui atividades consideradas como dar e receber ordens, rituais de exibição cênica goffmaniana e rituais de interação social. Certamente existem aí componentes mentais, mas apenas sublinho que os aspectos mental e simbólico estão situados no tempo e no espaço, em ocasiões específicas, e são produzidos pelas atividades sociais dos corpos humanos orientados para objetos físicos. O materialismo social, aqui, significa que a cultura não só é dada pela ordem cultural, mas é produzida pelos *meios materiais* da *produção cultural*. Compreender, como teorias, as condições que produzem as culturas estratificadas, e o que nelas circula, é a nossa tarefa como sociólogos.

O trabalho goffmaniano ✲ Parece que a mulher da classe trabalhadora de colarinho branco não é tão alienada dos ideais do ofício como o é o homem da classe trabalhadora de colarinho azul. Este último é cinicamente crítico de seus superiores e de suas pretensões,[1] enquanto as mulheres da classe trabalhadora de colarinho branco estão mais preocupadas em ser respeitáveis. Acredito que isso pode ser explicado por um desvio (*twist*) goffmaniano na base do dar/receber ordens das culturas de classe. Muitas mulheres da classe trabalhadora de colarinho branco estão em cargos de proscênio. Em uma organização, as secretárias costumam ser as primeiras que as pessoas vindas de fora encontram; já secretárias de nível mais alto costumam ter o trabalho de controlar o acesso a seus chefes e de encaminhar comunicações, de modo geral, para eles. Em outras palavras: elas são a linha de frente da autoapresentação organizacional goffmaniana.[2] Dentro da estrutura organizacional, as mulheres tendem a ser as especialistas no gerenciamento da impressão inicial e no acesso a quem, nos bastidores, dispensa as ordens. As vendedoras de balcão desempenham essa apresentação pública organizacional para as lojas de varejo; as enfermeiras o fazem em um cenário

---

1. David Halle, *America's working man: work, home and politics among blue-collar property owners*, Chicago: University of Chicago Press, 1984.
2. Erving Goffman, *The presentation of self in everyday life*, Nova York: Doubleday, 1959.

médico. Assim, a classe trabalhadora feminina de colarinho branco tende a incluir muito "trabalho goffmaniano".

O trabalho goffmaniano resulta em tendência a autodoutrinação, autoidealização e maneiras formais. A natureza desse trabalho impede o cinismo característico dos homens da classe trabalhadora. Estes últimos são, tipicamente, os que trabalham nos bastidores desadornados; e enfrentam o proscênio goffmaniano principalmente quando este é usado contra eles por quem emite as ordens: seus superiores hierárquicos. O interesse dos trabalhadores dos bastidores está em "minar" as idealizações, pois elas são usadas contra eles na operação do poder organizacional – daí o cinismo típico do homem da classe trabalhadora e suas difamações rituais, como a linguagem obscena. Assim, nas classes trabalhadoras, o homem de colarinho azul e a mulher de colarinho branco compartilham traços culturais na dimensão do poder (ambos recebem ordens), mas diferem na dimensão cênica goffmaniana. Nas culturas de gênero, essa é uma fonte de diferenças ancorada em classe.

Serviço doméstico e trabalho doméstico excedente ✷ Examinemos agora o trabalho feminino na esfera doméstica. Do ponto de vista marxista, os serviços domésticos podem ser considerados como mão de obra não paga, que reproduz a força de trabalho capitalista.[3] As esposas fornecem serviços de cozinha, limpeza e vestuário, bem como apoio psicológico aos trabalhadores homens; como mães, as mulheres cuidam física e emocionalmente da próxima geração de trabalhadores. As consequências que podem ser tiradas dessa afirmação, entretanto, não são diretas. Um argumento é que o capitalismo depende do trabalho não remunerado das mulheres. Embora elas não estejam envolvidas em relações de mercado e na extração direta da mais-valia, fornecem um insumo necessário, sem o qual os custos para os capitalistas seriam muito mais altos. Entretanto, ninguém foi tão longe para chegar à conclusão de que a retirada dos serviços domésticos – uma greve de donas de casa – traria a queda do capitalismo. A interpretação estritamente econômica do trabalho doméstico é inadequada. Há evidências de que muito do trabalho do lar está em excesso, que é mais do que o necessário para reproduzir a força de trabalho. Donas de casa americanas em período integral relatam uma média de 35 a 55 horas de trabalho doméstico por

3. Natalie J. Sokoloff, *Between money and love: the dialectics of women's home and market work*, Nova York: Praeger, 1980.

semana (o número mais alto vale se houver crianças na casa).[4] As donas de casa britânicas relatam até mais horas: 77 horas por semana.[5]

Alguém poderia suspeitar do que está implícito aqui sobre o trabalho necessário. O último número, para as donas de casa britânicas, é de onze horas por dia, todos os dias da semana. Uma dona de casa britânica relatou 105 horas por semana, isto é, quinze horas por dia, sobrando pouco tempo livre além do horário de dormir. Contudo, donas de casa que estão empregadas fora do lar reduzem seu trabalho doméstico para cerca de 26 horas por semana.[6] Como as horas que os maridos ajudam com o trabalho doméstico não aumentam substancialmente quando as esposas estão empregadas,[7] podemos inferir que as 26 horas que as donas de casa empregadas investem é uma aproximação do tempo economicamente necessário. O restante – de 55, 77, ou mesmo 105 horas por semana – é mais-valia doméstica (trabalho doméstico excedente).

Outra evidência vem de tendências históricas. A quantidade de tempo que as donas de casa americanas gastavam em tarefas domésticas não declinou durante o século XX: de fato, aumentou.[8] Nos anos 1920, as donas de casa americanas trabalhavam cerca de 52 horas por semana; nos anos 1960, o número subiu para 55 horas. A introdução de aparelhos eletrodomésticos (máquinas de lavar roupa para substituir a lavagem manual, secadoras automáticas para substituir pendurar roupas em varais, lavadoras de pratos, aspiradores etc.) não reduziram o tempo de trabalho. Em vez disso, os padrões parecem ter aumentado, de maneira a ser gasto mais tempo em vestuário, alimentação e limpeza. De novo, à medida que mais tempo e recursos se tornam disponíveis, vemos ser gerada mais-valia doméstica.

Em um contexto marxista, o conceito de "mais-valia doméstica" (trabalho doméstico excedente) sugeriria que isso é o trabalho das esposas que está sendo apropriado pelos maridos. Se é de fato assim, entretanto, exige

---

4. Laurie Davidson & Laura Kramer Gordon, *The sociology of gender*, Chicago: Rand McNally, 1979, p. 42.

5. Ann Oakley, *The sociology of housework*, Nova York: Pantheon, 1974.

6. Laurie Davidson & Laura Kramer Gordon, *The sociology of gender, op. cit.*, p. 42.

7. Sarah Fenstermaker Berk, *The gender factory: the apportionment of work in American households*, Nova York: Plenum, 1985, p. 64; e Laurie Davidson & Laura Kramer Gordon, *The sociology of gender, op. cit.*, pp. 43-44.

8. Joann Vanek, "Time spent in housework", Scientific American, 5 (231), pp. 116-120, nov. 1974; e Ruth Schwarts Cowan, *More work for mother: the ironies of household technology from the open hearth to the microwave*, Nova York: Basic, 1983, p. 3.

consideração cuidadosa. Porque esse trabalho doméstico extra não parece estar sob o controle dos homens, nem resulta em qualquer apropriação de capital econômico ou de força de trabalho que possa ser reinvestida. Em vez disso, ocorre uma drenagem de energias femininas na esfera do *status* e, aparentemente, sob a forte iniciativa das próprias mulheres.

Uma evidência adicional diz respeito a diferenças de classe. As donas de casa em tempo integral que são casadas com homens da classe trabalhadora gastam mais tempo em trabalhos domésticos do que suas equivalentes da classe média e da classe média alta.[9] Isso não é só uma questão de classes mais altas transferirem suas tarefas domésticas para pessoas contratadas, pois há apenas um trabalhador doméstico para cada 88 lares americanos.[10] Até certo ponto, parece que as donas de casa da classe trabalhadora frequentemente ficam obcecadas com a limpeza de seu lar e com o papel do trabalho doméstico em geral. Isso estava aparente em estudos feitos durante os anos 1940 e 1950,[11] período em que o ideal familiar estava no ápice. Nessa época, mudar-se para os subúrbios era principalmente um fenômeno da classe trabalhadora.[12] O crescimento econômico tinha chegado ao nível em que, pela primeira vez na história, muitas famílias da classe trabalhadora podiam deixar os conjuntos habitacionais urbanos e adquirir residências unifamiliares no estilo campestre, o que antes havia sido privilégio da classe média (e, antes disso, da classe alta, com suas propriedades rurais). Com certeza, de muitas maneiras, a vida suburbana da classe trabalhadora deu continuidade aos traços da cultura trabalhadora em geral.[13] Entretanto, a residência suburbana representou uma reivindicação pelo estilo de *status* de classe média, pelo menos no âmbito de consumo: a posse de uma residência unifamiliar.[14]

---

9. Lee Rainwater, R. P. Coleman & G. Handel, *Workingman's wife*, Nova York: Macfadden, 1962; Mirra Komarovsky, *Blue-collar marriage*, Nova York: Random House, 1962; e Helena Z. Lopata, *Occupation: housewife*, Nova York: Oxford University Press, 1971.

10. *U.S. Statistical Abstract*, 1987, n. 55 e n. 657.

11. Lee Rainwater, R. P. Coleman & G. Handel, *Workingman's wife, op. cit.*; e Mirra Komarovsky, *Blue-collar marriage, op. cit.*

12. Bennett Berger, Working class suburb, Berkeley: University of California Press, 1960; e Herbert J. Gans, *The levittowners*, Nova York: Random House, 1967.

13. Lillian Rubin, *World of pain: life in the working-class family*, Nova York: Basic, 1976; Herbert J. Gans, *The levittowners, op. cit.*; e Bennett Berger, *Working class suburb, op. cit.*

14. David Halle, *America's working man, op. cit.*

Do ponto de vista dos observadores da classe média alta, inclusive a maior parte da elite literária, essa cultura afigurou-se apenas como uma diluição de valores estéticos e morais refinados e autocentrados, de sua própria tradição de classe, e a ascendência de conformidade e materialismo grosseiros. Comentaristas como Riesman[15] e Whyte[16] assumiram que isso representava uma mudança na cultura da classe média, uma deterioração causada pela mentalidade suburbana, e não viram até que ponto o que testemunhavam era o aparecimento da cultura da classe trabalhadora em um cenário ostensivamente de classe média. Em geral, a cultura da classe trabalhadora enfatiza a conformidade do grupo, bairrismo e uma atitude reificada em relação a objetos culturais.[17] Mais ainda, sugiro que esse "consumismo" não é tão materialista e autocentrado, mas sim um esforço para viver de acordo com os ideais de *status* dominantes das classes sociais mais altas. Aqui há uma ironia característica, porque, nas culturas de classe, as diferenças persistem precisamente na estrutura dessa emulação. O ponto de vista da classe trabalhadora fixa-se em externalidades, reifica símbolos de *status* e os toma literalmente, como se fossem objetos sagrados durkheimianos, adorados com fé primitiva. A classe média alta, com sua consciência mais abstrata e reflexiva, está preocupada principalmente com as dimensões estéticas do consumo.[18] Além disso, as classes mais altas, observando o estilo cultural das classes abaixo delas, envolvem-se em um distanciamento reflexivo de seu papel, reestabelecendo, mais uma vez, sua superioridade em relação àqueles que têm uma visão menos sofisticada dos símbolos culturais.

Acima de tudo, é a dona de casa da classe trabalhadora que opera mais literalmente no âmbito da emulação do *status* simbólico – ou seja, que tende a identificar *status* com a aparência da casa em si. Por essa razão, as donas de casa da classe trabalhadora tendem a gastar muito mais tempo em tarefas domésticas do que as da classe média. Aqui há muitas complexidades. Uma delas é a atitude das mulheres em relação ao emprego remunerado. Para as mulheres da classe média alta, a carreira recentemente se tornou um ideal de liberação feminista. Entretan-

---

15. David Riesman, *The lonely crowd*, New Haven, CT: Yale University Press, 1950.
16. William H. Whyte, *The organization man*, Nova York: Doubleday, 1956.
17. Randall Collins, *Conflict sociology: toward an explanatory science*, Nova York: Academic, 1975, pp. 75-77.
18. Pierre Bourdieu, *Distinction: a social critique of the judgement of taste*, Cambridge, MA: Harvard University Press, 1984.

to, para as mulheres da classe trabalhadora e da classe média baixa, sua tradição familiar significou que as mulheres trabalhavam em geral por terrível necessidade, e o padrão de *status* da classe média parecia ser não estar empregada, mas ser uma dona de casa em tempo integral. Até certo ponto, essa divisão ainda existe, havendo, entre as mulheres da classe trabalhadora, maior antifeminismo e maior apego a noções "tradicionais" de vida familiar.

Essas noções de estrutura familiar são desenvolvimentos históricos relativamente recentes. Até 1900, na Inglaterra, os empregados domésticos compunham a maior categoria de trabalhadores não rurais,[19] incluindo tanto homens como mulheres. Pelo menos na Inglaterra, o padrão típico de ciclo de vida da maioria das famílias incluía um período de serviço em outra residência, antes que se abrisse a possibilidade de casar-se e estabelecer residência própria. Desde a época da Revolução Francesa em diante, muito do movimento para a democratização foi formulado em termos não das demandas dos trabalhadores das fábricas, mas do desejo dos empregados domésticos de escapar ao degradante *status* dos serviços pessoais numa residência patriarcal.[20] Para os trabalhadores domésticos, o crescimento da economia de mercado capitalista foi libertador, por abrir vagas de emprego fora das residências das classes superiores. De modo geral, liberou virtualmente todos os homens do serviço doméstico. Para as mulheres, a mudança foi mais complexa. No longo prazo, a residência de classe média passou a ser definida como aquela em que uma mulher não tinha de trabalhar como criada em algum outro lugar, mas presidia seu próprio estabelecimento doméstico e fazia suas próprias tarefas domésticas. Por sua vez, essa dona de casa de classe média se tornou o ideal de *status* para as mulheres da classe trabalhadora. Mesmo que executasse as tarefas domésticas, ela fizera uma mudança histórica, deixando de ser uma recebedora de ordens para ser uma trabalhadora autônoma na sua residência. Assim, a partir de meados do século XX, a classe trabalhadora persegue os ideais de *status* de uma época anterior, que apenas algumas gerações mais tarde ficaram ao seu alcance. Mas, nessa época, a classe social mais alta se movera para um novo (e muitas vezes contraditório) ideal de *status*.

---

19. Peter Laslett, *Family life and illicit love in earlier generations*, Cambridge: Cambridge University Press, 1977, p. 35.
20. Ver Alexis de Tocqueville, *Democracy in America* (1856), Nova York: Knopf, 1945, pp. 177-186.

A outra maior fonte de diferenças de classe no trabalho doméstico vem do fato de que mulheres não empregadas – da classe média, da classe média alta, e acima de tudo, de todas as classes superiores – fazem a maior parte de seu trabalho na área de produção de *status* fora de casa. Quanto mais alta a classe social, mais provável que as esposas pertençam a clubes e organizações.[21] Aqui vemos, de novo, o maior cosmopolitismo das classes superiores. O bairrismo da classe trabalhadora se manifesta na esfera do *status*, bem como no foco das donas de casa da classe trabalhadora nas próprias tarefas domésticas.

Âmbitos de produção de *status* ✢ Assim, meu argumento, válido em termos gerais, é que as atividades das donas de casa estão principalmente no âmbito da produção de *status*. Uma expressão equivalente seria "apresentação de *status* goffmaniano na esfera privada". Na nossa sociedade, são principalmente as mulheres que desempenham a tarefa weberiana de transformar classe em filiação a grupo de *status*. E essa produção de *status* é feita em muitos âmbitos.

A *apresentação do status do lar* em si é a casa como produto goffmaniano. Inclui a limpeza da casa, o estilo e a ordem da mobília, e a apresentação da comida. Não surpreende que haja diferenças de classe nas maneiras em que isso é feito.[22] A ênfase da classe trabalhadora está na ordem e, quando possível, na opulência material; sua estética são as cores gritantes e a sentimentalidade artística. Essas reivindicações por atenção de *status* são diretas, enquanto as classes médias altas cosmopolitas valorizam as apresentações mais sutilmente simbólicas. Isso segue o princípio da cultura de classe: o cosmopolitismo conduz à abstração e reflexão.[23]

Uma outra diferença de classe é que, na classe trabalhadora, as mulheres são mais exclusivamente responsáveis pela exibição de *status*. É menos provável que homens que trabalham se preocupem com a maneira como são feitas as tarefas domésticas e tampouco em receber convidados de modo "respeitável", preferindo, como forma de relaxamento,

---

21. Helena Z. Lopata, *Occupation: housewife*, op. cit.

22. Pierre Bourdieu, *Distinction*, op. cit.; Edward O. Laumann & James S. House, "Living room styles and social attributes: the patterning of material artifacts in a modern urban community", em Edward O. Laumann, Paul M. Siegel & Robert W. Hodge (orgs.), *The logic of social hierarchies*, Chicago: Markham, 1970.

23. Randall Collins, *Conflict sociology*, op. cit., pp. 75-76.

as informalidades toscas e calorosas das farras masculinas. Esse conflito entre "respeitabilidade" feminina e informalidade masculina (ou mesmo cinismo) é uma das fontes crônicas de discussões nas famílias da classe trabalhadora.[24] Nas famílias da classe média alta, por outro lado, os homens são altamente cosmopolitas e orientados para entreter seus conhecidos de negócios e colegas.[25] Por essa razão, homens da classe média alta têm mais interesse na exibição estética da casa. Em ocasiões formais, certos âmbitos "femininos" podem até mesmo se tornar masculinos, por exemplo, quando homens de alto *status* se envolvem em culinária ou, pelo menos, na escolha e apresentação dos pratos.

A culinária é a forma mais cerimonial do trabalho doméstico.[26] A apresentação da comida a convidados de fora é por excelência um ritual goffmaniano. Qualquer refeição feita coletivamente tem a característica de um ritual: reúne um grupo, foca a atenção sobre uma atividade comum, e marca cerimonialmente a fronteira entre membros e não membros. Embora muitas vezes tomadas por certas, as formalidades e os costumes de uma refeição, contudo, têm significado simbólico como sinais de comportamento de grupo "apropriado": isso inclui a colocação de travessas e faqueiro de prata à mesa, o costume de começar e terminar de comer juntos, e formalidades mais explícitas, como rezar, trinchar o assado, fazer brindes ou apresentar um bolo de aniversário. Com frequência são dados (e esperados) elogios rituais à comida e cumprimentos à cozinheira.

Se os rituais criam um sentido de solidariedade de grupo e identidade pessoal, isso vale principalmente para a pessoa responsável pelo ritual. Sugiro que essa seja uma razão pela qual as donas de casa tendem a identificar-se com seu papel; e explica, também, porque cozinhar é sua forma favorita de tarefa doméstica.[27] As menos favoritas são lavar roupa, limpar a casa, lavar a louça e passar roupa: tarefas goffmanianas de bastidores que resultam em apresentações no proscênio, mas em que a pessoa que nelas trabalhou não participa, durante o ritual, na parte do proscênio. É trabalho invisível, enquanto cozinhar em geral culmina com a dona de casa chamando a família ou convidados à mesa e presidindo-a, para receber cumprimentos sobre os resultados de seu cenário no palco (ou melhor, na mesa).

24. David Halle, *America's working man*, op. cit.
25. Rosabeth Moss Kanter, *Men and women of the corporation*, Nova York: Basic, 1977.
26. Mary Douglas (org.), *Food in the social order*, Nova York: Russell Sage, 1982.
27. Laurie Davidson & Laura Kramer Gordon, *The sociology of gender*, op. cit., p. 42.

Uma explicação alternativa de ser o cozinhar a forma favorita de trabalho doméstico é a de que, no sentido marxista, é trabalho não alienado. É trabalho de arte: a trabalhadora, ao controlar seus próprios instrumentos de produção, pode introduzir considerável variedade no processo; e seus produtos são para consumo direto. Mas mesmo aqui precisamos sair do formato estritamente marxista, pois não é o consumo físico de comida que é o mais satisfatório – e, especialmente, não apenas consumi-la –, mas sim o consumo em grupo, em um cenário ritual, que produz solidariedade dentro da família. Mais ainda, minha hipótese é de que a forma mais satisfatória de cozinhar seria fazê-lo para convidados de fora. Ali, a cozinheira está produzindo para um mercado, mas um mercado simbólico de *status* dentro da comunidade. Inversamente, minha hipótese é de que, quanto menos cerimonial e coletivo for o hábito da refeição dentro da família, mais a cozinheira sente que cozinhar é simplesmente um fardo.

Por outro lado, o valor das refeições como ocasiões rituais vai torná-las uma possível fonte de conflito. Numerosas brigas familiares, em geral entre mãe (algumas vezes também o pai) e filhos, irrompem com as questões de vir à mesa a tempo, comer o alimento e "comportar-se adequadamente". Tais discussões não podem ser compreendidas como questões meramente utilitárias. Em geral, não há qualquer razão de eficiência a ditar que os membros da família têm de comer todos exatamente ao mesmo tempo; e o valor nutricional de comerem toda a comida provavelmente é supervalorizado em relação às crianças. Em vez disso, essas são questões cerimoniais: comer juntos é sinal de solidariedade; não comer é uma rejeição da participação ritual e, portanto, uma afronta à pessoa responsável pelo ritual. As donas de casa estão, assim, dedicadas a tornar seus filhos membros plenos de rituais, exigindo deles que participem desses rituais na hora das refeições (nem sempre com sucesso, é verdade).

Vemos aqui outro aspecto da posição da dona de casa. Há, no lar, uma estratificação entre pais e filhos. O papel da mãe é uma posição de poder sobre as crianças (embora também envolva serviços em benefício delas). Em relação aos seus filhos, a mãe está na classe que dá ordens, especialmente em relação aos aspectos cerimoniais da casa e em relação à apresentação de *status* às pessoas de fora. A última tarefa inclui certificar-se de que os filhos apresentem uma aparência física limpa, em ordem e até "estilosa", bem como um comportamento moral apropriado para o mundo lá fora. Como previsto pelo princípio de que dar ordens conduz à identificação com o papel oficial da pessoa,[28] as donas de casa com filhos são menos alienadas de seu papel e é mais provável que se identifiquem com ele do que as donas de casa sem filhos.[29] Isso constitui outra complicação na posição de classe das mulheres. A mesma pessoa pode ser recebedora de ordens em seu emprego de classe trabalhadora de colarinho branco e dar ordens, bem como ser líder ritual em casa, em relação a seus filhos e, algumas vezes, até em relação ao marido. E mesmo que ela não consiga dominar a esfera ritual doméstica sem oposição de seus filhos (ou marido), ela toma parte no "conflito de classe" doméstico como representante da classe ritualmente oficial.

O trabalho feminino no setor não doméstico de produção de *status*

O emprego remunerado feminino também está fortemente concentrado no setor de produção de *status*. Examinemos analiticamente a natureza desse setor em relação à estrutura de classe (ver Figura 1). As posições de classe geram diretamente certas atitudes e hábitos. Estes formam *culturas de classe produzidas de maneira espontânea*, formas de pensar e de comportar-se que se desenvolvem por experiências como pessoas que dão ordens e que recebem ordens, e como membros de redes ocupacionais cosmopolitas ou bairristas. Organizações especializadas produzem formas de cultura mais elaboradas.[30] Essa *cultura formalmente produzida* requer insumos materiais, mão de obra especializada e, algumas vezes, longos períodos de treinamento da parte dos consumidores. As organizações que produzem cultura incluem aquelas envolvidas em produzir costumes, objetos de arte, entretenimento musical e dramático, e também literatura, bem como treino geral em gostos, como aquele fornecido por escolas e museus. Bourdieu tende a englobar os dois tipos de cultura, produzidos seja de maneira espontânea ou formal, em uma categoria geral de "capital cultural",[31] embora a maior parte de sua pesquisa esteja centrada no segundo tipo. Contudo, tal divisão vai nos permitir mostrar mais claramente os aspectos autônomos do sistema de produção de cultura em comparação com as operações de reprodução de classe.

28. Randall Collins, *Conflict sociology, op. cit.*, pp. 73-74.
29. Helena Z. Lopata, Cheryl Allyn Miller & Debra Rarnewolt, *City women: work, jobs, occupations, careers*, Nova York: Praeger, 1984-1985.
30. Randall Collins, *The credential society: an historical sociology of education and stratification*, Nova York: Academic, 1979, pp. 60-71.
31. Pierre Bourdieu, *Distinction, op. cit.*

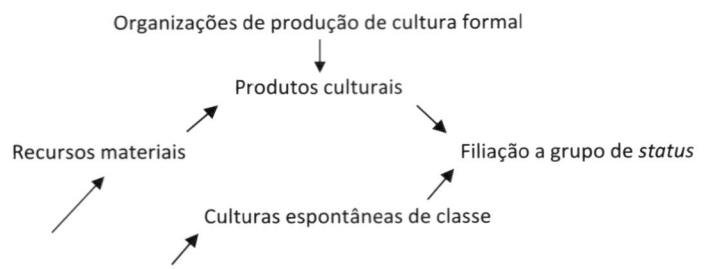

```
                    Organizações de produção de cultura formal
                                    ↓
                            Produtos culturais
                          ↗                  ↖
        Recursos materiais                    Filiação a grupo de status
                    ↗
                       Culturas espontâneas de classe
                    ↗
Posição de poder na organização e na rede (classe)
```
Figura 1 Classe, cultura e produção de *status*.

A posição de classe fornece aos indivíduos alguns recursos para acessar o setor de produção cultural: acima de tudo, o dinheiro para consumir esses produtos, mas também o acesso a esses mercados através de redes de conexão pessoal e organizacional. Além disso, as culturas de classe espontâneas predispõem os indivíduos a consumir determinados tipos de cultura produzida formalmente. A cultura produzida formalmente é estratificante, mas, por muitas razões, não reflete meramente a hierarquia de classe.

1. A cultura é materialmente produzida; portanto, é necessário dinheiro (ou recursos materiais semelhantes) se os indivíduos quiserem adquirir tipos particulares de cultura formal. Mas os gostos culturais são construídos ao longo de extensos períodos de tempo. É esse atraso temporal na produção de gostos culturais que impede a cultura de expressar imediatamente a posição de classe. Essa é a razão pela qual elites antigas costumam desdenhar os novos-ricos, que não sabem como gastar dinheiro com gosto. As altas artes e os gostos sofisticados não são marcados por qualquer qualidade intrínseca, mas não são arbitrários. São aqueles estilos produzidos por profissionais especializados do setor de produção de cultura formal. Os membros das classes mais altas podem construir seus gostos sofisticados e prestar atenção a sutilezas e referências herméticas feitas a altos desenvolvimentos culturais anteriores, porque tiveram longos anos de treinamento como consumidores de arte, entretenimento e costumes diários; e, muitas vezes, muitos anos de educação devotados a adquirir aqueles gostos. O padrão é redobrado pela transmissão indireta de tais gostos por associação pessoal com membros da família e conhecidos que também passaram por anos de treinamento.

2. Quanto maiores as instituições especializadas dentro do setor de produção de cultura, mais esse setor desenvolve sua própria estrutura organizacional interna. Uma classe de pessoas especializadas tem ocupações de produtores de cultura: artistas, professores, atores, *designers*, editores e todo o pessoal auxiliar ligado a eles. É particularmente fácil para pessoas que trabalham nesse setor consumir cultura formal e adquirir os gostos mais "sofisticados" – ou seja, aqueles que são historicamente mais novos, construídos sobre o mais longo acúmulo de desenvolvimento organizacional dentro do setor de produção de cultura. Isso lhes permite causar um curto-circuito no laço entre classe e cultura. A sua posição de classe pode ser mais modesta do que seu nível cultural, por trabalharem onde a cultura é produzida; e, por assim dizer, surrupiam-na para si mesmos no processo de fornecê-la para outros. Isso explica porque o público para as altas artes (música clássica, teatro sério, museu de arte etc.) é composto desproporcionalmente por educadores e outros profissionais nesses campos culturais.[32]

Nas sociedades modernas, a tendência histórica foi de os indivíduos colocarem mais e mais ênfase na produção de *status*. Tendo as necessidades físicas básicas e as comodidades se tornado amplamente disponíveis, a maioria das pessoas investe em bens culturais seu tempo e dinheiro excedentes. Esses bens cobrem um amplo leque. Em uma ponta estão os objetos físicos da vida diária (como roupas, mobília de casa e itens de culinária), que são permeados com simbolismo de *status*; na outra ponta estão atividades como experimentar literatura e arte. Mas a distinção crucial não é o físico *versus* o não físico; há sempre um dado material nas pretensamente etéreas altas artes, e o aspecto cultural dos objetos físicos diários é o estilo de sua aparência. Como indicado anteriormente, a classe trabalhadora tende a reificar seus símbolos de *status*: a tomar objetos materiais como se incorporassem diretamente seu valor de *status*. Os membros das classes mais altas cosmopolitas enfatizam as qualidades imateriais, a natureza dos gostos em si, e as qualidades estéticas de que o objeto material é veículo. É apenas uma ideologia das classes mais altas que identifica a cultura inteiramente com o lado imaterial e que falha em reconhecer o aspecto simbólico do "materialismo" da cultura popular.

As mulheres estão desproporcionalmente envolvidas nesse setor de produção de cultura. Como donas de casa, o papel delas foi cada vez mais se transferindo da produção de necessidades domésticas para o consumo de objetos culturais para a casa: ou seja, elas convertem di-

---

32. Paul DiMaggio & Michael Useem, "Cultural democracy in a period of cultural expansion: the social composition of arts audiences in the United States", *Social Problems*, 26 (2), pp. 180-197, 1978.

nheiro e gastam tempo apropriando-se de produtos do setor produtor de cultura. Como vimos, isso ocorre de formas diversas em diferentes classes sociais. As mulheres em trabalho remunerado também tendem a concentrar-se no próprio setor de produção de cultura. O que tem lugar de numerosas maneiras.

1. Algumas mulheres envolvem-se diretamente nos níveis mais profissionais e autoconscientemente estéticos da produção de cultura: são artistas, escritoras, atrizes e intérpretes. O fato de tais ocupações serem muito desejadas explica porque elas atraem tantos aspirantes à carreira, tanto que a concorrência por trabalhos remunerados sempre é muito alta. Daí, apenas alguns poucos profissionais artistas de primeira linha poderem ganhar grande prestígio e alta renda; aos demais, o retorno econômico médio pode ser muito baixo ou até mesmo negativo.[33] Não temos estudos sistemáticos de quantos indivíduos formaram-se em atuação ou música, quantos livros escritos jamais foram publicados, e também pinturas, esculturas ou outras tentativas de entrar num campo "criativo". Eu diria que uma considerável proporção de esposas de homens da classe média alta, mulheres que não estão empregadas em algum trabalho remunerado, perseguem carreiras como artistas de vários tipos. Frequentemente a despesa (por exemplo, com materiais artísticos) é maior do que a renda profissional, mas a despesa material é equilibrada pelo *status* subjetivo de trabalhar no setor que é o núcleo da própria produção cultural.

2. Nas profissões, o maior emprego remunerado das mulheres está no ensino. Isso também é, em grande parte, produção cultural, no sentido de que o principal resultado da educação são sensibilidades culturais e capital cultural em geral.[34] É verdade que o burocratizado do sistema educacional de massa resultou em uma formalização vazia da escolarização, em que notas e diplomas se tornaram uma credencial puramente externa[35] e que o significado cultural "interno" da educação diminuiu para a maioria dos estudantes. Mesmo assim, a identidade social dos professores ainda carrega um pouco do prestígio subjetivo de participar do setor de produção cultural, e esse prestígio motiva os próprios professores a consumir os aspectos estéticos da cultura em lugar dos reificados materiais.

33. Howard S. Becker, *Art worlds*, Berkeley: University of California Press, 1982.
34. Paul DiMaggio & John Mohr, "Cultural capital, educational attainment, and marital selection", *American Journal of Sociology*, 90: 1231-1261, 1985.
35. Randall Collins, *The credential society, op. cit.*

3. Os valores estéticos são corporificados na forma de objetos físicos, e esses são vendidos em uma série de mercados especializados, por sua proximidade com o núcleo do setor de produção cultural.[36] Na extremidade mais estética estão as galerias de arte contemporânea; em um nível mais próximo do "consumo diário" encontramos antiguidades e móveis artísticos, bem como roupas associadas a estilos de alto prestígio (ou seja, profissionalmente "excêntricas"). As mulheres também são proeminentes nesse setor. De novo, faltam dados sistemáticos, mas parece que as mulheres proprietárias de negócios se concentram pesadamente em pequenas lojas que vendem arte, antiguidades e roupas "estilosas". Também parece que os clientes dessas lojas são, em sua maior parte, mulheres. A principal distinção dos produtos de uma butique – o que lhe permite encontrar um nicho de mercado que já não esteja preenchido por grandes cadeias e lojas de departamentos – é a ênfase nos estilos superatuais e em gostos mais próximos do núcleo do setor de produção cultural. Assim, um considerável setor da economia consiste em mulheres vendendo bens da cultura formal para outras mulheres.

4. Outro setor se concentra em produzir a conduta física das mulheres, e nele trabalha uma considerável proporção da classe trabalhadora manual feminina: o assim chamado setor de "colarinho cor-de-rosa", das esteticistas e cabeleireiras. Esse setor incluiria outras formas contemporâneas de produção da imagem do corpo, como aeróbica e outros tipos de exercício físico. De novo, essa é uma esfera de produção e consumo cultural, mas está focalizada nos corpos femininos. Existe nisso um componente de atração erótica: em parte, as mulheres estão se tornando fisicamente mais atraentes no mercado sexual em relação aos homens. Mas os estilos femininos são um tanto autônomos do gerenciamento da impressão erótica. Há redes profissionais e lançadores de tendências no mundo da "beleza" que geram suas próprias inovações e concorrências. A dinâmica do *status* da aparência feminina pode muito bem consistir em grande parte de mulheres observando e comentando sobre os penteados, cosméticos e roupas umas das outras, com um retorno mínimo dos consumidores masculinos dessas apresentações femininas. É possível dizer que o âmbito da produção de *status* cultural tem diferentes ramificações, e cada uma delas pode escalar sua própria concorrência, desde que os recursos materiais continuem fluindo.

---

36. Cf. Mary Douglas, *The world of goods: toward an anthropology of consumption*, Londres: Allen Lane, 1978.

É preciso notar que também há profissionais masculinos em praticamente todos os setores da produção e distribuição da cultura formal; e, mesmo que as mulheres predominem numericamente, os homens tendem a ocupar as posições mais altas —, por exemplo, como artistas e diretores de renome, como avaliadores de antiguidades e *connoisseurs*, e como famosos cabeleireiros. Como, e por que, os homens dominam até mesmo os setores de cultura feminina? Se deixarmos de lado as indústrias de moda feminina e fizermos as perguntas para as artes em geral, a resposta parece ser que os homens historicamente dominaram a produção artística, pelo menos desde o tempo em que músicos, pintores, atores e outros produtores desse tipo foram organizados para a produção fora da esfera do lar (ou seja, desde que as sociedades tribais e de bandos foram suplantadas por civilizações agrárias estratificadas em classes). Essa foi a época histórica em que as mulheres das classes dominantes estavam mais confinadas dentro de casa, sendo assim excluídas da produção artística profissional. Examinada sob essa ótica, a presença de um número crescente de mulheres no setor da produção artística do século XX parece indicar que esse é um setor tradicionalmente masculino, mas que é relativamente mais aberto para receber mulheres. Por sua vez, isso é, sem dúvida, facilitado pela predominância das mulheres no consumo de objetos culturais.

Atividades voluntárias de esposas das classes média e média alta ❋
Por fim, devemos falar das atividades culturais em que esposas participam que não pertencem nem ao âmbito do trabalho doméstico, nem ao do emprego remunerado. Uma diferença importante entre as esposas dos homens da classe trabalhadora e as daqueles homens em posições mais altas na hierarquia de classe é a menor quantidade de horas gastas em trabalhos domésticos por estas últimas e sua maior participação em organizações voluntárias, como clubes e outras organizações cívicas e beneficentes. Embora muitas delas costumem ser descritas como "clubes sociais", suas atividades não são meramente de entretenimento e lazer. Em geral, a autodefinição oficial dessas organizações sublinha seus propósitos cívicos ou beneficentes. Esposas, principalmente da classe alta, costumam passar grande parte do seu tempo nos conselhos de organizações caritativas, para levantar fundos.[37]

---

[37]. Susan A. Ostrander, *Women of the upper class*, Filadélfia: Temple University Press, 1984.

Certamente há um aspecto em que organizações beneficentes são meramente um subterfúgio para manipulações financeiras. Os ricos usam da caridade para pedir isenções de impostos (embora, de um ponto de vista estritamente financeiro, o resultado ainda seja um prejuízo líquido). Mais importante: o controle de fundações sem fins lucrativos pode ser usado como uma forma de manter o controle de conjuntos de ações – portanto, de sociedades por ações –, e assim faz parte da política interna dessas corporações. Entretanto, acima de tais motivações, há um âmbito do ritual caritativo que pode ser considerado investimento financeiro reembolsado em uma moeda diferente: a moeda do *status*.

O fato de essas organizações unirem pessoas de categorias de classe semelhantes tende a torná-las emblemas de elite, estreitando, em linhas de classe, as fronteiras de afiliação de *status*. Em geral, a ascensão social consiste em manobrar para ser convidado a bailes de caridade e a almoços com membros da classe alta. Mas participar de "caridades" também pode ser uma forma mais direta de produção de *status*, em lugar de apenas um reflexo de classe. As próprias sociedades sem fins lucrativos são organizações inseridas no setor de produção de *status* cultural. A caridade é uma atividade ritual, no sentido descrito por Mauss.[38] Dádivas que não são retribuídas no nível material trazem, para quem as dá, retorno em *status*. Como as pessoas mais pobres não podem recompensar as dádivas dos ricos, estes últimos colhem um retorno em prestígio. Então, a participação na caridade talvez seja a forma mais pura de conversão de riqueza em *status*. Não há absolutamente nenhuma encarnação física, como a dos objetos de arte que estão no lado estético da produção cultural. A caridade em si não pode ser reificada em símbolos materiais, tomados literalmente como fins em si mesmos; a caridade sempre chama atenção para a atitude de quem dá, e não para o objeto dado. A mais alta forma de produção de *status* é, então, precisamente a atividade de não trabalho, que hoje é mais identificada com a classe alta.

Embora os homens tendam a dominar as posições mais altas em organizações beneficentes (como dominam as posições de elite em outros setores da produção cultural formal), para a maioria das famílias das classes mais altas são as esposas que se especializam nesse papel de participação na caridade. Há uma divisão familiar do trabalho, seguindo linhas weberianas. Os homens tendem a especializar-se no setor de classe; suas esposas se especializam em converter em *status* esses recursos

---

38. Marcel Mauss, *The gift* (1925), Nova York: Norton, 1967.

de dinheiro e de tempo de lazer gerados pelos homens. As mulheres fazem isso por meio de seu trabalho doméstico excedente como donas de casa. Na classe média alta, é frequente que o façam como aspirantes (se não já reconhecidas) a produtoras de cultura artística. Muitas vezes mantêm posições de classe média como professoras ou como proprietárias de pequenos negócios, vendendo a varejo objetos imbuídos de cultura. São consumidoras (e algumas vezes produtoras) de autoapresentações especificamente femininas. E (especialmente na classe alta) formam o núcleo das participações em rituais de altruísmo público.

Conclusão ✳ Podemos ver quão complexa é a posição das mulheres no sistema de estratificação. Até agora, se estão empregadas, é mais comum que ocupem posições na "classe trabalhadora de colarinho branco". Também trabalham em um leque mais amplo de cargos (desde a elite até trabalhos manuais) dentro do próprio setor de produção de cultura formal. Todos esses trabalhos comportam um componente cultural que as orienta mais para a hierarquia de *status* e seu incentivo à ascensão social do que para os conflitos de classe, dos que dão ordens *versus* os que as recebem. Secretárias e balconistas, da classe trabalhadora de colarinho branco, costumam ter muitas das atitudes típicas da classe trabalhadora que recebe ordens: orientação organizacional privatizada, em lugar de oficial, e tendência ao bairrismo, em lugar do cosmopolitismo. Mas suas atividades como secretárias frequentemente têm uma qualidade goffmaniana de proscênio, que torna a alienação de classe mais reduzida, do que costuma ocorrer na classe trabalhadora masculina. Com certeza muitas mulheres estão em empregos decididamente manuais da classe trabalhadora, especialmente como operárias e no serviço de limpeza. Um grande número de mulheres trabalhadoras manuais, entretanto, são garçonetes – um emprego que tem um componente goffmaniano importante de proscênio. Alguns desses trabalhos (garçonetes de coquetéis, por exemplo) têm papéis que enfatizam uma imagem erótica feminina e, portanto, entrecruzam o papel de aceitar ordens, da classe, com o papel do mercado sexual, outra esfera goffmaniana com muitas complexidades próprias.

Mal toquei nesse aspecto final da gratificação masculina/feminina: as relações entre homens e mulheres no aspecto que mais explicitamente os põe em contato — a esfera erótica. Não há oportunidade, aqui, para avançar nesse tópico com a profundidade necessária. Basta dizer que, além das diferenças de classe e de *status* já mencionados, os homens e as mulheres são diferenciados socialmente também por seus típicos estilos de operação no mercado sexual. Esses estilos variaram historicamente, incluindo as alianças políticas controladas pelo grupo de tribos estruturadas sobre o parentesco; o mercado "vitoriano" de casamentos, com seus padrões sexuais dúplices; e os relacionamentos sexuais de curto prazo modernos, negociados individualmente.[39] Em geral, homens e mulheres têm diferentes motivações e estilos ao negociar relacionamentos sexuais, e enfatizam diferentes padrões de moralidade sexual. O maior conservadorismo das mulheres em relação aos aspectos simbólicos da comunicação sexual adiciona, às outras características que distinguem as culturas masculina e feminina, uma divisão: de um lado, o "macho" e as farras sexuais; de outro, a "respeitabilidade" feminina. Como Halle constatou em seu estudo sobre os homens da classe trabalhadora, essas diferenças de ênfase sobre a respeitabilidade desempenham um papel frequente no conflito homem/mulher dentro da família.[40]

No total, é provável que as diferenças entre as culturas masculina e feminina sejam maiores naquelas famílias em que homens trabalhadores manuais são casados com mulheres da classe trabalhadora de colarinho branco. No nível de classe mais alto, pode ser que apareçam novamente diferenças fortes, com os homens da classe alta dominantes na organização habitando esferas de vida bastante diferentes das de suas esposas, que se especializam em atividades de produção de cultura. Provavelmente as diferenças culturais homem/mulher sejam minimizadas para os homens da classe média alta que trabalham no setor de produção de cultura: suas próprias posições na classe já estão em atividades carregadas de cultura, compatíveis com as de suas esposas, estejam elas empregadas ou não.

Entretanto, se removermos o setor de produção de cultura e nos concentrarmos nas organizações que fundamentam o poder e a propriedade em nossa sociedade, destaca-se um padrão básico: os lugares mais altos do núcleo da estrutura de classes são predominantemente ocupados por homens. Acima de tudo, é o setor de produção de cultura que conecta as mulheres com os lugares mais altos do sistema de estratificação. São a produção e o consumo de símbolos de *status* que dão às mulheres virtualmente todo seu sucesso autônomo. As mulheres vivem subjetivamente – bem como objetivamente, em termos de seus sucessos – muito mais no âmbito do *status* do que no de classe.

---

39. Randall Collins, *Conflict sociology*, op. cit., pp. 225-254.
40. David Halle, *America's working man*, op. cit.

Isso pode fazer parecer que as mulheres, em sua maior parte, estão vivendo em um reino de ilusão, um passatempo cultural pairando sobre a dura base material da nossa sociedade. Mas, cada vez mais, a economia capitalista do século XX tem extraído seu dinamismo de franquear o simbolismo de *status* para objetos materiais de consumo diário. Em sua maior parte, a promoção de novos produtos é feita pela ligação de objetos comuns, de consumo físico, a símbolos recentes do setor de produção de cultura. Como há concorrência e inovação contínua entre os produtores de cultura, isso dá dinâmica à economia material, criando simbolicamente novos produtos e, através do consumo de *status*, criando demanda para eles. As atividades das mulheres, tanto na produção quanto no consumo da cultura de *status*, pode muito bem constituir a característica que mantém vivo o capitalismo moderno.

Vimos diversos elementos desse dinamismo nos aspectos materiais do âmbito do *status*. A quantidade de trabalho doméstico excedente – ou seja, de insumos para a produção de objetos simbólicos de *status* – cresceu à medida que mais recursos materiais se tornaram disponíveis e a maior produtividade material liberou mais tempo para atividades que produzem *status*. O mecanismo dinâmico envolve os recursos materiais maiores das classes mais altas para criar e consumir objetos que conferem *status*; e sua emulação pelas classes mais baixas, à medida que seu padrão de vida também cresce. Além disso, pode-se argumentar que o capitalismo sempre dependeu de novos produtos e de novos mercados.[41] O consumo de objetos culturais na residência (na forma já pronta ou como matéria-prima a ser transformada pelo trabalho das donas de casa) pode ser, assim, a característica que torna o capitalismo contemporâneo dinâmico e na qual se apoia sua contínua expansão.

---

41. Randall Collins, "Market dynamics as the engine of historical change", *Sociological Theory*, 8 (2): 11-135, 1990.

REFERÊNCIAS BIBLIOGRÁFICAS

- BECKER, Howard S. *Art worlds*. Berkeley: University of California Press, 1982.
- BERGER, Bennett. *Working class suburb*. Berkeley: University of California Press, 1960.
- BERK, Sarah Fenstermaker. *The gender factory: the apportionment of work in American households*. Nova York: Plenum, 1985.
- BOURDIEU, Pierre. *Distinction: a social critique of the judgement of taste*. Cambridge, MA: Harvard University Press, 1984.
- COLLINS, Randall. *Conflict sociology: toward an explanatory science*. Nova York: Academic, 1975.
- _____. *The credential society: an historical sociology of education and stratification*. Nova York: Academic, 1979.
- _____. "Market dynamics as the engine of historical change". *Sociological Theory*, 8 (2), pp. 11-135, 1990.
- COWAN, Ruth Schwarts. *More work for mother: the ironies of household technology from the open hearth to the microwave*. Nova York: Basic, 1983.
- DAVIDSON, Laurie & GORDON, Laura Kramer. *The sociology of gender*. Chicago: Rand McNally, 1979.
- DIMAGGIO, Paul & MOHR, John. "Cultural capital, educational attainment, and marital selection". *American Journal of Sociology*, 90, pp. 1231-1261, 1985.
- _____ & USEEM, Michael. "Cultural democracy in a period of cultural expansion: the social composition of arts audiences in the United States". *Social Problems*, 26 (2), pp. 180-197, 1978.
- DOUGLAS, Mary. *The world of goods: toward an anthropology of consumption*. Londres: Allen Lane, 1978.
- _____ (org.). *Food in the social order*. Nova York: Russell Sage, 1982.
- GANS, Herbert J. *The levittowners*. Nova York: Random House, 1967.
- GOFFMAN, Erving. *The presentation of self in everyday life*. Nova York: Doubleday, 1959.
- HALLE, David. *America's working man: work, home and politics among blue-collar property owners*. Chicago: University of Chicago Press, 1984.
- KANTER, Rosabeth Moss. *Men and women of the corporation*. Nova York: Basic, 1977.
- KOMAROVSKY, Mirra. *Blue-collar marriage*. Nova York: Random House, 1962.
- LASLETT, Peter. *Family life and illicit love in earlier generations*. Cambridge: Cambridge University Press, 1977.
- LAUMANN, Edward O. & HOUSE, James S. "Living room styles and social attributes: the patterning of material artifacts in a modern urban community". Em:

- LAUMANN, Edward O.; SIEGEL, Paul M. & HODGE, Robert W. (orgs.). *The logic of social hierarchies*. Chicago: Markham, 1970.
- LOPATA, Helena Z. *Occupation: housewife*. Nova York: Oxford University Press, 1971.
- _____; MILLER, Cheryl Allyn & RARNEWOLT, Debra. *City women: work, jobs, occupations, careers*. Nova York: Praeger, 1984-1985. 2 v.
- MAUSS, Marcel. *The gift* (1925). Nova York: Norton, 1967 (reimpressão).
- OAKLEY, Ann. *The sociology of housework*. Nova York: Pantheon, 1974.
- OSTRANDER, Susan A. *Women of the upper class*. Filadélfia: Temple University Press, 1984.
- RAINWATER, Lee; COLEMAN, R. P. & HANDEL, G. *Workingman's wife*. Nova York: Macfadden, 1962.
- RIESMAN, David. The lonely crowd. New Haven, CT: Yale University Press, 1950.
- RUBIN, Lillian. *World of pain: life in the working-class family*. Nova York: Basic, 1976.
- SOKOLOFF, Natalie J. *Between money and love: the dialectics of women's home and market work*. Nova York: Praeger, 1980.
- TOCQUEVILLE, Alexis de. *Democracy in America* (1856). Nova York: Knopf, 1945 (reimpressão).
- US STATISTICAL ABSTRACT, n. 55; n. 657. Washington, DC: Government Printing Office, 1987.
- VANEK, Joann. "Time spent in housework". *Scientific American*, 5 (231), pp. 116--120, nov. 1974.
- WHYTE, William H. *The organization man*. Nova York: Doubleday, 1956.

10. SININHOS E *PIN-UPS*:
A CONSTRUÇÃO E RECONSTRUÇÃO DE FRONTEIRAS
DE GÊNERO NO TRABALHO[1] ✷ *Cynthia Fuchs Epstein*

Distinções entre pessoas, grupos e coisas criam fronteiras que as separam física e simbolicamente. Entre as distinções mais difundidas estão aquelas feitas entre homens e mulheres, distinções que marcam, conceitual e efetivamente, a segregação e a enunciação. A diferença entre os sexos está sempre presente na linguagem, na literatura e nas normas. Está centrada na vida diária, mas especialmente em tempos de mudança social, quando se tornam indistintas as diferenças de fronteira e aparecem mecanismos para reintroduzi-las. Assim, de tempos em tempos, a distinção ressoa como uma trombeta chamando às armas, um aviso de problema ou uma celebração. Ou persiste sob a superfície, formando uma pauta latente ou criando um subtexto ideológico de discurso. Está infundida na cultura, integrada na estrutura social e institucionalizada nos padrões e nas práticas de nossas vidas.

O foco na diferença se estende desde o estrito reconhecimento das diferenças de sexo que tornam a reprodução da espécie possível até um conjunto de suposições sobre todo tipo de capacidades e orientações para pensar e sentir. A crença na diferença permeia nossas vidas. A crença cria diferenças; ou define como diferente aquilo que é o mesmo.

Tal crença na diferença resulta invariavelmente em desigualdade, em distinções injustas. Assim, as mulheres sofrem pelas distinções que as proclamam diferentes dos homens; os negros sofrem pelas que os caracterizam como diferentes dos brancos; os jovens são considerados moralmente deficientes comparados aos adultos; e os idosos encaram desprezo por não estarem ligados às preocupações daqueles na meia-idade. O foco de comparação geralmente não é a convergência de atitudes e comportamentos, mas sim sua divergência.

---

[1]. Este ensaio se baseia em uma pesquisa financiada em parte pela Fundação Russell Sage e pela Fundação de Pesquisa da City University of New York. Agradeço profundamente o apoio do Instituto para Pesquisa sobre Mulheres e Gênero, da Universidade Stanford. Agradeço também os comentários feitos por Charles Tilly e Steven Vallas sobre partes deste ensaio, e pelo apoio editorial de Howard M. Epstein. Partes desta análise e do material de entrevista apareceram em Cynthia Fuchs Epstein, "Workplace boundaries: conceptions and creations", *Social Research*, 56 (3), pp. 571-590, 1989.

Em trabalho recente,[2] verifiquei que, no cotidiano da sociedade e mesmo na ciência, pontos de vista sobre diferenças nos impedem de reconhecer quão superficiais são as diferenças entre os sexos para a maioria das atividades da vida. A pesquisa revela que muitas das diferenças padronizadas que notamos empiricamente — por métodos estatísticos, ou meramente pela observação dos sistemas de que somos participantes – podem se originar não de qualidades orgânicas do corpo humano ou atributos profundamente enraizados em psiques distintas, mas pelo forte braço da lei, da força social ou de sua ameaça, e pelas "luvas de veludo" que proveem as sutis restrições, e persuasões da vida social, mantendo homens e mulheres alinhados a definições e expectativas sociais.

Explorei alguns desses processos no local de trabalho, em estudos de mulheres advogadas[3] e, mais recentemente, em um estudo de trabalhadores em comunicação levado a efeito com Kai Erikson.[4] Nesse trabalho, vi como as fronteiras – ao definir e separar as pessoas em classes, comunidades, grupos de trabalho, gêneros e muitas outras classificações – atuam como restrições à igualdade e também à tentativa de instituir mudanças no local de trabalho. Assim, este ensaio centra-se nos processos de manutenção de fronteiras no micronível da interação, indicando como elas se entrecruzam com estruturas institucionais e valores culturais mais amplos.

Como as fronteiras são estabelecidas? ✷ Os meios que criam e mantêm a ordem social são conceituais e estruturais. Em algumas situações podemos identificar claramente quem é responsável por certos arranjos sociais, mas em muitas outras parece que tais arranjos são trabalho de uma mão invisível ou do comportamento coletivo de indivíduos, ao agir com respostas padronizadas. Segundo Gerson e Peiss,[5] as fronteiras marcam os territórios sociais das relações humanas, assinalando quem deveria ser admitido ou excluído. Mais ainda: há regras que guiam e

---

2. Cynthia Fuchs Epstein, *Deceptive distinctions: sex, gender and the social order*, Nova York/New Haven, CT: Russell Sage/Yale University Press, 1988.
3. *Idem, Women in law*, Nova York: Basic, 1981; e "Faulty framework: consequence of the difference model for women in the law", *New York Law School Law Review*, 35 (2), pp. 309-335, 1990.
4. Cynthia Fuchs Epstein & Kai Erikson, *Workplace boundaries* (no prelo).
5. Judith Gerson & Kathy Peiss, "Boundaries, negotiation and consciousness: reconceptualizing gender relations", *Social Problems*, 32 (4), pp. 317-331, 1985.

regulam o trânsito nessas fronteiras, e essas regras instruem sob quais condições elas podem ser cruzadas.

Ao organizá-los em categorias, as fronteiras que ordenam indivíduos são persistentes. E entre as mais persistentes estão aquelas que definem o papel dos gêneros no trabalho. Certamente há circunstâncias em que o *status* sexual se torna menos saliente no cenário do trabalho e não é critério para uma distinção de fronteira. Estamos notando consideráveis mudanças sociais no ambiente de trabalho, particularmente nas profissões em que as mulheres "cruzaram a fronteira" rumo a papéis laborais dominados por homens e empregaram-se em esferas de trabalho onde não houve completa transformação da designação de sexo. Um exemplo disso é a sala do tribunal, onde mulheres praticam o litígio nas mesmas esferas e segundo as mesmas normas que os homens.

Ainda assim, mesmo quando mudam as fronteiras de fato, seja por sexo, classe ou idade, as fronteiras *conceituais* permanecem, como ocorre quando mulheres assumem trabalhos considerados não tradicionais para seu sexo, que permanecem rotulados como trabalhos masculinos, ou quando mulheres assumem comportamentos ou expressam atitudes diferentes das dos homens – empregando estratégias diferentes ou expressando diferentes graus de compromisso – quando, na realidade, estão se comportando do mesmo modo que os homens. As atitudes podem permanecer independentes do comportamento. Afinal de contas, os indivíduos e os grupos desenvolvem investimentos nas distinções de fronteiras. Para os indivíduos, as fronteiras definem quem eles pensam que são: estabelecem os parâmetros do que Markus e Nurius chamam de "possíveis eus (*selves*)", que vão determinar motivação, tomadas de decisão e comportamento, tanto no cotidiano como nos aspectos de longo prazo em nossas vidas.[6] Os grupos também se apoiam em distinções a fim de criar uma fronteira entre "nós" e "eles" para se autodefinir.

As distinções de fronteira que vêm da cultura – sejam provenientes das ideias gerais e das imagens da cultura de massa, sejam das práticas comuns da vida diária em comunidade e na família – costumam ser consideradas como normais, necessárias e justas. A ideologia acompanha a experiência. Mas pode, também, refleti-la, conduzi-la ou contradizê-la.[7]

---

6. Hazel Markus & Paul Nurius, "Possible selves", *American Psychologist*, 41 (9), pp. 954-969, 1986. Também servem, com certeza, para limitar a possibilidade de ter "eus" além daqueles que são atribuídos.

7. Fronteiras de grupos, como as das comunidades, desempenham a mesma função que

Não é preciso que as distinções criadas pela cultura conduzam necessariamente a comparações desagradáveis, mas elas quase sempre o fazem.⁸ Quase sempre elas estão disfarçadas em dicotomias e trazem consigo avaliações, bem como descrições e prescrições. Masculino/feminino é apenas uma de tais designações, mas obviamente há muitas mais: preto/branco; jovem/velho; sujo/limpo; qualificado/não qualificado; informal/formal; local de trabalho/lar; classe alta/classe baixa.

De uma perspectiva bem informada, em vez de designações absolutas, as distinções poderiam ser concebidas como fenômenos contínuos ou sobrepostos; mas as distinções dicotômicas desempenham um papel específico na categorização social. Por exemplo, as pessoas são de todos os matizes, mas dicotomicamente separadas em pretas e brancas (ou mais recentemente, tricotomicamente em outras designações de cor, também absolutas, como pardas). A classificação por designação de cor,

as fronteiras de todas as categorias de conhecimento. Todas essas categorias são marcadas, por simbolismo, como nos alertou Rodney Needham, em *Symbolic classifications*, Santa Monica, CA: Goodyear, 1979. O simbolismo pode tornar-se explícito através de rituais que discriminam entre papéis sociais, vida e morte, estágio do ciclo de vida, gênero, e puro ou poluído. Mas boa parte do simbolismo, como Anthony Cohen assinala, não tem vocabulário especial ou comportamento idiomático: é parte do significado que atribuímos a coisas instrumentais e pragmáticas, como as palavras; ver Anthony Cohen, *Symbolic construction of community*, Londres: Tavistock, 1985. As palavras denotam objetos e transmitem atitudes. Por exemplo, palavras como *liberdade* e *democracia* não só descrevem formas de governo e *status* legal: também nos dizem que atitude tomar em relação a essas formas. De modo semelhante, *trabalho de mulher* não nos diz só o que as mulheres fazem, mas, também, que aquele trabalho não é para homens. E *trabalho não especializado* claramente denota uma forma de trabalho inferior àquele *especializado*. Assim, segundo Cranston, as palavras usadas para fazer distinções podem ser consideradas palavras de "viva!" ou palavras de "vaia"; ver Maurice Cranston, *Freedom: a new analysis*, Londres: Longman, 1954. Já Mary Douglas, mais tarde, mostra diretrizes implícitas alojadas em certas palavras. Por exemplo, ela assinala que o uso da palavra *sujeira* significa mais do que as partículas sob as unhas; também expressa uma atitude "Eca!" e prescreve um remédio: "Esfregue!". Assim, *banana* não é apenas um epíteto: o nomeado também está sendo aconselhado a erguer-se e a ser homem; ver Mary Douglas, *Purity and danger: an analysis of concepts of pollution and taboo*, Londres: Penguin, 1966.

8. Cynthia Fuchs Epstein, "Ideal roles and real roles or the fallacy of the misplaced dichotomy", *Research in Social Stratification and Mobility*, 4, pp. 29-51, 1985; e *Deceptive distinctions, op. cit.*

e não pelo matiz real, traz consequências para a educação, a residência e o relacionamento social. Na realidade, o matiz pode absolutamente não contar. Em testemunho submetido ao Congresso, em 1912, o historiador Philip Foner escreve sobre o racismo de um grupo de líderes sindicais: "Muitos dos líderes da AFL [American Federation of Labour] referiram-se a si próprios como 'homens brancos', amontoando num só grupo os italianos, poloneses e negros como 'não brancos'".[9]

Tanto as pessoas comuns como os cientistas gravitam em classificações dicotômicas na organização de seu pensamento (por exemplo, ciências físicas e sociais, dados *hard* e *soft*, abordagens qualitativa e quantitativa). Alguns são atraídos pela economia conceitual que a dicotomia fornece para propósitos analíticos. Outros se interessam por distinções que têm implicações no mundo real. Isso é particularmente verdadeiro, por exemplo, para aquelas que maximizam o interesse de uma categoria em detrimento de outra, como na distinção classe alta/classe baixa – especialmente quando a distinção vai além de bens pecuniários e se move para a esfera das maneiras e do comportamento formal. Michèle Lamont, por exemplo, mostra como atributos culturais, como a instrução em alta cultura, e atributos morais criam fronteiras entre homens da classe média, trazendo consequências para a aceitabilidade de alguns, e a exclusão de outros, em empregos de classe média alta.[10]

As distinções dicotômicas que delineiam atributos de personalidade – tais como a capacidade de individualizar-se ou de relacionar-se como sendo distintamente "masculina" ou "feminina" – marcaram a obra de autoras como Nancy Chodorow[11] e Carol Gilligan.[12] Essas escritoras atraíram um substancial número de seguidoras feministas acadêmicas, que reivindicam serem as observações de uma mulher informadas por seu "ponto de vista" feminino. Embora não estando aí especificamente declarado, esses trabalhos teóricos sugerem que os "cuidados" femininos – expressados em seus estilos relacionais, sua capacidade de cuidar e criar, e sua moralidade – são de maior valor do que a capacidade de

---

9. Philip Foner, *The policies and practices of the American Federation of Labor, 1900-1909*, Nova York: International, 1964, p. 256.
10. Michèle Lamont, *Money, morals, and manners: the culture of the French and the American upper-middle class*, Chicago: University of Chicago Press, 1992.
11. Nancy Chodorow, *The reproduction of mothering: psychoanalysis and the sociology of gender*, Berkeley: University of California Press, 1978.
12. Carol Gilligan, *In a different voice*, Cambridge, MA: Harvard University Press, 1982.

uma orientação abstrata para a individualidade e a justiça, que é atribuída aos homens. Hoje, a comunidade acadêmica feminista está em desacordo entre si: trava-se um debate entre aquelas que afirmam estarem as diferenças entre homens e mulheres profundamente enraizadas, desde influências primitivas (maximalistas), e aquelas que acreditam serem tais diferenças construções sociais, sujeitas a alterações não só por mudanças na situação social, mas também por intervenção social (minimalistas). A crença no "essencialismo" marca uma escola conhecida como "feminismo cultural", que pode ser encontrada em muitas disciplinas acadêmicas, das ciências sociais às humanidades, e mesmo no direito (marcando o trabalho de quem faz "jurisprudência feminista").[13] Em outra obra,[14] analisei a sustentação intelectual para este debate e as evidências que, acredito, apoiam uma perspectiva minimalista.

Claramente, conceitos como "moral" ou "imoral", "culto" ou "inculto", ou mesmo "preocupado" ou "distante", podem ser traduzidos em comportamento real; a ideia pode ser transformada em realidade por meios tão distintos quanto uma profecia autorrealizável ou uma sanção executiva. E, como pretendo mostrar mais ainda, os controles de um setor (por exemplo, normas comunitárias levadas para o local de trabalho) podem facilmente ser exercidos em outro.

Ainda assim, nem sempre há consenso sobre o que uma fronteira abrange ou mesmo a que a designação de uma categoria se refere. Anthony Cohen nota que, por serem estabelecidas conceitualmente, as fronteiras podem ser percebidas em termos bem diferentes, não só por pessoas de lados opostos de uma fronteira, mas, também, por aqueles do mesmo lado.[15] Segundo Cohen, todas as categorias sociais são variáveis em significado e, muitas vezes, o conteúdo de uma categoria é tão pouco definido que ela só existe, em grande parte, em termos de suas fronteiras simbólicas. Termos como *justo* e *injusto* – e, talvez, *masculino* e *feminino* – podem ser impossíveis de esquadrinhar com precisão. Entretanto, o leque de significados capaz de ser subsumido por esses termos (que por certo são símbolos) pode ser encoberto, precisamente por

---

13. Cynthia Fuchs Epstein, "Faulty framework: consequence of the difference model for women in the law", *New York Law School Law Review*, 35 (2), pp. 309-335, 1990.

14. *Idem*, "The difference model: enforcement and reinforcement of women's roles in the law", em Judith R. Blau & Norman Goodman (orgs.), *Social roles and social institutions: essays in honor of Rose Laub Coser*, Boulder, CO: Westview, 1991.

15. Anthony Cohen, *Symbolic construction of community, op. cit.*

permitir que seus aderentes anexem a eles seus próprios significados. Certamente tal opacidade pode restringir, mas também pode permitir a mudança social.

As interpretações variam dependendo das circunstâncias de interação e de como a interação é definida no contexto em que ocorre. O mesmo comportamento pode ser interpretado de formas diversas em diferentes cenários. Por exemplo, em grupos totalmente femininos, as mulheres podem comportar-se de maneira obscena sem medo de serem consideradas não femininas,[16] embora a obscenidade seja, em geral, considerada comportamento masculino; e, em alguns grupos totalmente masculinos (por exemplo, em esportes e na guerra), os homens muitas vezes demonstram comportamento terno e afetivo,[17] que, em grupos mistos, poderia ser interpretado como não masculino. Entretanto, quando tais comportamentos se tornam públicos, pode ocorrer a redefinição ou reinterpretação sobre o que é "normal" para uma categoria particular de pessoas.

Por outro lado, há entendimentos coletivos sobre certas conotações que são culturalmente persistentes, e – faça ou não sentido a definição de uma categoria – os defensores da visão tradicional vão fazer todo o possível para tornar "intransitável" uma fronteira. Como aponto mais adiante, é frequente que o façam com a complacência daqueles que podem sofrer com a distinção ou dela obter, no máximo, apenas benefícios secundários.

Os meios de manutenção de fronteiras podem ser mecânicos e físicos. Mas podem também ser conceituais e simbólicos. Podem ser engendrados com grandiosidade por líderes altamente visíveis ou, como observa Ivar Berg, através de tiranias mais rasteiras.[18] E, como alertou Harry Braverman, podem ser políticas intencionais de capitalistas otimizando suas vantagens[19] ou, como outros documentaram, resposta de traba-

---

16. Sallie Westwood, *All day, every day: factory and family in the making of women's lives*, Champaign: University of Illinois Press, 1985.

17. Michael Yarrow, "Class and gender in the developing consciousness of Appalachian coal miners", Trabalho apresentado na V Conferência Umist-Aston sobre Organização e Controle do Processo de Trabalho, Manchester, Inglaterra, 22-24 de abril de 1987.

18. Ivar Berg, "Deregulating the economy and reforming workers: the eclipse of industrial economy", em Robert Mulvihill (org.), *Reflections on America 1984: an Orwell symposium*. Athens, GA: University of Georgia Press, 1986.

19. Harry Braverman, *Labor and monopoly capitalism: the degradation of work in the twentieth century*, Nova York: Monthly Review, 1974.

lhadores de nível baixo tentando encontrar uma justificativa para a sua situação. Tais meios podem ser propostos pelos mais radicais defensores da mudança social, bem como por aqueles mais a favor da tradição.[20] E também podem ser reforçados em despercebidos hábitos e linguajares da vida diária, seguidos diligentemente pela família e por amigos, por parceiros de negócios e colegas, ou em uma culpa individual ou coletiva derivada de valores compartilhados.

Então, o controle pode ser exercido no nível micro, ou em níveis nem sempre perceptíveis, embora também seja verdade que há pessoas que muitas vezes têm plena consciência de que palavras – bem como comportamentos simbólicos de outro tipo, como rituais e cerimônias – são instrumentos, ferramentas e armas para erigir paredes ou demoli-las. Na base, a própria linguagem cria fronteiras, ao fornecer os termos com que se agrupam as coisas e os comportamentos, reais ou supostos.

Não estou sugerindo que as designações culturais são mais poderosas do que as estruturais ou as sociopsicológicas, mas sim que há interação entre as três. Talvez as pessoas se apeguem a certas designações porque suas identidades estão correndo risco, ou porque estão imersas em um sistema de crenças que as convence de que essas distinções são naturais ou normais (ou enviadas por Deus ou conduzidas pelo diabo). Tais convicções podem ser mantidas tanto por quem é servido pelas distinções como por quem não o é.

Assim como os indivíduos têm interesses nas condições materiais de suas vidas e lutam para manter suas vantagens e territórios, eles também têm interesse em preservar suas identidades. Como veremos, algumas das razões pelas quais as pessoas se envolvem em fronteiras são ligadas ao fato de seu senso de si mesmas, sua segurança, sua dignidade estarem ligados a certas distinções de fronteira, e esses investimentos pessoais estarão estreitamente vinculados a autoridade e hierarquia.

Em seu trabalho sobre a reprodução cultural, Bourdieu e seus colaboradores mostram as maneiras pelas quais grupos dominados contribuem para sua própria subordinação devido a estruturas mentais diferenciadas por classe ou *habitus* (isto é, disposições diferenciadas por classe e categorias de percepção moldadas por condições de existência).[21] Entranha-

---

20. Cynthia Fuchs Epstein, "The difference model: enforcement and reinforcement of women's roles in the law", *op. cit.*
21. Pierre Bourdieu, *Distinction: a social critique of the judgement of taste* (1979), Cambridge, MA: Harvard University Press, 1984 (reimpressão).

das no sistema simbólico dominante que contribui para sua reprodução estão as oposições binárias (raro/comum, interessado/desinteressado). Como destaquei em outros trabalhos, o pensamento dicotômico desempenha um papel importante na definição das mulheres como "outras", como desviantes, e em suas autodefinições.[22] Embora não tenham sido os primeiros a fazer isso, a maneira como Foucault, Bourdieu e outros teóricos europeus da cultura definem poder – como a habilidade de impor uma definição específica da realidade, a qual é desvantajosa para outros (por exemplo, a "violência simbólica" de Bourdieu); ou a capacidade de estruturar a situação de outros, de modo a limitar sua autonomia e suas oportunidades de vida (por exemplo, o "regime" de Foucault) – vai articular muito bem a estrutura e o processo relevantes para a construção do gênero. Isso é "o poder de moldar alternativas e controlar oportunidades, de obter e moldar o consenso, fazendo com que a garantia da legitimidade das classes dominantes pareça não só espontânea, mas natural".[23]

Esses autores também estão preocupados com os efeitos estruturais da cultura, ou seja, como a cultura, seja em sinais culturais ou na ideologia, afeta a posição das pessoas no sistema de estratificação. Os escritos de Foucault reconstroem a maneira como o discurso molda e estrutura a subjetividade; e como os sistemas de classificação estruturam a realidade.

Sua abordagem mostra como o poder é onipresente na vida social, operando, no nível micro dos relacionamentos face a face; e no nível macro da realidade social. Isso é particularmente evidente no caso de questões de gênero, pois leis e regras segregam homens e mulheres em várias esferas institucionais. Tal poder também opera no decorrer da sociabilidade comum, que é governada pelas regras latentes da interação social.

---

22. Cynthia Fuchs Epstein, *Woman's place: options and limits in professional careers*, Berkeley: University of California Press, 1970; e, da mesma autora, "Ideal images and real roles: the perpetuation of gender inequality", *Dissent*, 31 (4), pp. 441-447, 1984.

23. Agradeço a contribuição de Michèle Lamont & Robert Wuthnow pelas referências a Bourdieu e Foucault e por essas ideias. Em: "Betwixt and between: recent cultural sociology in Europe and the United States", em George Ritzer (org.), *Frontiers of social theory: the new synthesis*, Nova York: Columbia University Press, 1990. As aspas, extraídas da p. 295 daquele volume, são uma citação de Stuart Hall, "Cultural studies at the center: some problematics and problems", em Stuart Hall *et al.* (org.), *Culture, media, language*, Londres: Hutchinson, 1984, p. 38. Ver também a obra citada de Stuart Hall; além de Cynthia Fuchs Epstein, "Ideal images and real roles", *op. cit.*; e, também, da mesma autora, *Deceptive distinctions*, *op. cit.*

Para Bourdieu, Foucault e outros teóricos culturais europeus, o poder não é mensurado pela ocorrência de submissão indesejada e não está limitado a afetar o comportamento dos outros. Concebe-se que influenciar a situação ou posição deles na estrutura social de maneira desvantajosa é um caminho mais difuso e importante para exercer o poder.[24] Isso também é válido no caso de muitos cientistas sociais que estudam tais processos e também ficam empenhados em distinções específicas, especialmente quando, por razões metodológicas, tratam os *status* como se fossem fenômenos separados.

Fronteiras de gênero ❈ A ordenação social do local de trabalho tendo como base o sexo do trabalhador é um fenômeno que persevera, sendo muitas vezes explicado por referências a forças de mercado, escolhas pessoais e assim por diante. Mas há diferentes controles sociais que mantêm as distinções de gênero no local de trabalho. Nesta seção, vou apontar e delinear mecanismos que afetam as fronteiras de gêneros em vários locais de trabalho, estudados por mim e por outros na última década.[25]

Em 1973, como resultado de um termo de ajuste de conduta com o governo americano, a AT&T instituiu um programa de ação afirmativa destinado a desagregar categorias de trabalho. Vários homens e mulheres foram colocados em trabalhos considerados não tradicionais para seus sexos. Assim, homens se tornaram operadores de telefonia e mulheres tiveram oportunidade de candidatar-se a trabalhos de instalação e conserto de equipamentos.

Mas as expectativas de longa data – entre as famílias dos trabalhadores, bem como na cultura geral – sobre como deveriam ser os trabalhos de homens e de mulheres, tanto na empresa como fora dela, foram violadas por essa nova política. Assim, como era de se esperar, homens e mulheres participantes do sistema usaram tanto o comportamento real como o simbólico para defender ou restaurar as distinções tradicionais da fronteira de gênero. Para ilustrar o processo, seguem-se fragmentos de entrevistas que Erikson e eu fizemos com trabalhadores em comunicação.

24. Para discussões mais extensas de determinados autores sobre esse assunto, ver Michèle Lamont & Robert Wuthnow, "Betwixt and between", *op. cit.*

25. Alguns dos exemplos dos trabalhadores em comunicações também estão citados em Cynthia Fuchs Epstein, "Workplace boundaries: conceptions and creations", *op. cit.*

Uma mulher operadora de telefonia reportou a opinião de seu filho sobre os operadores homens com quem ela trabalhava:

Eu tenho um filho de 23 anos e no ano passado ele perdeu o emprego. Eu disse a ele: "Por que você não preenche um requerimento para a companhia de telefonia?" [como operador] [...] Ele respondeu: "Mã, acho que mesmo se me oferecessem mil dólares por semana, líquidos, eu não pegaria esse trabalho. Quando eu vou lá com você [para visitar a empresa telefônica] e vejo aqueles caras sentados lá eu me pergunto o que está errado com eles. Eles são bichas ou o quê?[26]

Alguns operadores homens sentiram a mão pesada do controle de fronteira proveniente de fora do local de trabalho, de clientes que, ao chamarem, ouviam um homem na linha, em lugar da esperada operadora. Como um operador desse mesmo escritório disse: "Teve gente que me chamou de 'fada Sininho', ou disse: 'Ah, você é um desses bastardos *gays*!' Eles acham que, se estou em uma profissão de mulheres, então devo ser veado". Ou o ponto de vista do próprio homem, ao considerar a inadequação de estar em um trabalho "de mulher": "Eu preferia estar fazendo um trabalho manual lá fora em lugar de estar sentado aqui. Eu me sinto igual a um elefante numa loja de louças. E não gosto disso. Têm esses teclados, e dizem para usar todos os dedos. E as mulheres estão indo rápido, meu Deus. E eu estou sentado lá – vou digitar uma tecla e digito duas, e então tenho de apagar". Ao ser perguntado: "O equipamento não é feito para um homem?", ele respondeu: "É projetado como uma máquina de escrever".

Cynthia Cockburn[27] e, mais tarde, Patricia Roos[28] mostraram como os impressores homens desprezam a composição por computador, que veem como trabalho de mulheres. Cockburn constatou que a habilidade dos compositores para operar um linotipo numa gráfica era um incentivo para o senso de masculinidade deles. Para esses homens, o

---

26. *Idem*, p. 577. Os exemplos citados a seguir encontram-se na mesma obra.
27. Cynthia Cockburn, *Brothers: male dominance and technological change*, Londres: Pluto, 1983.
28. Patricia Roos, "Hot-metal to electronic composition: gender, technology and social change", em Barbara F. Reskin & Patricia A. Roos (orgs.), *Job queues, gender queues: explaining women's inroads into male occupations*, Filadélfia: Temple University Press, 1990.

trauma infligido pela mudança tecnológica veio não só da desqualificação, mas também da transformação de um local de trabalho do tipo oficina, com uma longa tradição, em um ambiente de colarinho branco. Nas palavras de um impressor: "Eu não sei o que é. Simplesmente não é masculino o bastante para me satisfazer". Outro comentou que a automação "pode tornar-nos todos uns docinhos [...] Acho que pode nos tornar, não sei se esta é a palavra, 'frouxos' (*effete*). De alguma forma, menos homens".[29]

Gestores da empresa telefônica compartilham esses estereótipos arraigados que equiparam o sexo do trabalhador ao trabalho. Mesmo após o termo de ajuste de 1973, eles ofereceram resistência às mudanças na política da empresa. Em um escritório, quando faziam um atendimento perfeito, davam-se pulseiras de balangandãs às mulheres. Quando os homens trabalhavam no mesmo cargo e conseguiam o atendimento perfeito, recebiam o mesmo presente. Como não se desenvolveu um presente "masculino" mais apropriado, a definição do trabalho de operador telefônico foi reforçada como um trabalho de mulher e aumentou o desconforto dos homens em desempenhá-lo.

Mulheres recrutadas para trabalhos antes reservados inteiramente a homens também encararam a ambivalência gerada pelo investimento feito pelos homens na imagem masculina de seu trabalho, como fonte de identidade e recompensa; e houve insistência dos homens de que as mulheres eram incompetentes para lidar com o trabalho. Muitos deles expressaram a opinião de que as mulheres seriam bem-vindas, mas solaparam essa receptividade enfatizando como seria difícil para elas, porque as qualidades necessárias de resistência, força e capacidade mecânica exigiam lidar com trabalho sujo e perigoso.

A ideologia de gênero e o sistema de recompensa \ Os trabalhadores homens em ocupações tradicionalmente de colarinho azul acentuam sua masculinidade distinguindo seu trabalho daquele das mulheres. Mas entre os homens, os que se consideram os mais machos derivam daí certo senso de identidade, e as recompensas que vêm com ele, ao considerar afeminados os homens que exercem outros trabalhos artesanais e também os gestores, reforçando uma fronteira "eles/nós". Na companhia telefônica, os trabalhos mais masculinos eram definidos como os dos montadores, que obtinham conforto e afirmação ao estabelecer

---

[29]. Cynthia Cockburn, *Brothers*, op. cit., p. 108.

uma fronteira entre o trabalho deles e o dos instaladores e reparadores, que também estavam "fora" dos trabalhadores de oficina tidos em alta conta na empresa. Os montadores zombeteiramente, para significar os trabalhos "mais suaves", se referiam a instaladores e reparadores como "mulheres" (da mesma maneira, os líderes da AFL se referiam a poloneses e italianos como não brancos).

Harry Braverman escreveu que os trabalhadores de nível baixo endossam uma lógica das fronteiras para justificar seu *status* e sua posição.[30] Circunscrevem sua experiência à de outros dentro da mesma classe, para identificar aqueles que têm situações ainda piores.[31] Barbara Garson, em seu estudo sobre operários de fábrica, mostrou que "uma maneira de todo mundo manter a moral alta [...] era ter pena de todos os outros". Os homens tinham pena das mulheres por fazerem tarefas de menor importância: "As mulheres pensam que está bem para elas, mas têm pena de um homem que tem isso como sua carreira. Os negros têm pena de qualquer branco que tivesse de pegar um trabalho como aquele. Os brancos têm pena dos negros que nunca vão ter nada melhor".[32]

Nos comentários a seguir, extraídos de minhas entrevistas, pode-se ver como os montadores não só enunciavam um senso de orgulho (que dependia de valorizarem-se mais favoravelmente que a homens em outros trabalhos), mas também um alto investimento pessoal nas qualidades de "macho" dos montadores:

Eles são mais leais uns aos outros, em oposição a reparadores/instaladores [...] eles são mais leais uns aos outros em uma gangue, e a seu chefe de seção e ao trabalho. Nós trabalhamos ao ar livre em todo tipo de clima, entrando em poços de inspeção onde alguns reparadores e instaladores não chegam nem perto [...] acho que eles realmente pensam em nós como animais.

É isso aí, eles [instaladores e reparadores] não descem para os subsolos porque é muito escuro e sujo. Pedem assistência porque não gostam da aparência da vizi-

---

30. Harry Braverman, *Labor and monopoly capitalism, op. cit.*
31. Ann Bellows, "The New York City Volunteer Corps: an analysis of workplace passages and boundaries", Departamento de Sociologia, Centro de Graduação, City University of New York, 1991.
32. Barbara Garson, *All the livelong day: the meaning and demeaning of work* (1975), Nova York: Doubleday, 1986, p. 20.

nhança. Quero dizer, nós também podemos fazer a mesma coisa, mas parece que eles cansam do trabalho muito mais rápido que isso.[33]

Essa ideologia de gênero e o senso de coletividade experimentado pelos montadores alimentou a autodefinição deles. Aqui, a ocupação e a autoimagem se fundem, de modo que as fronteiras da ocupação (ou seja, a descrição do cargo) se tornam as fronteiras do *self*. Isso é expressado em comentários de montadores que entrevistei:

Havia um comercial na televisão. Era uma família decorando uma árvore e então era hora de dizer boa-noite. O marido e a mulher tinham ido para a cama, as crianças também, agora as luzes estão apagadas e o telefone toca. O cara atende o telefone, levanta-se e se veste. Vai para o carro e guia até uma garagem onde há caminhões da *companhia telefônica*. Ele entra em um caminhão e vai consertar um defeito. Ele era um montador [...] A ideia era que *nós, a companhia telefônica*, trabalhamos em quaisquer condições, a qualquer hora, para prestar serviços a *vocês, o povo*. Eu apreciava aquele comercial. Não acho que muita gente realmente se lembre dele, mas eu me lembro porque é isso o que nós fazemos. *Somos montadores e é assim*. Acho que um montador está disposto a ir um pouco mais além [...] ele está disposto a descer à lama um pouco mais rápido do que outra pessoa e eu acho que isso acaba se infiltrando em sua vida pessoal.
[Isso torna] nossas personalidades um pouco mais agressivas; mais rápidos para tomar decisões [...] isso é o que um montador faz, ele toma decisões. Um montador, eu acho, tem um bom senso de equilíbrio, um bom senso de equilíbrio de seu trabalho e de sua vida.[34]

A ideologia de gênero como meio de assegurar a adesão ao trabalho

✳ Os gerentes podem reforçar os pontos de vista culturais sobre as fronteiras entre o trabalho dos homens e o das mulheres porque tais pontos de vista parecem razoáveis, mas também podem manipular a ideologia de gênero porque aumentar as distinções de gênero fornece, às vezes, um meio de controlar os trabalhadores, de solapar a resistência deles e maximizar o consentimento no trabalho.

Um chefe de seção de um grupo de operadores de linhas (*switchmen*) entrevistado por Steven Vallas para seu estudo sobre a consciência de classe no sindicato dos Communications Workers of America (CWA – Tra-

---

33. Cynthia Fuchs Epstein, "Workplace boundaries", *op. cit.*, p. 581.
34. *Idem, ibidem.*

balhadores em Comunicações Americanos) relatou como ele usou a cultura da masculinidade entre os trabalhadores de oficina para humilhá-los em uma queixa sobre a qualidade do papel higiênico que a empresa fornecia (parte de um grupo maior de reclamações). O chefe de seção, recorrendo à ideologia de gênero, "admitiu" para seus operadores que houvera um erro. O papel higiênico que tinham recebido na verdade tinha sido pedido pelos montadores, que, naturalmente, eram mais durões e mais másculos do que os operadores. À medida que relatava a história, "os trabalhadores sabiam que eu estava dizendo a eles que eles não podiam aguentar aquilo [...] Nunca mais ouvi reclamações sobre papel higiênico de novo".[35]

As diferenciações de gênero podem aumentar ou diminuir a categoria e o poder da mão de obra. Os sindicatos tradicionais de artesãos usavam uma ideologia de macho para organizar e manter a lealdade dos associados. Gerentes disseram a Vallas que a militância sindical estava diretamente relacionada à força física manifestada no trabalho. Mas os sindicatos resistiam a recrutar trabalhadoras, em parte por serem mulheres, em parte por não serem qualificadas. Como assinala Brooks, a International Brotherhood of Electrical Workers (IBEW – Fraternidade Internacional de Trabalhadores em Eletricidade) não queria sindicalizar mulheres operadoras de telefonia porque temia-se que o direito de voto das mulheres pudesse exigir "que homens que lidam com choques elétricos se submetessem para sempre aos regulamentos das mulheres operadoras de telefonia".[36]

As salas da CWA, que visitei em minhas pesquisas etnográficas de ambientes de trabalho, estavam decoradas com estantes de armas e *pin-ups*, e não eram um ambiente hospitaleiro para mulheres. Também era grosseira a linguagem exibida em *slogans* e placas – por exemplo, o clássico (e sociologicamente astuto): "Se você os tiver pegado pelas bolas, seus corações e mentes o seguirão".[37] As mulheres trabalhadoras

---

35. Ver Steven Peter Vallas, *Working for Bell: a study of technology, work and class consciousness*, Filadélfia: Temple University Press, no prelo, citando comunicação pessoal.
36. Thomas R. Brooks, *Communications Workers of America: story of a union*, Nova York: Mason-Charter, 1977, p. 11.
37. Ainda assim, devido à diminuição no número de trabalhos de oficina tradicionalmente masculinos, o CWA encara uma redução em sua base de recrutamento, e alguns representantes sindicais estavam se tornando mais receptivos a sindicalizar mulheres. Mais ainda, por estarem encarando condições de trabalho semelhantes ou iguais às das mulheres, muitos de seus membros estavam aprendendo a valorizar certos problemas, antes deixados de lado por serem problemas de trabalho das mulheres.

em construção, estaleiros e outras ocupações dominadas por homens encaram violências visuais – como fotos de mulheres nuas, com comentários escritos sobre elas – e provocações sexuais.[38] Os homens também controlam as mulheres ao isolá-las da camaradagem informal do local de trabalho, e fazendo gracejos e insinuações sexuais. Recentemente, estudos constataram consistentemente que cerca de 30% das mulheres trabalhadoras de colarinho azul relatam assédio.[39]

Na companhia britânica de meias e acessórios femininos estudada por Sallie Westwood, fronteiras culturalmente determinadas serviram a interesses de homens sindicalizados. Em um conflito, os sindicatos apoiaram grandes diferenciais entre os salários de homens e os de mulheres, alegando que o trabalho dos homens era qualificado, enquanto o das mulheres não o era. Segundo Westwood, isso ilustra que a luta contra baixos pagamentos está intimamente ligada a uma luta contra ideologias sexistas no movimento sindical.[40]

Em seu trabalho sobre mineiros de carvão na região dos montes Apalaches, Michael Yarrow apontou que a gerência apelava para os valores masculinos de força física, competição e coragem como meio de obter o consentimento do trabalhador para o trabalho árduo e perigoso. Juntamente com dois outros homens, um mineiro foi encarregado de erguer pesados trilhos de aço. Um deles comentou que parecia um trabalho para quatro homens. O capataz perguntou: "Qual é o problema? Você não é homem bastante?".[41]

38. Recentemente, uma soldadora de estaleiro, que acusou o empregador de assédio sexual, obteve uma decisão judicial inovadora: exibir fotos de mulheres nuas ou parcialmente nuas é uma forma de assédio sexual. Howell Melton, juiz da corte federal do distrito de Jacksonville, Flórida, considerou o empregador responsável pelo assédio, alegando que o estaleiro mantinha "uma atmosfera de clube de rapazes com implacável violência sexual às sensibilidades das mulheres", incluindo calendários e *closes* de genitais femininos exibidos nas paredes; ver Tamar Lewin, "Nude pictures are ruled sexual harassment", *New York Times*, 23 de janeiro de 1991.

39. Por exemplo, Brigid O'Farrell, "Women in blue-collar occupations: traditional and non-traditional", em Ann Helton Stromberg & Shirley Harkess (orgs.), *Women working: theories and facts in perspective*, Mountain View, CA: Mayfield, 1988.

40. Sallie Westwood, *All day, every day: factory and family in the making of women's lives*, op. cit., p. 234.

41. Michael Yarrow, "Class and gender in the developing consciousness of Appalachian coal miners", op. cit., p. 9.

Como de sua identificação com trabalho másculo os mineiros obtêm recompensas psíquicas, e os gerentes obtêm proveitos econômicos dos apelos a essa identidade, os dois grupos reagem com hostilidade à intrusão de mulheres nas minas. Os capatazes temem perda de produtividade e os mineiros, perda de dignidade. Se mulheres podem fazer trabalho de homens, então o prestígio atribuído ao trabalho masculino declina. Embora algumas mulheres tenham sido integradas nesses cenários, estão estabelecidas demarcações bastante claras: mulheres mineiras podem receber trabalhos especialmente difíceis, para que se prove que são incompetentes; ou homens podem desviar-se de seu caminho para ajudá-las, a fim de mostrar que elas não são capazes de fazer o trabalho.

Estudadas por Reskin e Padavic, mulheres que lidavam com carvão em uma usina reclamaram que os homens criavam vínculos entre si por meio de discussões sobre sexo que excluíam as mulheres; e, mais ainda, que elas eram alvo de brincadeiras do tipo serem jogadas para trás e para a frente por trabalhadores do sexo masculino, como se fossem crianças.[42]

As fronteiras de gênero também são mantidas por profissionais mais sofisticados, mesmo aqueles mais dedicados à igualdade. Hoje, certas teóricas feministas exaltam um conjunto de atributos distinto no que diz respeito à moralidade que atribuem às mulheres. Embora a distinção das mulheres seja colocada sob uma luz positiva, ainda assim oferece a possibilidade de sancionar as mulheres que empreguem uma postura moral que difere do ponto de vista sancionado. Aqui são pertinentes as descrições de puro e de impuro, de Mary Douglas, usadas por grupos para estabelecer as fronteiras entre "nós" e "eles".[43] Nos últimos anos, a crença de que existe uma "voz feminina" distinta ganhou popularidade graças aos pontos de vista da psicóloga Carol Gilligan.[44] Ela também pensa que as mulheres estão predispostas a uma moralidade baseada em relacionamentos e cuidados, ao contrário dos homens, cuja moralidade tende a noções abstratas de justiça e imparcialidade; essa perspectiva influenciou também muitas feministas no âmbito do direito acadêmico. A maioria dessas acadêmicas assume que as mulheres são

---

42. Barbara Reskin & Irene Padavic, "Male plant supervisors' resistance to sex integration", trabalho apresentado no encontro anual da Associação Americana de Sociologia, Atlanta, 1988.
43. Mary Douglas, *Purity and danger*, op. cit.
44. Carol Gilligan, *In a different voice*, op. cit.

mais morais do que os homens e que, portanto, em relação à esfera legal, cada um tem uma orientação diferente.

Esses pontos de vista gerais não são particularmente novos. Contudo, embora os pontos de vista mais antigos sobre as diferenças tenham limitado, por muito tempo, as oportunidades das mulheres de avançar em profissões do direito, muitas feministas (como suas contrapartidas no movimento sufragista na virada do século) fazem o apelo de que as mulheres deveriam ter acesso à profissão porque vão fazer diferença (isto é, desde que não "se comportem como homens", sem naturalidade). Bourdieu sugere que quem não tem recursos "reais", como dinheiro e contatos culturais, oferece, no mercado, sua moralidade e ascetismo.[45] Isso pode ser uma estratégia latente de defensores declarados da "voz" das mulheres. Mas não há evidência de que, exceto em alguns poucos casos (mais do que nos trabalhos em empresas, nas nomeações para faculdades), essa estratégia seja efetiva. Em meu *Women in Law*, documentei muitos casos que atestam a discriminação que fluía das crenças culturais gerais sobre a natureza particular das mulheres,[46] mas aqui vou me referir brevemente às técnicas usadas no passado e mais recentemente.

Até os anos 1970, era implacável a discriminação contra mulheres que entravam no Direito. Por décadas, as mulheres constituíram apenas 3% da profissão devido às quotas restritivas contra elas, nas escolas e no mercado de trabalho na área legal. As poucas mulheres advogadas que conseguiram se diplomar em Direito ficavam fechadas em um número limitado de especialidades e tipos de prática legal, como relações domésticas, custódia de crianças, defesa legal voluntária de pobres e trabalho governamental. Não por livre escolha, mas bem mais pela coerção das oportunidades limitadas, elas se devotavam a fazer o bem.

Com as mulheres virtualmente excluídas do trabalho corporativo e da promotoria, e tendo encontrado um nicho como advogadas na melhoria da situação e proteção de mulheres e crianças, não surpreende que as primeiras mulheres a ascender aos tribunais foram escolhidas para servir como juízas em cortes femininas juvenis ou familiares de jurisdição mais baixa.[47] Como constatei em meus estudos de mulheres advogadas, as

---

45. Pierre Bourdieu, *Distinction, op. cit.*
46. Cynthia Fuchs Epstein, *Women in law*, Nova York: Basic, 1981.
47. Beverly Cook, "Legal institution-building in the progressive era: the Los Angeles Women's Court", trabalho apresentado no encontro anual da Associação Sulista de Ciência Política, 7 de novembro de 1986; e Cynthia Fuchs Epstein, *Women in law, op. cit.*

suposições dos empregadores em relação a traços especiais de personalidade das mulheres levaram à sua designação para especialidades que, em geral, eram menos prestigiosas e sem perspectivas futuras, menos lucrativas e muitas vezes menos interessantes do que as dos homens.[48] As suposições de que elas teriam menos motivação e compromisso como advogadas do que os homens empobreceram as perspectivas das mulheres de serem promovidas a sócias. Com frequência, encontravam-se em situações sem saída, não sendo consideradas firmes o bastante para lidar com leis corporativas e o estresse das cortes, mas ao mesmo tempo duras demais para serem colaboradoras e sócias fáceis. Também eram consideradas puras demais para fechar acordos, bondosas demais para serem resistentes, ou muito duras e inflexíveis para serem capazes de fechar os tipos de acordos e acertos de que os advogados homens dependiam para estabelecer relações profissionais informais fáceis, que eles consideravam características da vida profissional. As mulheres que eram (e são) firmes encaravam a desaprovação tanto dos colegas homens como das mulheres, e mesmo das advogadas feministas, que as acusavam de assumir um "modelo masculino" de comportamento (ou de usar roupas consideradas de estilo "masculino")[49] e, também, de desviarem-se, de outras maneiras, das atitudes apropriadas a seu sexo. Por vezes, o mesmo comportamento era caracterizado pelas profissionais mulheres como se estivesse de acordo com seu papel sexual (por exemplo, "sou protetora"), mas considerado inadequado por seus associados (por exemplo, "ela é uma barracuda!"). Ainda assim, mulheres que, em cenários dominados por homens, se conformam a comportamentos tradicionais femininos – como o recato e a deferência – são caracterizadas como tendo comportamento inadequado. Segundo um diretor de um estudo britânico, mulheres eram "ratinhas agradáveis" ou "dragões",[50]

---

48. Cynthia Fuchs Epstein, "Women and professional careers: the case of the woman lawyer", tese de doutorado, Nova York: Sociology Department, University of Columbia, 1968; e, ainda, *Women in law, op. cit.*

49. Ou por internalizar "os sonhos masculinos", como colocou Suzanne Gordon. Em *Prisoners of men's dreams*, ela critica mulheres profissionais que trabalham duro por não se dedicarem às atividades de cuidados que as mulheres tradicionalmente assumiram; ver Suzanne Gordon, *Prisoners of men's dreams: striking out for a new feminine future*, Boston: Little, Brown, 1991.

50. Michael Fogarty, Rona Rapoport & Robert Rapoport, *Women in top jobs: four studies in achievement*, Londres: Allen & Unwin, 1971.

atestando o fato de estarem as mulheres em um beco sem saída, qualquer que seja seu estilo de comportamento.

As mulheres advogadas também têm sido acusadas de desviarem-se das normas de comportamento e emoção ligadas aos papéis de gênero quando, em ambientes profissionais, agem "direto", de maneira corporativa. Constatei que colegas homens acham tais mulheres duras e as avaliam como incompetentes em relações interpessoais; e as colegas mulheres frequentemente concordam.[51] Estereótipos semelhantes também se aplicam a mulheres juízas. Como naqueles aplicados às advogadas, muitas vezes os pontos de vista são inconsistentes. Um estereótipo defende que as juízas são mais severas do que os juízes; um outro, mais próximo do modelo "afetuoso", sustenta que, num tribunal, as juízas podem ser mais indulgentes e empáticas do que os homens. Ainda assim, estudos que mensuram o comportamento dos juízes e juízas, como suas práticas de sentenciar, mostram poucas diferenças, em média, em suas decisões, mesmo naquelas relacionadas a estupros.[52]

No ano passado, a Suprema Corte esteve dividida sobre este assunto: se julgamentos em relação às qualidades das mulheres eram aceitáveis sob a Lei dos Direitos Civis de 1964, ou se constituíam atos de discriminação. O caso *Ann Hopkins* versus *Price Waterhouse*, que chegou aos tribunais em 1987, trata da queixa de uma mulher que, na época em que se candidatou a associada a essa grande firma de auditoria e consultoria (uma das "Big 8" norte-americanas), foi preterida com a alegação de personalidade agressiva e aparência e conduta não femininas.[53] Entretanto, ela era considerada uma boa contadora e obtivera um grande contrato para a empresa. O sócio responsável por informar Hopkins quanto aos fatores que fizeram sua candidatura ser barrada indicou que os problemas profissionais dela seriam resolvidos se ela "caminhasse de modo mais feminino, falasse de modo mais feminino, usasse maquiagem, fosse ao cabeleireiro e usasse joias". A opinião da maioria (em uma votação de cinco a quatro) declarava:

Não é preciso treinamento especial para discernir estereótipos sexuais na descrição de uma funcionária agressiva do sexo feminino como precisando de "um curso

---

51. Cynthia Fuchs Epstein, *Women in law*, op. cit.

52. *Idem, ibidem*.

53. *Ann Hopkins versus Price Waterhouse*, 825 F.2d 458, 468 (D. C. Circuit, 1987).

na escola de charme" [como lhe dissera um sócio da empresa]. Se as "habilidades interpessoais" falhas de um funcionário podem ser corrigidas por um conjunto de cores suaves ou por uma nova cor de batom, talvez seja o sexo do funcionário, e não suas habilidades interpessoais, que causou as críticas.[54]

Em processos de avaliação para associação, outro caso a ser decidido foi o de *Nancy O'Mara Ezold* versus *Wolf Block*.[55] Ofereceram a Ezold sociedade no departamento de relações domésticas da empresa Wolf Block, mas, na área de litígios, ela lhe foi negada. Uma avaliação sobre ela declarava que era "uma boa advogada e eficaz defensora na corte". Outro escreveu: "Ela não tem medo. É uma daquelas pessoas que está aqui nos fins de semana e nas noites [...] ela nunca reclama da carga de trabalho [...] Mais ainda, ela pode levar casos a juízo porque tem coragem e maturidade. Isso não ocorre com todos os nossos advogados litigantes". Entretanto, muitos dos associados homens que tinham sido avaliados negativamente porque lhes *faltava* agressividade no comportamento se tornaram sócios. Os comentários sobre eles incluíam: "Duvido que jamais chegue a mais do que um ajudante que faz adequadamente o que lhe mandam, mas sem brilho"; "O sr. B. é muito preguiçoso e, quando uma tarefa ou caso não lhe interessa, ele dá ao assunto apenas a atenção mínima".[56]

As avaliações dos atributos e do comportamento das mulheres permanecem sendo um problema para advogadas e para os outros profissionais que estão em posição de avaliá-las. Ainda assim, nos locais de trabalho da área legal, houve uma revolução. De fato, as mulheres são uma presença formidável devido ao número das que estão se graduando e entrando na profissão, e, pelo menos nessa entrada, têm sido bem-vindas. Assim, encontramos advogadas preparando-se para lutar uma contra a outra na corte: advogadas de defesa *versus* promotoras; advogadas do bem público *versus* advogadas dos interesses de grandes corporações. Juízas agora trabalham em todos os níveis do sistema judiciário. Algumas, indicadas por Jimmy Carter, manifestam, mais ou menos, o tipo de pontos de vista liberais que se poderia esperar, e outras, indicadas por Ronald Reagan, proferem julgamentos conservadores.

Também em uma ocupação feminina tradicional, a enfermagem, pode ser visto o controle exercido sobre a conformidade das mulheres em re-

---

54. *Idem, ibidem.*
55. *Nancy O'Mara Ezold* versus *Wolf Block*, caso nº 90-0002, 29 de novembro de 1990.
56. "Judge explains Wolf Block decision", *National Law Journal*, 1990, p. 29.

lação a normas específicas de gênero. Há longo tempo aponta-se como trabalho feminino aquele de tratar as necessidades emocionais (e físicas) dos outros; mais recentemente, esses cuidados foram proclamados como a essência da enfermagem.[57] Como ressalta Cindy Merkel, em seu recente estudo do trabalho emocional das enfermeiras, a atribuição de emoções empáticas ao papel das mulheres funciona como uma forma de controle social, na medida em que garante a reprodução social. Deixam-se as tarefas caseiras da sociedade para as mulheres e as profissões dominadas pelas mulheres – a enfermagem em particular – têm permitido à sociedade manter sua integridade e continuidade.[58] Aqui, como em outros lugares, expõem-se as mulheres a "regras sentimentais" como uma postura ideológica.[59] Para as enfermeiras, cuidar identifica-se como a essência de seu trabalho. Do ponto de vista de uma enfermeira nos estudos de Merkel: "O cuidado holístico – corpo, mente e espírito – é parte de nosso trabalho". Essas enfermeiras atribuem a um leque de fontes sua propensão e habilidade para fazer trabalho emocional, incluindo aí o aprender no trabalho (sociabilização profissional), as exigências da sociedade e (para algumas, mas não todas) as suas capacidades inerentes como mulheres. Algumas das enfermeiras acreditam que os médicos (na maior parte homens) com que trabalham também deveriam expressar uma postura atenciosa, mas não o fazem, possivelmente porque "não têm tempo". Quando perguntadas se era também por homens não serem tão bons nisso, uma mulher expressou o sentimento de algumas outras: "Bem, nós somos treinadas para fazê-lo". Mas seu trabalho é claramente conceituado como um "dever de cuidar", visto como uma

57. Margaret Adams, "The compassion trap", em Vivian Gornick & Barbara K. Moran (orgs.), *Women in sexist society*. Nova York: Basic, 1971; Hilary Graham, "Caring: a labor of love", em Janet Finch & Dulcie Groves (orgs.), *A labor of love: women, work and caring*, Londres: Routledge & Kegan Paul, 1983; Barbara Laslett & Johanna Brenner, "Gender and social reproduction: historical perspectives", *Annual Review of Sociology*, 15, pp. 381-404, ago. 1989; e, ainda, Madeline Leininger, "Care: the essence of nursing and health", em Madeline Leininger (org.), *Care: the essence of nursing and health*, Thorofare, NJ: Slack, 1984.

58. Margaret Adams, "The compassion trap", *op. cit.*; e Cindy Merkel, "The emotional labor of nurses", Departamento de Sociologia, Centro de Graduação, City University of New York, 1990.

59. Arlie Russell Hochschild, "Emotion work, feeling rules, and social structure", *American Journal of Sociology*, 85 (3), pp. 551-575, 1979.

obrigação. Ainda assim – por ser o comportamento de cuidar, em geral, invisível aos supervisores e não especificamente avaliado, como o é o trabalho técnico, e por se colocar contra um ideal de trabalho "racional" dos homens –, as enfermeiras dele não obtêm muito benefício em termos de promoção ou de autonomia.[60]

Ainda assim, em certos casos (poderia ser dito: empregando o poder dos fracos), algumas enfermeiras sentiam haver alguma vantagem em lhes ser atribuído um trabalho emocional. Merkel, citando Epstein e Hochschild, destaca que, na falta de outros recursos, as mulheres fazem dos sentimentos um recurso e oferecem isso aos homens, em troca dos recursos de dinheiro, poder e autoridade.[61] Merkel também observa que essa estratégia é particularmente eficaz, pois, em nossa cultura, os estereótipos de gênero ditam aos quatro ventos que os homens ignoram a área afetiva. Como uma das respondentes colocou,

é como se o médico dissesse, "você cuida daquele paciente e eu não quero nem saber como". É aí que eu consigo minha base de poder para o meu papel, os médicos me usam para pacientes com quem eles não podem lidar [...] parece que é um poder bem sutil, de jeito nenhum é direto. Não é que os médicos estejam dizendo: "Mary lida com pacientes em crise". Isso me lembra o estereótipo do casamento mostrado na televisão dos anos 1950, em que a esposa sempre consegue o que quer manipulando o marido para que ele pense que a ideia é dele.

Merkel constatou que era comum as enfermeiras acharem, ainda, que os médicos apreciavam sua intervenção para lidar com as necessidades emocionais dos pacientes, e calculavam poder lançar mão disso quando precisassem de apoio para conseguir algo de que necessitassem: "Se eu tivesse um problema administrativo, o médico-chefe diria: 'Com quem devo falar e de quanto dinheiro você precisa?' [...] Ou se eu estivesse tendo um problema com um dos residentes, eu sei que imediatamente

---

60. Isso é semelhante ao baixo valor atribuído ao ensino em universidades de pesquisa, onde o excelente ensino pode ser reconhecido como digno, mas, quando se avalia uma pessoa para promoção, não é tão importante quanto as publicações em revistas acadêmicas.
61. Cindy Merkel, "The emotional labor of nurses", *op. cit.*, citando Cynthia Fuchs Epstein, *Deceptive distinctions*, e Arlie Russell Hochschild, "Emotion work, feeling rules, and social structure".

chamariam a atenção [dele]. Você pode usar isso para *estraçalhar* um residente".⁶²

Homens punem mulheres, mas as mulheres também se punem – a si mesmas e umas às outras – por ultrapassarem linhas de fronteira. Para conformar-se ao comportamento tradicional do papel sexual, que produz culpa, as mulheres ficam remoendo acusações de fracasso ou se envolvem nelas. Para neutralizar as consequências negativas de violar fronteiras, ou na agressão às suas identidades ou em resposta ao comportamento punitivo dos homens, algumas mulheres se dedicam a comportamentos simbólicos para destacar a distinção de gênero. Na companhia telefônica, tanto as mulheres dedicadas aos trabalhos tradicionais como as dedicadas aos não tradicionais organizavam celebrações no trabalho com *cookies* e bolos feitos em casa. Já Yarrow relata que, mesmo nos Apalaches, nessas celebrações, as mulheres mineradoras entram nas minas e arrumam a mesa para a ocasião festiva.⁶³

Essas mulheres não querem se tornar "homens" nem perder sua "feminilidade", por serem punidas por isso pela recusa dos homens em considerá-las "mulheres de verdade" fora do trabalho – com encontros, por exemplo –, como reclamou para Yarrow uma mineira divorciada. Mais ainda, por ser a limpeza, na comunidade, uma marca de feminilidade, tanto quanto a sujeira o é de masculinidade, era uma ameaça à identidade das mulheres fazer trabalho sujo, mesmo enquanto buscavam tais ocupações por razões econômicas. Mesmo no trabalho de colarinho branco e profissional – como em tribunais, em fusões financeiras e aquisições de controle –, nos quais uma linguagem grosseira e bombástica é usada como representação simbólica de assertividade e competência, as mulheres também se preocupam com suas identidades, expressando a preocupação de terem se tornado "homens".⁶⁴

Na fábrica de meias e acessórios femininos estudada por Westwood, as trabalhadoras se dedicaram, no local de trabalho, a uma cultura inspirada na ênfase em prioridades tradicionais para mulheres. Através de rituais altamente elaborados e cerimônias comemorando noivados e gravidez, bem como por sua escolha do uniforme de trabalho (chinelos e aventais

---

62. *Idem, ibidem*; grifo meu.
63. **Michael Yarrow**, "Class and gender in the developing consciousness of Appalachian coal miners", *op. cit.*
64. **Cynthia Fuchs Epstein**, *Women in law, op. cit.*

feitos em casa), os papéis das mulheres como esposas e mães foram enfatizados, indo além de seu compromisso com o local de trabalho.

A fronteira entre o local de trabalho e o lar ✳ São óbvias, na sociedade moderna, as fronteiras que estabelecem o lar como estando à parte do local de trabalho. Muitos mecanismos realizam tal separação, mas, para a análise do controle, é útil considerar a sobreposição e as conexões entre o local de trabalho e o lar.

Yarrow destaca como o trabalho perigoso dos mineiros legitimiza seu comportamento patriarcal e autoritário em casa. Provavelmente devido aos sacrifícios que supostamente fazem pela família, ninguém questiona o comportamento deles. Mas, quando são demitidos, os mineiros não podem mais depender dessa legitimação, e seguem-se níveis crescentes de violência familiar, que Yarrow atribui, em parte, às tentativas dos mineiros de preservar posições patriarcais já solapadas.

Ainda assim, muitos homens exibem respostas mais positivas. Como cada vez se torna mais comum para as esposas ir trabalhar fora por circunstâncias econômicas, os mineiros assumem sem muita resistência novas responsabilidades domésticas. Certamente são apoiados por uma ideologia em mudança, e por representações na mídia, de que "ajudar" em casa e com as crianças é uma atividade razoável para os homens americanos de sangue quente. Os homens de colarinho azul do setor de telefonia preferem que suas esposas fiquem em casa (devido ao valor que atribuem à vida familiar tradicional), mas, apesar disso, muitas de suas esposas trabalham, e eles não veem isso como incongruente ao modelo preferido. Alguns racionalizam o fato, definindo o emprego de suas esposas como algo que elas fazem para seu próprio prazer, ou para "extras", que não fariam falta, se não houvessem. Mas a participação cada vez maior dos homens nas responsabilidades do lar – que poderia ser vista como uma alteração na distinção de fronteiras – pode não alterar seriamente as divisões ideológicas no lar. Vários estudos abrangendo gerentes de classe média e trabalhadores homens de colarinho azul mostram que grande parte deles se veem como devotados homens de família.[65] A mola-mestra, nesse modelo, é o sustento da família, mas "dar uma mãozinha" também é visto como o modo de ser da família e o modo de vida americano.

65. Michael Yarrow, "Class and gender in the developing consciousness of Appalachian coal miners", *op. cit.*; e Robert Weiss, *Staying the course: the social and emotional lives of men who are successful*, Nova York: Free, 1990.

Embora os homens possam estar participando mais no lar, muitos não estão dispostos a renunciar à sua autoridade por fazê-lo. Esse é especialmente o caso quando lhes falta autoridade no trabalho e apenas em casa podem exercê-la. Se homens encaram problemas na manutenção da autoridade no lar devido a uma alteração na situação de trabalho, como a ideologia de gênero afeta as mulheres que adquiriram autoridade no trabalho?

Em decorrência do termo de ajuste, a companhia telefônica foi forçada a promover mais mulheres para papéis de supervisão. Entrevistadas no escritório de um representante comercial, supervisoras relataram ter achado difícil manter a fronteira lar/trabalho; seus novos "eus" (*selves*) eram ativados em casa. Ainda assim, achavam que, se pudessem, os maridos e companheiros tentariam restabelecer o padrão tradicional e, algumas vezes, agiam constrangendo o exercício, pelas mulheres, dessa mudança de comportamento. Uma mulher falou sobre como o "ar de autoridade" que ela cultivara no trabalho para "que as coisas fossem feitas" foi levado para casa e repelido com comentários como: "Você está falando com seu marido, não com seus funcionários". Ou então: "Um cara com quem eu estava me relacionando [...] me disse [...] 'Eu não trabalho para você!'".[66]

O medo de perturbar a estrutura de autoridade no lar afetou a maneira como as mulheres percebiam as oportunidades. Muitas vezes, tais receios se originavam de experiências passadas e antecipavam problemas. A encucação de uma operadora foi bastante representativa de muitas outras:

> Eu me preocupo com o que vai acontecer se eu trabalhar muito e me tornar supervisora [...] algumas mulheres podem fazê-lo – elas têm em mente, bem, liberação das mulheres: elas cavaram seu caminho para a promoção [...] Não acho que eu poderia fazer isso a ele [meu marido] como homem [...] toda semana o cheque do meu pagamento é um pouco mais alto do que o dele, por ele tirar folga o tempo todo. Eu sei que isso o irrita – se eu ganhar um ou dois dólares a mais, ele fica frustrado porque estou ganhando mais do que ele.[67]

Para homens e mulheres, tanto a separação entre lar e trabalho quanto a ideologia de gênero são importantes para definir os objetivos do trabalho. Há muito que a renda masculina tem sido justificada como "o salário da família". No passado, a perspectiva de serem os homens os arrimos de

---

66. Cynthia Fuchs Epstein, "Workplace boundaries", *op. cit.*, p. 587.
67. *Idem, ibidem.*

família levou a definir o salário de mulheres que trabalhavam fora como destinado a "despesas supérfluas" ou como renda secundária. A definição do trabalho segundo fronteiras de gênero leva a alguns paradoxos e consequências interessantes. Constatei que, entre as trabalhadoras em comunicações, muitas mulheres casadas também consideram seus salários como renda secundária. Ainda assim, em uma comunidade rural, ao pesquisar a contribuição das mulheres para a renda familiar, vi que, tipicamente, elas ganhavam mais do que os maridos, que costumavam ser trabalhadores sazonais, como pescadores e carpinteiros.[68] Assim, a definição do emprego feminino como secundário funcionava como um controle sobre as suas aspirações, por elas ansiarem (talvez apenas na fantasia) por uma época em que deixariam o trabalho e seriam sustentadas pelos maridos. Achar que estavam sendo sustentadas as fazia sentirem-se mais femininas, mesmo quando forneciam a renda mais confiável da família. A administração também aceitou essa definição, e isso era visível ao encorajar os homens a buscar transferências para melhores empregos, e em sua atitude essencialmente passiva quando se tratava de promover mulheres.

Assim, os efeitos específicos da ideologia de gênero podem ter consequências múltiplas e até mesmo contraditórias. Homens que trabalham podem ter orgulho de sua capacidade de suportar condições adversas e debilitantes, e mulheres podem aceitar receber menor pagamento ou menos promoções, seja por acreditarem que as mulheres merecem menos, seja porque isso torna a vida doméstica menos difícil de gerir.

A ideologia de gênero e a resistência do trabalhador ✻ Entretanto, a ideologia de gênero pode estimular a resistência do trabalhador, como ocorre quando o desenvolvimento de uma cultura de trabalho feminina reforça a fronteira entre mulheres trabalhadoras e homens gerentes.[69] O estudo de funcionários de escritório feito por Cynthia Costello mostrou como as preocupações com os deveres familiares (ser uma boa mãe etc.) provocou um grupo de mulheres trabalhadoras a protestar coletivamente, por meio de uma greve, contra rígidas políticas de gestão.[70]

---

68. *Idem*, p. 588.

69. Cynthia Costello, "'WEA're Worth It!' Work, culture and conflict at the Wisconsin Education Association Insurance Trust", *Feminist Studies*, 11 (3): 497-518, 1985; e Lamphere Louise, "Bringing the family to work: women's culture on the shop floor", *Feminist Studies*, 11 (3), pp. 519-540, 1985.

70. Cynthia Costello, "'WEA're Worth It!'", *op. cit.*

De fato, a história do trabalho está repleta de exemplos de ativismo de trabalhadoras em nome das necessidades da família. Na fábrica estudada por Westwood, as mulheres se uniram para lutar contra metas e taxas. Segundo uma declaração, "solidariedade e irmandade marcaram as lutas em torno de questões econômicas no nível do chão de fábrica".[71]

Quando o gênero se torna menos evidente ✲ Nas relações no local de trabalho, com certeza o gênero nem sempre é ativado, nem a ideologia de gênero é sempre a determinante mais poderosa. Na companhia telefônica, constatamos que, para fazer uso de oportunidades, muitos homens e mulheres conseguiam atravessar fronteiras definidas de sexo e classe e, como resultado, experimentaram mudanças em suas identidades. Muitas mulheres, ao receber mais responsabilidade no trabalho, tornaram-se mais seguras quanto à sua competência e ao exercício de posições de autoridade. Típica, mas não exclusivamente, eram mulheres livres de fortes laços comunitários e de redes familiares integradas que pudessem atuar controlando o comportamento fora do considerado feminino tradicional. Ao assumir papéis não tradicionais – o que era mais fácil quando substitutos em uma "linha de carreira masculina" –, aumenta o risco para a identidade dos homens. A aceitação deles quanto à parceira assumir um papel não tradicional costumava depender da segurança de seus próprios empregos e da natureza da comunidade, tanto no trabalho como em casa. Entretanto, para homens e mulheres, a pressão econômica criou tanto o ímpeto quanto a justificativa para ultrapassar a linha quando há oportunidade disponível, desde que o assédio, psíquico ou físico, não seja uma ameaça real.

Há muitos outros tipos de questões de fronteira para contemplar ao olhar para questões de controle e sua força na experiência dos trabalhadores em todos os níveis do sistema de estratificação, em casa e na família. Este ensaio representa uma tentativa de casar fatores culturais e estruturais na análise da mudança e de seus limites.

---

[71]. Sallie Westwood, *All day, every day: factory and family in the making of women's lives, op. cit.*

REFERÊNCIAS BIBLIOGRÁFICAS

- ADAMS, Margaret. "The compassion trap". Em: GORNICK, Vivian & MORAN, Barbara K. (orgs.). *Women in sexist society*. Nova York: Basic, 1971.
- ANN Hopkins v. Price Waterhouse, 825 f.2D 458, 468 (D. C. Circuit, 1987).
- BELLOWS, Ann. "The New York City Volunteer Corps: an analysis of workplace passages and boundaries". Departamento de Sociologia, Centro de Graduação, City University of New York, 1991 (Datilografado.)
- BERG, Ivar. "Deregulating the economy and reforming workers: the eclipse of industrial economy". Em: MULVIHILL, Robert (org.). *Reflections on America 1984: an Orwell symposium*. Athens, GA: University of Georgia Press, 1986.
- BOURDIEU, Pierre. *Distinction: a social critique of the judgement of taste* (1979). Cambridge, MA: Harvard University Press, 1984 (reimpressão).
- BRAVERMAN, Harry. *Labor and monopoly capitalism: the degradation of work in the twentieth century*. Nova York: Monthly Review, 1974.
- BROOKS, Thomas R. *Communications workers of America: story of a union*. Nova York: Mason-Charter, 1977.
- CHODOROW, Nancy. *The reproduction of mothering: psychoanalysis and the sociology of gender*. Berkeley: University of California Press, 1978.
- COCKBURN, Cynthia. *Brothers: male dominance and technological change*. Londres: Pluto, 1983.
- COHEN, Anthony. *Symbolic construction of community*. Londres: Tavistock, 1985.
- COOK, Beverly. "Legal institution-building in the progressive era: the Los Angeles Women's Court". Trabalho apresentado no encontro anual da Associação Sulista de Ciência Política, 7 de novembro de 1986.
- COSTELLO, Cynthia. "'WEA're Worth It!' work, culture and conflict at the Wisconsin Education Association Insurance Trust". *Feminist Studies*, 11 (3), pp. 497-518, 1985.
- CRANSTON, Maurice. *Freedom: a new analysis*. Londres: Longman, 1954.
- DOUGLAS, Mary. *Purity and danger: an analysis of concepts of pollution and taboo*. Londres: Penguin, 1966.
- EPSTEIN, Cynthia Fuchs. "Women and professional careers: the case of the woman lawyer". Tese de doutorado. Nova York: Departamento de Sociologia, University of Columbia, 1968.
- _____. *Woman's place: options and limits in professional careers*. Berkeley: University of California Press, 1970.
- _____. *Women in law*. Nova York: Basic, 1981.
- _____. "Ideal images and real roles: the perpetuation of gender inequality". *Dissent*, 31 (4), pp. 441-447, 1984.

- EPSTEIN, Cynthia Fuchs. "Ideal roles and real roles or the fallacy of the misplaced dichotomy". *Research in Social Stratification and Mobility*, 4, pp. 29-51, 1985.
- _____. *Deceptive distinctions: sex, gender and the social order*. Nova York/New Haven, CT: Russell Sage/Yale University Press, 1988.
- _____. "Workplace boundaries: conceptions and creations". *Social Research*, 56 (3), pp. 571-590, 1989.
- _____. "Faulty framework: consequence of the difference model for women in the law". *New York Law School Law Review*, 35 (2), pp. 309-335, 1990.
- _____. "The difference model: enforcement and reinforcement of women's roles in the law". Em: BLAU, Judith r. & GOODMAN, Norman (orgs.). *Social roles and social institutions: essays in honor of Rose Laub Coser*. Boulder, CO: Westview, 1991.
- _____ & ERIKSON, kai T. *Workplace boundaries* (no prelo).
- FOGARTY, Michael; RAPOPORT, Rona & RAPOPORT, Robert. *Women in top jobs: four studies in achievement*. Londres: Allen & Unwin, 1971.
- FONER, Philip. *The policies and practices of the American Federation of Labor, 1900-1909*. Nova York: International, 1964.
- GARSON, Barbara. *All the livelong day: the meaning and demeaning of work*. (1975). Nova York: Doubleday, 1986 (reimpressão).
- GERSON, Judith & PEISS, Kathy. "Boundaries, negotiation and consciousness: reconceptualizing gender relations". *Social Problems*, 32 (4), pp. 317-331, 1985.
- GILLIGAN, Carol. *In a different voice*. Cambridge, MA: Harvard University Press, 1982.
- GORDON, Suzanne. *Prisoners of men's dreams: striking out for a new feminine future*. Boston: Little, Brown, 1991.
- GRAHAM, Hilary. "Caring: a labor of love". Em: FINCH, Janet & GROVES, Dulcie (org.). *A labor of love: women, work and caring*, londres: Routledge & Kegan Paul, 1983.
- HALL, Stuart. "Cultural studies at the center: some problematics and problems". Em: HALL, Stuart *et al*. (org.). *Culture, media, language*. Londres: Hutchinson, 1984.
- HOCHSCHILD, Arlie Russell. "Emotion work, feeling rules, and social structure". *American Journal of Sociology*, 85 (3), pp. 551-575, 1979.
- "JUDGE Explains wolf block decision". *National Law Journal*, 10 de dezembro de 1990.
- LAMONT, Michèle. *Money, morals, and manners: the culture of the French and the American upper-middle class*. Chicago: University of Chicago Press, 1992.
- _____ & WUTHNOW, Robert. "Betwixt and between: recent cultural sociology in Europe and the United States". Em: RITZER, George (org.). *Frontiers of social theory: the new synthesis*. Nova York: Columbia University Press, 1990.

- LAMPHERE, Louise. "Bringing the family to work: women's culture on the shop floor". *Feminist Studies*, 11 (3), pp. 519-540, 1985.
- LASLETT, Barbara & BRENNER, Johanna. "Gender and social reproduction: historical perspectives". *Annual Review of Sociology*, 15: 381-404, ago. 1989.
- LEININGER, Madeline. "Care: the essence of nursing and health". Em: LEININGER, Madeline (org.). *Care: the essence of nursing and health*. Thorofare, NJ: Slack, 1984.
- LEWIN, Tamar. "Nude pictures are ruled sexual harassment". *New York Times*, 23 de janeiro de 1991.
- MARKUS, Hazel & NURIUS, Paul. "Possible selves". *American Psychologist*, 41 (9), pp. 954-969, set. 1986.
- MERKEL, Cindy. "The emotional labor of nurses". Departamento de Sociologia, Centro de Graduação, City University of New York, 1990 (Datilografado.)
- NANCY o'Mara Ezold v. Wolf Block, caso nº 90-0002, 29 de novembro de 1990.
- NEEDHAM, Rodney. *Symbolic classifications*. Santa Monica, CA: Goodyear, 1979.
- O'FARRELL, Brigid. "Women in blue-collar occupations: traditional and non-traditional". Em: STROMBERG, ann Helton & HARKESS, Shirley (orgs.). *Women working: theories and facts in perspective*. Mountain View, CA: Mayfield, 1988.
- RESKIN, Barbara & PADAVIC, Irene. "Male plant supervisors' resistance to sex integration". Trabalho apresentado no encontro anual da Associação Americana de Sociologia, Atlanta, 1988.
- ROOS, Patricia. "Hot-metal to electronic composition: gender, technology and social change". Em: RESKIN, Barbara F. & ROOS, Patricia A. (orgs.). *Job queues, gender queues: explaining women's inroads into male occupations*. Filadélfia: Temple University Press, 1990.
- VALLAS, Steven Peter. *Working for Bell: a study of technology, work and class consciousness*. Filadélfia: Temple University Press (no prelo).
- WEISS, Robert. *Staying the course: the social and emotional lives of men who are successful*. Nova York: Free Press, 1990.
- WESTWOOD, Sallie. *All day, every day: factory and family in the making of women's lives*. Champaign: University of Illinois Press, 1985.
- YARROW, Michael. "Class and gender in the developing consciousness of Appalachian coal miners". Trabalho apresentado na V conferência Umist-Aston sobre Organização e Controle do Processo de Trabalho, Manchester, Inglaterra, 22-24 de abril 1987.

11. O(S) CAPITAL(IS) DAS CULTURAS: UMA ABORDAGEM NÃO HOLÍSTICA A SITUAÇÕES DE *STATUS*, CLASSE, GÊNERO E ETNICIDADE[1] �֍ *John R. Hall*

Vistos superficialmente, não há qualquer ordem nos objetos culturais deste mundo. Aparecem por toda parte, diversos, frequentemente em uma mixórdia. De modo semelhante, observar como cada indivíduo atua é ver práticas culturais que formam um conjunto único e em constante mudança. Mesmo assim, quando olhamos para isso através das lentes da estratificação social, a deslumbrante variedade e infinitas diferenças de cultura obtêm surpreendente coerência. As pessoas preparam e consomem alimentos de maneiras distintas. Algumas estão muito preocupadas em tornar-se culturalmente realizadas – aprendendo a fazer matelassê, a dançar, a cavalgar ou a surfar. Para outras, ser indiferente à distinção é, em si, um símbolo de honra. Não há qualquer dúvida de que tais posturas em relação à cultura diferem, dependendo da posição social e do grupo. Ainda assim, como podem ser explicadas? Essa questão é o sustentáculo sobre o qual um Arquimedes poderia reorganizar o núcleo da teoria social que trata da conexão entre estratificação social, socialização, processos grupais de inclusão e exclusão, e significado cultural.

Pierre Bourdieu pode reivindicar para si um papel semelhante ao de Arquimedes: sua teoria do capital cultural apropria-se e sintetiza, provocadoramente, seletos temas de estudos do triunvirato clássico da sociologia – Marx, Durkheim e Weber.[2] Mais ainda, ele efetivamente liga questões que com alta frequência foram apropriadas como domínio exclusivo de subdisciplinas da sociologia.[3] Mas nem o poder visionário do

---

[1]. Este ensaio é baseado em uma conferência apresentada no XII Congresso Mundial de Sociologia, Madri, 10 de julho de 1990. Gostaria de agradecer a Michèle Lamont, Guenther Roth e Judith Stacey por seus comentários sobre os rascunhos anteriores, e de assumir a responsabilidade pelo que está escrito.

[2]. Roger Brubaker, "Rethinking classical theory: the sociological vision of Pierre Bourdieu", *Theory and Society*, 14 (6), pp. 745-775, 1985.

[3]. Bourdieu examinou, por exemplo, a relação entre, por um lado, a manutenção de distinções de classe e, por outro, o caráter da produção cultural restrita *versus* a de grande escala; ver Pierre Bourdieu, "The market of symbolic goods", *Poetics*, 14 (1-2), pp. 13-44,

trabalho de Bourdieu nem sua importância devem obscurecer as dificuldades centrais existentes em sua teoria. Hoje, grande número de acadêmicos que geralmente elogiam o trabalho de Bourdieu verbalizaram críticas voltadas a vários aspectos de sua abordagem. Neste ensaio, afirmo que essas críticas, ao serem consolidadas e elaboradas, requerem uma reteorização do modelo básico de capital cultural. Especificamente, sugiro que muitas das dificuldades notadas na obra de Bourdieu pelos críticos têm origem em uma única característica: sua postulação de um campo holístico e objetivo de distinções sociais. Como alternativa, proponho um quadro teórico do *estruturalismo cultural* que reconheça mercados, moedas de troca e bases de legitimação de vários tipos de capital cultural como sendo heterólogos.[4] Tal quadro alternativo resolve as dificuldades originárias do holismo na abordagem de Bourdieu, ao mesmo tempo que permite uma teorização mais robusta da interação entre diversas formas de capital cultural.

Muitos dos problemas apontados por críticos que apreciam Bourdieu parecem originar-se do holismo como pressuposição teórica geral – se o *holismo* for definido como a tese de que uma ordem social tem padrão global sistêmico (neste caso, cultural), que vai definir seus componentes e suas inter-relações. Essencialmente, Bourdieu postula o capital cultural como um meio geral de acumulação e reconhecimento. A variedade de distinções sociais que descreve obtém, assim, a qualidade de uma estrutura objetiva.[5] Tal característica do relato da distinção em Bourdieu pode ser originária de um resíduo, em seu trabalho, do estruturalismo francês, de seu objetivismo epistemológico durkheimiano, e do caráter empírico específico do campo social francês, especialmente o parisiense.[6] É verdade que Bourdieu afirma ter começado a partir das ideias de

---

1985a. Também aplicou esse modelo a tópicos como a religião; ver "La Sainte Famille: L'Épiscopat français dans le champ du pouvoir", *Actes de la Recherche en Sciences Sociales*, 44 (45), pp. 2-53, 1982.

4. Cf. Michel de Certeau, *Heterologies: discourse on the other*, Mineápolis: University of Minnesota Press, 1986.

5. Ver, por exemplo, os escritos de Pierre Bourdieu, *Distinction*, Cambridge, MA: Harvard University Press, 1984; "The social space and the genesis of groups", *Theory and Society*, 14 (6), pp. 723-744, 1985b, pp. 725-726, 730; e, também, "Social space and symbolic power", *Sociological Theory*, 7 (1), pp. 14-25, 1989.

6. Ver Roger Brubaker, "Rethinking classical theory", *op. cit.*, p. 754; Nicholas Garnham & Raymond Williams, "Pierre Bourdieu and the sociology of culture: an introduction", em

Weber, e que *Outline of a theory of practice*[7] oferecia uma crítica fenomenológica da teoria estruturalista francesa — mesmo que dentro do mundo simbólico comparativamente coerente de Cabília, na Argélia. Mas, a despeito desses movimentos, seu relato permanece profundamente infundido de ideias da longa tradição do estruturalismo francês, que enfatiza a cultura pública como socialmente definitiva para os indivíduos que estão sujeitos às suas reivindicações, mesmo que esses indivíduos não compartilhem internamente de sua estética ou de seu conteúdo significativo.

De fato, uma abordagem estruturalista é bastante apropriada para descrever o poder ritual da cultura no museu, na sinfonia, na novela, no evento esportivo e na política simbólica cívica.[8] Como no caso da religião

Richard Collins et al. (org.), *Media, culture and society*, Londres: Sage, 1986, p. 119; e, ainda, Michèle Lamont & Annette Lareau, "Cultural capital: allusions, gaps and glissandos in recent theoretical developments", *Sociological Theory*, 6 (2), pp. 153-168, 1988, p. 158, n. 5. Seria interessante explorar como Bourdieu chegou a essa abordagem. Para tal investigação, o relato de Michèle Lamont da ascendência de Derrida à fama seria um recurso metodológico estratégico e uma teoria leiga interessante; ver Michèle Lamont, "How to become a dominant French philosopher: the case of Jacques Derrida", *American Journal of Sociology*, 93 (3), pp. 584-622, 1987. Curiosamente, o relato geral de Bourdieu, sobre a distinção, exaltado por questões intelectuais, descreve bem o mundo acadêmico francês dominado pela cena parisiense a partir da qual ele opera. É um mundo no qual a teorização formal muitas vezes conta menos do que o desempenho retórico e os acadêmicos parecem predispostos a fundar suas próprias escolas — ignorando o trabalho de seus adversários intelectuais mais próximos — como rota para o prestígio. Assim, o modelo de Bourdieu pode funcionar bem no âmbito de sua própria comunidade intelectual e para a vista, a partir de lá, para o resto da França. De fato, Bourdieu está necessariamente acumulando capital cultural dentro de seu meio social, e seu modelo tem uma existência reflexiva seja como teoria sociológica, seja como estratégia para avançar sua teoria no mundo intelectual. Bourdieu é não só intelectualmente brilhante, mas também é competente em combates intelectuais, tanto que suas posturas retóricas — como a negação da teoria formal e sua indiferença à ambiguidade e à contradição — confundiram-se com o seu argumento de fato, de maneira que torna-se difícil avaliar seu argumento e, ao mesmo tempo, "proteger" o seu prestígio acadêmico contra pretendentes ao trono da vida intelectual francesa.

7. Pierre Bourdieu, *Outline of a theory of practice* (1972), Nova York: Cambridge University Press, 1977.

8. Jeffrey Alexander (org.), *Durkheimian sociology: cultural studies*, Nova York: Cambridge University Press, 1988.

para Émile Durkheim (e, nele, como um análogo da solidariedade "mecânica" na sociedade), a prática ritual estabelece fronteiras de inclusão e exclusão, forjando desse modo um grupo a partir de diversos indivíduos, mantendo e santificando a diferença cultural e, potencialmente, estabelecendo o *outsider* como bode expiatório.[9] Ainda assim, o estruturalismo está mal preparado para lidar com as complexidades das situações multiculturais ligadas a formações sociais complexas, orientadas para o mercado, exceto pelo dispositivo holístico de postular uma única matriz ou grade de localização social objetivamente significativa. É esse dispositivo que Bourdieu usa para corrigir a narrativa estruturalista, ao definir capital cultural como um meio de afirmação cultural que não depende do ritual público, e invocar os grupos de *status* baseados em classe (no sentido dado por Weber) como os fornecedores das distinções mais fundamentais, além de enfatizar a importância das práticas concretas do *habitus* no quadro das distinções.

Como Lamont e Lareau afirmaram, quaisquer que sejam suas origens intelectuais e sua validade como teoria francesa secular, parece problemática a postulação – como modelo teórico geral – de um campo de distinção objetivo.[10] As dificuldades se manifestaram em várias frentes, mencionadas por vários analistas. Em primeiro lugar: para Lamont e Lareau, as razões da distinção de *status* elevado são, em si, diversas e potencialmente incomensuráveis. Em segundo: como Lamont demonstrou empiricamente, a fonte de padrões supostamente legítimos de distinção para as frações de classe pode não ter a proveniência de elite que Bourdieu descreveu.[11] Em terceiro: embora, em *Distinction*, Bourdieu reconheça a existência de padrões de distinção divergentes entre as diferentes classes sociais,[12] tal observação permanece não desenvolvida teorica-

---

9. John R. Hall, *Gone from the Promised Land: Jonestown in American cultural history*, New Brunswick, NJ.: Transaction, 1987, cap. 12.
10. Michèle Lamont & Annette Lareau, "Cultural capital", *op. cit.*
11. Michèle Lamont, *Money, morals and manners: the culture of the French and the American upper-middle class*, Chicago: University of Chicago Press, 1992.
12. Pierre Bourdieu, *Distinction, op. cit.* Eu uso *classe social* tanto no sentido de Weber como no de Bourdieu, mas de uma maneira conceitualmente distinta das várias classes *econômicas* de Weber; ver Max Weber, *Economy and society*, Guenther Roth & Claus Wittich (orgs.), Berkeley: University of California Press, 1978, pp. 302-305. Ver também Pierre Bourdieu, "Anatomie du goût", *Actes de la Recherche en Sciences Sociales*, 2 (5), pp. 5-81, 1976; e compare com Herbert J. Gans, *Cultura popular e alta cultura*, Edições Sesc São Paulo, 2014.

mente em seu trabalho – que aborda, principalmente, a importância de uma cultura postulada como hegemônica, dominante e legítima.[13] Em quarto lugar: a lacuna considerável entre as reivindicações teóricas de Bourdieu e suas análises quantitativas de evidências empíricas[14] levantou preocupações quanto ao realismo dessa mensuração objetivista.[15] Quinto: mesmo que Bourdieu tenha professado interesse em transcender o binário subjetivo/objetivo, tanto sua teoria quanto seus estudos estatísticos parecem inclinar a análise para a direção objetivista. Ainda assim, Lamont e Lareau questionaram qualquer modelo "soma zero" de capital cultural que pressuponha que todas as distinções específicas sejam "relacionalmente" definidas dentro de um campo de distinção objetivo.[16] Sexto: Garnham e Williams, de modo semelhante, comentaram a existência de um "resíduo funcionalista/determinista no conceito de reprodução [da estrutura de classe] de Bourdieu, que o levou a colocar menos ênfase nas possibilidades de mudança e inovação reais do que tanto sua teoria como sua pesquisa empírica tornavam necessário".[17] Finalmente, a teoria da distinção, de Bourdieu, é um esforço para absorver outras distinções de *status* dentro de um só quadro de classe; ou, melhor ainda, para ampliar o conceito de classe de maneira a incorporar o leque inteiro de distinções possíveis dentro de um único campo objetivo. Mas aí há razão para questionar se tal movimento torna analiticamente inacessíveis os heterólogos incomensuráveis processos e interações de distinção, obtidos tendo como base razões como etnicidade, gênero, religião e estilo de vida.[18]

Tomadas individualmente, as críticas parecem requerer pequenas correções na teoria de Bourdieu, seja uma metodologia mais refinada ou outras práticas saneadoras. Entretanto, tomadas em conjunto, surge

---

13. Nicholas Garnham & Raymond Williams, "Pierre Bourdieu and the sociology of culture", *op. cit.*, pp. 126-130; e, também, Michèle Lamont & Annette Lareau, "Cultural capital", *op. cit.*, p. 157.
14. Roger Brubaker, "Rethinking classical theory", *op. cit.*, p. 767.
15. Theodore R. Schatzki, "Overdue analysis of Bourdieu's theory of practice", *Inquiry* 30 (1-2), pp. 113-135, 1987.
16. Michèle Lamont & Annette Lareau, "Cultural capital", *op. cit.*, pp. 158, 164-165.
17. Nicholas Garnham & Raymond Williams, "Pierre Bourdieu and the sociology of culture", *op. cit.*, p. 129.
18. Roger Brubaker, "Rethinking classical theory", *op. cit.*, pp. 763ss; e, também, Michèle Lamont & Annette Lareau, "Cultural capital", *op. cit.*, p. 161.

a questão: a teoria da distinção poderia ser formulada sobre diferentes fatores básicos que resolveriam as dificuldades *tout à fait*? No presente ensaio, exploro essa possibilidade em duas etapas. Primeiro, empiricamente, para levantar as questões, revejo (para propósitos de discussão, e não exaustivamente) pesquisas sobre processos de distinção *fora* do âmbito do capital cultural como "sinais institucionalizados — isto é, amplamente compartilhados — de cultura de *status* elevado".[19] Especificamente, considero os processos de distinção com base naquilo que Lamont e Lareau chamam de "sinais marginais de *status* elevado" em situações de classe, gênero e etnia (e, de modo mais geral, grupo de *status*).

Segundo, com base nessas considerações empíricas, proponho um modelo de distinção alternativo, mas paralelo. Enquanto Bourdieu exportou a teoria de *status* e de grupos de *status* de Max Weber para um domínio em que há objetivismo e holismo epistemológicos, o modelo alternativo — de estruturalismo cultural — sugere uma teoria da distinção baseada no nominalismo e no individualismo metodológico. Esse modelo reconhece a existência de objetos culturais, textos e audiências heterólogos relativamente coerentes, externos a qualquer indivíduo, cujas ações podem ser estruturadas em seus termos. Entretanto, as culturas institucionalizadas — múltiplas e sobrepostas — descritas como estruturas culturais não têm o caráter de um campo de distinção único, objetivo e abrangente; e os "mercados" e "moedas" heterólogos do capital cultural interagem uns com os outros e, assim, não se reduzem a um único cálculo de distinção.

Em uma era de crítica pós-moderna, vai parecer fora de moda avaliar uma teoria com base em sua descrição empírica, pois essa descrição (corretamente, do meu ponto de vista) vai estar infundida de pressuposições teóricas. Mesmo sob tal regime, entretanto, pode ser útil explorar o grau de compatibilidade dos vários discursos teóricos e empíricos, para melhor identificar as falhas "geológicas" entre eles. Nesse sentido, pode ser que eu tenha compreendido Bourdieu de modo totalmente errado — como ele reclama a respeito de tantos outros.[20] Talvez meu entendimento de Bourdieu seja apenas uma falácia do espantalho; e seu aparente holismo do espaço social objetivo, só uma ilusão, enquanto o Bourdieu real chega bem perto de aproximar-se da posição teórica que eu exponho.

19. Michèle Lamont & Annette Lareau, "Cultural capital", *op. cit.*, p. 156.
20. Pierre Bourdieu, "Social space and symbolic power", *op. cit.*; e, também, "A reply to some objections", *In other words*, Stanford, CA: Stanford University Press, 1990.

Se for assim, então espero que esse confronto com o espantalho ajude a esclarecer nossa compreensão comum de cultura e *status*.

Grupos de *status*, mercados e estruturas culturais ※ Não se pode reduzir teorias sobre cultura e estratificação a qualquer tipologia bem arrumadinha. Entretanto, mesmo que as nuances se mantenham esquivas, podemos identificar dois eixos principais de controvérsia teórica. Uma das controvérsias diz respeito ao significado de grupos culturais delimitados; outra, à centralidade da dinâmica de mercado. O pensamento de que grupos têm fronteiras culturais distintivas foi formulado, classicamente, por Émile Durkheim, em seus estudos sobre divisão do trabalho e sobre religião;[21] e também por Simmel;[22] e por Weber,[23] ao tratar de "grupos de *status*".[24] Quanto ao eixo do mercado, Weber afirma que, numa economia orientada para o mercado, as pessoas podem exigir estima de maneira que não dependa de fazer parte do grupo.[25] Esse pensamento também foi explorado por Thorstein Veblen em seu clássico estudo do "consumo conspícuo" pela "classe ociosa",[26] e, mais adiante, foi desenvolvido por Gans.[27] Assim, o fato de pessoas de uma classe poderem participar da cultura de outra classe sugeriu a Gans que as fronteiras de grupos sociais baseados em classe podem não ser muito severas. Falta, às classes, organização ou poder suficientes para monopolizar a cultura "delas". Por quê? Por não terem solidariedade suficiente para manter suas fronteiras (isto é, não são eficientes como grupos sociais), e a cultura estar disponível através de canais não pertencentes à classe, principalmente através do mercado.

O que Bourdieu fez foi levar a abordagem de Weber a uma resolução, nova, da relação entre o mercado e o grupo, tratando a classe como a base fundamental e abrangente das distinções de grupo de *status*, e, assim, integrando os fenômenos de grupo e mercado através do capi-

---

21. Émile Durkheim, *The elementary forms of religious life*, Glencoe, IL: Free Press, 1947; e, do mesmo autor, *The division of labor in society* (1893), Nova York: Free, 1964.
22. Georg Simmel, *The sociology of Georg Simmel*, Nova York: Free, 1950, p. 37.
23. Max Weber, *Economy and society*, op. cit., pp. 305-307, 932-933.
24. Para uma discussão do problema geral de fronteiras e distinções, ver Sharon Zerubavel, "Socio-spatial prototypes of a new organization of consumption: the role of real cultural capital", *Sociology*, 24 (1), pp. 37-56, 1991.
25. Max Weber, *Economy and society*, op. cit., pp. 305-307, 932-933.
26. Thorstein Veblen, *The theory of the leisure class* (1912), Nova York: Macmillan, 1953.
27. Herbert J. Gans, *Cultura popular e alta cultura*, op. cit.

tal cultural.[28] Como Gans, Bourdieu defendeu a existência de fronteiras culturais entre as classes. Tanto a aceitação dessas fronteiras como os esforços feitos para cruzá-las concretizam as classes como grupos culturais, emprestando legitimidade à ordem social.

Como teoria secular das lutas francesas em torno da distinção legítima, *Distinction*, de Bourdieu, é certamente um *tour de force*.[29] Entretanto, nos mercados franceses de capital cultural descritos por Bourdieu, há ausências centrais – "os outros" culturais que vivem em meio ao mundo *de facto* branco, de sexo masculino, com distinção da classe de elite, que Bourdieu pinta. Com essas ausências, Bourdieu não dá conta de como suas situações de *status* interagem com o cálculo do que ele considera publicamente legítimo; e ele se limita a tratá-las com uma advertência, mencionando, entre parênteses:

É nas posições intermediárias do espaço social, especialmente nos Estados Unidos, que a indeterminação e a incerteza objetiva das relações entre práticas e posições está no máximo, e, consequentemente, também a intensidade das estratégias simbólicas. É fácil compreender, assim, porque esse é o universo que fornece o local favorito dos interacionistas e de Goffman em particular.[30]

Mas Bourdieu tem compromisso analítico com um relato estruturalista holístico que identifica uma cultura (supostamente dominante) como fonte de um campo de distinção hegemônico objetivo. Por essa razão, o reconhecimento, de Bourdieu, das "posições intermediárias" não se torna um tema importante em suas discussões.

A tarefa empírica, então, é examinar como, na prática, as distinções funcionam tanto para excluir os outros como para constituir a identidade coletiva no interior dos grupos. Considerar o leque inteiro de possibilidades significa escrever uma genealogia do *status* em termos econômicos e políticos. Mas meu propósito, mais modesto, é simplesmente mostrar que o sucesso de tal projeto depende de especificar um quadro teórico para a análise da distinção, quadro esse que não privilegie qualquer de suas formas particulares historicamente concretas. Para avaliar a utilidade da abordagem de Bourdieu, comparada a uma teorização al-

---

28. Por exemplo, ver Pierre Bourdieu, *Distinction, op. cit.*, p. 165; e, também, "The social space and the genesis of groups", *op. cit.*, p. 731.
29. *Idem, Distinction, op. cit.*
30. *Idem*, "Social space and symbolic power", *op. cit.*, p. 20.

ternativa do "estruturalismo cultural", uma breve pesquisa de questões relacionadas a classe, gênero, etnicidade e grupos de *status* pode oferecer pontos de referência.

Classe \ Como Lamont e Lareau observam, Bourdieu quer defender um espaço único, abrangente e objetivo de distinção.[31] Mas reconhece, também, que grupos específicos produzem suas próprias formas distintivas de capital cultural; sendo assim, há diferentes campos "que são relativamente autônomos, isto é, mais ou menos forte e diretamente subordinados".[32] De modo semelhante, algumas vezes ele discute a existência de mercados específicos e defende que, sob certas condições, a ação será orientada para "a pesquisa de características culturalmente pertinentes, dotadas de valor na economia do campo em si".[33] Como Michel Grossetti sugeriu, o trabalho de Bourdieu caracteriza-se por ser uma metáfora econômica "inacabada".[34] Ainda assim, a metáfora talvez permaneça inacabada por uma boa razão. Se, como analogia, seguirmos a teoria econômica neoclássica convencional, então há mercados separados para

---

31. Michèle Lamont & Annette Lareau, "Cultural capital", *op. cit.*
32. Pierre Bourdieu, "The social space and the genesis of groups", *op. cit.*, p. 736; compare com Pierre Bourdieu, "The market of symbolic goods", *op. cit.*, p. 43.
33. *Idem*, "The market of symbolic goods", *op. cit.*, p. 19.
34. Michel Grossetti, "Métaphore économique et économie des pratiques", *Recherches sociologiques*, 17 (2), pp. 233-246, 1986; compare com Axel Honneth, "The fragmented world of symbolic forms: reflections on Pierre Bourdieu's sociology of culture", *Theory, Culture and Society*, 3 (3), pp. 55-66, 1986, p. 59. Uma metáfora melhor seria a da linguagem, que – diferentemente do capital – não pode ser poupada, mas pode ser usada mais e mais vezes sem se esgotar. Contudo, nem poupada, nem gasta, a linguagem é um recurso que os indivíduos podem possuir e trazer para o jogo. Equivale, portanto, a mais que um simples emblema, mas, ainda assim, também opera como emblema, pois ao ser usada oferece ao ouvinte indícios instantâneos dos recursos culturais de quem fala. Mas mesmo parecendo uma metáfora mais apropriada, para a abordagem de Bourdieu a linguagem não funcionaria bem. Ao contrário do conceito de capital e da metáfora econômica, que pressupõem um valor ou matriz objetiva única, uma abordagem pós-estruturalista evitaria a alegação de uma linguagem única e objetiva, e favoreceria o reconhecimento de *representações* de linguagem em órgãos de legitimação, como dicionários, e de um amplo leque de dialetos e usos pessoais nas comunidades de pessoas que podem falar mais de um idioma. Essas características são de um modelo não holístico, e não de um que postula um campo objetivo de distinção.

certas "*commodities*" culturais; e os indivíduos (e grupos) participam de diferentes mercados com base em valores diversos. Na economia neoclássica, tais diversidades não implicam descontinuidades. Em vez disso, com dinheiro como meio generalizado de troca, todo valor pode ser reduzido a um denominador comum, e as diferenças de preço podem, em princípio, ser explicadas com base em considerações calculáveis, como escassez local e coisas tais. Contudo, a economia neoclássica postula uma matriz holística sujeita às mesmas dificuldades a que está sujeito o campo objetivo de Bourdieu. E há uma longa fila de abordagens sociológicas à economia defendendo que os mercados estão entrelaçados a formas e padrões culturalmente estruturados de organização social.[35] A estruturação cultural dos mercados teria aparência muito mais destacada naquelas situações em que o valor é mensurado em distinções, em lugar de ser expresso em termos de um sistema monetário generalizado.[36]

Mesmo para as classes, um suposto campo de distinção objetivo não produz formas de capital cultural traduzíveis de modo geral. De fato, a própria análise de Bourdieu implica nessa hipótese: por exemplo, ao diferenciar a classe média das classes mais altas com base na insuficiência de desenvoltura do primeiro grupo, o que resulta em "pretensão". Mas, entre seus praticantes, a pretensão se torna "moeda"; e isso contradiz a ideia de que o capital cultural oferece uma base *geral* para a classificação social e para a formulação das distinções. Colocado de maneira simples,

---

35. Por exemplo, Talcott Parsons, *The structure of social action*, Nova York: Free, 1937; Gary G. Hamilton & Nicole Woolsey Biggart, "Market, culture and authority: a comparative analysis of management and organization in the far east", *American Journal of Sociology*, 94 (Suplemento): S51-S94, 1988; Nicole W. Biggart, *Charismatic capitalism: direct selling organizations in America*, Chicago: University of Chicago Press, 1989; e, também, John R. Hall, "The patrimonial dynamic in colonial Brazil", em: Richard Graham (org.), *Brazil and the world system*, Austin: University of Texas Press, 1991.

36. Pela mesma razão – e a despeito de seus *insights* substantivos interessantes – são teoricamente problemáticos os esforços para empurrar o esquema de Bourdieu para uma análise marxista convencional (isto é, de circulação de capital). Como exemplo de tal esforço, ver Sharon Zukin, "Socio-spatial prototypes of a new organization of consumption: the role of real cultural capital", *Sociology*, 24 (1), pp. 37-56, 1990. Para uma valiosa leitura e apreciação marxista de Bourdieu – que, com todas as suas virtudes, é prejudicado pelo uso de uma metáfora econômica levada, em uma direção reducionista, a tratar a cultura como "investimento" e "retorno" –, ver Nicholas Garnham & Raymond Williams, "Pierre Bourdieu and the sociology of culture", *op. cit.*

é provável que as formas de capital cultural em jogo nas várias situações de classe sejam incomensuráveis umas em relação às outras. Bourdieu reconhece essa possibilidade, mas minimiza pelo que diz respeito à hegemonia cultural, em que as classes mais baixas são excluídas do *habitus* de distinções mais elevadas, por não ter acesso a elas tanto na família quanto na educação. A classe trabalhadora é sujeita a uma "'estética' dominada", definida a partir de fora, mesmo quando essa estética contraria preferências pessoais: "Sim, é lindo, mas é preciso gostar disso, a mim não diz nada".[37]

Qualquer estética externa tem como assuntos-chave sua fonte e seu significado, que precisam ser mais bem explorados. Michèle Lamont e Annette Lareau, por exemplo, sugeriram que, nos Estados Unidos, para encontrar a fonte da estética dominada da classe média baixa, deveríamos olhar para a classe média alta, e não para a classe alta.[38] David Halle questiona se a estética das classes sociais difere tanto quanto as práticas das *commodities* culturais pelas quais a estética é expressa.[39] E outra pesquisa de Lamont inevitavelmente levanta dúvidas sobre o que as distinções de alta cultura significam para a classe média alta, cuja coerência é minada por diferenças transregionais e transnacionais no que tange à importância relativa das distinções culturais, morais e sociais.[40]

Mesmo para as classes às quais falta poder dominante, o valor estético pode não ser definido apenas do exterior. Em uma comunidade ítalo-americana, Herbert J. Gans constatou que os trabalhadores manuais podem trafegar em suas próprias formas de honra de classe de maneira positiva e em contraste com os padrões de classes mais altas ou com os emblemas de *status* produzidos em massa (de consumo).[41] De maneira mais geral, os trabalhadores podem manter respeito por habilidades de ofício – pela capacidade de fazer coisas com as mãos e trabalhar coletivamente de modo físico. Por tais padrões, muitas pessoas de classe média e alta vão parecer desastradas, ineptas e alienadas das condições materiais de suas vidas. Como Bourdieu reconhece, a fonte do valor estético do

---

37. Pierre Bourdieu, *Distinction, op. cit.*, p. 41.
38. Michèle Lamont & Annette Lareau, "Cultural capital", *op. cit.*
39. David Halle, "Class and culture in modern America: the vision of the landscape in the residences of contemporary Americans", *Prospects*, 14, pp. 373-406, 1989.
40. Michèle Lamont, *Money, morals and manners, op. cit.*
41. Herbert J. Gans, *The urban villagers: group and class in the life of Italian-Americans*, Nova York: Free, 1962.

capital cultural é uma luta.⁴² Ainda assim, à parte da luta para *legitimar* determinada taxonomia, é possível que coexistam valores e distinções variados e incongruentes, que não podem ser reduzidos uns aos outros.

Para Bourdieu, o problema se aprofunda porque ele sabe que nem toda cultura é economicamente determinada: "À medida que cresce a distância objetiva da necessidade, o estilo de vida se torna cada vez mais produto do que Weber chama 'estilização da vida', um comprometimento sistemático que orienta e organiza as práticas mais diversas – a escolha de uma safra de vinho, ou de um queijo, ou da decoração de uma casa de férias no interior".⁴³ Isso sugere que critérios diferentes dos emblemas de classe social entram em jogo em distinções de puro lazer e consumo, ou seja, naquelas atividades ligadas ou ao que Tom Wolfe chamou "esferas de *status*" (como os mundos sociais do surfe e da exibição de filmes estrangeiros)⁴⁴ ou a grupos de *status* reais. Muito do consumo de lazer pode ser localizado nas diferenças de classe – boliche *versus* handebol, ou jogo de ferraduras *versus* golfe. Ainda assim, a possibilidade oposta também justifica uma consideração: as distinções de estilo de vida podem formar fronteiras culturais que não dependem da classe social.

Mesmo se olharmos apenas para culturas dos grupos de classe social cujas vidas pareceriam provavelmente ditadas por "necessidade" econômica – os pobres e sem-teto urbanos –, é questionável se a abordagem do capital cultural explica adequadamente tais culturas. Os pobres vão estar expostos à mais barata cultura comercial trivial – restaurantes de quinta categoria, lojas de artigos usados, tabloides e cinemas baratos. E serão alvo de programas culturalmente distintivos de caridade e assistência social, organizados pelo Estado e pelas instituições religiosas. Tais realidades poderiam sugerir que os pobres participam do que Bourdieu chama de estética cultural "dominada". Ainda assim, os pobres não se dedicam ao consumo comercial do mesmo modo que as classes populares menos desfavorecidas e a elite o fazem. Isso significa que sua cultura vai estar fora do âmbito da cultura popular de massa e, com base nisso, provavelmente será considerada "desviante". Paradoxalmente, a distância relativamente maior entre os pobres e a cultura comercial vai deixar espaço para a importância maior de culturas

---

42. Pierre Bourdieu, "The social space and the genesis of groups", *op. cit.*
43. *Idem, Distinction, op. cit.*, pp. 55-56.
44. Tom Wolfe, *The Pump House Gang*, Nova York: Farrar, Straus & Giroux, 1968.

"quase *folk*", constituídas nas práticas correntes de pessoas cujas vidas são socialmente marginais.[45] A interação de tais culturas com a cultura dominada foi descrita em romances como *Down and out in Paris and London*, de George Orwell;[46] nas autobiografias dos vagabundos Jack Black[47] e Boxcar Bertha;[48] e em etnografias das ruas, como *Tally's Corner*[49] e *Carnival strippers*.[50]

Esses textos testemunham a importância de distinções socialmente situadas. *Carnival strippers*, por exemplo, detalha a vida de mulheres que trabalham no circuito dos *girlie shows* na Nova Inglaterra. Boa parte do que se sabe sobre elas pode ser traduzida nos termos de Bourdieu: as mulheres se posicionam em relação umas às outras, distinguindo os seus costumes sexuais e trajetórias de carreira, e um sociólogo poderia mapear um campo de distinção objetivo, tanto dentro do mundo ocupacional como em relação aos mundos originários das mulheres e a outras oportunidades de carreira (por exemplo, garçonete, *go-go dancer*, e prostituta). Ainda assim, há, nos testemunhos das *strippers* desses *shows*, duas coisas que impressionam. A primeira delas é que, mesmo dentro do mundo ocupacional, cada *stripper* tem sua própria distinção, que usa para afirmar seu *status* e sua dignidade em relação às outras. Como declarou uma delas: "Lena acha que ela é melhor do que Tami, e Tami acha que ela é melhor do que Lena [...] Se você está no meu camarim, você é tão boa quanto eu, você não é melhor do que eu".[51] Valores incomensuráveis produzem medidas de distinção que são individuais, e não coletivas. Pelas distinções, bem diversas, feitas pelos homens que trabalham com as mulheres (e frequentemente as exploram), e por outros que vêm para o mundo delas, inclusive homens (e ocasionalmente mulheres) da audiência, a situação vai se tornar apenas mais complexa. Em termos de suas interações com homens, as *strippers* pagam um alto preço em perda de *status*, mas esses custos não valem igualmente (sequer têm a mesma base) para todos os homens. A segunda é que esse capital cultural que as *strippers* lutam para manter em sua are-

---

45. Herbert J. Gans, *Cultura popular e alta cultura, op. cit.*
46. George Orwell, *Down and out in Paris and London*, Nova York: Harper, 1933.
47. Jack Black, *You can't win* (1926), pref. William S. Burroughs, Nova York: Amok, 1988.
48. Ben L. Reitman, *Boxcar Bertha: an autobiography, as told to Dr. Ben L. Reitman*, Nova York: Amok, 1988.
49. Elliot Liebow, *Tally's corner*, Boston: Little, Brown, 1967.
50. Susan Meiselas, *Carnival strippers*, Nova York: Farrar, Straus & Giroux, 1976.
51. *Idem*, p. 48, citando uma *stripper*.

na ocupacional frequentemente conta muito pouco em outros domínios, estando entre eles, certamente, por exemplo, a cidade natal delas (quase sempre pequenas), bem como os submundos superiores dos clubes noturnos urbanos. Mesmo em um mundo ocupacional social, a ideia de um campo objetivo de distinções, mensurado em capital cultural legítimo de oferta geral, parece, então, mascarar a realidade dos padrões culturais incalculáveis. Se, em um mundo organizado em termos de atividade de mercado, for esse o caso, isso presumivelmente vai ser encontrado em outras situações, bem mais distantes da "necessidade" econômica.

Outros relatos etnográficos sublinharam o que Herbert Gans reconheceu: que as distinções de cultura de classe são mediadas por outras fronteiras socialmente construídas, como as de idade, etnicidade, gênero e localização geográfica.[52] Mas essas fronteiras não são simplesmente eixos alternativos de estratificação objetiva: são aspectos inter-relacionados de situações concretas de *status*. As *strippers* são mulheres que trabalham em empresas que pertencem a homens. Já Boxcar Bertha era uma mulher bem-sucedida em um mundo predominantemente masculino de contraventores e vagabundos. Entre os trabalhadores ítalo-americanos, prevaleciam os homens, talvez mantendo não só a honra de classe mas, também, a de gênero. George Orwell, por sua vez, descreveu homens muito pobres, que vivem na estrada, habitando um mundo social diferente do mundo daqueles de nós que têm uma existência mais estável – em uma cidade, subúrbio, aldeia ou comunidade agrícola. E, por fim, Tally's Corner é um lugar muito frequentado por negros, que formam um grupo de *status* dotado de seu próprio código moral sobre suas relações com as mulheres que vivem além das fronteiras de seu grupo.

À medida que entram em jogo nas situações, as possíveis concatenações das distinções vão ultrapassar qualquer tentativa de reduzi-las a alternativas lógicas, ou à prioridade de uma dimensão analítica sobre outra. Entretanto, considerar brevemente, e de modo mais geral, o significado social de grupos de *status*, gênero e etnicidade pode, pelo menos, trazer à luz as diversas dinâmicas de distinção que, com frequência, interagem em situações de *status*.

**Gênero ** No início do século XX, Georg Simmel descreveu a cultura feminina como ligada à forma específica da "natureza da mulher" e argumentou que, "com exceção de algumas poucas áreas, nossa cultura

---

52. Herbert J. Gans, *Cultura popular e alta cultura, op. cit.*

objetiva [isto é, pública] é inteiramente masculina".⁵³ Teóricas feministas podem se irritar tanto com a afirmação de haver diferença biológica como com a distinção público/privado – ambas oposições binárias que reforçam ideologias essencialistas.⁵⁴ Tais oposições negam as muitas realizações culturais públicas – ainda assim não "Públicas" – de mulheres artistas, romancistas, musicistas e outras, cujo trabalho não foi incorporado ao cânone da realização cultural legítima, definido pelos homens. Mas feministas algumas vezes compartilham do modelo de sociedade patriarcal feito por Simmel, ou seja, que a cultura dominante – religião, arte, música, instituições legais e assim por diante – é cultura criada e mantida, em sua maior parte, por homens, como o gênero dominante. Houve feministas que explicaram os padrões culturais das relações de gênero como consequência de diferenciais sociais de poder entre homens e mulheres, diferenciais esses que, em uma sociedade patriarcal, não podem ser reduzidos à classe.⁵⁵

Como Bourdieu lida com distinções, sua teoria poderia parecer bem adequada para enfocar o assunto do patriarcado, especialmente tomando como base sua análise das lutas sobre os mitos simbólicos.⁵⁶ Contudo, Bourdieu não gastou muito tempo com distinções outras que não as de classe. Ele tende a ver o gênero em termos de classe, por exemplo, ao apontar diferenças de classe nas atitudes das mulheres em relação à "esposa que trabalha".⁵⁷ Tal abordagem se origina de seu argumento que diz serem outras bases de divisão social – como idade, sexo e etnicidade – "secundárias" à classe.

Os princípios secundários da divisão [...] indicam linhas potenciais de divisão ao longo das quais um grupo socialmente percebido como unitário pode dividir-se,

---

53. Georg Simmel, "Female culture" (1911), em Guy Oakes (org.), *Georg Simmel: on women, sexuality and love*, New Haven, CT: Yale University Press, 1984, p. 67.
54. Compare com M. Z. Rosaldo, "The use and abuse of anthropology: reflections on feminism and cross-cultural understanding", *Signs*, 5 (3), pp. 389-417, 1980.
55. Mary O'Brien, *The politics of reproduction*, Boston: Routledge & Kegan Paul, 1981; e M. Rivka Polatnick, "Why men don't rear children: a power analysis", em Joyce Trebilcot (org.), *Mothering: essays in feminist theory*, Totowa, NJ: Rowman & Allanheld, 1983.
56. Pierre Bourdieu, "The social space and the genesis of groups", *op. cit.*; e, do mesmo autor, "Social space and symbolic power", *op. cit.*
57. *Idem, Distinction, op. cit.*, 178.

mais ou menos profunda e permanentemente [...] Grupos mobilizados com base em um critério secundário (como idade ou sexo) provavelmente vão ficar unidos por menor tempo e menos profundamente do que aqueles mobilizados com base nos determinantes fundamentais [isto é, a classe] de sua condição.[58]

Nesse caminho, Bourdieu argumentou que "há tantas maneiras de realizar a feminilidade [sic] quanto há classes e frações de classe", e interpretou em termos de classe dados estatísticos sobre os gostos fotográficos de homens *versus* os de mulheres.[59] Ainda assim, mesmo os dados do próprio Bourdieu revelam os limites de sua abordagem: nem classe, nem gênero explicam totalmente o leque da variação estatística em sua pesquisa: cerca de 30% de esposas empregadas na indústria não consideram feio aquilo que as sensibilidades de classe de seu gênero ditariam como feio. E assim por diante.

As relações entre classe e gênero não deveriam ser desconsideradas, mas seu caráter sugere uma análise mais complexa. Estudos históricos da industrialização mostram, por exemplo, que, com a emergência de novas classes sociais, houve mudanças nas identidades de gênero, e tais mudanças sugerem a subordinação de outras classes sociais à definição pública de gênero das classes burguesas.[60] Ainda assim, várias teorias do patriarcado viraram a mesa quanto à tese da estruturação de classes. O capitalismo industrial emergente do século XIX pode ser considerado uma reconstrução do patriarcado sob as novas condições de produção, e estas mantêm as relações patriarcais em toda a gama das classes sociais. Nesses termos, nas identidades e relações de gênero, as diferenças de classe se tornam variações sobre um cálculo resiliente de patriarcado, em um mundo onde o gênero sempre figura na construção das diferenças sociais. Isso não significa afirmar que o gênero é o eixo "fundamental" da organização social, mas sim rejeitar a afirmação, reducionista, de qualquer eixo dominante de diferença; e também propor uma sociologia

---

58. *Idem*, p. 107.

59. *Idem*, pp. 39-40.

60. Ver, por exemplo, Ann Douglas, *The feminization of American culture*, Nova York: Knopf, 1977; Kathy Peiss, *Cheap amusements: working women and leisure in turn-of-the-century New York*, Filadélfia: Temple University Press, 1986; Daniel Bell, *The cultural contradictions of capitalism*, Nova York: Basic, 1976, p. 67, citando Lynn & Lynn; e, também, Janice Doane & Devon Hodges, *Nostalgia and sexual difference: the resistance to contemporary feminism*, Nova York: Methuen, 1987.

histórica comparativa de situações de *status* mutantes e de configuração múltipla.⁶¹

Como explicar, dentro e além das classes, as distinções de culturas masculinas *versus* femininas? O modelo de Bourdieu pode sugerir que diferentes tipos de recursos e sensibilidades – mecânica automotiva, costura, criação e educação, beleza, autoridade – dariam aos indivíduos o capital cultural para manter posições sociais no interior de um sistema de classe totalizante da distinção (*an overall class system of distinctions*). Para um grupo cultural dominado – mulheres em uma sociedade patriarcal –, recursos culturais (como o enxoval, a produção de filhos e a habilidade de entreter) ofereceriam a base para a sobrevivência em um "mundo masculino". Nessas condições, o capital cultural de uma mulher seria explicado por seu valor para os homens *dentro* de uma fração particular de classe. Entretanto, a cultura feminina também pode estabelecer um terreno alternativo ao mundo dominado pelos homens. Ao explorar os mundos sociais das mulheres dos séculos XVIII e XIX, Smith-Rosenberg argumentou que

as mulheres que tinham pouco *status* ou poder no mundo maior dos homens possuíam *status* e poder nas vidas e mundos de outras mulheres [...] Dias inteiros, até mesmo semanas, podiam ser passadas quase que exclusivamente com outras mulheres. Mulheres urbanas, de grandes e pequenas cidades, podiam devotar virtualmente todos os dias a visitas, chás ou passeios para compras com outras mulheres. As mulheres rurais desenvolveram um padrão de visitas mais extensas, que duravam semanas e algumas vezes meses, às vezes até desalojando os maridos de suas camas e quartos de dormir, de modo que caras amigas pudessem passar juntas todas as horas de todos os dias.⁶²

Longe de concluir que o capital cultural das mulheres as ajudava a sobreviver em um mundo masculino, Smith-Rosenberg sugeriu o oposto – que a extensão da vida segregada pelo sexo, no século XIX, pode ter deixado tanto mulheres como homens culturalmente despreparados para o mundo compartilhado do casamento e, assim, contribuído para a reputada formalidade dos casamentos da era vitoriana.

61. Para uma discussão de várias abordagens, ver Joan Wallach Scott, "Gender: a useful category of historical analysis", em Joan Wallach Scott (org.), *Gender and the politics of history*, Nova York: Columbia University Press, 1988.

62. Carroll Smith-Rosenberg, "The female world of love and ritual: relations between women in nineteenth-century America", *Signs*, 1 (1), pp. 1-29, 1975, p. 10.

Hoje, a construção da sociedade patriarcal mudou de feição. Ainda assim, as diferenças de gênero reconstruídas funcionam não apenas para manter as distinções dentro das culturas de classe dominadas pelos homens: um estudo envolvendo mulheres contemporâneas e a cultura popular das narrativas românticas sugere complexidade consideravelmente maior. Em *Reading the romance*, Radway reconhece práticas duplas e, de alguma forma, contraditórias.[63] Como outros gêneros que constroem tramas realistas, as narrativas românticas sobre mulheres e suas vidas amorosas se desdobram com voltas e reviravoltas baseadas em dilemas e escolhas das protagonistas. Para as mulheres, ler romances pode, então, sugerir que elas têm o poder de moldar suas vidas. Ainda assim, as tramas são, de fato, "previsíveis", pois seguem receitas sobre "os ingredientes essenciais a serem incluídos em cada nova versão da forma". Quanto a isso, "cada romance é, na realidade, um relato mítico de como as mulheres *devem* conseguir realização na sociedade patriarcal".[64] As narrativas românticas, assim, equilibram a liberdade de escolha das mulheres com a conformidade feminina aos preceitos míticos. Assim elas perpetuam a dominação masculina centrando o exercício feminino do poder dentro das limitações de uma sociedade patriarcalmente organizada. Mesmo assim, era frequente que as leitoras entrevistadas por Radway relatassem experiências de empoderamento. Os romances ajudavam as leitoras a estabelecer seus próprios reinos pessoais – separados de seus mundos do trabalho, das crianças e do marido. Além disso, selecionar as questões confrontadas pelas heroínas nos romances afiava a habilidade das leitoras de negociar as provações de um mundo patriarcal.

Diferem radicalmente, uma da outra, as culturas femininas descritas por Smith-Rosenberg e por Radway. Uma sugere que a cultura das mulheres tem valor por sustentar totalmente um domínio alternativo; a outra esboça um poder, no mundo dos homens, que não pode ser reduzido aos valores culturais masculinos. Nos termos de Bourdieu, os dois casos mostram que parte do capital cultural feminino está em uma moeda comercializada em diferentes mercados, e não só em um completamente definido por situações femininas de classe. Há múltiplos mercados, definidos por interesses diversos, das mulheres e dos homens, em suas

---

63. Janice Radway, *Reading the romance: women, patriarchy and popular literature*, Chapel Hill: University of North Carolina Press, 1984.

64. *Idem*, pp. 29, 17.

situações com outros, sejam suas identidades de gênero as mesmas ou diferentes.

**Etnicidade ** A despeito da ênfase de Bourdieu em grupos de *status*, em *Distinction* seu silêncio sobre a questão da etnicidade é total.[65] Em outro texto,[66] ele menciona (de passagem) que sua análise da relação das classes "no papel" com as práticas de classe reais é análoga à sua "análise da relação entre o grupo de parentesco 'no papel' e o parentesco prático 'da vontade e da representação'", tratada em *Outline of a theory of practice*.[67] Fragmentos de comentários indicam que ele considera possível reduzir a etnicidade à classe. E argumenta que os agrupamentos "construídos em termos de distribuição de capital"

são mais prováveis de ser estáveis e duráveis, enquanto outras formas de agrupamento são sempre ameaçadas por divisões e oposições ligadas a distâncias no espaço social [...] Mas isto nunca exclui inteiramente a possibilidade de haver agentes organizadores que seguem outros princípios – étnicos ou nacionais, por exemplo – de divisão, embora seja necessário lembrar que essas [divisões], em geral, são ligadas aos princípios fundamentais [isto é, distribuição de capital], com os próprios grupos étnicos sendo hierarquizados, pelo menos grosseiramente, no espaço social, como nos Estados Unidos, por exemplo (através de antiguidade na imigração).[68]

Mais adiante, "as diferenças mais objetivas podem ser marcadas por diferenças mais imediatamente visíveis (por exemplo, aquelas entre os grupos étnicos)".[69] Empiricamente, esse ponto de vista está, muitas vezes, correto. Os sistemas indianos de casta, o *apartheid* e, nos Estados Unidos, a escravidão e, antes das reformas dos direitos civis em meados do século XX, a segregação "legal" dos negros são exemplos extremos de grupos étnicos predominantemente contidos em classes.

Além disso, membros de grupos étnicos antes coerentes podem se ver distanciados uns dos outros através das linhas de classe. Assim, William J. Wilson sugere que, depois do movimento dos direitos civis dos anos 1960, a expansão da classe média negra resultou em um "aprofunda-

---

65. Pierre Bourdieu, *Distinction, op. cit.*
66. *Idem*, "The social space and the genesis of groups", *op. cit.*, p. 744, n. 14.
67. *Idem*, *Outline of a theory of practice, op. cit.*
68. *Idem*, "The social space and the genesis of groups", *op. cit.*, p. 726.
69. *Idem*, p. 730.

mento do cisma econômico", "com os negros pobres ficando mais e mais para trás dos negros de renda média e mais alta".[70] Essas mudanças são ressaltadas culturalmente pelas atividades distintas de lazer de negros de classe média, que estão propensos a se envolver em atividades economicamente inacessíveis aos pobres.[71] Aqui, a mobilidade de classe pode promover nova identidade de grupo de *status*.

Contudo, como ocorre com o gênero, uma análise de classe da etnicidade parece incompleta. Consideramos, aqui, um estudo clássico: a análise feita por John Dollard de uma cidadezinha no sul dos Estados Unidos durante a Grande Depressão. Nela, Dollard detalhou uma elaborada ideologia racista e costumes estritos de comportamento público definidos pela cultura branca dominante. Em parte, a cultura pública mantinha a solidariedade branca no tocante à segregação ao estigmatizar, como "amante de negros", qualquer branco que se desviasse. O autor comenta:

A tendência, entre estudantes da cultura, de considerar como formalismos vazios atos tais como cumprimentar com o chapéu, apertar as mãos ou usar "senhor" [...] sofre, no sul, a reprimenda da experiência. Ao vermos como os negros podem ser severamente punidos por omitir esses sinais de deferência, nos damos conta de que eles não são costumes petrificados.[72]

Muito antes do estudo de Wilson, Dollard já havia encontrado diferenças de classe entre negros, tendo negros de classe média, com frequência, se esforçado ao máximo para evitar invocar estereótipos culturais dos brancos em relação a negros pobres — a imagem da "mamãezinha", a promiscuidade sexual, e a religião um tanto emocional, por exemplo. Aqui, os membros de uma casta externamente definida usaram a distinção de classe para neutralizar a etnicidade negativamente privilegiada. Entre os negros mais pobres, Dollard pintou um quadro de dois papéis — um, que se conformava com os costumes impingidos, no fim das contas, pela violência branca; outro, que mantinha a identidade própria dos negros além do mundo público dominado pelos brancos. Como Dollard

70. William J. Wilson, *The declining significance of race*, 2. ed., Chicago: University of Chicago Press, 1980, pp. 151-152.

71. Michael D. Woodard, "Class, regionality and leisure among urban black Americans", *Journal of Leisure Research*, 20 (2), pp. 87-105, 1988.

72. John Dollard, *Caste and class in a southern town* (1937), Nova York: Doubleday, 1957, pp. 178-179.

a via, a postura dualística dos negros, na cidade, era acomodar-se à sua posição inferior, como definida e mantida pela casta branca.⁷³

Persiste uma questão acerca do potencial para resistência política dentro do mundo do grupo negro de *status*, escondido da opinião pública. Por ser um forasteiro, Dollard pode ter perdido o "interior" da cultura negra sulista. Mas, como ocorre com o gênero, qualquer que seja a explicação, um grupo étnico dominado pode usar uma forma de capital cultural com valor no mundo mais amplo, enquanto um tipo separado de capital cultural estabelece o *status* dentro do grupo em si. Assim, o capital cultural étnico nem sempre se reduz ao capital cultural de classe por uma espécie de "câmbio direto de moeda".

Com certeza, como Bourdieu esperaria, há uma "divisão cultural do trabalho". Mas as relações com classe não estão na hierarquia que ele descreve. No ponto de vista de Fredrik Barth, agora clássico, os valores internos e os sinais externos que delimitam a etnicidade podem ter outras bases que não as econômicas, e permanecer mais nítidos e mais fixos do que as fronteiras que derivam de distinções como as de classe social.⁷⁴ Analiticamente, os grupos étnicos não podem ser reduzidos a nichos ocupacionais e a classes sociais. O contraste entre as fronteiras relativamente nítidas dos grupos étnicos e as distinções de classe, mais gradativas, foi explorado por Michael Hechter.⁷⁵ Ao analisar o censo americano de 1970, ele constatou que certos grupos étnicos (por exemplo, asiáticos, falantes de iídiche) se apresentam em uma concentração territorial muito mais alta do que outros. Os grupos também diferem na diversidade e na média do grau de especialização e prestígio ocupacionais dos seus membros (por exemplo, greco-americanos eram duas vezes mais concentrados em ocupações similares do que irlando-americanos). Esses padrões sugerem que algumas subculturas étnicas (e, por extensão, grupos de *status* subcultural religioso, de gênero e outros) podem ter relativamente pouco a ver com a estratificação ocupacional, enquanto outras oferecem bases para tentar monopolizar recursos (empregos) – algumas vezes *dentro* de um nível de classe, outras vezes atravessando *ao longo* dos níveis de classe – em um setor econômico

---

73. *Idem*, p. 255.
74. Fredrik Barth, "Introduction", em: Fredrik Barth (org.), *Ethnic groups and boundaries*, Boston: Little, Brown, 1969.
75. Michael Hechter, "Group formation and the cultural division of labor", *American Journal of Sociology*, 84 (2): 293-318, 1978.

(como construção ou bancos). Como a concentração ocupacional pode ocorrer?

Dada uma definição cultural (em oposição à biológica) de etnicidade, um *habitus* infundido pela cultura étnica do grupo pode fornecer ao indivíduo um capital cultural que conta dentro do grupo étnico, mas pouco significa fora dele. Esse grupo étnico pode se tornar internamente estratificado, pois a solidariedade e a relativa *clareza* da filiação étnica oferecem uma base de ação econômica, e qualquer grupo étnico pode incluir pessoas com um leque de habilidades e talentos. Assim, os membros de um grupo étnico solidário podem tomar ações econômicas coletivas, "capturando" empresas que certamente vão precisar de pessoas de camadas ocupacionais diferentes. Sob essas condições, a distribuição de classe dentro do grupo étnico é manifestada em bases diferentes das de qualquer moeda generalizada de capital cultural.

Grupos de *status* \ Grupos étnicos podem ser interpretados como casos especiais de fenômenos de grupos de *status*.[76] Seria possível explorar outros eixos de *status* ao longo dos quais sociólogos (e as pessoas em geral) mapeiam distinções e fronteiras que oferecem modelos para a vida prática comum e associativa – idade, religião, comunidade, adesão a clubes sociais, espaço cultural, além de categorias sociais difusas, como *ski bums*,[77] caubóis e *hippies*. Parece provável encontrar falta de simetria nas várias maneiras em que as associações culturais, fronteiras e distinções afetam as situações de *status* dos indivíduos. As classes sociais, como grupos de *status*, tendem a possuir apenas fronteiras gradativas e, portanto, a não ter muito sucesso em ações coletivas, como o têm grupos de *status* mais claramente delimitados. Outros tipos de grupos de *status* podem estabelecer "moedas" de capital cultural cujo alinhamento com distinções de classe não é simples nem direto. Essas distinções culturais *não podem* ser compreendidas simplesmente como práticas étnicas sobreviventes do país de origem (usadas para classificar os grupos de *status* dentro de uma sociedade multicultural), como práticas baseadas em classe de um grupo de *status* de gênero, ou como escolhas

---

76. Cf. com Kathryn R. Molohon, Richard Paton & Michael Lambert, "An extension of Barth's concept of ethnic boundaries to include both other groups and developmental stage of ethnic groups", *Human Relations*, 32 (1), pp. 1-17, 1979.

77. Aficcionados por esqui e *snowboard*, com comportamentos próprios, inclusive naturistas, e que só fazem isso. (N.T.)

de lazer de pessoas que estão, todas, buscando distinção dentro de um sistema baseado em uma única classe de hierarquias de *status*.

Generalizando de modo especulativo, os grupos de *status* potencialmente oferecem bases alternativas de identidade individual que interagem com a classe de modo complexo. Como argumentou Bendix, entre os fenômenos que interessam a Bourdieu, o prestígio e a educação são as esferas dos grupos de *status* que operam fora das condições de mercado, e de maneira que não podem ser comercializadas em algum mercado geral de capital cultural.[78] Às vezes, esses grupos controlam recursos econômicos significativos, que tornam a solidariedade de grupo uma proposta atraente para o indivíduo, mesmo quando o grupo controla apenas recursos "pobres" (como cargos governamentais de nível baixo). Mais ainda, as relações dos grupos de *status* com os mercados econômicos não dependem simplesmente dos marcadores culturais de inclusão ou de exclusão. Além disso, o *éthos* cultural de um grupo pode estabelecer afinidades com formas específicas de atividade econômica. Traduzindo: na análise de Weber da ética protestante, os grupos de *status* infundem aos indivíduos novas formas de conduta significativa.[79] Pelo motivo oposto, como Weber mostrou para a ética protestante, o *éthos* cultural e o senso de honra compartilhado – e a vida em grupo que ambos informam – não podem ser reduzidos a uma questão de racionalidade econômica ou distinção objetiva. Os grupos de *status* podem participar do mercado, mas não fazem parte dele. Nas sociedades de mercado, para adicionar complexidade, as pessoas costumam participar de mais de um grupo de *status* e, assim, cada indivíduo trabalha com tipos incomensuráveis de capital cultural, entrando em relacionamentos sociais com outros cujas situações de *status*, e formas concomitantes de capital cultural, podem ser bem diferentes. Mesmo se assumirmos, com Bourdieu, que as classes predominem como grupos de *status*, o jogo da distinção realiza-se, no mundo da vida, em situações específicas, sujeitas a diversas formas de capital cultural, de modo que a dinâmica não pode ser reduzida à condição predominante. Essas complexidades só podem ser compreendidas se mantivermos uma distinção analítica entre grupo de *status* e classe, e reconhecermos que as distinções culturais podem ser incomensuráveis, em vez de ordenadas por uma hierarquia objetiva.

---

78. Reinhard Bendix, "Inequality and social structure: a comparison of Marx and Weber", *American Sociological Review*, 39 (2), pp. 149-161, 1974.

79. Max Weber, *The protestant ethic and the spirit of capitalism*, Nova York: Scribner's, 1958; compare com Fredrik Barth, "Introduction", *op. cit.*, p. 14.

Grupos de *status* e estruturas culturais ✳ Por depender da suposição holística de um campo objetivo de distinção, a teoria de classes e capital cultural de Bourdieu não oferece uma base para explicar formas divergentes e incomensuráveis de capital cultural que interagem com distinções "legítimas"; e talvez seja devido a essa limitação que *Distinction* trata gênero e etnicidade de modo tão resumido.[80] Mas não há razão para uma teoria alternativa não poder incorporar a interação de múltiplas formas de capital cultural e identificações de grupo.[81] A metáfora do capital cultural oferece uma maneira de compreender lutas quanto a fronteiras de grupos de *status* e prestígio. Mas as classes não são o único tipo de grupo de *status* que pode ser compreendido nesses termos. Embora Bourdieu deixe espaço intelectual para essa possibilidade, ele não a persegue, e com boa razão.[82] Tal busca minaria qualquer campo de distinção objetivo baseado em classe. Então, a dificuldade deriva da suposição central do holismo. Sem essa suposição como base para a classe como o grande campo de distinção social, iria desabar a teorização de Bourdieu de serem as classes grupos de *status* objetivamente ordenados, e também sua elaboração de um mercado abrangente de capital cultural. Mas, como vimos, a suposição é inadequada para a interação entre classes múltiplas e outras bases do capital cultural. Ao trabalhar duro contra essa tendência, a pressuposição holística de Bourdieu dá origem a uma análise reducionista que objetifica e hipostasia o fluxo de distinções culturais e obscurece a interação heteróloga de vários tipos de capital cultural.

As dificuldades dessa posição podem ser mapeadas em termos de um dilema já encarado por Max Weber. Como se sabe, Weber analisou as características estruturais das formações sociais, incluindo suas culturas, em um modo macrocomparativo que ainda mantém a centralidade do significado subjetivo. Assim, por ter repudiado o organicismo, o dilema de Weber era reconciliar uma ontologia metodologicamente individualista (ou não holística) com uma descrição nominalista, e, ainda assim, "objetiva".[83] Tal dilema se apresenta de maneira particularmente aguda

---

80. Pierre Bourdieu, *Distinction, op. cit.*
81. Cf. com G. Carter Bentley, "Ethnicity and practice", *Comparative Studies in Society and History*, 29 (1), pp. 24-55, 1987.
82. Pierre Bourdieu, "Social space and symbolic power", *op. cit.*
83. Uma das soluções de Weber para este dilema era o tipo ideal, ou modelo sócio-histórico, usado para descrever as características marcantes de uma realidade social,

no tópico da estratificação social. Discutir a "estratificação" em termos sistêmicos parece equivalente a assumir a existência de um todo que estrutura as orientações de indivíduos e grupos – excedendo assim os limites da ontologia antiorganicista de Weber. O dilema é mais óbvio no tratamento que Weber dá a classe. Mais tarde, ele modificou sua conceituação anterior, mais situacional, para incluir uma classificação objetiva.

A abordagem primeira, contida na segunda parte de *Economy and Society*, une a classe aos interesses econômicos conjuntos de indivíduos que compartilham circunstâncias comuns em um determinado mercado, seja esse mercado ligado a *commodities* ou a mão de obra. "A situação de classe", enfatizou Weber, "é, no final, uma situação de mercado".[34] Essa discussão inicial sugere que:

• determinada pessoa pode orientar a ação para mais de um mercado e, portanto, encarar individualmente situações de classe incongruentes;
• situações de classe compartilhadas não se traduzem diretamente em interesse comum, muito menos em ação, e, assim, "tratar a 'classe' conceitualmente como equivalente a 'grupo' leva a uma distorção"; e
• as condições culturais, mais do que circunstâncias objetivas em si, afetam a capacidade de os indivíduos perceberem conjuntamente suas situações como derivadas de uma causa comum externa.[85]

sem que alegasse representar, ou então capturar inteiramente, aquela realidade; ver Guenther Roth "Sociological typology and historical explanation", em: Reinhard Bendix & Guenther Roth (orgs.), *Scholarship and partisanship: essays on Max Weber*, Berkeley: University of California Press, 1971a; e, do mesmo autor, "History and sociology in the work of Max Weber", *British Journal of Sociology*, 27 (3), pp. 306-318, 1971b. Por esse dispositivo, sem aderir nem ao holismo nem a uma abordagem de correspondência à formação de conceitos, Weber poderia discutir objetos culturais (chamados aqui de *estruturas culturais*) e complexos sociais.

84. Max Weber, *Economy and society, op. cit.*, p. 929.

85. Weber estava pronto para conceder que a distribuição da propriedade é o fato central definidor de situações de classe, mas argumentava que o tipo de propriedade (ou serviço) – por exemplo, *commodity*, capital, fábrica, gado, terra, escravos, mão de obra etc. – distingue situações de classe heterogêneas que podem surgir em mercados distintos; cf. Anthony Giddens, *Capitalism and modern social theory*, Nova York: Cambridge University Press, 1971, p. 165. Assim, as mudanças históricas de longo prazo em formas predominantes de lutas de classe (nos dias de Weber, "para disputas de salários no mercado de trabalho") poderiam ser discutidas só "ao custo de alguma precisão"; ver Max

Perto do fim de sua vida, no que agora é a primeira parte de *Economy and society*, Weber realizou uma reformulação de certos conceitos, aperfeiçoando o tratamento dado a classe.[86] Manteve a "situação" como base da classe e, contra Marx, recusou-se a teorizar uma dinâmica holística de conflitos de classe e suas direções de desenvolvimento no longo prazo. Mas Weber apresentou uma categorização nova e objetiva das classes de propriedade, das classes comerciais e das classes sociais. As "classes sociais" representavam o afastamento mais substancial da formulação anterior de Weber, pois elas efetivamente equivaliam a grupos de *status* baseados em classe.[87] Weber definiu uma classe desse tipo como "constituindo a totalidade daquelas situações de classe em que a mobilidade individual e geracional é fácil e típica".[88]

Na essência, Bourdieu aperfeiçoou a conceituação posterior de Weber das classes *sociais*, inserindo o conceito de capital cultural como uma maneira de explicar as lutas dos grupos de *status* baseados em classe acerca de distinções provenientes de socialização, educação e práticas culturais.[89] Embora Bourdieu declarasse "repensar a *oposição* de Max Weber entre classe e *estamento*",[90] ele, de fato, partiu diretamente da formulação de Weber de classes *sociais* como grupos de *status*, ampliando seu alcance e realocando-as em um campo objetivo de distinções sociais.

Assim, o uso de Bourdieu levanta a questão de como Weber manuseou o conceito de *status*. Weber foi, aí, até mais cuidadoso do que com

Weber, *Economy and society, op. cit.*, p. 930. Para análises concretas, Weber via como indispensável a consideração de situações específicas de mercado.

86. As razões para esta mudança estão abertas a debate. Wolfgang Schluchter argumenta que as duas partes de *Economy and society* representam "estágios na realização de um projeto, e poderiam ser caracterizadas como dois rascunhos mutuamente independentes"; ver Wolfgang Schluchter, *Rationalism, religion and domination: a Weberian perspective*, Berkeley: University of California Press, 1989, p. 462. Ainda assim, esse autor não discute as razões de Weber para fazer emendas significativas. Já Roth argumentou que a mudança representava uma volta à "nova objetividade", popular na época, mas que, para Weber, era uma "continuação de sua guerra política com outros meios"; ver Guenther Roth, "Max Weber's political failure", *Telos*, 78, pp. 136-149, inverno 1988-1989, p. 145.

87. Max Weber, *Economy and society, op. cit.*, p. 307.

88. *Idem*, p. 302.

89. Roger Brubaker, "Rethinking classical theory", *op. cit.*, p. 747.

90. Pierre Bourdieu, *Distinction, op. cit.*, p. XII; grifo meu.

o conceito de classe: no texto inicial – agora a segunda parte de *Economy and society* –, ele descreveu ordem de *status* como "a maneira pela qual, em uma *comunidade*, a honra social é distribuída entre os *grupos que participam* dessa distribuição".[91] Sua reformulação posterior das definições, na primeira parte de *Economy and society*, não revisou sua abordagem dos grupos de *status*, nem mesmo para listar situações típicas de *status* – como ele o fez com classe –, muito menos postulando qualquer cálculo holístico de *status*.[92] Dado que Weber não revisou substancialmente sua primeira formulação, é significativo o contraste, no geral, entre Weber e Bourdieu quanto a classe e *status*, a despeito do empréstimo feito por Bourdieu. Onde Weber se recusou, Bourdieu está determinado a mostrar que há um campo objetivo de distinções culturais e que, em grande parte, os indivíduos são aí deixados para lutar por distinção dentro do domínio (como foi definido) e para lutar com distinções objetivamente impostas e contra elas.

Bourdieu bem reconhece que as distinções culturais não representam uma moeda generalizada, de "uso corrente" entre todos os indivíduos e grupos de *status*. Mas, ainda assim, ele constrói seu relato como se isso ocorresse. A respeito de classe, diz: "Por ser o capital uma relação social, isto é, uma energia que só existe e só produz seus efeitos no campo em que é produzida e reproduzida, cada uma das propriedades ligadas à classe recebe seu valor e eficácia através das leis específicas de cada campo".[93] E esse intercâmbio incompleto é até mais pronunciado para a cultura do que para o dinheiro. Uma executiva corporativa não pode esperar que sua coleção de arte impressione um açougueiro; e muito menos que um operário de fábrica use roupas para angariar distinção com pessoas que vão além de um certo círculo social. De modo semelhante, usar diamantes em um baile de debutante ou num café de beira de estrada representa moedas diferentes. No final das contas, o capital cultural só é bom (se o for) nos mundos sociais onde uma pessoa vive e atua, e o valor que tem depende de distinções às vezes efêmeras de moeda nesses mundos sociais particulares.

---

91. Max Weber, *Economy and society*, op. cit., p. 927, grifo meu.
92. *Idem*, pp. 305-307. De fato, em minha opinião, Weber referencia sua discussão anterior sobre grupos de *status* ao problema de grupos de *status* e mercados, ao prometer: "Mais sobre isso separadamente"; ver Max Weber, *Economy and society*, op. cit.. p. 307. Mas cf. Wolfgang Schluchter, *Rationalism, religion and domination*, op. cit., pp. 449-451.
93. Pierre Bourdieu, *Distinction*, op. cit., p. 113.

Bourdieu enfatiza a importância da ação em sua descrição da luta social para impor uma definição coletiva do mundo e, ainda assim, ele pressupõe o ator confrontando um campo social objetivo. Esse "sistema simbólico" ou "espaço de estilos de vida", entretanto, se origina de uma forma de realismo de medição: tendo medido a variação cultural de maneira a demonstrar padrões coerente, e também suas próprias alegações do contrário, Bourdieu toma os padrões discernidos através da medição para ilustrar uma realidade objetiva. Os teóricos pós-modernistas questionariam a validade de tal demonstração. Outra perspectiva de medição presumivelmente produziria outro conjunto de padrões, igualmente coerente. Como diz Schatzki,[94] se a tese básica de Bourdieu sobre o uso subjetivo estratégico dos símbolos[95] estiver correta, então a inteligibilidade objetiva de uma série de símbolos não pode ser confundida com as estruturas subjetivas de inteligibilidade que dão origem à ação.[96] Resumindo, há uma contradição entre o holismo objetivista de Bourdieu e sua ênfase nas práticas concretas em questões de distinção. Para Bourdieu seria preferível caracterizar essa contradição como uma relação dialética, em que qualquer ação social para construir categorias e distinções significativas tem lugar no âmbito da posição objetiva do ator, e é bem-sucedida na medida em que a visão de mundo do ator se alinha com a realidade objetiva.[97] Essa afirmação é reveladora do problema de Bourdieu: mesmo se enfatizar que as práticas estabelecem e sustentam as distinções, sua teoria secular da dominação da elite através da legitimação de seus padrões culturais requer postular um "sistema simbólico" socialmente objetivo; e a metodologia de pesquisa do seu levantamento aparenta mapear um, seja verdadeiro ou não.

Mas, se formularmos uma teoria de distinção com base em um pressuposto diferente, desaparecem as dificuldades de reconciliar o estruturalismo holístico e o realismo de medição com a heterogeneidade cultural e as práticas reais de distinção. Vamos assumir que não há realidade objetiva socialmente construída e oferecer um tratamento para *status* que espelhe o tratamento de Weber para classe, definida com base em situações potencialmente múltiplas. E isso não para negar que há condições e distinções reais socialmente construídas, mas que essas condições

---

94. Theodore R. Schatzki, "Overdue analysis of Bourdieu's theory of practice", *op. cit.*
95. Pierre Bourdieu, *Outline of a theory of practice, op. cit.*
96. Cf. Michel de Certeau, *The practice of everyday life* (1974), Berkeley: University of California Press, 1984, p. 58.
97. Pierre Bourdieu, "Social space and symbolic power", *op. cit.*

e distinções são múltiplas e situacionais e não podem, necessariamente, ser reduzidas a uma única matriz objetiva ordenada. Com essa pressuposição, uma "ordem social" pode existir empiricamente e definir "o modo como a honra social é distribuída em uma comunidade, entre grupos típicos participantes dessa distribuição".[98] Sobre uma ordem social como essa, dois pontos parecem relevantes. Primeiro, dentro de uma dada comunidade, nem todos os grupos ou indivíduos necessariamente participam de qualquer distribuição de honra socialmente legitimada. Segundo, as fronteiras de qualquer comunidade e a abrangência efetiva de qualquer distribuição ordenada de honra têm limites empíricos, não só em relação a uma população maior, mas também para os participantes da comunidade. Esse é especialmente o caso em sociedades organizadas por mercados, em oposição às "sociedades de *status*" de Weber. Nas sociedades de mercado, as comunidades se interpenetram (ou, dizendo de outro modo, os indivíduos em geral participam de mais de uma comunidade e com graus variáveis de comprometimento).[99] Comparadas a sociedades de *status*, nas sociedades de mercado a execução de uma ordem de *status* abrangente se torna um tanto mais problemática e menos relevante para a questão da ordem social. Como posto por Durkheim, em *The division of labor*: em uma formação social "orgânica" nenhuma comunidade social inerente pode estabelecer suas fronteiras morais em uma *consciência coletiva*.[100] Pelas mesmas razões que Durkheim identi-

---

98. Max Weber, *Economy and society*, op. cit., p. 927.

99. Vale a pena lembrar que Weber originou seu conceito de comunidade (*Gemeinde*) na análise da religião e mais tarde tomou emprestada, para análise política, essa formulação; ver Guenther Roth, "Charisma and the counterculture", em: Guenther Roth & Wolfgang Schluchter (orgs.), *Max Weber's vision of history: ethics and methods*, Berkeley: University of California Press, 1979. Em comunidades religiosas muito unidas, a questão de uma ordem de *status* equivaleria a uma questão de legitimação para o grupo como um todo, e o caráter de solidariedade grupal pode ser afetado pelo caráter específico dessa ordem de *status*; ver John R. Hall, "Social organization and pathways of commitment: types of communal groups, rational choice theory, and the Kanter thesis", *American Sociological Review*, 53 (5), pp. 679-692, 1988. Se, por outro lado, uma comunidade deve definir uma ordem de *status* entre grupos efetivamente mais difusos, é necessário operar através dos auspícios do Estado, de uma cultura pública ou mediada (como a televisão), ou do olhar panóptico descrito por Michel Foucault em *Discipline and punish: the birth of the prison* (1975), Nova York: Random House, 1977 (reimpressão).

100. Émile Durkheim, *The division of labor in society* (1893), Nova York: Free, 1964.

ficou, as sociedades integradas via mercados operam inerentemente de maneira a minar qualquer hierarquização geral do *status*, produzindo, em vez disso, uma multiplicidade de jogos de distinção, algumas vezes paralelos, algumas vezes autônomos, algumas vezes conflitantes.

Com certeza, a diferença entre uma sociedade de mercado e uma sociedade de *status* é de um tipo ideal e, empiricamente, qualquer formação social contemporânea dada provavelmente terá tanto fronteiras de grupo como acumulação de mercado do capital cultural operando. Então a questão se torna: Qual é a interação entre os mercados e grupos, entre classe e *status*, entre formações econômicas e formações culturais? Não há uma resposta teórica simples para esse quebra-cabeça: ele representa, talvez, a questão-chave da sociologia pós-marxista hoje. Qualquer resposta aparentemente vai equivaler a uma economia política de classe, *status* e cultura. Empiricamente, há múltiplos mercados econômicos; e, por analogia, múltiplos mercados culturais de distinção, bem como comunidades interpenetrantes com vários graus de integração e grupos de *status* de todo tipo. Para questões de classe econômica, as coalizões específicas e as oposições de interesse vão depender de situações de mercado concretas no que diz respeito a *commodities*, propriedades imobiliárias, capital, serviços e mão de obra. Mas, em qualquer situação específica de classe, as pessoas não são uma amostra randômica da população. Suas situações de mercado são, antes, em parte estruturadas por suas associações com variados grupos sociais. Entre esses grupos, figura, de modo proeminente, o que Weber chamou de classes *sociais* (isto é, grupos de *status* de classe), como mostra um número considerável de pesquisas.[101] Entretanto, por estarem as classes sociais sujeitas às vicissitudes da sociedade de mercado, a adesão a elas não é muito homogênea em termos de origens sociais, e seus emblemas de diferença (como descritos por Bourdieu, por exemplo) não impedem a mobilidade de *status*. Especialmente além dos limites de qualquer aristocracia putativa – por exemplo, na *moyenne bourgeoisie* americana – as distinções de adesão podem ser bastante fáceis de serem assimiladas por recém-chegados.

Em contraste com as distinções de classe, há outras distinções culturais que, embora não imutáveis, frequentemente são de algum modo

---

101. Por exemplo, Peter M. Blau & Otis D. Duncan, *The American occupational structure*, Nova York: Wiley, 1967; e, também, Nelson W. Aldrich Junior, *Old money: the mythology of America's upper class*, Nova York: Knopf, 1988.

mais fixas em sua construção social, e as fronteiras da inclusão/exclusão podem, assim, comparativamente, ser mantidas com mais eficácia. No mínimo, as nuances de como se possa figurar o *habitus* – por gênero, por etnicidade, por identidade religiosa – são fortemente formadas como distinções de classe. Embora a escolaridade possa compensar parcialmente os traços de classe adquiridos em um *habitus*, ela provavelmente pode fazer menos para mudar certas disposições culturais de gênero, étnicas ou religiosas de um indivíduo. E, talvez mais importante, tais traços não variam independentemente: eles formam configurações de estilos de vida grupais e individuais.

Na era pós-industrial/pós-moderna/pós-guerra fria, temos de ficar impressionados com a importância de múltiplas fronteiras, muitas delas baseadas em eixos de diferenças que não as de classe. Clivagens duradouras, e até mesmo multiplicadoras, nos despertaram tanto do sonho liberal de uma ordem social universalista quanto do relato marxista de uma sociedade de classes, para não dizer do sonho de uma sociedade sem classes. A óbvia complexidade do conflito social contemporâneo significa que supostos critérios objetivos de julgamento cultural são, em si, os locais de disputa pública, e de diversas fontes (testemunhos disso são as lutas paralelas, ao longo de diferentes linhas de clivagem, por cânones literários acadêmicos, por livros didáticos infantis, pelo aborto, pela pornografia, pela arte e pela liberdade de expressão). Mas as lutas públicas descritas pelas abordagens estruturalistas francesas[102] não esgotam o jogo da diferença. Elas são apenas o visível, que não consegue representar o *iceberg* submerso. Em comunidades não societárias – tanto subculturais como contraculturais –, além do discurso público, os indivíduos lidam com misturas de *éthos* e emblemas de honra os mais divergentes. Na vida diária, as distinções são invocadas em situações sociais particulares, e por indivíduos e grupos que elaboram a cultura e as condições em relevância conjuntiva.[103]

Como são teorizados esses processos empíricos? Enquanto Bourdieu fala de "*estruturalismo construtivista* ou de *construtivismo estruturalista*"[104] (e, com *estruturas*, ele quer significar estruturas simbólicas objetivamente reais), eu proponho um modelo de *estruturalismo cultural*, em

---

102. Por exemplo, em Jeffrey Alexander (org.), *Durkheimian sociology, op. cit.*

103. Cf. Michel de Certeau, *The practice of everyday life, op. cit.*; e Ann Swidler, "Culture in action: symbols and strategies", *American Sociological Review*, 51 (2), pp. 273-286, 1986.

104. Pierre Bourdieu, "Social space and symbolic power", *op. cit.*, p. 14.

que arranjos sociais "estruturais" de poder e de práticas são infundidos com bases culturais, sendo a cultura compreendida não como necessariamente holística, mas como configurações diversas de significados institucionalizados, receitas e objetos materiais que podem ser elaborados por vários atores dentro de uma mesma arena social ou sociedade.[105]

Uma teoria de estruturalismo cultural não especifica uma homologia entre estruturas culturais, grupos e ação social, nem retrata uma grade de distinções binárias ao longo da qual a ação se torna ordenada em sua significância. Em vez disso, abre-se a exploração da dinâmica entre esses fenômenos em meio a lutas culturais concretas. Por convenção, sociólogos mapeiam a estratificação com conceitos como classe, gênero, etnicidade e grupo de *status*. Entretanto, uma abordagem de estruturalismo cultural sugere que situações sociais institucionalizadas são concatenações dessas características e de diversas outras, em configurações únicas e dotadas de significação que existem apenas como leque de práticas, não como "estratificação" objetiva. As lutas culturais significativas – por exemplo, a reforma protestante e suas sucessivas revivescências,[106] ou a contracultura *hippie*[107] – reorganizam as redes de interação e afiliação grupal, e promovem éticas de ação distintivas. No âmbito de sociedades historicamente dinâmicas, uma multiplicidade de distinções e fronteiras sobrepostas – e, algumas vezes, contraditórias – persiste, como resíduos de lutas anteriores, para ordenar o mundo culturalmente como uma totalidade significativa. De maneiras diversas – algumas vezes puramente situacionais, e potencialmente conflitantes –, essas estruturas culturais podem encontrar seu caminho tanto para o *habitus* dos indivíduos como para os critérios de distinção usados por indivíduos e grupos. Mas *estratificação*, no sentido objetivista, é um termo impróprio, que obscurece as práticas concretas das situações de *status*, exatamente como obscurece a dinâmica das situações de classe econômica.

---

105. John R. Hall, "Social organization and pathways of commitment", *op. cit.*; e, do mesmo autor, "Social interaction and cultural history", em Howard S. Becker & Michal McCall (orgs.), *Symbolic interaction and cultural studies*, Chicago: University of Chicago Press, 1990.

106. Max Weber, *The protestant ethic and the spirit of capitalism*, *op. cit.*; e, também, E. P. Thompson, *The making of the English working class*, Nova York: Random House, 1963.

107. John R. Hall, *The ways out: utopian communal groups in an age of Babylon*. Boston: Routledge & Kegan Paul, 1978.

Isso significa que deve ser revertida a abordagem de Bourdieu ao capital cultural. Em vez de reduzir o *status* à classe, as classes sociais devem ser reconhecidas como uma entre as miríades de tipos de grupos de *status*. Algumas vezes, os grupos de *status* são baseados em classe, algumas vezes em outros critérios culturais. Os tipos de capital cultural que possuem algumas vezes se interpenetram, algumas vezes são conflitantes, outras vezes absorvem outras distinções comercializáveis. Assim, as pessoas podem encarar condições objetivas em suas vidas – condições das quais não podem simplesmente se livrar –, mas qualquer tentativa de construir um espaço objetivo de relações sociais vai representar ou um ato de interpretação sociológica, ou uma tentativa de dominação simbólica por um grupo social que deseja impor a sua interpretação significativa do mundo. Aceitar como real o relato sociológico é engajar-se em uma concretude deslocada; descrever qualquer cálculo de grupo social como sendo "o eficaz" é conferir legitimidade a um cálculo que, como reconhece Bourdieu, permanece em jogo com os outros.

Uma suposição holística sobre um espaço social objetivo obscurece o caráter potencialmente polimorfo da dinâmica dos grupos de *status*, que podem ser relativamente autônomos uns dos outros e que podem ajustar-se ou entrar em conflito uns com os outros de maneiras que não podem ser reduzidas à dinâmica de classe do capital cultural. A suposição holística de um espaço social objetivo nada acrescenta à explicação de distinção. Pior ainda, distorce a capacidade de um modelo de capital cultural de teorizar as diversas formações onde as distinções culturais entram em jogo. Se a suposição holística for abandonada, a análise sociológica não precisa se preocupar em oferecer um realismo objetivo; em vez disso, pode perseguir um "realismo sociológico", tentando compreender as estruturas culturais de significado que os atores assumem serem reais, nelas atuam e tentam fazê-las cumprir na vida de todos os dias.

REFERÊNCIAS BIBLIOGRÁFICAS

• ALDRICH JUNIOR, Nelson W. *Old money: the mythology of America's upper class.* Nova York: Knopf, 1988.
• ALEXANDER, Jeffrey (org.). *Durkheimian sociology: cultural studies.* Nova York: Cambridge University Press, 1988.
• BARTH, Fredrik. "Introduction". Em: BARTH, Fredrik (org.). *Ethnic groups and boundaries.* Boston: Little, Brown, 1969.
• BELL, Daniel. *The cultural contradictions of capitalism.* Nova York: Basic, 1976.
• BENDIX, Reinhard. "Inequality and social structure: a comparison of Marx and Weber". *American Sociological Review,* 39 (2), pp. 149-161, 1974.
• BENTLEY, G. Carter. "Ethnicity and practice". *Comparative Studies in Society and History,* 29 (1), pp. 24-55, 1987.
• BIGGART, Nicole W. *Charismatic capitalism: direct selling organizations in America.* Chicago: University of Chicago Press, 1989.
• BLACK, Jack. *You can't win* (1926). Pref. William S. Burroughs. Nova York: Amok, 1988 (reimpressão).
• BLAU, Peter M. & DUNCAN, Otis D. *The American occupational structure.* Nova York: Wiley, 1967.
• BOURDIEU, Pierre. "Anatomie du goût". *Actes de la Recherche en Sciences Sociales,* 2 (5), pp. 5-81, 1976.
• _____. *Outline of a theory of practice* (1972). Nova York: Cambridge University Press, 1977 (reimpressão).
• _____. "La Sainte Famille: L'Épiscopat français dans le champ du pouvoir". *Actes de la Recherche en Sciences Sociales,* 44 (45), pp. 2-53, 1982.
• _____. *Distinction.* Cambridge, MA: Harvard University Press, 1984.
• _____. "The market of symbolic goods". *Poetics,* 14 (1-2), pp. 13-44, 1985a.
• _____. "The social space and the genesis of groups". *Theory and Society,* 14 (6), pp. 723-744, 1985b.
• _____. "Social space and symbolic power". *Sociological Theory,* 7 (1), pp. 14-25, 1989.
• _____. "A reply to some objections". *In other words.* Stanford, CA: Stanford University Press, 1990.
• BRUBAKER, Roger. "Rethinking classical theory: the sociological vision of Pierre Bourdieu". *Theory and Society,* 14 (6), pp. 745-775, 1985.
• CERTEAU, Michel de. *The practice of everyday life* (1974). Berkeley: University of California Press, 1984 (reimpressão).
• _____. *Heterologies: discourse on the other.* Mineápolis: University of Minnesota Press, 1986.

- DOANE, Janice & HODGES, Devon. *Nostalgia and sexual difference: the resistance to contemporary feminism*. Nova York: Methuen, 1987.
- DOLLARD, John. *Caste and class in a southern town* (1937). Nova York: Doubleday, 1957 (reimpressão).
- DOUGLAS, Ann. *The feminization of American culture*. Nova York: Knopf, 1977.
- DURKHEIM, Émile. *The elementary forms of religious life*. Glencoe, IL: Free Press, 1947.
- _____. *The division of labor in society* (1893). Nova York: Free, 1964 (reimpressão).
- FOUCAULT, Michel. *Discipline and punish: the birth of the prison* (1975). Nova York: Random House, 1977 (reimpressão).
- GANS, Herbert J. *The urban villagers: group and class in the life of Italian-Americans*. Nova York: Free, 1962.
- _____. *Popular culture and high culture*. Nova York: Basic, 1974.
- GARNHAM, Nicholas & WILLIAMS, Raymond. "Pierre Bourdieu and the sociology of culture: an introduction". Em: COLLINS, Richard et al. (org.). *Media, culture and society*. Londres; Sage, 1986.
- GIDDENS, Anthony. *Capitalism and modern social theory*. Nova York: Cambridge University Press, 1971.
- GROSSETTI, Michel. "Métaphore économique et économie des pratiques". *Recherches sociologiques*, 17 (2), pp. 233-246, 1986.
- HALL, John R. *The ways out: utopian communal groups in an age of Babylon*. Boston: Routledge & Kegan Paul, 1978.
- _____. *Gone from the Promised Land: Jonestown in American cultural history*. New Brunswick, NJ: Transaction, 1987.
- _____. "Social organization and pathways of commitment: types of communal groups, rational choice theory, and the Kanter thesis". *American Sociological Review*, 53 (5), pp. 679-692, 1988.
- _____. "Social interaction and cultural history". Em: BECKER, Howard S. & MCCALL, Michal (orgs.). *Symbolic interaction and cultural studies*. Chicago: University of Chicago Press, 1990.
- _____. "The patrimonial dynamic in colonial Brazil". Em: GRAHAM, Richard (org.). *Brazil and the world system*. Austin: University of Texas Press, 1991.
- HALLE, David. "Class and culture in modern America: the vision of the landscape in the residences of contemporary Americans". *Prospects*, 14, pp. 373--406, 1989.
- HAMILTON, Gary G. & BIGGART, Nicole Woolsey. "Market, culture and authority: a comparative analysis of management and organization in the far east". *American Journal of Sociology*, 94 (Suplemento), pp. S51-S94, 1988.

- HECHTER, Michael. "Group formation and the cultural division of labor". *American Journal of Sociology*, 84 (2), pp. 293-318, 1978.
- HONNETH, Axel. "The fragmented world of symbolic forms: reflections on Pierre Bourdieu's sociology of culture". *Theory, Culture and Society*, 3 (3), pp. 55-66, 1986.
- LAMONT, Michèle. "How to become a dominant French philosopher: the case of Jacques Derrida". *American Journal of Sociology*, 93 (3), pp. 584-622, 1987.
- _____. *Money, morals and manners: the culture of the French and the American upper-middle class*. Chicago: University of Chicago Press, 1992.
- _____ & LAREAU, Annette. "Cultural capital: allusions, gaps and glissandos in recent theoretical developments". *Sociological Theory*, 6 (2), pp. 153-168, 1988.
- LIEBOW, Elliot. *Tally's corner*. Boston: Little, Brown, 1967.
- MEISELAS, Susan. *Carnival strippers*. Nova York: Farrar, Straus & Giroux, 1976.
- MOLOHON, Kathryn R.; PATON, Richard & LAMBERT, Michael. "An extension of Barth's concept of ethnic boundaries to include both other groups and developmental stage of ethnic groups". *Human Relations*, 32 (1), pp. 1-17, 1979.
- O'BRIEN, Mary. *The politics of reproduction*. Boston: Routledge & Kegan Paul, 1981.
- ORWELL, George. *Down and out in Paris and London*. Nova York: Harper, 1933.
- PARSONS, Talcott. *The structure of social action*. Nova York: Free, 1937.
- PEISS, Kathy. *Cheap amusements: working women and leisure in turn-of-the-century New York*. Filadélfia: Temple University Press, 1986.
- POLATNICK, M. Rivka. "Why men don't rear children: a power analysis". Em: TREBILCOT, Joyce (org.). *Mothering: essays in feminist theory*. Totowa, NJ: Rowman & Allanheld, 1983.
- RADWAY, Janice. *Reading the romance: women, patriarchy and popular literature*. Chapel Hill: University of North Carolina Press, 1984.
- REITMAN, Ben L. *Boxcar Bertha: an autobiography, as told to Dr. Ben L. Reitman*. Nova York: Amok, 1988.
- ROSALDO, M. Z. "The use and abuse of anthropology: reflections on feminism and cross-cultural understanding". *Signs*, 5 (3), pp. 389-417, 1980.
- ROTH, Guenther. "Sociological typology and historical explanation". Em: BENDIX, Reinhard & ROTH, Guenther (orgs.). *Scholarship and partisanship: essays on Max Weber*. Berkeley: University of California Press, 1971a.
- _____. "History and sociology in the work of Max Weber". *British Journal of Sociology*, 27 (3), pp. 306-318, 1971b.
- _____. "Charisma and the counterculture". Em: ROTH, Guenther & SCHLUCHTER, Wolfgang (org.). *Max Weber's vision of history: ethics and methods*. Berkeley: University of California Press, 1979.

- _____. "Max Weber's political failure". *Telos*, 78, pp. 136-149, inverno 1988-1989.
- SCHATZKI, Theodore R. "Overdue analysis of Bourdieu's theory of practice". *Inquiry*, 30 (1-2), pp. 113-135, 1987.
- SCHLUCHTER, Wolfgang. *Rationalism, religion and domination: a Weberian perspective*. Berkeley: University of California Press, 1989.
- SCOTT, Joan Wallach. "Gender: a useful category of historical analysis". Em: SCOTT, Joan Wallach (org.). *Gender and the politics of history*. Nova York: Columbia University Press, 1988.
- SIMMEL, Georg. *The sociology of Georg Simmel*. Nova York: Free, 1950.
- _____. "Female culture" (1911). Em: OAKES, Guy (org.). *Georg Simmel: on women, sexuality and love*. New Haven, CT: Yale University Press, 1984 (reimpressão).
- SMITH-ROSENBERG, Carroll. "The female world of love and ritual: relations between women in nineteenth-century America". *Signs*, 1 (1), pp. 1-29, 1975.
- SWIDLER, Ann. "Culture in action: symbols and strategies". *American Sociological Review*, 51 (2), pp. 273-286, 1986.
- THOMPSON, E. P. *The making of the English working class*. Nova York: Random House, 1963.
- VEBLEN, Thorstein. *The theory of the leisure class* (1912). Nova York: Macmillan, 1953 (reimpressão).
- WEBER, Max. *The protestant ethic and the spirit of capitalism*. Nova York: Scribner's, 1958.
- _____. *Economy and society*. Guenther Roth & Claus Wittich (orgs.). Berkeley: University of California Press, 1978.
- WILSON, William J. *The declining significance of race*. 2. ed. Chicago: University of Chicago Press, 1980.
- WOLFE, Tom. *The Pump House Gang*. Nova York: Farrar, Straus & Giroux, 1968.
- WOODARD, Michael D. "Class, regionality and leisure among urban black Americans". *Journal of Leisure Research*, 20 (2), pp. 87-105, 1988.
- ZERUBAVEL, Eviatar. *The fine line: making distinctions in everyday life*. Nova York: Free, 1991.
- ZUKIN, Sharon. "Socio-spatial prototypes of a new organization of consumption: the role of real cultural capital". *Sociology*, 24 (1), pp. 37-56, 1990.

PARTE IV

A EXCLUSÃO E A ORGANIZAÇÃO POLÍTICA

12. CIDADÃO E INIMIGO COMO CLASSIFICAÇÕES SIMBÓLICAS: O DISCURSO DE POLARIZAÇÃO DA SOCIEDADE CIVIL[1] ✳ *Jeffrey C. Alexander*

Sociólogos já escreveram muito sobre as forças sociais que criam conflito e polarizam a sociedade, e também sobre interesses e estruturas de grupos políticos, econômicos, raciais, étnicos, religiosos e de gênero. Mas, sobre a construção, destruição e desconstrução da própria solidariedade cívica, disseram muito pouco. Em geral, silenciam quanto à esfera do sentimento de companheirismo, que transforma a sociedade em sociedade, e quanto aos processos que a fragmentam.[2]

Eu gostaria de abordar essa esfera do sentimento de companheirismo a partir do conceito de "sociedade civil". É certo que a sociedade civil foi tópico de enormes discussões e disputas ao longo da história do pensamento social. Marx e a teoria crítica empregaram o conceito para teorizar a própria falta de comunidade, o mundo dos indivíduos egoístas, autorregulados, frutos da produção capitalista. Para minha compreensão do termo, estou confiando em uma tradição diferente, na linha do pensamento democrático liberal que se estendeu a partir do século XVII até o início do século XIX – época de teorização democrática que foi suplantada pelo capitalismo industrial e a preocupação com "a questão social".[3]

---

[1]. Este ensaio foi baseado em um trabalho em andamento, acerca de democracia, sociedade civil e discurso. Algumas partes já foram publicadas antes em italiano; ver Jeffrey C. Alexander, "Morale e repressione", *MondOperaio*, (12), pp. 127-130, dez. 1990b.

[2]. Para uma discussão geral sobre a pobreza de tratamentos científicos sociais recentes dados à política, e à democracia em particular, de uma perspectiva que enfatiza a importância da esfera civil, ver Jeffrey C. Alexander, "Bringing democracy back in: universalistic solidarity and the civil sphere", em: Charles Lemert (org.), *Intellectuals and politics: social theory beyond the academy*, Newbury Park, CA.: Sage, 1990a.

[3]. Cf. John Keane, "Despotism and democracy: the origins and development of the distinction between civil society and the state, 1750-1850", *Civil society and the state*, Londres: Verso, 1988a; e, do mesmo autor, "Remembering the dead: civil society and the state from Hobbes to Marx and beyond", *Democracy and Civil Society*, Londres: Verso, 1988b; além de Jean Cohen, *Class and civil society: the limits of Marxian critical theory*, Amherst: University of Massachussetts Press, 1982.

Vou definir *sociedade civil* como uma esfera ou subsistema da sociedade que é analítica e, em graus variados, empiricamente separada das esferas da vida política, econômica e religiosa. A sociedade civil é uma esfera de solidariedade em que o universalismo abstrato e versões particularistas da comunidade estão tensamente entrelaçadas. É um conceito tanto normativo quanto social. Permite que a relação entre os direitos individuais universais e as restrições particularistas sobre esses direitos seja estudada empiricamente, como condições que determinam o *status* da própria sociedade civil.

A sociedade civil depende de recursos, ou *inputs*, provenientes destas outras esferas: da vida política, das instituições econômicas, das discussões culturais no sentido amplo, da organização territorial e da primordialidade. A sociedade civil depende dessas esferas em sentido causal, mas só naquilo que Parsons chamou de "lógica combinatória". A sociedade civil – e os grupos, indivíduos e atores que representam seus interesses nos termos desses sistemas – reúne esses *inputs* conforme a lógica e as demandas de sua situação particular. Isso equivale a dizer que a esfera solidária que chamamos sociedade civil tem autonomia relativa e pode ser estudada por si só.[4]

Portanto, contra o novo utilitarismo[5] e a teoria crítica,[6] desejo defender a posição de que existe, de fato, uma *sociedade* que pode ser definida em termos morais. As estipulações dessa comunidade moral se articulam com organizações e com o exercício do poder (mas não os determinam) via instituições como: por um lado, constituições e códigos legais; e, por outro, "cargos". A sociedade civil também tem organizações próprias; dessas, são alguns exemplos significativos as cortes, as instituições de comunicação de massa e as pesquisas de opinião pública.

---

4. Cf. Émile Durkheim, *The division of labor in society* (1893), Nova York: Free , 1933; e Talcott Parsons, "Durkheim's contribution to the theory of integration of social systems (1960)", *Sociological theory and modern society*, Nova York: Free, 1967; e, do mesmo autor, *The Evolution of Societies*, org. Jackson Toby, Englewood Cliffs, NJ: Prentice-Hall, 1977.

5. Por exemplo, James Coleman, *Foundations of social theory*, Cambridge, MA: Belknap, 1990; cf. Jeffrey C. Alexander, "Shaky foundations: the presuppositions and internal contradictions of James Coleman's *Foundations of Social Theory*", *Theory and Society*, 21 (2), pp. 203-217, 1992.

6. Jürgen Habermas, *Theory of communicative action, 2: Critique of functionalist reason*, Boston: Beacon, 1988.

A sociedade civil é constituída por sua própria estrutura de elites, não só por oligarquias funcionais que controlam o sistema legal e o de comunicações, mas por aqueles que exercem o poder e a identidade através de organizações voluntárias ("dignitários" ou "funcionários públicos") e movimentos sociais ("intelectuais de movimentos").[7]

Mas a sociedade civil não é meramente um âmbito institucional. É também um âmbito de consciência estruturada e socialmente estabelecida, uma rede de compreensões que opera abaixo e acima de instituições explícitas e dos interesses autoconscientes das elites. Para estudar essa dimensão subjetiva da sociedade civil, precisamos reconhecer e nos centrar nos códigos simbólicos distintivos que são criticamente importantes para constituir o próprio sentido de sociedade para aqueles que estão dentro e fora dela. Sociologicamente, eu argumentaria, esses códigos são tão importantes que todo estudo de conflito – social, seccional, de subsistema – deve ser complementado por uma referência a essa esfera simbólica civil.

Os códigos fornecem as categorias estruturadas de puro e impuro às quais cada membro, ou membro potencial, da sociedade civil é obrigado a se conformar. É em termos de pureza e impureza simbólica que a centralidade é definida, que o *status* demográfico marginal se torna significativo, e a alta posição é compreendida como merecida ou ilegítima. A poluição é uma ameaça a qualquer sistema alocativo; suas fontes devem ser mantidas à distância ou transformadas por ações comunicativas – como rituais e movimentos sociais – em uma forma pura.

Entretanto, a despeito de seus enormes impactos comportamentais, as categorias de pureza e impureza não se desenvolvem meramente como generalizações ou induções da posição estrutural ou do comportamento individual. Elas são imputações induzidas, via analogia e metáfora, a partir da lógica interna do código simbólico. Por essa razão, a estrutura interna do código civil deve se tornar objeto de estudo em si. Assim como não há religião desenvolvida que não divida o mundo entre os salvos e os danados, não há discurso civil que não conceitue o mundo em termos daqueles que merecem inclusão e dos que não a merecem.[8] Os membros de comunidades nacionais acreditam firmemente

---

7. Ron Eyerman & Andrew Jamison, *Social movements: a cognitive approach*, Cambridge: Polity, 1991.

8. Neste sentido, há uma "estrutura" e uma "narrativa" para o discurso da sociedade civil; cf. em Roland Barthes, "Introduction to the structural analysis of narratives",

que "o mundo" – e isso inclui notadamente a própria nação deles – está cheio de gente que, ou não merece a liberdade e o apoio comunitário, ou não é capaz de sustentá-los (em parte porque são egoístas imorais). Os membros de comunidades nacionais não querem "salvar" essa gente. Não desejam incluí-las, protegê-las ou oferecer a elas direitos, porque as concebem como indignas e amorais; e, em certo sentido, "incivilizadas".[9]

Image, music, text, Nova York: Hill & Wang, 1977. A primeira – o discurso binário que descreve aqueles que estão dentro e os que estão fora – deve ser teorizada em termos do legado da tradição durkheimiana. Como afirmei em Jeffrey C. Alexander, *Theoretical logic in sociology, 2. The antinomies of classical thought: Marx and Durkheim*, Berkeley: University of California Press, 1982 (e em *Durkheimian sociology: cultural studies*, Nova York: Cambridge University Press, 1988a), a ambição de Durkheim era criar uma teoria da "sociedade religiosa", e não uma teoria social da religião. A esse respeito, sua contribuição mais importante foi a conceituação de sagrado e de profano como os elementos primitivos da classificação social. Já o elemento narrativo do discurso contemporâneo pode ser tomado das investigações históricas de Weber no que Eisenstadt chamou as religiões da Era Axial; ver S. N. Eisenstadt, (org.), *The origins and diversity of Axial Age civilization*, Albany: State University of New York Press, 1986. O principal insight de Weber a esse respeito (compare com Jeffrey C. Alexander, "The dialectic of individuation and domination: Weber's rationalization theory and beyond", em: Jeffrey C. Alexander [org.], *Structure and meaning: relinking classical sociology*, Nova York: Columbia University Press, 1989b) era que essas religiões introduziram uma tensão fatídica entre este mundo e o próximo, que poderia ser resolvida apenas através da salvação e que, daí em diante, um foco na escatologia e nas teodiceias dominou a consciência religiosa daquela era. É uma coisa relativamente simples ver como as categorias estruturais de Durkheim fornecem os pontos de referência para a jornada de salvação que Weber descreve. (Para a proeminência, nas religiões históricas, das imagens do demônio, ver Jeffrey Burton Russell, *The prince of darkness*, Ithaca, NY: Cornell University Press, 1988.)

Para desenvolver, quanto à política, uma abordagem simbólica útil, o desafio central é traduzir a compreensão e a relevância desse trabalho sociológico clássico sobre a centralidade da religião na sociedade tradicional em um quadro que seja relevante para as sociedades seculares contemporâneas. Isso significa ir além da ênfase cognitiva dada (em demasia) pela semiótica e pela análise pós-estruturalista – de Lévi-Strauss a Michel Foucault –, que costumam realçar o "discurso" de maneira que o remove de preocupações éticas e morais, e também da afetividade. Essa remoção é um problema da recente "virada linguística" na história – a qual, em tantos outros aspectos, é vital e importante.

9. O estudo de Michael Rogin é o único corpo de trabalho científico social que conheço que procura colocar, no centro do processo político, essa preocupação com a projeção

Essa distinção não é "real". Os atores não são intrinsecamente dignos ou morais: eles estão determinados a sê-lo ao serem colocados em certas posições na grade da cultura civil. Quando os cidadãos fazem julgamentos sobre quem deveria e quem não deveria ser incluído na sociedade civil, sobre quem é amigo e quem é inimigo, eles se apoiam em um código simbólico sistemático, altamente elaborado. Essa estrutura simbólica já estava claramente subentendida nos primeiros pensamentos filosóficos sobre as sociedades democráticas que emergiram na Grécia antiga. Desde a Renascença, tal estrutura permeia o pensamento e o comportamento popular, enquanto sua centralidade no pensamento filosófico continua a ser sustentada. Em diferentes nações, a estrutura simbólica assume formas diversas e é resíduo histórico de diferentes movimentos da vida social, intelectual e religiosa – de ideias clássicas, do republicanismo e do protestantismo, do iluminismo e do pensamento liberal, das tradições revolucionárias e da lei comum. As implicações culturais desses variegados movimentos, entretanto, apoiaram-se em um sistema simbólico altamente generalizado que, de maneira notavelmente estável e consistente, divide a virtude cívica do vício cívico. É por essa razão que, a despeito de raízes históricas divergentes e das variações nas elaborações nacionais, a linguagem que forma o âmago cultural da sociedade civil pode ser isolada como uma estrutura geral e estudada como uma forma simbólica relativamente autônoma.[10]

da indignidade. Ele descreve seu trabalho como o estudo da "demonologia". Do meu ponto de vista, ainda restam muitos problemas nessa investigação séria. (1) Por ser psicológica a concepção do motivo em Rogin – embora olhe para a estrutura social –, ele não fornece uma análise dos padrões simbólicos que seja independente. (2) Ao centrar-se exclusivamente em práticas abertas de dominação violenta – particularmente de brancos americanos sobre os nativos americanos –, ele não liga a demonologia nem à teoria, nem à prática da sociedade civil, que pode permitir e permite a inclusão, bem como a exclusão, de grupos sociais. (3) Como Rogin estuda exclusivamente grupos oprimidos, vai colocar sua terminologia em termos do comportamento aberrante dos conservadores, mesmo ela sendo tão comum também entre as forças da esquerda e do centro; ver Michael Rogin, *Ronald Reagan: the movie and other essays in American demonology*, Berkeley: University of California Press, 1987.

10. Esse argumento, tão amplo, com certeza não pode nem mesmo começar a ser defendido neste ensaio. O foco em áreas particulares da cultura que têm, de fato, causado ou sustentado tradições democráticas específicas e estruturas de certas nações gerou, na maior parte deste século, um vasto campo de estudos acadêmicos sérios, destacando

Os elementos básicos dessa estrutura podem ser compreendidos semioticamente: são conjuntos de homologias – que criam semelhanças entre vários termos de descrição e prescrição social – e de antipatias – que estabelecem antagonismos entre esses termos e outros conjuntos de símbolos. Aqueles que se consideram membros dignos de uma comunidade nacional (como certamente o faz a maioria das pessoas) definem a si próprios em termos do lado positivo desse conjunto simbólico; e definem aqueles que não são considerados dignos em termos do lado negativo ou mau. De fato, é justo dizer que os membros de uma comunidade "acreditam" tanto no lado positivo como no negativo que empregam ambos como avaliações normativas e viáveis de comunidades políticas. Para os membros de cada sociedade democrática, tanto o conjunto simbólico positivo como o negativo são considerados descrições realistas da vida individual e social.[11]

movimentos religiosos, sociais e intelectuais específicos, além de pensadores influentes e grandes livros. Na historiografia política norte-americana, por exemplo, pode-se traçar o debate entre aqueles que enfatizam Locke, como Louis Hart, aqueles que enfatizam o puritanismo, como Perry Miller, e, ainda, aqueles que enfatizam o republicanismo, como Bernard Bailyn e J.G.A. Pocock.

Ao se pesquisar mesmo uma pequena parte desse enorme campo historiográfico, logo se tornam aparentes os perigos de examinarem-se apenas estudos causais particulares, à custa de construções hermenêuticas mais amplas. Parece claro que movimentos históricos inúmeros e diversos contribuíram para a emergência do discurso e da prática democráticos, e que, de fato, cada um deles é responsável pela ênfase, pelas construções e pelas metáforas específicas que tornam únicas cada uma das configurações nacionais da democracia, e mesmo as configurações regionais. Ao mesmo tempo, também está claro que existe uma "estrutura" abrangente do discurso democrático, que é mais geral e inclusiva do que qualquer uma dessas partes em particular. Em um sentido, a estrutura realmente precedeu esses movimentos pré-modernos e modernos por já estar formada, em suas linhas gerais, na Grécia antiga. E, mais importante, essa estrutura é mais geral porque seu alcance, mais amplo, está implicado pelos "silêncios", por "aquilo que não é dito" em cada formulação positiva de liberdade e civilidade. Essa é a vantagem da abordagem dualista que recomendamos aqui.

11. Foi precisamente esta qualidade dualística – ou dialética, no sentido de Hegel – dos sistemas simbólicos que, de modo geral, as discussões da cultura na sociedade moderna deixaram passar. Ao ser considerada como "valores", "orientações" ou "ideologias", a cultura foi tratada de modo unilateral e, muitas vezes, altamente idealizado. Essa abordagem não só tornou a cultura menos relevante para o estudo do conflito social, mas

O discurso binário ocorre em três níveis: motivos, relações e instituições. Conceituam-se claramente os motivos dos atores políticos (Que tipo de gente são?), juntamente com as relações sociais e as instituições que são capazes de manter.[12]

produziu uma compreensão atomística e, finalmente, fragmentada da própria cultura. Seja nos escritos de Parsons, de Bellah e de Kluckhohn, por um lado, ou nos de Marx, de Althusser e de Gramsci, por outro, a cultura é identificada em termos de ideais normativos distintos sobre o certo e o bom. Certamente, a cultura política é normativa e avaliadora. É vital reconhecer, entretanto, que tal qualidade não significa que a cultura seja nem unilateral, nem idealizada. Ao contrário, como insistiriam os estruturalistas (de Saussure a Barthes e Lévi-Strauss), a cultura política tem uma estrutura binária, uma estrutura que, penso eu, estabelece as categorias do sagrado e do profano da vida cívica. De fato, é apenas dentro da atração contraditória dessas forças de oposição que emerge a dinâmica cultural do mundo político. Da perspectiva aqui oferecida, as discussões da cultura na sociedade moderna, de modo geral, passaram por cima precisamente dessa qualidade dualista ou "dialética" dos sistemas simbólicos.

Também dessa perspectiva, todos os sistemas culturais envolvem uma pressão ou tensão inerente, pois cada lado da dualidade que é a cultura dá origem – de fato, necessita disso – à sua antítese moral, cognitiva e afetiva. Como esse dinamismo interno é desconsiderado, é comum a análise cultural ser tomada como implicando uma abordagem estática da sociedade, em contraste com a análise estrutural social, que tipicamente se concentra em conflitos entre instituições e grupos. Quando os que reconhecem a importância da cultura centram-se em sua dinâmica, o comum é fazê-lo analisando a tensão entre os padrões culturais integrados internamente e uma sociedade que falha em fornecer os recursos necessários para cumpri-los (institucionalizá-los). Isso leva a discussões sobre o insucesso da socialização e o rompimento do controle social, cujo foco se direciona principalmente para as fontes sociais, e não para as culturais, de conflito e de tensão, e fornece uma imagem irreal utópica, ou reformista, das oportunidades para criar uma sociedade integrada e não conflituosa. Certamente houve vários estudiosos da cultura que reconheceram as tensões internas, mas eles o fizeram de uma forma que retrata essas divisões como historicamente contingentes, refletindo o conflito social e, portanto, como apenas associadas a determinados sistemas culturais, em fases passageiras do desenvolvimento (por exemplo, as obras de Raymond, de Gramsci e de Bourdieu).

12. A discussão seguinte só pode parecer esquemática. Ela resume uma exploração, em andamento, das estruturas elementares que informam a mistura complexa e confusa de significados e motivos que formam a base para a vida cultural cívica. Quero destacar que, a despeito de sua forma esquemática, esses modelos de estrutura não foram deduzidos de alguma teoria abrangente de ação, cultura ou sociedade democráticas.

Comecemos por discutir motivos. Código e contracódigo postulam a natureza humana de maneiras diametralmente opostas. Como a democracia depende do autocontrole e de iniciativas individuais, as pessoas que a compõem são descritas como capazes de ativismo e autonomia, em vez de serem passivas e dependentes. São vistas como racionais e razoáveis, em vez de irracionais e histéricas; como calmas, em vez de agitadas; e controladas, em vez de apaixonadas; como sãs e realistas, e não como dadas a fantasias ou loucas. Então, o discurso democrático postula as seguintes qualidades como axiomáticas: ativismo, autonomia, racionalidade, razoabilidade, calma, controle, realismo e sanidade. A natureza do contracódigo, ou seja, o discurso que justifica a restrição da sociedade civil, já está claramente implícito aí. Se os atores são passivos e dependentes, irracionais e histéricos, excitáveis, apaixonados, pouco realistas ou loucos, não se lhes pode dar a liberdade que a democracia permite. Ao contrário: essas pessoas merecem ser reprimidas, não só

Ao contrário, foram induzidas de três diferentes fontes: (1) as revistas populares, os jornais e os noticiários norte-americanos de televisão durante o período 1960-1980; ver, por exemplo, Jeffrey C. Alexander, "Culture and political crisis", em: Jeffrey C. Alexander (org.), *Structure and meaning: relinking classical sociology*, Nova York: Columbia University Press, 1989a; (2) um exame do discurso popular, como registrado em materiais primários e secundários, durante períodos de crise da história americana, da Revolução até o caso Irã-contras; ver Jeffrey C. Alexander & Philip Smith, "The discourse of American civil society: a new proposal for culture society", 1992; e (3) o exame de alguns dos principais temas e estruturas simbólicas da filosofia política ocidental.

Deve ser registrada, neste ponto, uma qualificação que diz respeito à fronteira em que esses códigos cessam de obrigar, e começam os códigos que informam outros tipos de sociedades (presumivelmente não civis). Por exemplo, muitas teorias e movimentos modernizantes – mas não democráticos – empregam quase o mesmo conjunto de oposições binárias, embora enfatizando um lado diferente. As sociedades fascista e nazista, e as ditaduras capitalistas e comunistas empregam tipos relacionados de códigos, embora difiram em caminhos estratégicos; ver Claude Lefort, *Democracy and political theory*, Cambridge: Polity, 1988. O que todas essas sociedades têm em comum com as sociedades democráticas é algum grau do que, de modo bem estranho, deve ser chamado "modernidade": um complexo social e cultural que enfatiza a racionalidade e o autocontrole – dois elementos do que vou descrever como o discurso da liberdade. As ditaduras comunistas e fascistas combinam esses elementos com uma ênfase coletivista ou corporativa, a qual contradiz a ênfase individualista do código da sociedade civil; ambas as ditaduras, em suas ênfases revolucionárias, também exaltam uma abordagem vitalista e irracional à ação.

em consideração à sociedade civil, mas também em consideração a elas próprias. (Essas qualidades estão esquematizadas na Tabela 1.)

Com base nesses códigos contraditórios sobre os motivos humanos, podem construir-se representações distintivas de relacionamentos sociais. As pessoas motivadas democraticamente – pessoas que são ativas, autônomas, racionais, razoáveis, calmas e realistas – serão capazes de formar relações sociais abertas (em vez de reservadas), serão confiantes (em vez de suspeitosas), diretas (em vez de calculistas), sinceras (em vez de enganadoras). Suas decisões serão baseadas em deliberações abertas, e não em conspirações; e suas atitudes para com a autoridade serão críticas, e não de deferência. Em seu comportamento com os outros membros da comunidade, elas serão ligadas por consciência e honra, e não por cobiça e interesse próprio; e vão tratar seus companheiros como amigos, não como inimigos.

TABELA 1 ✳ A estrutura discursiva dos motivos sociais

CÓDIGO DEMOCRÁTICO	CÓDIGO CONTRADEMOCRÁTICO
Ativismo	Passividade
Autonomia	Dependência
Racionalidade	Irracionalidade
Razoabilidade	Histeria
Calma	Excitação
Autocontrole	Paixão
Realismo	Irrealismo
Juízo	Loucura

TABELA 2 ✳ A estrutura discursiva dos relacionamentos sociais

CÓDIGO DEMOCRÁTICO	CÓDIGO CONTRADEMOCRÁTICO
Aberto	Secreto
Confiável	Suspeitoso
Crítico	Deferente
Honrado	Autointeressado
Consciente	Cobiçoso
Sincero	Enganoso
Direto	Calculista
Deliberativo	Conspirador
Amigo	Inimigo

Por outro lado, se os atores forem irracionais, dependentes, passivos, apaixonados e não realistas, os relacionamentos sociais que formam serão caracterizados pelo segundo polo dessas dicotomias fatídicas. Em lugar de relacionamentos abertos e confiantes, eles formarão sociedades secretas baseadas na premissa de desconfiar de outros seres humanos. No âmbito dessas sociedades secretas, serão deferentes para com as autoridades; mas, com aqueles de fora de seu pequeno grupo, vão se comportar de maneira cobiçosa, em seu próprio interesse. Serão conspiradores, enganosos para com os outros, e calculistas em seu comportamento, concebendo como inimigos aqueles fora de seu grupo. Se o lado positivo deste segundo conjunto de discurso descreve as qualidades simbólicas necessárias para sustentar a sociedade civil, o lado negativo descreve a estrutura solidária em que foram rompidos o respeito mútuo e a integração social expansiva (ver Tabela 2).

Dada a estrutura discursiva dos motivos e dos relacionamentos cívicos, não deve surpreender que esse conjunto de homologias e antipatias se estenda à compreensão social das próprias instituições políticas e legais. Se os membros de uma comunidade nacional forem irracionais em motivos e desconfiados nos relacionamentos sociais, vão naturalmente criar instituições arbitrárias, e não regulamentadas; que enfatizam o poder bruto, e não a lei; a hierarquia em vez da igualdade; que são exclusivas, e não inclusivas; que promovem lealdades pessoais, em lugar de obrigações contratuais e impessoais; que são reguladas por personalidades, e não por obrigações do cargo; e que são organizadas por facção, e não por grupos responsáveis pelas necessidades da comunidade como um todo (ver Tabela 3).

Esses três conjuntos de estruturas discursivas estão vinculados. De fato, cada elemento em cada um dos conjuntos pode ser ligado através de relações analógicas – relações homólogas de semelhança – a qualquer elemento em outro conjunto no mesmo lado. Por exemplo, "regulamentado", um elemento-chave na compreensão simbólica das instituições sociais democráticas, é considerado homólogo – como sinônimo ou expressão de reforço mútuo no sentido cultural – a "sincero" e "aberto" (termos que definem relacionamentos sociais) e a "razoável" e "autônomo" (elementos do conjunto simbólico que estipula os motivos democráticos). Da mesma maneira, qualquer elemento de qualquer conjunto de um lado é considerado antitético a qualquer elemento de qualquer conjunto do outro lado. Segundo as regras dessa formação cultural mais ampla, por exemplo, "hierarquia" é adversa a "crítico" e "aberto"; e, também, a "ativista" e "autocontrolado".

Quando são apresentados em suas formas binárias simples, esses códigos culturais parecem ser meramente esquemáticos. Contudo, revelam, na realidade, as estruturas do esqueleto sobre o qual as comunidades sociais constroem as histórias familiares, as ricas formas narrativas que guiam a vida política cotidiana e tida como certa.[13] O lado positivo desses conjuntos estruturados fornece os elementos para a história confortadora e inspiradora de uma ordem social espontaneamente integrada, democrática e livre, uma sociedade civil no sentido de tipo ideal. As pessoas são racionais, podem processar informações de modo inteligente e independente, conhecem a verdade quando a veem, não precisam de líderes fortes, podem se dedicar a críticas, e coordenar facilmente sua própria sociedade. A lei não é um mecanismo externo que coage as pessoas, mas uma expressão de sua racionalidade inata, mediadora entre a verdade e os eventos banais. O cargo é um mecanismo institucional que faz a intermediação entre a lei e a ação. É um chamado, uma vocação à qual as pessoas aderem devido à sua confiança e razão. Aqueles que sabem a verdade não são deferentes para com autoridades, nem são leais a determinadas pessoas. Obedecem sua consciência em lugar de seguir seu interesse vulgar; simplesmente falam, em lugar de esconder suas ideias; são pessoas abertas, idealistas e amigáveis em relação aos outros seres humanos.

TABELA 3 ✼ A estrutura discursiva das instituições sociais

CÓDIGO DEMOCRÁTICO	CÓDIGO CONTRADEMOCRÁTICO
Regulamentado	Arbitrário
Lei	Poder
Igualdade	Hierarquia
Inclusão	Exclusão
Impessoal	Pessoal
Contratual	Lealdade atribuível
Grupos sociais	Facções
Cargo	Personalidade

13. Em outras palavras, para traduzir totalmente em uma compreensão da natureza discursiva da vida cotidiana, a análise semiótica ou a estrutural devem dar a vez à análise narrativa. As dualidades estáticas da estrutura são transformadas, pela narrativa, em padrões que podem explicar a ordem cronológica da experiência vivida, que sempre

A estrutura da virtude política e sua narrativa formam o discurso da liberdade. Esse discurso é corporificado nos documentos fundadores das sociedades democráticas. Nos Estados Unidos, por exemplo, a Declaração dos Direitos dos Cidadãos dos Estados Unidos postula "o direito do povo de estar seguro contra buscas e apreensões sem motivo" e garante que "ninguém pode ser privado da liberdade sem o devido processo legal". Ao fazer isso, liga os direitos às razões, e a liberdade à lei. O discurso também é corporificado nas grandes e pequenas histórias que as nações democráticas contam a respeito de si mesmas, por exemplo, a história norte-americana sobre George Washington e a cerejeira, que realça a honestidade e a virtude, ou o relato inglês da Batalha da Bretanha, que revela a coragem, a autossuficiência e a cooperação espontânea dos britânicos, em contraste com as patifarias das forças da Alemanha hitlerista.

Qualquer que seja a forma institucional ou narrativa que assume, o discurso da liberdade centra-se na capacidade de voluntarismo. Se pretendida por atores racionais, que estão em pleno controle de corpo e mente, a ação é voluntária. Se a ação não for voluntária, é interpretada como sem valor. Se as leis não facilitam realizar livremente uma ação pretendida, são discriminatórias. Se confissões de culpa são coagidas, em lugar de serem dadas livremente, elas são poluídas.[14] Se um grupo

foi um elemento essencial na história humana; ver Paul Ricoeur, *Time and narrative*, 1, Chicago: University of Chicago Press, 1984; e Nicholas Entrikin, *The betweeness of place*, Baltimore: John Hopkins University Press, 1990.

14. Até o século XX, a confissão era, aparentemente, um fenômeno apenas ocidental, que emergiu acompanhando o reconhecimento social gradual da centralidade dos direitos individuais e do autocontrole para a organização de sociedades políticas e religiosas. A partir, no mínimo, da Idade Média, não se considerava que o sucesso da punição criminal estivesse completo até que o(a) acusado(a) confessasse seus crimes, pois apenas a confissão demonstrava que a racionalidade fora alcançada, e a responsabilidade individual, assumida. O discurso da sociedade civil, portanto, está inextricavelmente ligado à confissão pública de crimes contra os indivíduos que compõem a coletividade e, de fato, dos crimes contra a coletividade em si. Isso é demonstrado pelo grande esforço despendido em extorquir confissões fraudulentas naquelas situações em que as forças coercitivas haviam obliterado a civilidade, como ocorre em instâncias de brutalidade política nas sociedades democráticas, e nos processos espetaculares nas ditaduras; ver Mike Hepworth & Bryan S. Turner, *Confession: studies in deviance and religion*, Londres: Routledge & Kegan Paul, 1982.

social é constituído sob o discurso da liberdade, precisa receber direitos sociais, porque considera-se que os membros desse grupo possuam a capacidade de ações voluntárias. As lutas políticas sobre o *status* de diferentes grupos — classes mais baixas, minorias raciais e étnicas, mulheres, crianças, criminosos, e deficientes mentais, emocionais e físicos — sempre envolveram lutas discursivas sobre a possibilidade de estender e aplicar o discurso da liberdade. Na medida em que os documentos da fundação constitucional das sociedades democráticas são universalistas, eles implicitamente estipulam que o discurso pode e deve sê-lo.

Os elementos do lado negativo desses conjuntos simbólicos também estão firmemente entrelaçados. Eles fornecem elementos para a grande quantidade de histórias que permeiam o entendimento democrático dos lados negativos e repugnantes da vida comunitária. Tomadas juntas, essas estruturas e narrativas negativas formam o "discurso da repressão". Se as pessoas não têm a capacidade da razão, se não podem processar racionalmente informações e se não podem diferenciar a verdade da mentira, então, por razões puramente pessoais, elas vão ser leais a líderes e, por sua vez, facilmente manipuladas por eles. Como essas pessoas são governadas por cálculo — e não pela consciência —, elas não têm honra, o que é crítico para as questões democráticas. Como não têm honra, não têm a capacidade de regular seus próprios negócios. É por causa de tal situação que essas pessoas se sujeitam à autoridade hierárquica. Essas qualidades anticívicas tornam necessário negar a tais pessoas o acesso a direitos e à proteção da lei.[15] De fato, como lhes falta a capacidade do

---

15. Na discussão desse processo, Aristóteles combinou diversas referências, de diferentes níveis do discurso civil: "O nome cidadão é particularmente aplicável àqueles que compartilham dos cargos e honras do Estado. Por conseguinte, na *Ilíada*, Homero fala de um homem sendo tratado 'como um forasteiro, *sem honra*', e é verdade que aqueles que não compartilham os cargos e as honras do Estado são exatamente como forasteiros residentes. [Algumas vezes pode ser justificável] negar aos homens o compartilhar [, mas só] quando é feito por subterfúgio; seu único objetivo é o de ludibriar os outros"; ver Aristóteles, *The politics of Aristotle*, trad. Ernest Barker, Nova York: Oxford University Press, 1962, p. 109. Ernest Barker, o tradutor, colocou em nota de rodapé desta discussão um comentário que ilustra a regra da homologia que estou sugerindo aqui, segundo a qual conceitos como honra, cidadania e cargo são efetivamente intercambiáveis: "A palavra grega *time*, que aqui é usada, significa, como a latina *honos*, tanto 'cargo' como 'honra'. A passagem da *Ilíada* se refere a honra nesse último sentido: o próprio Aristóteles a usa no primeiro sentido; mas é natural escorregar de um para o outro".

comportamento voluntário e responsável, esses membros marginais da comunidade nacional – aqueles que são desafortunados o bastante para ser construídos sob o código contrademocrático – devem, finalmente, ser reprimidos. A lei não pode regulá-los; nem vão aceitar a disciplina do cargo. Suas lealdades só podem ser familiares e particularistas. É ampla a crença de que as fronteiras institucionais e legais da sociedade civil não podem fornecer baluartes contra sua cobiça por poder pessoal.

O lado positivo dessa formação discursiva é visto pelos membros das comunidades democráticas como uma fonte não só de pureza, mas também de purificação. Considera-se que o discurso da liberdade resume "o melhor" em uma comunidade civil, e seus princípios são considerados sagrados. Os objetos que o discurso cria parecem possuir um surpreendente poder que os coloca no "centro" da sociedade, uma posição – algumas vezes geográfica, muitas vezes estratificacional, sempre simbólica – que leva à sua defesa a quase qualquer custo. O lado negativo dessa formação simbólica é considerado profano. Representa o "pior" na comunidade nacional e corporifica o mal. Os objetos que identifica ameaçam o âmago da comunidade a partir de algum lugar fora dela. A partir dessa posição marginal, tais objetos introduzem uma poderosa fonte de poluição.[16] Estar próximo desses objetos poluídos – os atores, as estruturas e os processos que são constituídos por esse discurso repressivo – é perigoso. Não só uma reputação pode ser afetada, e o *status* ameaçado, mas a própria segurança da pessoa também pode estar em risco. Ter a si mesmo ou ao movimento identificados em termos desses objetos provoca angústia, desgosto e alarme. Esse código é considerado uma ameaça ao núcleo da própria sociedade civil.

As figuras públicas e os eventos devem ser categorizados em termos de um lado ou de outro dessa formação discursiva, embora, quando a política funciona rotineiramente, essas classificações não sejam nem ex-

---

16. O papel do sagrado e do profano na estruturação da consciência, da ação e da cosmologia primitivas é amplamente compreendido. Ver, por exemplo, "The elementary forms", a clássica exposição de Émile Durkheim, em *The division of labor in society* (1893), Nova York: Free, 1963; e sua importante reformulação em Roger Caillois, *Man and the sacred*, Nova York: Free, 1959. E também o tratamento provocativo da religião arcaica dado por Mircea Eliade, *The sacred and the profane*, Nova York: Harcourt, 1959; além da poderosa visão geral fornecida por Franz Steiner, *Taboo*, Londres: Cohen & West, 1956. De novo, o desafio é encontrar um modo de traduzir esses entendimentos de processos religiosos para um quadro de referência secular.

plícitas nem sujeitas a extenso debate público.[17] Mesmo em períodos de rotina, contudo, é sua especificação no âmbito dos códigos desse discurso subjacente que dá significado às coisas políticas e permite que assumam o papel que "naturalmente" parecem ter.[18] Mais ainda, a maioria dos atores políticos não reconhece que são eles que estão criando tais classificações, mesmo quando têm consciência de estar lutando quanto a elas. Esse conhecimento relativizaria a realidade, criando uma incerteza que poderia minar não só o cerne cultural, mas também as fronteiras institucionais e a solidariedade da própria sociedade civil. Os eventos e os atores sociais parecem "ser" essas qualidades, e não estar rotulados por elas.

Em outras palavras, o discurso da sociedade civil é concreto, não abstrato. É elaborado por relatos narrativos que, acredita-se, descrevem fielmente não só o presente, mas também o passado. Toda nação tem um mito de origem que, por exemplo, ancora esse discurso em um relato de eventos históricos envolvidos em sua formação inicial.[19] Como

---

17. "Em uma ordem ética existente, em que um sistema completo de relações éticas tenha sido desenvolvido e atualizado, a virtude, no sentido estrito da palavra, está identificada e realmente só aparece em circunstâncias excepcionais, quando uma obrigação colide com outra"; ver G.H.W. Hegel, *Philosophy of right*, Nova York: Oxford, 1952, p. 108.

18. A onipresença de enquadramentos culturais mesmo nos processos políticos mais banais é poderosamente afirmada por W. Lance Bennett, "Imitation, ambiguity, and drama in political life: civil religion and the dilemmas of public morality", *Journal of Politics*, 41 (1), pp. 106-133, 1979. A "naturalidade" dos códigos culturais é discutida, aqui, a partir da perspectiva macroscópica. Da perspectiva da interação individual, o argumento pode ser montado em termos de fenomenologia.

Certamente é importante a contribuição de Bourdieu para a "secularização" da tradição durkheimiana e sua instanciação em um enquadramento socioestrutural e microssociológico. Entretanto, a concentração de Bourdieu nas divisões sociais verticais, em lugar das horizontais, e sua insistência em serem as fronteiras simbólicas modeladas sobre distinções sociais, principalmente econômicas, e delas derivarem, prejudicam o interesse cultural de seus escritos. Bourdieu concebe os códigos sociais não como um sistema representativo diferenciado da sociedade, mas como um código hegemônico, ligado diretamente ao interesse dos poderosos. Não fica claro, em seu modelo, como são possíveis o conflito liberador e a democracia; ver Pierre Bourdieu, *Distinction*, Cambridge, MA: Harvard University Press, 1984.

19. Para uma discussão do papel do mito de origem nas sociedades arcaicas, cujas implicações para a organização do pensamento mítico em sociedades seculares são claras,

seus compatriotas ingleses, os primeiros americanos acreditavam que seus direitos haviam emergido da antiga constituição anglo-saxã do século XI.[20] O discurso de liberdade especificamente norte-americano foi elaborado, de início, em relatos de santos puritanos e, mais tarde, em histórias sobre heróis revolucionários. Foi tecido no mito do agricultor pequeno proprietário de terras e, depois, em narrativas sobre caubóis e, ainda mais tarde, em *pulp stories*[21] sobre detetives e os desordeiros que eles esperavam desentocar. O discurso da repressão se tornou palpável através de antigos relatos religiosos de hereges, e histórias sobre lealistas (adeptos da coroa inglesa) e aristocratas na Guerra da Independência dos Estados Unidos. Mais tarde foi elaborado em relatos acerca de índios selvagens e imigrantes "papistas", e, depois, em mitos regionais sobre traições durante a Guerra Civil.[22]

ver Mircea Eliade, *The sacred and the profane, op. cit.*. Para uma discussão contemporânea da sociedade secular que emprega, com grande vantagem, a noção ou o mito de origem, ver David Apter, "Mao's republic", *Social Research*, 54 (4), pp. 691-729, 1987.

20. Sobre tal crença na existência de uma constituição antiga, e o papel que ela representou no discurso ideológico da Revolução Americana, ver Bernard Bailyn, *The ideological origins of the American Revolution*, Cambridge, MA: Harvard University Press, 1963. Sobre o contexto de fundo, ver J.G.A. Pocock, *The ancient constitution and the feudal law*, Bath: Chivers, 1974.

21. Referência a revistas da primeira metade do século XX, impressas em papel-jornal, de "polpa" barata, que publicavam ficção fantasiosa para entretenimento das massas. (N.T.)

22. Para puritanos e revolucionários como figuras no discurso da liberdade, ver, por exemplo, Robert Middlekauff, "The ritualization of the American revolution", em: Lawrence Levine & Robert Middlekauff (orgs.), *The national temper*, 2. ed., Nova York: Harcourt Brace, 1972; e, mais sistematicamente, Bernard Bailyn, *The ideological origins of the American Revolution, op. cit.*. Bailyn, e os muitos que o seguiram, argumentam que a ideologia que inspirou os norte-americanos durante o período revolucionário foi essencialmente negativa e conspiratória; que a nação americana foi inspirada essencialmente pelo medo de ser tomada e manipulada pelos vingativos e perversos britânicos, com sua realeza e seu império. Entretanto, de fato, até mesmo com base no material que o próprio Bailyn fornece, fica claro que a Revolução Americana se apoiou na bifurcação e interconexão de dois discursos, e que cada um deles poderia ser definido apenas em termos de ordem.

Para o mito dos agricultores pequenos proprietários de terra e suas conexões intrínsecas com o discurso da liberdade, ver o brilhante e ainda convincente trabalho de Henry Nash Smith, *Virgin land: the American western as symbol and myth*, Cambridge, MA: Harvard University Press, 1950, especialmente a terceira parte. Para a relação entre esse discurso mítico e narrativas sobre caubóis, homens da montanha e detetives, ver a segunda parte

Para os americanos contemporâneos, as categorias dos discursos puro e poluído parecem existir de modo igualmente natural e totalmente histórico. A lei e os procedimentos democráticos são considerados ganhos pelas lutas voluntárias dos fundadores da nação e garantidos por documentos históricos, como a Declaração dos Direitos dos Cidadãos dos Estados Unidos e a Constituição. As qualidades do código repressivo estão incorporadas nas visões obscuras de tirania e ilegalidade, sejam as dos monarcas britânicos do século XVIII, sejam as dos comunistas soviéticos. A *pulp fiction* e o drama altamente intelectual procuram contrapor esses perigos com imagens atraentes do bom.[23] Quando trabalhos da

dessa mesma obra, especialmente as páginas 90-122. Já Powers, em seu trabalho sobre a maneira como as histórias de Hollywood sobre "G-men" se encaixam nesses arquétipos, enfatiza a maneira como esses personagens centrais encarnam os contrastes do discurso abrangente. O "mistério" que fornece o foco das histórias de detetive apoia-se em circunstâncias que permitem, a "um herói surpreendentemente inteligente", finalmente identificar "um assassino diabólico em meio a uma multidão de suspeitos igualmente prováveis"; ver Richard Powers, *G-Men: Hoover's FBI in American popular culture*, Carbondale: Southern Illinois University Press, 1983, p. 74. Ver também o argumento de Curti, de que as explorações místicas desses antigos heróis de revistas baratas "confirmaram os americanos na crença tradicional de que obstáculos eram para ser superados pela posição corajosa, viril e determinada do indivíduo como um indivíduo"; em Merle Curti, "Dime store novels and the American tradition", *Yale Review*, 26: 765, 1937, p. 765. Para as construções míticas de hereges religiosos, em termos do discurso de repressão, ver as antigas discussões puritanas do antinomianismo, principalmente as de Anne Hutchinson, em Kai Erikson, *Wayward puritans*, New Haven, CT: Yale University Press, 1965. Para histórias sobre os males dos lealistas e aristocratas na Guerra de Independência, ver Bernard Bailyn, *The ordeal of Thomas Hutchinson*, Cambridge, MA: Harvard University Press, 1974. Para a reconstrução mítica dos nativos americanos em termos do discurso de repressão, ver Richard Slotkin, *Regeneration through violence: the mythology of the American frontier, 1600-1860*, Middletown, CT: Weleyan University Press, 1973. Já o trabalho de Higham está recheado de exemplos de como os grupos nucleares mais antigos da sociedade americana construíram, sob este discurso repressivo, os imigrantes sul e centro-europeus, que, com frequência, estavam envolvidos na política trabalhista radical da época. Aí, de maneira particularmente perspicaz, o autor exibe o caráter antinomianista do discurso que era usado para compreender essas lutas e seus participantes imigrantes; ver John Higham, *Strangers in a strange land*, Nova York: Atheneum, 1965, por exemplo, pp. 55, 138, 200.

23. A contraposição – entre atores heroicos da liberdade e criminosos que agem por paixão descontrolada – parece ter sido o ponto mais importante do gênero "detetive de

imaginação representam de modo paradigmático a formação discursiva, tornam-se clássicos contemporâneos. Para a geração que amadureceu durante a Segunda Guerra Mundial, a obra *1984*, de George Orwell, por exemplo, construiu o discurso de repressão emblemático das lutas daquele tempo.

Dentro dos limites de uma comunidade nacional particular, os códigos binários e representações concretas que compõem o discurso da sociedade civil não estão divididos, em geral, entre os diferentes grupos sociais. Ao contrário, mesmo em sociedades devastadas por intensos conflitos sociais, tanto a construção de virtudes cívicas como a de vícios cívicos são amplamente aceitas na maioria dos casos.[24] No curso da vida cívica, o que se contesta, o que não é de forma alguma con-

ação", que emergiu na *pulp fiction* na passagem para o século XX, cuja popularidade continuou incólume até os dias de hoje; ver John Cawelti, *Adventure, mystery and romance: formula stories as art and popular culture*, Chicago: University of Chicago Press, 1976; e Mary Noel, *Villains galore*, Nova York: Macmillan, 1954. Esse gênero forneceu o quadro simbólico para a manipulação, altamente bem-sucedida, feita por J. Edgar Hoover da imagem popular do FBI, como demonstra Richard Powers, *G-Men, op. cit.* Assim, quando os norte-americanos olhavam para Hoover, Power escreve, eles "viam [...] não um porta-voz de uma filosofia política partidária, mas um herói nacional suprapolítico" (p. XII), modelar no gênero ação. Powers enfatiza a natureza binária do discurso que consagrou as ações de Hoover, argumentando que, "para que o processo mitológico produzisse um herói no estilo de Hoover, tinha de haver, dentro da cultura, uma fórmula universalmente compreendida para lidar com o tipo de vilão que passara a representar os receios do público (p. XIV). Na cultura popular/cultura política híbrida do século XX, os criminosos perseguidos por "oficiais" eram persistentemente retratados como sujeitos às "regras da quadrilha", apresentando o perigo de que essa forma de organização social repressiva se espalhasse "a áreas da vida ainda mais amplas" (p. 7). Por seu lado, os G-men, que perseguiam esses criminosos, eram retratados ou como "individualistas rebeldes" (p. 94) ou como defensores do direito racional, envolvidos em "uma luta memorável entre a sociedade legal e um submundo organizado".

24. Isso sugere uma modificação de meu antigo modelo, mais tradicionalmente funcionalista, das relações entre códigos e grupos de conflito; ver Jeffrey C. Alexander, "Remembering the dead", *op. cit.* [Nas polarizações,] em lugar de separar claramente os conflitos de valor refratado daqueles verticais ou em colunas (*columnized*), eu gostaria de notar a possibilidade de haver um discurso mais geral, do qual mesmo agrupamentos culturais fundamentalmente conflituosos, verticais especificamente, derivam suas ideologias. A questão é de nível de generalização.

sensual, é como os lados antitéticos desse discurso, seus dois conjuntos simbólicos, serão aplicados a atores e grupos em particular. Se a maioria dos membros da sociedade democrática aceitaram a "validade" e "realidade" de *1984*, discordaram fundamentalmente quanto à sua aplicação social relevante. Os radicais e os liberais estavam inclinados a ver o livro como uma descrição de suas próprias sociedades capitalistas, já repressivas ou, no mínimo, com iminentes tendências a sê-lo; já os conservadores entendiam que se referia apenas ao comunismo.

Claro, alguns eventos são tão repulsivos ou tão sublimes que geram consenso quase imediato sobre como os conjuntos simbólicos deveriam ser aplicados. Para a maior parte dos membros de uma comunidade nacional, grandes guerras nacionais demarcam claramente os bons e os maus. Os soldados da nação são considerados corajosas incorporações do discurso da liberdade; as nações estrangeiras e os soldados que se opõem à nação representam alguma poderosa combinação do código da contrademocracia.[25] De fato, no decorrer da história norte-americana, esse código negativo foi estendido a um grupo vasto e variegado – aos britânicos, a povos nativos, a piratas, ao Sul e ao Norte, aos africanos, a velhas nações europeias, e a fascistas, comunistas, alemães e japoneses. Em termos do discurso de repressão, a identificação é essencial, caso se for perseguir um combate vingativo. Uma vez aplicado esse discurso poluidor, torna-se impossível para as pessoas boas tratar e debater com aqueles do outro lado. Se os oponentes estão além da razão, enganados por líderes que operam em segredo, a única opção é expulsá-los da raça humana. Quando grandes guerras têm sucesso, elas fornecem narrativas poderosas que dominam a vida da nação no pós-guerra. Hitler e o nazismo formaram o esteio de um amplo leque de mitos e histórias ocidentais, fornecendo metáforas importantes para tudo, desde profundas discussões sobre a "solução final" até as tramas de personagem bom / personagem mau da dramaturgia e dos seriados televisivos.

---

25. Em sua perceptiva investigação da base cultural da guerra entre Grã-Bretanha e Argentina, motivada pela posse das ilhas Falkland, Philip Smith documentou o discurso bifurcado da guerra; ver Philip Smith, "Codes and conflict: toward a theory of war as ritual", *Theory and Society*, 20 (1), pp. 103-138, 1991. Para um relato mais impressionista, mas ainda fascinante, do poderoso papel que os códigos semióticos exercem em produzir e permitir a guerra, ver Paul Fussell, *The Great War in modern memory*, Nova York: Oxford University Press, 1975.

Entretanto, para a maior parte dos eventos, a identidade discursiva é contestada. As brigas políticas são, em parte, sobre como distribuir os atores na estrutura do discurso, pois não há uma relação determinada entre qualquer evento ou grupo e qualquer lado do esquema cultural. Os atores lutam para macular uns aos outros com o pincel da repressão; e para "enrolar" a si mesmos na retórica da liberdade. Em períodos de tensão e crise, a luta política se torna uma questão de até que ponto se aplicam os discursos da liberdade e da repressão, e a quem eles se aplicam. A causa efetiva da vitória e da derrota, do aprisionamento e da liberdade – e em alguns casos mesmo de vida e de morte – é, muitas vezes, a dominação discursiva, que depende de quanto se estendam as narrativas populares sobre o bem e o mal. São os estudantes em protesto que são como nazistas ou assim são os conservadores que os estão perseguindo? Devem os membros do Partido Comunista ser considerados fascistas? Ou o seriam os membros do Comitê de Atividades Antiamericanas que os interrogam? Quando Watergate começou, só os verdadeiros ladrões foram chamados conspiradores e poluídos pelo discurso da repressão. George McGovern e seus companheiros democratas não tiveram sucesso em seu esforço de aplicar esse discurso à Casa Branca, ao gabinete ministerial e ao Partido Republicano, elementos da sociedade civil que conseguiram manter sua identidade em termos liberais. Em um momento posterior da crise, já não se mantinha mais essa relação tão reconfortante para a estrutura cultural.

A estrutura discursiva geral, em outras palavras, é usada, no tempo histórico real, para legitimar amigos e deslegitimar oponentes. Se uma sociedade civil independente fosse totalmente mantida, decerto o discurso da repressão seria aplicado apenas de maneira altamente circunscrita, a grupos como crianças e criminosos – que, em geral, não se considera estarem em posse suficiente de suas faculdades racionais ou morais. De fato, o caso costuma ser que indivíduos e grupos de dentro da sociedade civil conseguem sustentar o discurso da liberdade ao longo de um período de tempo significativo. São capazes de compreender seus oponentes como outros indivíduos racionais, sem se entregar ao aniquilamento moral.

Entretanto, ao longo de um período histórico estendido, é impossível o discurso de repressão não ser trazido a um jogo significativo, e os oponentes serem compreendidos como inimigos do tipo mais ameaçador. Decerto pode ser o caso que os oponentes sejam, de fato, inimigos implacáveis do bem público. Os nazistas eram idiotas morais, e estava errado lidar com eles como participantes cívicos potenciais, como Chamberlain e os outros apaziguadores fizeram. Contudo, sejam seus objetos realmente prejudiciais ou não, o discurso da repressão é aplicado, criando por fim uma realidade objetiva onde antes nenhuma existia. O simbolismo do mal – que foi aplicado com excesso de zelo pelos Aliados à nação alemã na Primeira Guerra Mundial – foi estendido indiscriminadamente ao povo alemão e aos governos do período pós-guerra. E produziu a debilitante política de reparações, que ajudou a estabelecer a receptividade econômica e social para o nazismo.

Isso ressalta o fato de que a aplicação social das identificações simbólicas polarizadoras deve ser compreendida também em termos da estrutura interna do próprio discurso. As sociedades racionais, individualistas e autocríticas são vulneráveis por serem essas mesmas qualidades que as tornam abertas e confiantes; e, se o outro lado for desprovido de qualidades sociais de redenção, então vai haver um impiedoso abuso de confiança. Mais ainda, o potencial para o comportamento dependente e irracional pode ser encontrado mesmo nos bons cidadãos, pois pode-se fornecer informações enganadoras que os levem – no que poderia parecer uma base racional – a rejeitar as estruturas ou os processos da sociedade democrática em si. Em outras palavras, as mesmas qualidades que permitem às sociedades civis serem internamente democráticas – qualidades que incluem as oposições simbólicas que permitem a definição da liberdade de qualquer maneira significativa – fazem com que os membros da sociedade civil não se sintam confiantes para lidar efetivamente com seus oponentes, sejam eles de dentro ou de fora. O discurso da repressão é inerente ao discurso da liberdade. Essa é a ironia no coração do discurso da sociedade civil.

REFERÊNCIAS BIBLIOGRÁFICAS

• ALEXANDER, Jeffrey C. *Theoretical logic in sociology, 2. The antinomies of classical thought: Marx and Durkheim*. Berkeley: University of California Press, 1982.

• _____. (org.). *Durkheimian sociology: cultural studies*. Nova York: Cambridge University Press, 1988a.

• _____. "Three models of culture/society relations: toward an analysis of Watergate". Em: ALEXANDER, Jeffrey C. (org.). *Action and its environments*. Berkeley: University of California Press, 1988b.

• _____. "Culture and political crisis". Em: ALEXANDER, Jeffrey C. (org.). *Structure and meaning: relinking classical sociology*. Nova York: Columbia University Press, 1989a.

• _____. "The dialectic of individuation and domination: Weber's rationalization theory and beyond". Em: ALEXANDER, Jeffrey C. (org.). *Structure and meaning: relinking classical sociology*. Nova York: Columbia University Press, 1989b.

• _____. "Bringing democracy back in: universalistic solidarity and the civil sphere". Em: LEMERT, Charles (org.). *Intellectuals and politics: social theory beyond the academy*. Newbury Park, CA: Sage, 1990a.

• _____. "Morale e repressione". *MondOperaio*, (12), pp. 127-130, dez. 1990b (Roma).

• _____. "Shaky foundations: the presuppositions and internal contradictions of James Coleman's *Foundations of Social Theory*". *Theory and Society*, 21 (2), pp. 203-217, 1992.

• _____ & SMITH, Philip. "The discourse of American civil society: a new proposal for culture society". 1992 (Datilografado.)

• APTER, David. "Mao's republic". *Social Research*, 54 (4), pp. 691-729, 1987.

• ARISTÓTELES. *The politics of Aristotle*. Trad. Ernest Barker. Nova York: Oxford University Press, 1962.

• BAILYN, Bernard. *The ideological origins of the American Revolution*. Cambridge, MA: Harvard University Press, 1963.

• _____. *The ordeal of Thomas Hutchinson*. Cambridge, MA: Harvard University Press, 1974.

• BARTHES, Roland. "Introduction to the structural analysis of narratives". Em: *Image, music, text*. Nova York: Hill & Wang, 1977.

• BENNETT, W. Lance. "Imitation, ambiguity, and drama in political life: civil religion and the dilemmas of public morality". *Journal of Politics*, 41 (1), pp. 106-133, 1979.

• BOURDIEU, Pierre. *Distinction*. Cambridge, MA: Harvard University Press, 1984.

• CAILLOIS, Roger. *Man and the sacred*. Nova York: Free, 1959.

- CAWELTI, John. *Adventure, mystery and romance: formula stories as art and popular culture*. Chicago: University of Chicago Press, 1976.
- COHEN, Jean. *Class and civil society: the limits of Marxian critical theory*. Amherst: University of Massachussetts Press, 1982.
- COLEMAN, James. *Foundations of social theory*. Cambridge, MA: Belknap, 1990.
- CURTI, Merle. "Dime store novels and the American tradition". *Yale Review*, 26, pp. 765, 1937.
- DURKHEIM, Émile. *The division of labor in society* (1893). Nova York: Free, 1963.
- EISENSTADT, S. N. (org.). *The origins and diversity of axial age civilization*. Albany: State University of New York Press, 1986.
- ELIADE, Mircea. *The sacred and the profane*. Nova York: Harcourt, 1959.
- ENTRIKIN, Nicholas. *The betweeness of place*. Baltimore: John Hopkins University Press, 1990.
- ERIKSON, Kai. *Wayward puritans*. New Haven, CT: Yale University Press, 1955.
- EYERMAN, Ron & JAMISON, Andrew. *Social movements: a cognitive approach*. Cambridge: Polity, 1991.
- FUSSELL, Paul. *The Great War in modern memory*. Nova York: Oxford University Press, 1975.
- HABERMAS, Jürgen. *Theory of communicative action, 2: Critique of functionalist reason*. Boston: Beacon, 1988.
- HEGEL, G.H.W. *Philosophy of right*. Nova York: Oxford, 1952.
- HEPWORTH, Mike & TURNER, Bryan S. *Confession: studies in deviance and religion*. Londres: Routledge & Kegan Paul, 1982.
- HIGHAM, John. *Strangers in a strange land*. Nova York: Atheneum, 1965.
- KEANE, John. "Despotism and democracy: the origins and development of the distinction between civil society and the state, 1750-1850". *Civil society and the state*. Londres: Verso, 1988a.
- _____. "Remembering the dead: civil society and the state from Hobbes to Marx and beyond". *Democracy and civil society*. Londres: Verso, 1988b.
- LEFORT, Claude. *Democracy and political theory*. Cambridge: Polity, 1988.
- MIDDLEKAUFF, Robert. "The ritualization of the American revolution". Em: LEVINE, Lawrence & MIDDLEKAUFF, Robert (orgs.). *The national temper*. 2. ed. Nova York: Harcourt Brace, 1972.
- NOEL, Mary. *Villains galore*. Nova York: Macmillan, 1954.
- PARSONS, Talcott. "Durkheim's contribution to the theory of integration of social systems (1960)". *Sociological theory and modern society*. Nova York: Free, 1967 (reimpressão).
- _____. *The evolution of societies*. Jackson Toby (org.). Englewood Cliffs, NJ: Prentice-Hall, 1977.

- POCOCK, J. G. A. *The ancient constitution and the feudal law*. Bath: Chivers, 1974.
- POWERS, Richard. *G-Men: Hoover's FBI in American popular culture*. Carbondale: Southern Illinois University Press, 1983.
- RICOEUR, Paul. *Time and narrative, 1*. Chicago: University of Chicago Press, 1984.
- ROGIN, Michael. *Ronald Reagan: the movie and other essays in American demonology*. Berkeley: University of California Press, 1987.
- RUSSELL, Jeffrey Burton. *The prince of darkness*. Ithaca, NY: Cornell University Press, 1988.
- SLOTKIN, Richard. *Regeneration through violence: the mythology of the American frontier, 1600-1860*. Middletown, CT: Wesleyan University Press, 1973.
- SMITH, Henry Nash. *Virgin land: the American western as symbol and myth*. Cambridge, MA: Harvard University Press, 1950.
- SMITH, Philip. "Codes and conflict: toward a theory of war as ritual". *Theory and Society*, 20 (1), pp. 103-138, 1991.
- STEINER, Franz. *Taboo*. Londres: Cohen & West, 1956.

13. DEMOCRACIA *VERSUS* SOCIOLOGIA: FRONTEIRAS E SUAS CONSEQUÊNCIAS POLÍTICAS
✻ *Alan Wolfe*

As histórias públicas contadas e recontadas pelas democracias liberais modernas enfatizam o triunfo gradual da inclusão. Diz-se que, há muitos e muitos anos, essas sociedades eram governadas por elites privilegiadas. Os círculos governantes eram restritos àqueles cujos gênero, criação, educação e exclusividade social fossem corretos.[1] Tudo isso mudou, como resultado daquelas forças múltiplas identificadas, em geral, pelo termo *democracia*. Primeiro, as classes médias, depois, os trabalhadores, depois, as mulheres, e, então, as minorias raciais – todos ganharam não só direitos econômicos, mas também direitos políticos e sociais.[2] Embora o processo certamente ainda não esteja completo – e não estará para aqueles que defendem a extensão de tais direitos para além da espécie humana, para a natureza[3] –, a história da democracia moderna é compreendida como um processo de receber, e não de impedir de entrar.

Há muito de verdade nessa história. Mais ainda, é uma boa história, uma em que se pode sentir – e nos faz senti-lo – que a história tem um propósito que, de alguma maneira, corresponde a uma compreensão mais positiva do potencial humano. Neste ensaio, não tenho intenção de sugerir que a história esteja incorreta em suas características básicas nem que seja desafortunada em suas consequências. Meu ponto é, simplesmente, que ela contém um conflito potencial com outro relato, que vou chamar de compreensão sociológica – em lugar de democrática – da dialética da inclusão e da exclusão.

Compreensão sociológica é aquela que reconhece estarem os humanos em melhores condições quando vivem em grupos, em lugar de considerá-los como átomos isolados. Mas, por sua própria natureza, grupos

---

1. David Cannadine, *The decline and fall of the British aristocracy*, New Haven, CT: Yale University Press, 1990.

2. T. H Marshall, "Citizenship and social class", em: S. M. Lipser (org.), *Class, citizenship, and social development*, Garden City, NY: Anchor, 1964.

3. Roderick Frazier Nash, *The rights of nature: a history of environmental ethics*, Madison: University of Wisconsin Press, 1989.

são exclusivos, e não inclusivos. Funcionam bastante bem apenas mantendo "os outros" de fora.[4] Uma vida social rica em texturas requer fronteiras, rituais de adesão, espaço privilegiado e outras demarcações, destinadas a assegurar que o grupo vai constituir-se, a si mesmo, em algum ponto mais baixo do que a universalidade da humanidade em geral.[5] Portanto, o estudo da sociedade, seja de uma perspectiva sociológica ou antropológica, está inevitavelmente ligado a uma apreciação de classificações e distinções.[6] A modernidade, que, do ponto de vista da inclusão democrática, costuma ser entusiasticamente bem recebida, do ponto de vista sociológico da exclusão costuma ser acolhida com ceticismo.

Não é necessariamente preciso que haja uma forte tensão entre um relato democrático e um sociológico a respeito de obrigações individuais *versus* aquelas de grupo. Grande parte da história do pensamento liberal é um esforço para reconciliar essas tendências: Tocqueville, Constant, Durkheim, Laski, Bradley, T. H. Green e John Dewey, todos eles poderiam ser citados como engajados nesse projeto. Entretanto, por razões diversas, há, no pensamento contemporâneo, certa polarização entre aqueles que acham a exclusão indesculpável e os que consideram a inclusão onipresente.

A primeira dessas linhas de pensamento é mais bem ilustrada por aquelas tendências geralmente denominadas pós-modernistas ou pós-estruturalistas. E, embora muitas vezes haja considerável debate sobre o que essas tendências filosóficas estão realmente tentando dizer, a essência da abordagem é questionar as fronteiras presumidas entre os grupos: sejam de significantes, pessoas, espécies ou textos. O que à primeira vista parece ser uma diferença é reinterpretado, descobre-se que é pouco mais que uma distinção enraizada em poder, ou um movimento em um jogo retórico. Em outras palavras, as diferenças em si mesmas nunca têm *status* fixo; não há *ou isso ou aquilo* (nem existem *nem esses ou aqueles*): "A desconstrução é ambos, não é nenhum, e revela a maneira em que tanto a construção como a desconstrução são, elas próprias, não

---

4. Lewis Coser, *The function of social conflict*, Glencoe, IL: Free, 1956.

5. Anthony P. Cohen, *The symbolic construction of communities*, Londres: Tavistock, 1985; e, do mesmo autor, "Of symbols and boundaries, or Does Ertie's greatcoat hold the key?", em: Anthony P. Cohen (org.), *Symbolising boundaries: identity and diversity in British cultures*, Manchester: University of Manchester Press, 1986

6. Rodney Needham, *Symbolic classification*, Santa Monica, CA: Goodyear, 1979; e Mary Douglas, *Natural symbols: explorations in cosmology*, Nova York: Pantheon, 1970.

o que parecem ser".[7] Uma ardilosa desconstrução de um texto – ou de uma instituição social – vai revelar as estratégias pelas quais as fronteiras artificiais foram preservadas e protegidas.

Há alguns debates sobre ser o pós-modernismo uma crítica ao modernismo ou uma extensão dele; mas, da perspectiva de determinada característica da sociedade moderna – a democracia –, as teorias pós--modernas são, inquestionavelmente, hipermodernas. Como não acreditam em fronteiras presumidas, essas teorias pós-modernas imaginam um mundo de igualdade quase perfeita. Não só as diferenças de raça, classe e gênero se tornam menos importantes, mas mesmo distinções como deficiência/normalidade, doença/saúde, vítima/agressor também seriam minimizadas.[8] Ainda assim, precisamente por serem suas implicações políticas tão democráticas, as teorias pós-modernas tendem a levar em menor conta aquilo que é sociológico. Se todas as diferenças são transitórias, então é impossível qualquer base firme para a vida do grupo – com exceção de algum grupo universal, que compartilhamos com todas as outras espécies. Qualquer esforço, por qualquer grupo de pessoas, para proteger e designar privilégios às particularidades de seu grupo será compreendido como uma estratégia fútil e autoderrotista de proteger diferenças. Não surpreende que uma hostilidade tão aberta em relação à sociologia possa ser encontrada em tantos pensadores pós-modernistas, ou que a sociologia seja um dos poucos campos acadêmicos nos Estados Unidos que não foi particularmente suscetível às inclinações pós-modernas.[9] Se os grupos sociais têm uma vida precária na vida moderna, na sociedade pós-moderna não teriam vida alguma.

Consequentemente, uma segunda grande virada no pensamento contemporâneo leva-nos para longe de um movimento universalista com vistas à inclusão, em favor de um particularismo que, de forma explícita ou não, implica exclusão. Essa tendência, em contraste com os aspectos hiperdemocráticos do pensamento pós-moderno, pode ser chamada *hipersociológica*, em sua redescoberta de grupos, de tradições e das rei-

---

7. Barbara Johnson, *A world of difference*, Baltimore: John Hopkins University Press, 1987, pp. 12-13; ver também Jacques Derrida, *Disseminations*, Chicago: University of Chicago Press, 1981.

8. Martha Minow, *Making all the difference: inclusion, exclusion and American law*, Ithaca, NY: Cornell University Press, 1990.

9. Pauline Marie Rosenau, *Post-Modernism and the social sciences: insights, in-roads, and intrusions*, Princeton, NJ: Princeton University Press, 1991.

vindicações do particular. Os "comunitários", que se preocupam com as consequências das regras baseadas em imperativos categóricos universais, talvez sejam o melhor exemplo.[10] Tendem a centrar-se na fraqueza do que se costuma chamar "sociedade civil", naqueles aspectos da vida social que se referem ao informal, ao local e ao íntimo.[11] Mas, por se concentrarem na família, na vizinhança, na amizade, nos grupos étnicos, em associações voluntárias e em redes pessoais, as teorias da sociedade civil podem facilmente se tornar exclusivistas: defender as necessidades de grupos específicos, e ser contra as reivindicações gerais de estranhos, sem restrições, é receita para o paroquialismo e o privilégio.[12] Os comunitários têm um saudável respeito por fronteiras, mas isso pode levar a desconfiar da democracia ou, pelo menos, daquelas características da sociedade moderna que enfatizam a igualdade e a abolição de privilégios imerecidos.

Embora, até certo ponto, pareçam funcionar como contraditórias, tanto a democracia, inclusiva, como a centralidade grupal, exclusiva, são necessárias para uma vida social rica e justa. Sem grupos particulares, com fronteiras muito bem definidas, a vida na sociedade moderna seria insuportável. Seríamos constantes peões nas lutas de poder que ocorrem sobre nossas cabeças. Nossa identidade, obtida como residentes de determinado lugar, quando em face às necessidades nacionais e internacionais, estaria desprovida de moeda de intercâmbio. Em resumo, na ausência de fronteiras sociais, jamais poderíamos pertencer a coisa alguma com textura e caráter. No entanto, se as fronteiras entre determinados grupos fossem rígidas demais, não teríamos obrigações gerais. Nossas vidas seriam caracterizadas pelo que Durkheim chamou *solidariedade mecânica*. Viveríamos com pessoas exatamente como nós, não expostos aos desafios de estranhos, à atração do cosmopolitismo e à expansão da possibilidade moral que vem com a receptividade ao outro generali-

---

10. Robert Bellah *et al.*, *Habits of the heart: individualism and commitment in American life*. Berkeley: University of California Press, 1985; Michael J. Sandel, *Liberalism and the limits of justice*. Cambridge: Cambridge University Press, 1982.

11. Ver, por exemplo, Jeffrey C. Alexander, neste volume; e Alan Wolfe, *Whose keeper? Social science and moral obligation*, Berkeley: University of California Press, 1989.

12. Seyla Benhabib, "The generalized and concrete other", em: Eva Kittay & Diane Meyers (orgs.), *Women and moral theory*, Totowa, NJ: Rowman & Littlefield, 1988; e, também, Michael Ignatieff, *The needs of strangers: an essay on privacy, solidarity, and the politics of being human*, Nova York: Penguin, 1985.

zado. Vivendo sociologicamente, jamais poderemos ser kohlberguianos. Vivendo democraticamente, pelo menos na forma moderna, jamais poderemos ser jeffersonianos.

Como vivemos em sociedades em que a democracia tem legitimidade popular maior do que a sociologia, é mais difícil argumentar em favor da exclusão do que da inclusão. Como escreve Cynthia Fuchs Epstein, reivindicações de justiça inevitavelmente demandam ceticismo em relação a distinções.[13] Ainda assim, se não houvesse distinções, não haveria Bourdieu – ou Durkheim, Weber, Marx e Veblen. Na medida em que os sociólogos imaginam uma sociedade sem exclusão, imaginam-se falidos. A exclusão, embora difícil de justificar, é o que torna a diversidade possível, as sociedades interessantes, as instituições necessárias, as práticas criativas, os costumes variáveis e a ambiguidade importante. Se uma sociedade totalmente inclusiva fosse possível – o que muito provavelmente não o é –, ela não seria muito desejável, pelo menos para aqueles fascinados com a imprevisibilidade das escolhas humanas. Daí, mesmo os comprometidos com a noção de que é muito frequente a diferença pressupor hierarquia, mesmo esses geralmente tentam uma reformulação que ainda permitiria que as diferenças existissem, mas dessa vez sem discriminações injustas. Por exemplo, Minow, que se preocupa "que uma diferença, se for atribuída por alguém poderoso a outra pessoa, ficará dotada de uma aparente realidade", concluirá, no entanto, que "fronteiras e categorias de alguma forma são inevitáveis".[14] Como bons liberais, precisamos nos preocupar com a inclusão e fazer o melhor para assegurar que nenhuma pessoa seja tratada injustamente por causa do grupo em que nasceu. Mas, como bons sociólogos, também precisamos pensar a respeito da exclusão, pois só fazendo isso podemos imaginar e proteger uma sociedade em que os grupos continuarão a enriquecer as identidades que tornam a existência social significativa.

Parece que as soluções para o problema das fronteiras que reifiquem sua existência ou neguem sua importância não são particularmente úteis. Assim como a repugnância pós-moderna por fronteiras, levada à sua conclusão lógica, produz uma sociedade imperfeita em sua perfeição, a preferência comunitária por fronteiras, se levada à sua conclusão lógica, resulta em uma sociedade fundamentalmente em conflito com a modernidade. No debate fútil e autoderrotista sobre fronteiras, é fre-

---

13. Ver Cynthia Fuchs Epstein, neste volume.
14. Martha Minow, *Making all the difference*, op. cit., pp. 374, 390.

quente se perder um ponto: nem todas as fronteiras são as mesmas. A despeito de todos os esforços pós-modernos para deslocá-las, as fronteiras continuarão a reforçar as diferenças. Mas, a despeito de todos os esforços comunitários para protegê-las, em uma sociedade moderna elas serão sempre permeáveis. É mais provável que negociemos as discussões sobre as fronteiras – que vão continuar nos confrontando –, se tivermos uma ideia melhor de como diferentes tipos de fronteiras diferem.

Fronteiras temporárias e fronteiras permanentes ❊ Uma forma de abordar diferenças entre fronteiras é perguntar se elas são uma resposta permanente ou temporária a determinada situação. A importância da permanência de uma condição de diferença é ilustrada em um exemplo fornecido por Martha Minow.[15] Ela contrasta a forma como pensamos a situação dos deficientes nas escolas, comparada à situação das crianças cuja primeira língua não é a inglesa. No primeiro caso, as demandas de justiça e respeito pela diferença urgem que os deficientes sejam trazidos para a classe regular, para misturar-se com as outras crianças: de fato, em sua experiência de pensamento mais gráfico, Minow nos pede para, se houver uma criança parcialmente surda na classe, pensar em ensinar a todas as crianças, mesmo as "normais", a linguagem de sinais.[16] Mas, no último caso, o do bilinguismo, a mesma demanda de justiça parece sugerir que as crianças sejam levadas para fora da classe e recebam atenção especial. Elas precisam, pelo menos, de algum tempo em que o idioma de instrução seja sua própria língua nativa, de modo a poder competir melhor com aquelas crianças cuja língua nativa é a inglesa.

Minow argumenta que, embora as respostas sejam diferentes em cada caso, o dilema básico da diferença é o mesmo. Do ponto de vista dela, é importante não fazer diferença entre grupos e – falando às claras – reforçar, entre os grupos, relações desiguais e hierárquicas. O poder do seu argumento se origina da importância que dá à empatia. Abolindo a fronteira entre os deficientes e os outros, as crianças que têm boa audição aprenderão como é ter a audição prejudicada. Consequentemente, serão mais simpáticas para com aqueles do outro lado da fronteira. Por

---

15. *Idem, ibidem.*
16. Alguns poderiam considerar igualmente instigante o relato de Minow de como alguns hospitais tratam os pacientes como se todos tivessem aids, de modo que aqueles que a têm não vão perceber a discriminação; ver, *idem*, p. 96.

outro lado, aqueles cuja língua materna não é a inglesa precisam sentir certo senso de competência, que podem desenvolver melhor se lhes for permitido falar uns com os outros antes de entrar no mundo mais amplo de uma língua estrangeira. Como o objetivo dela é o empoderamento mais do que a consistência na política, faz perfeito sentido responder de modo diferente nesses dois casos.

As simpatias democráticas de Minow, presentes por toda parte ao longo de sua análise, forçam-nos a reconhecer que toda fronteira pressupõe um ponto de vista; que não há fronteiras neutras; e que toda distinção que fazemos é, até certo ponto, arbitrária. Ainda assim, permanece uma distinção – entre aqueles que perderam a audição e aqueles que falam um idioma diferente do inglês em casa – que, para a questão da empatia, é relevante. Não esperamos que surdos desenvolvam uma audição perfeita. Mas esperamos que crianças cuja primeira língua não seja a inglesa a aprendam; de fato, o fulcro da educação bilíngue, pelo menos em teoria, é ajudá-las a aprender inglês tão rápido quanto possível.[17] Portanto, temos dois tipos de fronteiras, uma que é mais ou menos temporária, a outra, mais ou menos permanente.

Faz sentido pedir às pessoas que tenham empatia por aqueles do outro lado de uma fronteira quando essa fronteira não pode realmente ser atravessada? Em um mundo perfeito, faz. Se todo mundo fosse altruísta, ou se vivêssemos em uma sociedade que fizesse do altruísmo sua prioridade mais alta, seria possível pedir a todos nós que fingíssemos ser surdos por certo número de horas por dia, de modo a demonstrar nossa empatia para com aqueles do outro lado dessa fronteira. O mesmo poderia ser verdade com a aids, ou com os sem-teto. Mas também é claro que há um número indefinido de fronteiras entre alguns que têm mais sorte do que outros. Portanto, poderíamos gastar todo nosso tempo aprendendo empatia e muito pouco tempo aprendendo como usar as habilidades auditivas que aqueles de nós que não são deficientes têm. É provável que a maioria dos pais fizesse objeções à demasiada experimentação de uma empatia forçada. Também é provável que fossem compreensivos para com aqueles que lutam para superar deficiências, mas também fariam algumas perguntas de senso comum. O que há para ganhar por participar em uma forma de diferença que, sendo permanente, é uma da qual aqueles que a portam escapariam, se tivessem a

---

17. Rosemary Pedalino Porter, *Forked tongue: the politics of bilingual education*, Nova York: Basic, 1990.

oportunidade? Por que universalizar a condição de ser deficiente, quando essa não é um estado universal de satisfação pelo qual as pessoas queiram batalhar?

Em resumo, as fronteiras podem sempre representar o ponto de vista de alguém e, nesse sentido, vão ser sempre injustas. Mas as fronteiras também são apenas até certo ponto um fator do modo como denominamos as diferenças entre as pessoas. A despeito das maneiras (frequentemente dramáticas e esclarecedoras) pelas quais aqueles que têm aids ou os que são deficientes auditivos tentam mostrar que não há diferença essencial entre eles próprios e o resto do mundo, tais diferenças existem. Quando são permanentes, pode fazer mais sentido não fingir que a diferença inexiste, mas educar as pessoas a respeito delas – o que pressupõe reconhecermos que as diferenças estão lá. Tratar todo mundo como se tivesse aids é muito generoso para com aqueles que a têm, mas, também, bastante mais problemático para aqueles que não a tem. De fato, negando a diferença entre quem tem aids e quem não a tem, tornamos mais difícil o tipo de empatia que é produto do aprendizado sobre o outro.

Por outro lado, a situação de não falar inglês é temporária, não permanente. Portanto, pode fazer muito mais sentido tirar da classe apenas os estudantes que falam inglês. O mecanismo crucial para a assimilação dos grupos étnicos é a língua. Mudando, ou adotando o idioma antigo que foi determinado para elas, as crianças se tornam parte do novo mundo ao qual pertencem. Portanto, a identidade linguística muda dependendo do contexto; os que são bilíngues podem escolher o idioma apropriado para a situação. (O mesmo não é verdade para os deficientes; a linguagem de sinais é um substituto para a linguagem falada – que não pode ser usada – e é nesse sentido que deve ser usada. Se não houvesse surdos ou pessoas com deficiência auditiva, não haveria linguagem de sinais. Se não houvesse falantes do latim, ainda assim o latim existiria.) Como o inglês representa a condição universal à qual aspiram todos os imigrantes que não falam inglês nos Estados Unidos, há razão, pelo menos no que diz respeito à política oficial, para encorajar os estudantes a afastarem-se do particular para o universal. Ser bilíngue é um bem valioso, mas o argumento contra fazer disso uma política oficial em uma instituição pública, como as escolas, é que reforçaria uma diferença que, sendo apenas temporária, de qualquer modo vai desaparecer. Assim como não faz muito sentido universalizar uma particularidade permanente, também não faz muito sentido particularizar um resultado final universal.

Incluir todas as pessoas em uma categoria – quando tal categoria reflete uma diferença permanente – parece representar um zelo democrático excessivo. Nunca é fácil justificar a exclusão, mas uma fronteira que certamente deveria ser reconhecida é aquela fronteira que nunca pode ser atravessada. Por outro lado, excluir pessoas quando a fronteira que as torna diferentes é uma que esperamos que desapareça – e ativamente estimulamos a isso – também parece uma preocupação excessiva com particularidades sociológicas. Isso não pretende ser uma fórmula para decidir quando as fronteiras devem ser ignoradas ou protegidas. É fácil imaginar uma distinção permanente, como raça, que não deveria ser concretizada ao custo de excluir determinado grupo racial da completa adesão à comunidade nacional. Meu único ponto é que temos de começar a olhar para os muitos fatores que constituem o caráter das fronteiras, e que um deles é o grau de esperança que temos de que a fronteira desapareça com o tempo ou de que, por qualquer razão, ela não possa desaparecer.

A inquestionabilidade das fronteiras ✳ Se aqueles que são influenciados pelo pensamento pós-modernista tendem a negar fronteiras inegáveis, os influenciados pelo comunitarismo provavelmente reforçarão fronteiras que melhor seria se fossem atravessadas. Uma acusação comum feita contra o pensamento do comunitarismo (algumas vezes chamado *republicano*) é de não apreciar suficientemente as diferenças, inclusive certos tipos de diferenças, tais como as existentes entre os que são deficientes e os que não o são, que acabamos de discutir.[18] Ainda assim, especialmente os norte-americanos, bem como outros democratas liberais, vivem em sociedades cada vez mais compostas de grupos sociais extremamente diversos. Um compromisso tão forte com a comunidade a ponto de negar a possibilidade de movimento entre esses grupos é demasiado forte.

A raça é uma fronteira que muitas vezes não se pode atravessar, mas, nas melhores versões da teoria democrática liberal, é também uma que demanda a travessia. Ainda assim, muitas vezes não é a barreira em si que constitui o problema. Se brancos escolhem viver juntos como grupo em um bairro e um grupo de negros viver juntos em outro, pode ser que, do ponto de vista do pluralismo, não se goste do resultado, mas pelo

---

18. Harry N. Hirsch, "The threnody of liberalism: constitutional liberty and the renewal of community", *Political Theory*, 14 (3): 423-450, 1986.

menos seria necessário respeitar o fato de que cada comunidade está tentando, pela construção de fronteiras, reforçar sua própria identidade racial. Mas na vida real raramente é isso o que ocorre. Na vida real, os negros vivem em comunidades segregadas, não de sua própria escolha, mas determinadas pelas preferências raciais dos brancos. Nesse sentido, a fronteira entre um projeto habitacional e a vizinhança étnica branca muito unida das proximidades é determinada pela identidade racial daqueles vivendo de qualquer lado, e não o resultado de uma decisão mútua de criar barreiras. Impor uma fronteira e impedir alguém de andar de uma à outra é tratar como escolhida livremente uma fronteira que não o foi. Os americanos acreditam que as pessoas deveriam ser livres para escolher e, então, deveriam ser responsáveis pelas escolhas feitas com liberdade. Na medida em que as pessoas escolhem suas identidades, e não apenas seus carros ou seus candidatos políticos, há muita sabedoria nessa crença. Mas se aplica apenas quando as pessoas, de fato, escolheram. Se alguém escolhe ter um filho, era de se esperar que agisse como um pai ou uma mãe. Mas, em cidades como Nova York, com frequência, decisões sobre onde viver são condicionadas, tendo pouco a ver com as preferências individuais.

As fronteiras étnicas, em contraste com as raciais, oferecem uma ilustração ainda mais complexa do conflito entre a inclusão democrática e a exclusão sociológica. A ideia de pessoas vivendo em comunidades étnicas segregadas – os judeus aqui, os italianos ali – parece menos odiosa do que viver em comunidades racialmente segregadas. De fato, o termo *comunitarismo* muitas vezes parece implicar uma comunidade étnica, pois as imagens de etnicidade evocam velhos mundos, tradições, hierarquias, superstições, redes informais, parentescos, confiança, ódio, diferenciações – em resumo, praticamente todas as características ou práticas que, presume-se, a modernidade está em processo de abolir. Por causa de seu foco na exclusividade, a sociologia há muito tempo está fascinada pela etnicidade. Quando os sociólogos encontram problema na frieza e na impessoalidade do mundo moderno, é o grupo étnico que é realçado. Em *Habits of the heart*, entre os principais personagens estão os irlandeses de Massachusetts – o grupo étnico que define o padrão para os grupos étnicos.[19]

Mas se a etnicidade parece ser o derradeiro suspiro da preocupação sociológica com a exclusão, ela também se ergue violando o princípio

---

19. Robert Bellah *et al.*, *Habits of the heart, op. cit.*, pp. 8-13.

democrático da inclusão. E parece ser esse o caso, apesar de – em uma cultura democrática e inclusiva como a americana – a etnicidade estar em declínio.[20] Ainda assim, isso não significa que, devido à "tenuidade" da etnicidade nos Estados Unidos, a exclusão tenha sido transcendida. Pois Richard Alba também descobriu que o que garante identidade à etnicidade é a existência de algo que ele chama de *europeus-americanos*. Os brancos americanos definem a si mesmos com base no local de onde vieram seus ancestrais, sabendo muito bem que pelo menos um grupo visível de americanos – os negros – veio de algum outro lugar. Se Alba estiver correto, então não importa quanto a identidade étnica tenha se tornado inclusiva; entre os brancos, ela ainda é exclusiva em relação a um aspecto extremamente importante do pluralismo americano. É precisamente por essa razão que tendem a desconfiar da etnicidade aqueles cujo compromisso com a democracia liberal é mais determinante do que seu compromisso com a particularidade sociológica. Karst, por exemplo, define pertencimento como adesão a uma comunidade nacional, e não como participação nos rituais de subculturas étnicas, que podem ser excludentes – mesmo que uma comunidade nacional de cidadãos abstratos não possa ter o mesmo tipo de ligações vinculantes, como as tradições particulares e as maneiras folclóricas associadas com as origens étnicas.[21]

Deveríamos, então, dar as boas-vindas ao enfraquecimento da etnicidade, porque nosso compromisso com a democracia é forte? Ou lamentá-lo, por priorizarmos nosso compromisso com a comunidade? Com a frase nessa forma "forte", a questão pede uma terceira alternativa. E ela foi oferecida por Mary Waters, que argumenta que "se pode ter um forte senso de identidade étnica sem ter qualquer ideia específica de que a etnicidade significa alguma coisa". Em seu relato, os norte-americanos têm opções: "A etnicidade é, cada vez mais, uma escolha pessoal: a de ser étnico em absoluto e, para uma maioria cada vez mais crescente, aquela da etnicidade a que se vai pertencer".[22] Como a escolha étnica reforça a identidade étnica, os norte-americanos podem resolver o

---

20. Richard Alba, *Ethnic identity: the transformation of white America*, New Haven, CT: Yale University Press, 1990

21. Kenneth L. Karst, *Belonging to America: equal citizenship and the constitution*, New Haven, CT: Yale University Press, 1989.

22. Mary C. Waters, *Ethnic options: choosing identities in America*, Berkeley: University of California Press, 1990, pp. 145, 147.

problema colocado pela escolha entre anseios comunitaristas pré-democráticos e desejos individualistas pós-democráticos. Podemos escolher algo a que podemos pertencer, enquanto, ao mesmo tempo, temos liberdade da escolha. Essas são maneiras atraentes de tentar reconciliar a inclusão democrática e a exclusão sociológica, mas, na análise final, tais maneiras não funcionam. Se as pessoas podem escolher seu grupo étnico, então o grupo não pode mais servir à função da particularidade. A etnicidade simplesmente se tornaria mais uma opção entre as muitas oferecidas por uma democracia liberal e capitalista. Porém, embora não tenha encontrado uma terceira alternativa entre a democracia e a sociologia, Waters tocou em um ponto crucial: a maneira como pensamos sobre uma fronteira como a etnicidade se conecta à maneira como compreendemos a "inquestionabilidade" da fronteira. Pois Waters está argumentando que as fronteiras entre os grupos étnicos não mais são dadas: elas se tornaram socialmente construídas, de maneiras similares àquelas das fronteiras entre gêneros; ou entre aqueles com preferências sexuais diferentes.[23] Qualquer discussão sobre etnicidade – de fato, qualquer discussão de diferenças – deve centrar-se no tipo de diferença, centrar-se na natureza da própria fronteira.

Esta não é a hora nem o lugar para discutir se as fronteiras étnicas são, de fato, essencialmente determinadas, ou se são construídas pelas atividades daqueles cujas vidas são organizadas por elas. Em vez disso, desejo destacar que há implicações legais, morais e sociais envolvidas nas maneiras de tomar uma posição sobre essa questão. Por um lado, se as fronteiras são dadas por forças que precedem as escolhas individuais daqueles que vivem em torno delas, tais fronteiras deveriam ser entendidas como passíveis de serem atravessadas. Por outro lado, se as fronteiras entre grupos forem compreendidas como construídas socialmente, há base para concluir que devemos respeitá-las. Porque, ao respeitar as fronteiras construídas, o que fazemos é respeitar os potenciais humanos e sociais que permitem às pessoas que façam suas próprias fronteiras; exatamente como o que fazemos ao olhar para além das fronteiras dadas é procurar maneiras para que as pessoas não sejam classificadas contra a sua vontade.

23. Hester Eisenstein & Alice Jardine, *The future of difference*, Boston: Hall, 1980; Cynthia Fuchs Epstein, *Deceptive distinctions: sex, gender and the social order*, New Haven, CT: Yale University Press, 1988; e, ainda, David Greenberg, *The construction of homosexuality*, Chicago: University of Chicago Press, 1988.

Não é essa a conclusão a que muitos daqueles que defendem a construção social gostariam de chegar. É mais provável sugerir que, assim como foram erguidas, as fronteiras também podem ser demolidas. De fato, o ponto principal daqueles fascinados pelos argumentos de construção social é, em geral, "desconstruir" as justificações pela diferença implicadas em quaisquer fronteiras, com base no fato de que todas elas são erguidas por detentores do poder, para reforçar seu poder sobre aqueles que não conseguem, por si sós, definir essas fronteiras. Nesse sentido, as fronteiras são escolhidas não por "nós", mas por "eles". Em tal posição, há muita verdade: é nítido que algumas definições da fronteira entre homens e mulheres refletiam pouco mais do que uma ideologia masculina dominante; e o mesmo poderia ser dito para a raça, a etnicidade e outras distinções. A vibração com que feministas e estudiosos de raça e etnicidade têm demonstrado o caráter estrangeiro das fronteiras construídas por outros alterou de modo claro a maneira como todo mundo tem de pensar tal distinção.

Ainda assim, a questão não pode ser deixada de lado. Pois olhar para as fronteiras como criadas, invariavelmente, pelo poder "deles" sobre "nós" é denegrir a capacidade das pessoas de mudarem as definições das fronteiras em torno delas. Pois, para cada fronteira que é adscrita, outras podem ser alcançadas. No entanto, pensar dessa maneira não significa rejeitar todas as fronteiras, mas dar reconhecimento especial àquelas que são produto da ação humana. Se não o fizermos, é mais provável que as encontremos substituídas não pela ausência absoluta de quaisquer fronteiras, mas por outras que não podem ser alteradas por nos faltarem as habilidades conceituais de reconhecê-las e compreendê-las.

A consciência sobre fronteiras ✳ Uma terceira maneira de distinguir entre fronteiras é avaliar se as habilidades cognitivas que serviram para criá-las são as mais racionais e justificáveis. Se valorizarmos as faculdades racionais humanas como Habermas[24] o faz, por exemplo, então naturalmente estaremos inclinados a valorizar as fronteiras que as usam. As mais justificáveis seriam aquelas produzidas por algum modelo de ação comunicativa que requeira as habilidades dos membros da sociedade.

Uma forma de ilustrar essa preocupação com a consciência na formação das fronteiras é examinar os conflitos concretos entre a inclusão democrática e a exclusão sociológica. Considere, por exemplo, o que

---

24. Jürgen Habermas, *The theory of communicative action, 2: Lifeworld and system: a critique of functionalist reason*, trad. Thomas McCarthy, Boston: Beacon, 1987.

normalmente chamamos movimentos NIMBY (em inglês, "not in my backyard", isto é, "não no meu quintal"). Os americanos agora estão predispostos a questionar a colocação, em suas vizinhanças, de praticamente todas as instalações públicas. Da perspectiva da exclusão sociológica, parece que vale a pena celebrar os movimentos NIMBY. Eles respondem às necessidades da vizinhança e da comunidade. Desenvolvem-se sem liderança oficial, de forma orgânica e espontânea, e constituem um exemplo de pessoas assumindo responsabilidade por suas próprias vidas, especialmente pelas vidas daqueles com quem têm contato próximo. Ainda assim, da perspectiva da inclusão democrática, há também muito com que se preocupar. Não é só o sujo e o perigoso que são rejeitados: em alguns casos, as organizações de vizinhos protestaram contra a instalação de *playgrounds*, casas de repouso para idosos e outras atividades que parecem bastante benignas. Mas mesmo o sujo e o perigoso levantam questões morais perturbadoras: se não colocar aí, então onde? As comunidades locais têm obrigações com estranhos? Como coletividade, podemos tomar decisões racionais sobre como descartar nosso lixo? Será que os movimentos NIMBY transferem a localização do sujo e do perigoso para lugares cujos residentes não têm meios nem tempo para protestar? Não temos todos interesse em ajudar as pessoas com aids? Há alguma diferença fundamental entre o egoísmo do individualista e o egoísmo do grupo, especialmente quando a vida na sociedade moderna se tornou tão interdependente assim?

As questões levantadas pelos movimentos NIMBY costumam ser impossíveis de responder satisfatoriamente, mas, ao pensar sobre isso, pelo menos podemos levantar a questão da consciência da resposta pública a eles. Quando uma comunidade procura proteger a si mesma contra os "de fora" e os "estrangeiros", seriam seus desejos um tipo de reação ignorante contra o desconhecido ou uma resposta seriamente pensada a um dilema difícil de política pública? Pergunte às pessoas, especialmente em seus ambientes locais, se querem prisões nas vizinhanças, aumento dos impostos a pagar para beneficiar os sem-teto ou instalações próximas para pessoas com aids, e suas respostas provavelmente serão negativas. Mas pergunte a eles se a sociedade tem obrigação para com os desafortunados, e as respostas podem bem ser positivas.

Muitas vezes parece que, como forma de reconciliar a tensão entre a inclusão democrática e a exclusão sociológica,[25] os norte-americanos falam

---

25. Robert Bellah *et al.*, *Habits of the heart, op. cit.*, pp. 152-162.

duas línguas. Os filósofos expressaram ideia semelhante falando das preferências de primeira e de segunda ordem, como uma maneira de distinguir entre escolhas e escolhas sobre escolhas.[26] As duas maneiras de pensar refletem uma relutância geral em aceitar, como declaração verdadeira das preferências de um grupo, pontos de vista que parecem ser produto de preconceito irrefletido, carregado de emoção. Não tomando a primeira resposta de um grupo como sua resposta final, tal maneira de pensar nos obriga a olhar mais longe, para mais reflexões. Embora seja perigoso fazer isso – a teoria marxista da falsa consciência ainda serve como aviso contra o rejeitar prontamente demais aquilo que as pessoas dizem sobre si mesmas –, é como se as pessoas falassem em uma língua sociológica e democrática ao mesmo tempo. Ao pensar sobre as fronteiras que as pessoas querem traçar entre si mesmas e os estranhos, o artifício é descobrir qual linguagem deve ser a moeda de maior valor.

Uma maneira de abordar esse problema é usar o conceito de passagem moral (*moral passage*). As passagens morais são aqueles momentos especiais de clareza, impostos por uma pausa nas rotinas da vida diária. Em todos os momentos de nossa vida, somos criaturas morais, no sentido de nossos atos terem implicações para aquilo que outros podem e não podem fazer. Mas muito de nossa agência moral é realizado sem premeditação – instituições sociais que funcionam bem permitem aos indivíduos que atuem "normalmente", no sentido de que não têm de pensar a cada minuto sobre as implicações do que fazem. Entretanto, a despeito do fluxo da vida normal, para a maioria das pessoas, os momentos especiais parecem parar o fluxo do tempo e demandar uma reflexão moral especial. Esses momentos de passagem moral são, muitas vezes, marcados por rituais, como o casamento, que, em um nível, refere-se ao relacionamento com outra pessoa, mas, em outro nível, trata-se de um relacionamento muito especial, com uma pessoa muito especial. Passagens morais podem ser antecipadas, mas também podem chegar a nós inesperadamente. Como Kathryn Pyne Addelson apontou, a decisão de fazer ou não fazer um aborto constitui um momento de passagem moral, trazendo com ele outras reflexões inevitáveis sobre como se leva a vida em relação a outros, incluindo outros ainda não nascidos.[27]

26. Harry Frankfurt, "Freedom of the will and the concept of the person", *The importance of what we care about: philosophical essays*, Cambridge: Cambridge University Press, 1988.

27. Para o conceito de passagens morais, aqui usados de modo diferente do pretendi-

As fronteiras que são produto de uma passagem moral deveriam ter o benefício da dúvida, mais do que aquelas que são produto de considerações irrefletidas. Para ilustrar algumas das questões abrangidas na "reflexão" que envolve as fronteiras, podemos nos voltar para a questão do ônibus escolar para estudantes das escolas públicas, para realizar o objetivo da igualdade racial. Há aqui um dilema clássico entre respeitar o particular sociológico, neste caso o desejo dos pais brancos de ter os filhos indo à escola em suas vizinhanças, e respeitar os princípios democráticos universais, neste caso a crença de que as escolas integradas vão melhorar as chances de vida das crianças das minorias raciais. Claramente, há opiniões dos dois lados da questão: as daqueles que não fariam caso das objeções locais; e as daqueles que defenderiam a "zona de influência" e a primazia da vizinhança.[28] O conceito de uma passagem moral, nesse contexto, se apresenta para deslocar a discussão das qualidades abstratas, dos particulares e locais, para a das qualidades específicas de situações particulares.

Embora se possa discordar das minhas afirmações, os relatos das guerras dos ônibus escolares em Boston apontam controvérsias e momentos de reflexão fora das normalidades da vida diária suficientes para constituir um momento de passagem moral.[29] Pais brancos que se opunham à aplicação judicial das necessidades de ônibus escolar não só tornaram sua opinião conhecida sob forma de resposta a uma pesquisa – jeito relativamente barato de fazê-lo – mas também a mantiveram diante de jornais que os acusavam de racismo, de juízes que rejeitavam suas preocupações, e de uma série de confrontações que os levou para fora de seus mundos locais, para o noticiário nacional. Em geral, as pessoas que ficam expostas ao mundo fora de suas comunidades locais tendem a crescer nesse processo. E, se quando expostas a ideias diferentes daquelas associadas com sua comunidade local, continuarem a insistir em

do por ela, ver Kathryn Pyne Addelson, "Moral passages", *Impure thoughts: essays on philosophy, feminism, and ethics*, Filadélfia: Temple University Press, 1991.

28. Para um excelente depoimento sobre o dilema, ver Jennifer Hochschild, *The new American dilemma: liberal democracy and school desegregation*, New Haven, CT: Yale University Press, 1984.

29. Para tratamentos que são justos para todos os lados, ver Ronald P. Formisano, *Boston against busing: race, class and ethnicity in the 1960s and 1970s*, Chapel Hill: University of North Carolina Press, 1991; e J. Anthony Lukas, *Common ground: a turbulent decade in the lives of three American families*, Nova York: Knopf, 1985.

suas ideias originais, tais ideias deveriam receber mais respeito do que quando foram expressas em sua forma particular. Como os pais brancos de Boston experimentaram tal momento de passagem moral, deveríamos ser cuidadosos ao ignorar o particular em favor do universal.

Na cidade de Nova York, há situações que parecem estar em contraste bem marcado com os eventos de Boston. A raiva emocional que levou à morte de um negro inocente, por ir a um bairro considerado branco por seus residentes, ilustra bem o problema.[30] Aqui havia alguma coisa próxima ao tribalismo, uma retirada do mundo maior, por parte dos brancos, para uma defesa de território, com pouca exposição a questões nacionais. Nesse sentido, os brancos de Bensonhurst não experimentaram um momento de passagem moral. A defesa deles de sua área era, como em muitas situações tribais, baseada em coerção implícita, em primazia do sangue, e em uma mentalidade nós/eles que rejeitava qualquer possibilidade de mérito em seus antagonistas. Como, nesse contexto, a expressão de apoio para localidade e vizinhança se baseou no reforço de sentimentos primários, opostos à exposição a novos sentimentos, há motivos para acreditar que o particular deveria dar lugar ao universal.

O conceito de passagem moral é uma forma de abordar a reflexão que há na construção de uma fronteira. É uma tentativa que não necessariamente pede perfeita comunicação racional, mas, em vez disso, requer uma indicação mínima de que os membros de um grupo, em alguma altura, consideraram a posição de um outro. Essa maneira de pensar exige que, antes de derrubar todas as fronteiras, precisamos pelo menos tentar compreender porque as pessoas podem querer uma fronteira. Poderíamos descobrir que eles não têm certeza, que o desejo deles de uma fronteira é simplesmente uma projeção de receios sobre o mundo fora de seu grupo sociológico, que a fronteira, naquele sentido, é para impedi-los de entrar em contato com um mundo mais inclusivo e pluralista. Mas também poderíamos descobrir que eles têm consciência do mundo externo a seus particulares sociológicos, que reconhecem e compreendem as reivindicações competitivas de outros, mas que, tendo sido expostos a tudo isso, eles ainda querem proteger a fronteira que distingue sua vizinhança de outras. Descobrir que esta última alternativa é, de fato, o caso não significa, necessariamente, justificativa para a fronteira: todas essas questões são demasiado complexas para serem

---

30. Para um relato jornalístico, ver Jim Sleeper, *The closest of strangers: liberalism and the politics of race in New York*, Nova York: Norton, 1990.

reduzidas a qualquer fórmula simples. Mas nos oferecem mais uma maneira de pensar sobre a natureza da própria fronteira, antes de fazer julgamentos sobre sua legitimidade.

Conclusão ✳ O debate sobre fronteiras não pode realmente ser um debate sobre se elas deveriam existir. É tão impossível imaginar uma sociedade sem fronteiras como é inconcebível, para as democracias liberais modernas, voltar ao feudalismo, em que as fronteiras eram tudo. Elas estão aqui para ficar, mas também estão aqui para serem atravessadas.

Aqueles que compartilham de um respeito sociológico pelas vidas de pessoas reais do grupo, e de um compromisso democrático em relação aos direitos universais de agentes abstratos, têm pouca escolha fora preocupar-se com as regras que tanto protegem quanto violam as fronteiras sociais. Se formos demasiadamente arrebatados pelas consequências desagradáveis da diferença, estenderemos a igualdade, mas ao preço da homogeneidade. Em alguma altura deveríamos nos perguntar se o prejuízo causado pela diferença – e, de modo geral, sempre vai haver prejuízo causado pela diferença – deveria ser tolerado como custo de um mundo mais variegado e rico de significados. Mas, se formos demasiadamente arrebatados pela diferença em si, e não por sua abolição, protegeremos a vida do grupo da sociedade civil, mas a custo de injustiça e discriminação. Em algum ponto teremos de nos perguntar se o prejuízo causado por tal discriminação não é de tal grandeza que deveríamos pagar seu custo de maneira um pouco mais uniforme.

Como, então, vamos saber quando nosso dever seria respeitar a exclusão sociológica? Ou a inclusão democrática? Essa é uma metaquestão de universais e particulares que, em si mesma, não pode ter nem uma resposta universal, nem uma particular. Aqueles, na sociedade civil, que procuram preservar e proteger grupos sociais podem ficar tentados a argumentar pela primazia do particular. Mas argumentar que o particular deve triunfar sempre é usar da linguagem universal para justificar reivindicações particulares, incorrendo, desse modo, em um absolutismo moral indesejado em defesa da contingência e da circunstância. Aqueles que querem abolir diferenças – ou, pelo menos, limitar seus efeitos – aplicam uma fórmula universalista para conseguir resultados universalistas, o que nunca vai convencer os advogados do particularismo. Por essas razões, faz muito mais sentido argumentar que não deveria haver respostas universais – sejam elas do tipo particular ou universal – para a metaquestão dos princípios morais que deveriam nos guiar. Se é o universal ou o particular que deve nos guiar só pode ser determinado pelos tipos específicos de controvérsias morais com que nos deparamos. Pode ser difícil conviver com a incerteza resultante, mas quem quer ser, simultaneamente, bom sociólogo e bom democrata deveria fazer tal esforço.

REFERÊNCIAS BIBLIOGRÁFICAS

• ADDELSON, Kathryn Pyne. "Moral passages". *Impure thoughts: essays on philosophy, feminism, and ethics*. Filadélfia: Temple University Press, 1991.

• ALBA, Richard. *Ethnic identity: the transformation of white America*. New Haven, CT: Yale University Press, 1990.

• BELLAH, Robert et al. *Habits of the heart: individualism and commitment in American life*. Berkeley: University of California Press, 1985.

• BENHABIB, Seyla. "The generalized and concrete other". Em: KITTAY, Eva & MEYERS, Diane (orgs.). *Women and moral theory*. Totowa, NJ: Rowman & Littlefield, 1988.

• CANNADINE, David. *The decline and fall of the British aristocracy*. New Haven, CT: Yale University Press, 1990.

• COHEN, Anthony P. *The symbolic construction of communities*. Londres: Tavistock, 1985.

• _____. "Of symbols and boundaries, or Does Ertie's greatcoat hold the key?" Em: COHEN, Anthony P. (org.). *Symbolising boundaries: identity and diversity in British cultures*. Manchester: University of Manchester Press, 1986.

• COSER, Lewis. *The function of social conflict*. Glencoe, IL: Free, 1956.

• DERRIDA, Jacques. *Disseminations*. Chicago: University of Chicago Press, 1981.

• DOUGLAS, Mary. *Natural symbols: explorations in cosmology*. Nova York: Pantheon, 1970.

• EISENSTEIN, Hester & JARDINE, Alice. *The future of difference*. Boston: Hall, 1980.

• EPSTEIN, Cynthia Fuchs. *Deceptive distinctions: sex, gender and the social order*. New Haven, CT: Yale University Press, 1988.

• FORMISANO, Ronald P. *Boston against busing: race, class and ethnicity in the 1960s and 1970s*. Chapel Hill: University of North Carolina Press, 1991.

• FRANKFURT, Harry. "Freedom of the will and the concept of the person". *The importance of what we care about: philosophical essays*. Cambridge: Cambridge University Press, 1988.

• GREENBERG, David. *The construction of homosexuality*. Chicago: University of Chicago Press, 1988.

• HABERMAS, Jürgen. *The theory of communicative action, 2. Lifeworld and system: a critique of functionalist reason*. Trad. Thomas McCarthy. Boston: Beacon, 1987.

• HIRSCH, Harry N. "The threnody of liberalism: constitutional liberty and the renewal of community". *Political Theory*, 14 (3), pp. 423-450, 1986.

• HOCHSCHILD, Jennifer. *The new American dilemma: liberal democracy and school desegregation*. New Haven, CT: Yale University Press, 1984.

- IGNATIEFF, Michael. *The needs of strangers: an essay on privacy, solidarity, and the politics of being human*. Nova York: Penguin, 1985.
- JOHNSON, Barbara. *A world of difference*. Baltimore: John Hopkins University Press, 1987.
- KARST, Kenneth L. *Belonging to America: equal citizenship and the constitution*. New Haven, CT: Yale University Press, 1989.
- LUKAS, J. Anthony. *Common ground: a turbulent decade in the lives of three American families*. Nova York: Knopf, 1985.
- MARSHALL, T. H. "Citizenship and social class". Em: LIPSER, S. M. (org.). *Class, citizenship, and social development*. Garden City, NY: Anchor, 1964.
- MINOW, Martha. *Making all the difference: inclusion, exclusion and American law*. Ithaca, NY: Cornell University Press, 1990.
- NASH, Roderick Frazier. *The rights of nature: a history of environmental ethics*. Madison: University of Wisconsin Press, 1989.
- NEEDHAM, Rodney. *Symbolic classification*. Santa Monica, CA: Goodyear, 1979.
- PORTER, Rosemary Pedalino. *Forked tongue: the politics of bilingual education*. Nova York: Basic, 1990.
- ROSENAU, Pauline Marie. *Post-Modernism and the social sciences: insights, inroads, and intrusions*. Princeton, NJ: Princeton University Press, 1991.
- SANDEL, Michael J. *Liberalism and the limits of justice*. Cambridge: Cambridge University Press, 1982.
- SLEEPER, Jim. *The closest of strangers: liberalism and the politics of race in New York*. Nova York: Norton, 1990.
- WATERS, Mary C. *Ethnic options: choosing identities in America*. Berkeley: University of California Press, 1990.
- WOLFE, Alan. *Whose keeper? Social science and moral obligation*. Berkeley: University of California Press, 1989.

ÍNDICE REMISSIVO

Abbey Theatre ✲ 52
Abbey, Henry ✲ 61
Aborn, Milton ✲ 67
Aborto ✲ 149, 154, 369, 417
Abrams, M. H. ✲ 114, 145
Academy Opera ✲ 61
ACM (Associação Cristã de Moços) ✲ 149
Adams, Margaret ✲ 328, 335
Addelson, Kathryn Pyne ✲ 417, 418, 422
Adelphi College ✲ 74
Adventistas do Sétimo Dia ✲ 126, 132
AFL (Federação Americana de Trabalho) ✲ 311, 319
Afro-americanos ✲ 28-29, 71, 162, 230, 232. *Ver também* Raça; Racismo
Aids ✲ 408-410, 416
Alba, Richard ✲ 413, 422
Alcott, William ✲ 129
Aldrich, Nelson W. Jr. ✲ 368, 372
Alemanha nazista ✲ 15, 390
Alexander, Jeffrey C. ✲ 36, 341, 369, 372, 379-380, 382, 386, 396, 400, 406
Aliados ✲ 399
Alimento ✲ 31, 32, 113-116, 118-124, 126, 128, 130, 132-139, 141-144, 174, 292-295, 339 *passim*; e rituais no lar ✲ 292-293; e saúde como símbolos culturais ✲ 113-148; e sexo ✲ 124-125
Alimentos naturais. Ver Alimentos
Allan, Maud (dançarina) ✲ 70-71 n. 79, 72-73 n. 83
Allentown, Pa. ✲ 67
Alta cultura ✲ 5, 10, 11, 12, 13, 13 n. 2, 14, 15, 29, 31, 32, 33, 34, 43, 44-85 *passim*, 91, 91 n. 2, 92, 93, 94, 95, 97, 98, 99, 100, 101, 102, 106, 108, 116, 150, 168, 171, 175, 181, 185 n. 8, 186, 187, 187 n. 12, 188, 189 n. 15, 196, 203, 204, 207, 209 n. 10, 210, 211 n. 17, 238, 256, 260, 264, 269, 271, 275, 311, 342 n. 12, 345 n. 27, 349, 351 n. 45, 352 n. 52; como construção social ✲ 91; e a ideologia do gosto de elite ✲ 43; e formas de arte ✲ 81-85, 207-210; e modelos organizacionais nas artes cênicas ✲ 43-85; exclusão de grupos minoritários da ✲ 94-95. *Ver também* Cultura Gravada; Cultura Urbana
Althusser, Louis ✲ 24, 385 n. 11
Ambientes urbanos: alta cultura como criação de ✲ 108; conjuntos habitacionais urbanos e classe trabalhadora em ✲ 289; dominação cultural dos pobres em ✲ 350-352; e crime ✲ 121; instituições de alta cultura em ✲ 43-85 *passim*; jovens como vítimas da tentação em ✲ 130; mulheres em ✲ 355; práticas de lazer em ✲ 210, 263 n. 18
American Drama League ✲ 47
American Opera Company ✲ 64
Amon Duul II ✲ 103
Anomia ✲ 131
Antiguidades ✲ 299-300
Appalachia ✲ 313, 322, 330-331, 337
Aristóteles ✲ 391 n. 15
Armelagos, George ✲ 120-121
Arquimedes ✲ 339
Arte ✲ 10, 12-13, 15, 26, 31-34, 44-48, 51-52, 56-57, 59-60, 62-65, 67-70, 72-76, 78-85, 91, 94-101, 103, 107-108, 114, 160, 167, 170, 183-189, 191-204, 207-210, 221-227, 233, 235, 237-241, 255-262, 264-268, 271-273, 275-279, 294-297, 299-300, 369; artes cênicas ✲ 43-85; artes visuais em museu ✲ 255-279; artes visuais, abstratas ✲ 183-204; belas artes como modelo para a ópera ✲ 67; e conflitos sobre os padrões culturais ✲ 369; e dominância masculina da cultura ✲ 300; literatura e obscenidade ✲ 149-176; mulheres como vendedoras de arte ✲ 298, 299; pinturas e obscenidade ✲ 171. *Ver também* Dança; Música; Ópera; Teatro
Arte abstrata ✲ 7, 13, 33, 97, 183-206, 208, 272
Arte, Formas de ✲ 33, 43-85 *passim*, 103, 114, 255-279, 295; como fronteiras culturais; vanguarda, educação sobre ✲ 276; em museus ✲ 262
Arte, Galerias de ✲ 32, 51, 96, 97, 99, 100, 100 n. 26, 197, 257, 262, 263, 299
Arte, museus ✲ 12, 31, 33, 34, 45, 51, 52 n. 27, 72, 75, 77, 78, 82, 84, 99, 103 n. 34, 107, 196, 224, 255, 255 n. 1, 256, 257, 258, 259, 260, 261, 262, 262 n. 17, 263, 264, 265, 265 n. 24, 266, 267, 268, 273, 275, 277, 278, 279, 297; Boston, Museu de Belas Artes ✲ 75 n. 86; Centro Beaubourg (Paris) ✲ 263, 273; Centro Beaubourg, crítica do ✲ 263, 273; Centro Pompidou (Paris) ✲ 262, 263, 278; Chicago Art Institute ✲ 51; Hartford, Conn. (museu de arte em) ✲ 77; Metropolitan Museum of Art (Nova York) ✲ 197; Museu de Arte Moderna, como instituição nacional ✲ 84; Museu Guggenheim (Nova York) ✲ 197; Museu Whitney (Nova York) ✲ 197. *Ver também* Museus
Arte, organizações de ✲ 44-85; não lucrativas, em centros urbano ✲ 44. *Ver também* Museus; Clubes de teatro e grêmios
Artistas. Ver Arte; Ocupações

Associação dos Artistas de St. Louis ❋ 51
AT&T ❋ 316
Atuar ❋ 298. *Ver também* Teatro; Ocupações
Audiência da ❋ 183-206; definições da ❋ 192
Audiências ❋ 44-85 *passim*, 92, 94-95, 104, 107-108, 132, 168, 344; diversidade de ❋ 109; e reconhecimento de produtos culturais ❋ 94; manipulação das ❋ 104; moças, para dança ❋ 69; para concertos musicais ❋ 56, 72, 224; para o teatro ❋ 48; para palestras antimasturbação ❋ 124; produtores culturais em ❋ 296

Balanchine, George ❋ 69 n. 66, 76, 77, 78 n. 96; e a tradição do balé russo ❋ 76; e dança como forma de arte ❋ 78
Balé. *Ver* Dança.
Balé Americano ❋ 70, 77-78
Balé Russo de Monte Carlo ❋ 69 n. 66, 78 n. 96
Ballet Caravan ❋ 76-77, 80
Baltimore ❋ 75 n. 85
Baltzell, E. Digby ❋ 165
Balzac, Honoré de ❋ 98, 172; censura de ❋ 172; obras literárias de, como cânones de alta cultura clássica ❋ 98
Barrows, Mr. ❋ 172
Barth, Fredrick ❋ 361 n. 79
Barthes, Roland, sobre o simbolismo do alimento ❋ 119-121, 141
Batalha da Bretanha ❋ 390
Becker, Howard ❋ 23-24, 93-95, 215 n. 25, 245
Beethoven, Ludwig Von ❋ 44-45, 73, 78-79
Beisel, Nicola ❋ 149, 154
Belasco, Warren ❋ 134, 139
Bell, Daniel ❋ 278, 354
Bellah, Robert ❋ 385 n. 11, 406 n. 10, 412 n. 19, 416 n. 25, 422
Bellows, Ann ❋ 319
Bendix, Reinhard ❋ 361, 363
Benhabib, Seyla ❋ 406
Bennett, D. M. ❋ 154
Bensman, Joseph ❋ 208, 213
Bentley, G. Carter ❋ 362
Berg, Ivar ❋ 313
Berger, Bennett ❋ 289
Berger, Peter ❋ 26
Berlin, Irving ❋ 66
Bernstein, Basil ❋ 237-238
Bichat, Xavier (fisiologista francês) ❋ 122
Biggart, Nicole W. ❋ 348
Bilinguismo nas escolas ❋ 408
Black, Jack (escritor) ❋ 351
Blatchford, Juiz ❋ 154 n. 19
Blatt, Martin Henry ❋ 154, 174
Blau, Peter M. ❋ 368
Blodgett, Geoffrey ❋ 162

Bloom, Alan ❋ 267
Boas, George ❋ 114
Boccaccio, censura de ❋ 150, 167, 169, 170, 172
Boston Repertory Company ❋ 50
Boston ❋ 13, 43-85 *passim*, 53 n. 30; artes cênicas em ❋ 46, 48, 50, 53 n. 30, 64; censura de livros ❋ 149, 171-175, 173 n. 86; guerras entre escolas em ❋ 418, 419; organizações culturais ❋ 45, 106
Bouguereau, A. W. ❋ 53 n. 30
Bourdieu, Pierre ❋ 24-28, 30 n. 34, 35, 37 n. 39, 106 n. 50, 110, 120, 121 n. 27, 145, 183-185, 186 n. 9, 188, 190, 191, 205, 207, 209 n. 10, 210 n. 12, 213 n. 23, 222, 230, 238, 244 n. 69, 245, 250, 256, 257, 259-262, 265 n. 23, 266, 268 n. 31, 269-274, 276, 277, 280, 290 n. 18, 292 n. 22, 295, 305, 314-316, 324, 335, 339-351, 353-357, 359, 361, 362, 364-366, 368, 369, 371, 372-375, 385, 393, 400, 407; crítica do capital cultural como modelo ❋ 35, 339--371; reprodução cultural de grupos dominados ❋ 314; sobre distinções de classe e obras de arte ❋ 185-189; 256-266; sobre gênero e classe ❋ 354, 355; sobre o alimento como representação de estilo de vida, gosto e estrutura social ❋ 119-121. *Ver também* Capital cultural; *Habitus*
Bowie, David ❋ 103
Boxcar Bertha, autobiografia de ❋ 351-352
Boyer, Paul S. ❋ 130, 149, 175
Brahmins de Boston ❋ 13
Brancos. *Ver* Raça, Racismo
Braque, Georges ❋ 197, 200
Braverman, H. ❋ 313, 319
Brenner, Johanna ❋ 328
Broadway ❋ 48, 49, 51 n. 22, 52 n. 28, 53 n. 30, 55 n. 36, 56, 57 n. 38, 61 n. 47, 62 n. 50, 66, 67 n. 64, 69, 77, 79, 80, 87, 95 n. 11, 99, 166; como exceção na empresa comercial ❋ 56; e formas de dança ❋ 69, 77, 79; e ópera ❋ 66; teatro como alta cultura ❋ 99
Brooklyn ❋ 30 n. 33, 164, 190 *passim*
Brooks, Thomas R. ❋ 321 n. 36
Broussais, F. J. V. (fisiologista francês) ❋ 122
Brown, Paula ❋ 259
Browne, Maurice ❋ 49 n. 12
Brubaker, Roger ❋ 339-340, 343, 364
Burke, Peter ❋ 116
Burns, Robert ❋ 73 n. 82

Cage, John ❋ 103
Can (grupo musical) ❋ 103
Cannadine, David ❋ 403
Cânones: dramáticos ❋ 47, 48, 52; de comportamento sexual ❋ 113; em arte e música, conhecimento popular de ❋ 45, 83; em ópera

84; literários ✱ 98, 369
Capital cultural ✱ 30, 33, 35, 43, 81, 168, 185-187, 189, 203, 204, 211, 213 n. 23, 234, 238-240, 245-247, 257, 259, 260, 268, 270-272, 274, 275, 277, 295, 298, 339, 340, 341 n. 6, 342-344, 346-352, 355, 356, 359-362, 364, 365, 368, 371; e a noção de literatura obscena ✱ 149; e arte abstrata ✱ 185-187, 189; e capital econômico ✱ 213 n. 23, 230, 245, 246, 271 n. 40; e cultura legítima ✱ 30; natureza excludente do ✱ 257; teatro, ópera e dança como formas de ✱ 81. *Ver também* Bourdieu, Pierre

Capitalismo ✱ 34, 304, 354, 379; e etnicidade, e pensamento liberal ✱ 413; e liberação dos trabalhadores domésticos ✱ 291; e manutenção de fronteiras ✱ 309; e mão de obra feminina não paga ✱ 287; relações patriarcais no ✱ 354

Caridade e dominação estética dos pobres ✱ 350; como ritual ✱ 301, 302

Carlson, Rick ✱ 140

Carnegie, corporação e teatro ✱ 51

Carnegie Hall ✱ 73 n. 83

Carson, Gerald ✱ 126, 133

Carter, Jimmy, juízas nomeadas por ✱ 327

Casa Branca ✱ 398

Cênicas, artes (drama, teatro) ✱ 31, 43, 44, 45, 46, 47, 48, 49, 50-59, 61-65, 68, 69, 71, 75, 78-84, 88, 94, 95, 99, 106, 175, 256, 263, 297, 395; e categorias de discurso puras e poluídas ✱ 395. *Ver também* Teatro

Cênicas, artes ✱ 43-85. *Ver também* Dança; Música; Ópera; Teatro

Censura na literatura ✱ 150, 152, 154, 166, 167

Centre de Sociologie Européenne ✱ 26

Chagall, Marc ✱ 202

Chambers, Iain ✱ 103

Chaplin, E. ✱ 95, 97

Chase, Henry, agente para NESSV ✱ 172

Chicago Little Theater ✱ 49 n. 12

Chicago Midway e formas de dança ✱ 71

Chicago: artes cênicas em ✱ 48, 64, 66, 80; ópera em ✱ 64, 66

Chodorow, Nancy ✱ 311

Chomsky, Noam ✱ 270 n. 39

Chopin, Frederic (compositor), e formas de dança ✱ 70, 73, 79

Cidade de Nova York, região (Flower Hill, Greenpoint Brooklyn, Manhattan, Manhasset, Medford), pesquisa sobre arte abstrata na ✱ 189-204

Cincinnati ✱ 59 n. 41

Cinema. *Ver* Filme

Cívicas, responsabilidades ✱ 300

Civil, sociedade ✱ 16, 36, 379, 379 n. 1, 380, 381, 381 n. 8, 383, 383 n. 9, 386, 386 n. 12, 387, 388, 389, 390 n. 14, 392, 393, 396, 398, 399, 406, 420; e discriminação ✱ 420; raízes históricas do conceito ✱ 383

Classe média ✱ 9, 10, 12, 28, 60, 62, 63 n. 54, 67, 72 n. 82, 83, 100, 101, 104, 105, 108, 149, 183, 189, 190, 191, 192, 193, 196, 200, 203, 204, 208, 247, 260, 261, 275, 285, 289, 290-293, 298, 302, 303, 311, 331, 348, 349, 357, 358 *passim*; e emprego das mulheres ✱ 285, 289-295; na França e nos EUA ✱ 208; negra ✱ 358; participação nas artes pela ✱ 55, 63, 99-100, 107; valores estéticos na ✱ 349-350. *Ver também* Classe; Status ocupacional

Classe trabalhadora ✱ 9, 12, 13, 17, 53, 53 n. 30, 55, 74, 99, 102, 108, 162, 183, 186, 188, 189, 190-196, 198, 199, 200, 203, 238 n. 60, 285-304 *passim*, 349; e apresentação de status doméstico ✱ 292-295; e gêneros no palco ✱ 53; hábitos alimentares ✱ 120; status dos empregos femininos ✱ 285-287. *Ver também* Classe, Ocupações

Classe ✱ 5, 9-14, 16, 17, 24, 26-28, 30, 33, 34, 35, 37, 38, 43, 44, 46, 49, 50, 53, 55, 57, 60, 62, 63 n. 54, 66 n. 59, 67, 72 n. 82, 73, 74 n. 83 e 84, 83, 84, 94, 98-102, 104-109, 116, 120, 130, 140, 149, 151, 153, 155, 158-163, 165-172, 175, 183, 185 n. 8, 185-196, 199, 200, 203, 204, 207-209, 213, 222, 232, 237 n. 60, 245, 247, 257 n. 7, 259 n. 10, 260, 261, 269, 271, 272, 275, 282, 285-287, 289-304, 308-311, 314, 315, 319, 320, 331, 334, 339, 342, 343-350, 352-366, 368-371, 403, 405, 408, 410; como categoria social ✱ 152; das mulheres ✱ 285-286; diferenças em estilo na apresentação de casas ✱ 292-294; e ambiente de teatro ✱ 54-55; e audiências de arte ✱ 183-204; e campanhas antiobscenidade ✱ 149-171 *passim*; e consumo de alimentos ✱ 120; e controle da cultura ✱ 104; e cultura como forma de dominação ✱ 24; e cultura urbana ✱ 107; e direitos em democracias liberais ✱ 403; e etnicidade ✱ 155, 163, 166, 344, 347, 352, 353, 357, 358; e sexualidade ✱ 155, 158-161; e teorias pós-modernas ✱ 405; em moldura teórica para análise de distinção ✱ 347-352. *Ver também* Status

Cleveland Playhouse ✱ 50

Cleveland, Palácio ✱ 53

Clubes e grêmios teatrais: American Drama League ✱ 47, 50; Comitê de Teatro do Twentieth Century Club ✱ 46; Conferência de Teatro Nacional ✱ 83; Federação Nacional de Clubes de Teatro ✱ 50; Grêmio Teatral de Nova York ✱ 50; Plays and Players Club

(Filadélfia) ✼ **49 n. 13**; Little Theatre Society ✼ **51**
Cockburn, Cynthia ✼ **317**
Cohen, Anthony P. ✼ **310, 312**
Cohen, Jean ✼ **379**
Colarinho azul. *Ver* Classe trabalhadora; Classe
Colecionar arte ✼ **13, 97, 183-204, 271, 365**
Colégios femininos ✼ **156**
Coleman, James S. ✼ **270, 380**
Coleman, R. P. ✼ **289**
Colgate, Samuel ✼ **149**
Collège de France ✼ **276 n. 50**
Collins, Randall ✼ **19, 34, 208, 209, 213, 285**
Colonial Theatre (Boston) ✼ **53 n. 30**
Comerciais, culturas ✼ **107**
Comercialismo e as artes cênicas ✼ **47-50, 55-67**
Comercialização de alimentos ✼ **123, 124, 126, 128, 130, 132, 133, 135, 136**
Comitê de Atividades Antiamericanas ✼ **398**
Comstock, Anthony ✼ **32, 149, 150- 152, 154--164, 166-172, 174-176**; campanha contra literatura obscena ✼ **174-176**
Comunismo ✼ **397**
Comunitarismo ✼ **411, 412**
Cone, John Frederick ✼ **62, 63**
Conflito nas famílias ✼ **294, 302**
Confraria da Ópera ✼ **83**
Conried, Heinrich ✼ **62, 64**
Consciência coletiva ✼ **367**. *Ver também* Durkheim
Constant, B. ✼ **404**
Constituição dos EUA ✼ **395**
Construtivismo estrutural ✼ **26, 369**
Consumo conspícuo ✼ **345** *Ver também* Veblen
Cook, Beverly ✼ **324**
Cookson, Peter ✼ **276**
Corbusier, Le ✼ **183**
Cor-de-rosa, setor colarinho ✼ **222, 299**. *Ver também* Ocupações; Mulheres, Gênero
Cornell, Alonzo (governador de Nova York) ✼ **164 n. 53**
Coro de Max Reinhardt ✼ **75 n. 85**
Corot, C. ✼ **53 n. 30**
Corpo humano ✼ **73, 113, 240, 286, 297, 299, 308** *passim*; como objeto cultural ✼ **113--144** *passim*; e produção de status cultural ✼ **299**
Coser, Lewis B. ✼ **404**
Costello, Cynthia ✼ **333**
Cow, Henry (músico) ✼ **103**
Cowan, Ruth Schwarts ✼ **288**
Crane, Diana ✼ **31, 32, 91**
Crianças e educação em museus ✼ **59 n. 10, 268, 273**; percepção das na história ocidental ✼ **114**. *Ver também* Idade

Crime ✼ **121, 130, 132, 154, 158, 160, 390 n. 14**; na sociedade civil ✼ **390 n. 14**; sexualidade como causa de ✼ **158**
Criminosos e o discurso da liberdade ✼ **395, 398**
Críticas de arte ✼ **94, 201**
Críticos ✼ **13, 46, 63, 67, 69, 94, 97, 102, 116, 129, 208, 340**
Crow, T. ✼ **102**
Cultura de entretenimento e estética intelectual ✼ **5, 10-12, 14, 262, 295, 296**
Cultura de massa ✼ **10, 309**; e os pobres ✼ **350**. *Ver também* cultura popular
Cummings, Richard O. ✼ **133**
Curadoria das organizações nas artes ✼ **45, 77, 106, 264**
(CWA) Trabalhadores em Comunicações Americanos ✼ **320, 321**

Dallas, Texas ✼ **275 n. 48**
Damrosch, Leopold ✼ **61**
Dança ✼ **43-47, 59 n. 41, 68-84, 220**; balé ✼ **68-81**; dança estética ✼ **68, 75, 80, 84**; e moralidade ✼ **47**
Dante ✼ **72 n. 82**
Davidson, Laurie ✼ **288**
Davis, Adelle e o movimento contemporâneo de alimentos saudáveis ✼ **136-138, 141**
Davis, James A. ✼ **209, 212**
De Certeau, Michel ✼ **340, 366, 369**
Declaração dos Direitos dos Cidadãos ✼ **390, 395**
Decoração do lar ✼ **107, 197-201, 203, 350** *passim*
Deeter, Jaspar ✼ **49 n. 12**
Deficientes e o discurso da sociedade civil ✼ **391, 408-411**
Delaunay, Sonia ✼ **199**
Delsarte, François ✼ **71 n. 78**
Delsatianismo, influências sobre a dança moderna e o movimento da saúde das mulheres ✼ **71, 71 n. 78, 74 n. 84, 75 n. 86**
DeMille, Agnes (dançarina de palco e coreógrafa) ✼ **70 n. 70, 75 n. 85, 86**
DeMille, Cecil B., e dança ✼ **70 n. 70, 76**
Democracia ✼ **17, 33, 36, 255, 279, 310 n. 7, 379 384 n. 10, 386, 393 n. 18, 403, 405, 406, 407 413, 414, 420**; e arte ✼ **33, 255-279**; e a classificação simbólica dos membros ✼ **381 -399**; e o discurso da liberdade ✼ **310 n. 7 403**; vs. sociologia ✼ **403-421**
Democratas ✼ **398, 411**
Democratização, e museus de arte ✼ **34, 256 -258, 264, 267, 268, 274, 291**
Denishawn (escola e companhia de dança) ✼ **70 n. 74, 76**

DeNora, Tia ✳ 45, 207
Departamento de Educação dos Estados Unidos ✳ 275 n. 48
Departamento de Teatro do Instituto Carnegie ✳ 51
Depew, Chauncey ✳ 53 n. 30
Derrida, Jacques ✳ 27, 341
Desviantes, atos ✳ 23
Detroit (Mich.) ✳ 51, 187 n. 12; pesquisa de práticas culturais em ✳ 187 n. 12
Detroit Arts and Crafts Guild, benfeitor do pequeno teatro ✳ 51
Dewey, John ✳ 404
Diaghilev ✳ 69
Dickens, Charles ✳ 98
Dickinson, Thomas H. ✳ 48-51, 55
Dilthey, Wilhelm ✳ 28, 28 n. 26
DiMaggio, Paul ✳ 13, 31, 32, 43, 99, 106, 185, 207, 210, 211, 220, 230, 255-258
Discos, companhias: RCA Victor e ópera ✳ 66
Doane, Janice ✳ 354
Dobbs, S. M. ✳ 264, 265, 267
Dodge, William e o NYSSV ✳ 149
Dodworth, Allen ✳ 69
Dollard, John ✳ 358, 359
Douglas, Ann ✳ 354
Douglas, Mary ✳ 23, 119, 121, 151, 152, 176, 207, 310, 323; e a antropologia do simbolismo alimentar ✳ 119; sobre divisões na sociedade e metáforas corporais ✳ 152
Dows, David ✳ 149
Duchamp, Marcel ✳ 98
Duffus, R. L. ✳ 80
Dufy, Raoul ✳ 197
Duncan, Elizabeth ✳ 73
Duncan, Isadora ✳ 70 n. 74, 72 n. 82, 73-75, 77 n. 92, 78 n. 96, 86 e dança como alta cultura ✳ 72 n. 82
Duncan, Otis D. ✳ 368
Durkheim, Emile ✳ 22, 23, 28, 131, 207, 270, 339, 342, 345, 367, 404, 406, 407; noções de solidariedade social de ✳ 22; perspectiva durkheimiana ✳ 28; relações com o trabalho de Bourdieu ✳ 339
Dwight, T. S., e a legitimidade dos padrões musicais clássicos ✳ 56, 79 n.96

Eastman School ✳ 76
Eaton, Quaintance ✳ 59, 61, 62, 65, 70
Educação cívica ✳ 276
Educação ✳ 12, 70 n. 71, 72 n. 82, 73, 74 n. 83, 83, 186, 187 n. 12, 209 n. 10, 223, 227, 230, 231, 231 n. 51, 239, 240, 242-244, 246, 256, 257, 258, 261, 264, 264 n. 21, 265, 265 n. 24, 266--268, 270, 273-276, 278, 296, 298, 311, 349, 355, 361, 364, 403, 409; bilíngue ✳ 409, 410; como previsor de status ✳ 232 n. 51; de não nativos que falam inglês ✳ 408-411; desigualdades no acesso a ✳ 275, 285-287, 310; e a dança ✳ 72 n. 82, 76, 77, 82; e apreciação da arte abstrata ✳ 185-189; e gosto musical ✳ 230, 231; e mobilidade social ✳ 273-276; e padrões de escolha cultural ✳ 268; em democracias liberais ✳ 403-404; ópera como ✳ 60 sobre as artes ✳ 82, 100, 257, 260, 264-268, 275 n. 47
Eisenstein, Hester ✳ 414
Eisner, E. W. ✳ 264, 265, 267
Eliade, Mircea ✳ 392, 394
Elites ✳ 17, 31-33, 44-46, 52, 53 n. 30, 56, 58 n. 40, 66, 71, 72 n. 82, 73 n. 83, 81, 83, 84, 85, 99, 104, 106-109, 116, 117, 118, 128, 144, 155, 159--164, 166, 168, 169, 170, 175, 192, 196, 204, 207, 208, 234, 234 n. 55, 235, 235 n. 58, 236, 237, 237 n. 60, 245, 246, 247, 255, 268, 271, 273, 276 n. 49, 278, 279, 290, 296, 301, 302, 342, 346, 350, 366, 381, 403; e a classe trabalhadora imigrante ✳ 162; e a teoria secular de Bourdieu ✳ 366; e arte abstrata ✳ 192, 193; e as artes cênicas ✳ 44-85 passim; e museus de arte ✳ 255-279 passim; e organizações beneficentes ✳ 301; fragmentação das ✳ 104, 106; na sociedade civil ✳ 381
Ellis, Charles ✳ 62 n. 50
Elssler, Fanny ✳ 68, 68 n. 66
Eno, Brian ✳ 103
Epstein, Cynthia Fuchs ✳ 34, 35, 37, 38, 307, 316, 329, 407
Erikson, Kai ✳ 308, 317, 395
Erlanger, Abraham ✳ 50, 54, 64
Erotismo ✳ 299
Escola de Birmingham (sociologia) ✳ 25, 28
Escola de Chicago (sociologia) ✳ 26
Escola sociológica francesa ✳ 22. Ver também Durkheim; Mauss
Escolas: e a difusão da pornografia ✳ 156, 163--166; e manutenção da desigualdade ✳ 271. Ver também Educação
Escritório Americano do Censo, classificação das categorias ocupacionais pelo ✳ 209, 212, 259; pesquisas e públicos dos museus de arte ✳ 207-249, 259
Esferas de *status* ✳ 350
Esportes ✳ 26, 107, 188 n. 13, 226 n. 41, 276, 277; diferenças de classe no consumo de lazer dos ✳ 350
Essencialismo. *Ver* Feminismo
Estética, dança. *Ver* Dança
Estética ✳ 10-14, 43-85 *passim*, 91, 95, 207, 212, 256, 269, 278, 297, 349, 350; como aspecto da produção da cultura ✳ 290; como critério para guardiões culturais ✳ 96;

como direito humano ❋ 269; cultura da e classe média ❋ 290; dos objetos de arte ❋ 183, 188; e gosto musical ❋ 210; em estilos domésticos ❋ 292; fontes internas e externas de ❋ 349, 350; na legitimação de ideologias do modelo de alta cultura ❋ 43-85 *passim*
Estruturalismo cultural ❋ 35, 340, 344, 347, 369, 370
Estruturalismo ❋ 27, 29, 36, 340, 341, 342, 347, 369, 382, 385, 404
Etnicidade ❋ 29, 32, 34, 35, 38, 85, 151, 155, 269, 283, 339, 343, 347, 352, 353, 357-360, 362, 369, 370, 412-415; afro-americanos ❋ 28, 29, 101, 162, 230, 232; asiáticos-americanos ❋ 359; e a teoria da distinção ❋ 343, 344, 353, 362; e as artes ❋ 66, 84, 85, 94, 95, 151, 262; e controle da cultura ❋ 104; e distinções de classe na cultura ❋ 352; e linguagem ❋ 409, 410; e o discurso da sociedade civil ❋ 391, 397, 406; e obscenidade ❋ 151, 155, 161, 166, 167, 175; e padrões de escolha cultural ❋ 269; e práticas discriminatórias dos sindicatos ❋ 311, 318; e relações raciais ❋ 358, 397, 411, 412; europeus-americanos ❋ 413; irlando-americanos ❋ 359; ítalo-americanos ❋ 352, 412; judeu-americanos ❋ 52, 84, 359, 412; nativos americanos ❋ 383 n. 9, 395 n. 22. *Ver também* Religião
Eugenia ❋ 71, 73
Ezold, Nancy O'Mara ❋ 327

Família ❋ 5, 29, 35, 72, 120, 122, 123, 128, 129, 130, 138, 153, 155, 158, 163, 186, 189, 191, 203, 243, 244, 249, 261, 285, 293, 294, 296, 303, 309, 314, 320, 331-334, 349, 406; como categoria social ❋ 153-155; e conflito ❋ 293, 294, 303; e manutenção de fronteiras ❋ 314
Farb, Peter ❋ 120 n. 21, 121 n. 25, 145
Fascismo ❋ 397, 399. *Ver também* Alemanha nazista; Nazismo
Faulkner, R. ❋ 104, 110
FBI (Federal Bureau of Investigation) ❋ 395, 396, 402
Feminismo ❋ 35, 73, 312 e a recepção de novas formas de dança ❋ 31; em debates acadêmicos ❋ 311
Fennelosa, Mrs. ❋ 75 n. 86
Fenway Court ❋ 75 n. 86
Ferry, Jules, e educação de massa ❋ 263
Figurativa, arte ❋ 98, 200, 202
Filadélfia ❋ 63, 64, 78, 122, 173; e as artes cênicas ❋ 49 n. 12 e 13
Filme ❋ 13, 55, 56, 76, 80, 92, 103, 262, 350; como meio chave de cultura ❋ 92; e arte de vanguarda ❋ 97, 99, 275. *Ver também* Hollywood; Vídeo
Finck, Henry ❋ 61
Fiske, J. ❋ 105, 110
Fitzgerald (prefeito de Boston) ❋ 60
Flint (Mich.) ❋ 67
Fogarty, Michael ❋ 325 n. 50, 336
Folk, cultura ❋ 93, 101, 110, 111, 212, 216, 217, 218, 220, 221, 234, 252, 351
Foner, Philip ❋ 311, 336
Formisano, Ronald P. ❋ 162 n. 44, 177, 418, 422
Forrest, Stephen ❋ 141 n. 74, 145
Fotografia ❋ 84, 93, 103, 107, 166, 188, 191, 262; e arte de vanguarda ❋ 103
Fotográficas, reproduções e obscenidade ❋ 171
Fotorrealismo ❋ 278
Foucault, Michel ❋ 25, 27, 28, 315, 316, 367, 373, 382
Frankfurt, escola de (sociologia) ❋ 93
Frankfurt, Harry ❋ 417
Fraternidade Internacional de Trabalhadores em Eletricidade ❋ 321
Freedly, George ❋ 69 n. 68, 87
Froelich, Bianca (artista de teatro) ❋ 59 n. 41
Frohman, Charles ❋ 54
Frye, Northrop ❋ 114 n. 7, 145
Fuller, Loie (dançarina) ❋ 70, 72 n. 82, 86
Fundação Ford ❋ 43 n. 1, 83, 187
Fundação Rockefeller ❋ 43, 49, 83
Fundo comunitário (Flint, Mich.) ❋ 67

Gabo, Naum ❋ 192, 205
Gans, Herbert J. ❋ 9, 13 n. 2, 38, 91 n. 2, 106 n. 48, 110, 111, 116 n. 9, 146, 184, 205, 207, 209, 211, 251, 269, 280, 289, 305, 342, 345, 346, 349, 351, 352, 373
Ganzeboom, Harry B. G. ❋ 238, 251
Gardner, senhora ❋ 75 n. 86
Garnham, Nicholas ❋ 340 n. 6, 343, 348, 373
Garnier, Maurice A. ❋ 257 n. 6, 282
Garson, Barbara ❋ 319, 336
Garten, Max ❋ 141, 146
Gatekeepers ❋ 94
Gayle, Crystal (música) ❋ 233 n. 52
Geertz, Clifford ❋ 29 n. 31, 118, 119, 146
Gendron, Bernard ❋ 93, 111
Gênero ❋ 5, 9, 10, 12, 27, 29, 34, 35, 37, 38, 44, 53, 85, 227, 228, 231, 233, 234, 248, 262, 283, 285-287, 307-310, 315, 316, 318, 320, 321, 323, 326, 328-330, 332-334, 339, 343, 344, 347, 352, 353, 354, 356, 357, 359, 360, 362, 369, 370, 379, 403, 405, 414; e a divisão sexual da mão de obra cultural ❋ 34, 299, 302, 303, 309, 322, 325, 330; e distinções de classe na cultura ❋ 38, 160, 359, 360, 368, 369; e gos

to musical ✳ 227, 228, 233, 234; nas teorias pós-modernas ✳ 344, 405, 405; no local de trabalho ✳ 29, 35, 308, 310, 316, 317, 318, 322, 330, 331, 334. *Ver também* Feminismo, Mulheres
Gerson, Judith ✳ 30, 308, 336
Giddens, Anthony ✳ 153, 176, 177, 363, 373
Gideon, Siegfried ✳ 133, 135 n. 57, 146
Gilbert e Sullivan ✳ 58
Gilbert, Douglas ✳ 53, 87
Gilligan, Carol ✳ 311, 323, 336
Gilmore, S. ✳ 94 n. 8, 106, 111
Girlie shows (shows de moças) ✳ 351
Glass, Philip (compositor) ✳ 103
Gluck, C. W. (compositor) ✳ 79 n. 96
Goblot, Edmond, sobre a estratificação social e a educação francesa ✳ 269, 273, 274, 281
Goffman, Erving ✳ 24, 207, 285, 286, 305 *passim*, 346
Gombrich, Ernest ✳ 201, 205
Goodman, Leo ✳ 215, 251
Gordon, Laura Kramer ✳ 288, 293, 305
Gosto musical ✳ 207-249; e educação ✳ 230--231; e gênero ✳ 228, 231; e idade ✳ 227; e raça ✳ 230, 231
Gosto ✳ 5, 10, 11, 12, 15, 33, 43, 44, 64, 78 n. 96, 92, 106, 120, 128, 140, 184 n. 7, 185, 185 n. 8, 186, 187, 188, 192, 196, 199, 200, 202, 203, 204, 207, 208, 208 n. 4, 209, 210, 211, 212, 215, 216, 217 n. 26; 218, 219, 220, 221, 222, 223, 224, 226, 227, 228, 230-238, 245-249, 256, 257, 268-272, 277-279, 295-297, 299, 354; arte abstrata como gosto de elite ✳ 13, 98, 183, 184, 185, 186, 187, 189, 193, 196, 199, 203; como arma cultural ✳ 256; e status social ✳ 34, 106, 119, 207, 230, 245, 268, 278; em música ✳ 33, 106, 234 n. 52, 235, 237; musical ✳ 207-253; transmissão de ✳ 296. *Ver também* Estética; Bourdieu
Gottlieb, Adolph ✳ 195
Graf, Herbert ✳ 67, 87
Grafite ✳ 94, 100, 102
Graham cracker ✳ 123
Graham, Sylvester ✳ 31, 32, 117 n. 11, 121, 122, 123, 127, 132, 136, 140, 143, 146; e o movimento dos alimentos naturais ✳ 125, 126, 128, 129, 133, 137, 138 *passim*; teorias sexuais de ✳ 124, 126, 128, 129, 130, 131
Graham, Hilary ✳ 328 n. 57, 336
Graham, Martha (dançarina) ✳ 76, 77, 80, 87; esforços para isolar a dança do mundo do teatro comercial por ✳ 80 n. 97
Grahamitas ✳ 123, 126, 128, 132, 133, 136, 143; contrastado com movimentos de alimentos saudáveis contemporâneos ✳ 123
Grau, Maurice (diretor do corpo de balé do Metropolitan Opera) ✳ 61, 62, 69
Grau, Robert (irmão de Maurice) ✳ 67, 69 n. 67, 73, 87
Gravada, cultura (conceito de) ✳ 91, 92, 98, 106-108. *Ver também* Midiática, cultura. Urbana, cultura
Green, T. H. ✳ 404
Greenberg, Clement (crítico de arte) ✳ 183, 200, 201, 205, 206
Greenberg, David ✳ 414, 422
Greenwich Village Follies ✳ 76
Greenwood, Lee (músico) ✳ 233 n. 52
Griffith, D. W. ✳ 76
Grossetti, Michel ✳ 347, 373
Guardiões culturais ✳ 94-96
Guerra Civil (EUA) ✳ 162, 394
Gusfield, Joseph R. ✳ 32, 113, 118 n. 15, 121 n. 24, 146

Habermas, Jürgen ✳ 25, 380 n. 6, 401, 415, 422
Habitus ✳ 270, 272, 276, 314, 342, 349, 360, 369, 370; conceito de ✳ 270; grupos étnicos ✳ 360. *Ver também*, Bourdieu, Pierre
Hall, Jacqueline Dowd ✳ 162 n. 45, 177
Hall, John R. ✳ 339, 342 n. 9, 348 n. 35, 367 n. 99, 370 n. 105, 373
Hall, Stuart ✳ 315, 336
Halle, David ✳ 13, 33, 35, 97, 98, 111, 183, 187, 203, 205, 208, 213, 247, 251, 257, 272, 281, 286 n. 1, 289 n. 14, 293 n. 24, 303, 305, 349, 373
Haller, Robin N. ✳ 157 n. 23, 177
Halsey, A. H. ✳ 273 n. 44, 281
Hamilton, Gary C. ✳ 348 n. 35, 373
Hammerstein, Oscar ✳ 60, 62, 63 n. 53, 64, 67, 72 n. 79, 86; e arte para lucrar ✳ 62
Handel, G. ✳ 289 n. 9 e 11, 306
Hare, E. H. ✳ 157 n. 23, 177
Harned, Thomas B. ✳ 172 n. 80, 173 n. 82, 177
Harrison, William Henry ✳ 128
Haskell, Arnold L. (publicitário britânico) ✳ 78, 79, 80 n. 100, 87
Havel, Václav ✳ 204, 205
Hechter, Michael ✳ 359, 374
Hegel, G. F. W. ✳ 384 n. 11, 393 n. 17
Heinich, Nathalie ✳ 263
Herriot, Edouard ✳ 255, 274
Herron, John ✳ 51
Higginson, Henry Lee ✳ 56
Higham, John ✳ 162, 395
Hirsch, E. D. Jr. ✳ 267, 269, 278
Hirsch, Harry N. ✳ 411
Hirschman, Albert ✳ 142
Hitler, Adolf ✳ 397
Hobbesiana, ordem natural ✳ 128
Hoboken (N. J.) ✳ 75 n. 85
Hobson, Barbara Meil ✳ 157

Hochschild, Arlie Russell ※ 328, 329
Hochschild, Jennifer ※ 418
Hodges, Devon ※ 276, 354
Hollywood (Calif.) ※ 14, 77, 104, 395; e dança ※ 77; e o controle da elite sobre a cultura do filme nacional ※ 104
Hoover, J. Edgar ※ 396
Hopkins, Ann ※ 326
Houghton, Norris ※ 48, 49, 51, 52, 55-57
House, James S. ※ 292
Hughes, Everett ※ 245
Hull House Players ※ 48
Hurok, Sol (empresário) ※ 69, 75 n. 85, 79

IBEW (Fraternidade Internacional de Trabalhadores em Eletricidade) ※ 321
Idade ※ 17, 35, 38, 114, 227-229, 233-234, 258, 268, 307, 309, 353-354; atração dos jovens pelos novos estilos ※ 95; casas para a terceira idade e movimentos NIMBY ※ 416; e distinções de classe na cultura ※ 352; e gosto musical ※ 228; juventude e obscenidade ※ 150 passim; percepções das crianças na história ocidental ※ 114
Ignatieff, Michael ※ 406
Imigrantes ※ 52, 124, 160-162, 357; e a hierarquia étnica ※ 357; e o discurso americano da liberdade ※ 394; 395 n. 22
Impostos ※ 301, 416, 417; e as artes ※ 50, 51, 279; e educação ※ 60, 275; e financiamento público para os sem teto ※ 416
Individualismo metodológico ※ 344
Irmãos Frohman (produtores) ※ 62 n. 50

Jackson, James ※ 129
Jacksonville (Fla.) ※ 322 n. 38
Jaher, Frederic ※ 162
Jardine, Alice ※ 414
Jencks, Christopher ※ 269, 273
Jesup, Morris ※ 149
Jewett, Henry, e a Boston Repertory Company ※ 50
Johnson, Barbara ※ 405
Johnson, Richard C. ※ 149, 150
Jones, George (músico) ※ 233 n. 52
Jones, Robert Edmond ※ 68
Jordan, Eban Jr. ※ 60
Jornais como núcleo da cultura da mídia ※ 92; e cultura cívica ※ 385 n. 12
Juilliard (Fundação) ※ 65
Juilliard, A. D. ※ 65, 66

Kahn, Otto ※ 62, 63, 65, 75
Kandinsky, Wassily ※ 184, 192, 197
Kanter, Rosabeth Moss ※ 188
Kaplan, Ann ※ 99, 103

Karabel, Jerome ※ 273
Karpos, Maryaltini ※ 227
Karst, Kenneth L. ※ 413
Kealy, E. ※ 93
Keane, John ※ 379
Keats, John ※ 73 n. 82
Keith, B. F. ※ 53, 71, 74
Keith-Albee-Orpheum (cadeia de vaudeville) ※ 53 n. 30
Kellogg, John Harvey ※ 126, 129, 132, 133, 133 n. 52, 144; e a emergência da indústria comercial moderna de alimentos naturais ※ 126, 132, 133; e o movimento antimasturbação ※ 129
Kellogg, William (irmão de John Harvey) ※ 133
Kendall, Elizabeth ※ 59, 69-72, 74-76
Keppel, Frederick P. ※ 80
Kirstein, Lincoln ※ 76-80, 84, 87; e a linguagem do esteticismo em balé ※ 79 n. 96; e treinamento na dança ※ 77; esforços para isolar a dança do mundo comercial do teatro por ※ 79 n. 96, 80 n. 97
Klee, Paul ※ 195, 200
Klaw, Marc, e cadeias de teatro ※ 54
Knoedler, Alfred ※ 32
Knorr-Cetina, Karin ※ 26
Kolodin, Irving ※ 59, 61-66
Komarovsky, Mirra ※ 289
Kuspit, Donald ※ 201

La Guardia, F. (prefeito de Nova York) ※ 66 n. 61
La Scala (Milão) ※ 70
Lachmann, R. ※ 100
Lambert, Michael ※ 360
Lamont, Michèle ※ 189, 207, 208, 227, 255, 257, 269, 277, 311, 315, 316, 339, 341-344, 347 349
Lamphere, Louise ※ 333
Lappe Frances, e movimento dos alimentos naturais ※ 139
Lareau, Annette ※ 189, 208, 269, 341-344, 347 349
Laski, H. ※ 404
Laslett, Barbara ※ 328
Laslett, Peter ※ 291
Latour, Bruno ※ 26
Laumann, Edward O. ※ 292
Lazer ※ 35, 116, 187 n. 12, 226 n. 41, 227, 227 n. 43, 235, 236, 262, 263 n. 18, 274, 276, 277 300, 302, 350, 361; e práticas baseadas na classe de grupo de status de gênero ※ 358
Le Corbusier ※ 183, 199
Leach, Edmund ※ 121
Leavitt, Judith ※ 117, 125
Lei dos Direitos Civis de 1964 ※ 326

Lei ✵ 149-176 passim, 240, 243, 248, 308, 315, 325, 326, 365, 383, 388-392, 395; e censura da literatura ✵ 150, 153, 155, 158, 166, 167, 168, 171, 173, 175; instituições legais ✵ 324
Leininger, Madeline ✵ 328
Leis Comstock ✵ 149; e circulação de contraceptivos ✵ 154; e o Serviço Postal americano ✵ 149
Leonardo da Vinci ✵ 184
Levantamento de fundos para caridade ✵ 300
Levine, Harry Gene ✵ 129, 132
Levine, Lawrence W. ✵ 45, 46, 47, 54, 57, 68, 207, 218, 394
Lévi-Strauss, Claude ✵ 23, 39, 382, 385 sobre o alimento como símbolo ✵ 120
Lewis, Mary (artista) ✵ 59 n. 11
Lichtenstein, Roy ✵ 197
Lilienfeld, Robert ✵ 208, 213, 223, 245
Lind, Jenny ✵ 68
Linguagem ✵ 101, 160, 201, 266 n. 26, 270, 307, 314, 321, 330, 347 n. 34, 383, 408, 410, 417, 420; associação com literatura obscena da ✵ 155, 287; bilinguismo nas escolas ✵ 408, 409; da ópera ✵ 57-67
Liszt, Franz ✵ 79 n. 96
Literatura ✵ 26, 30 n. 34, 32, 38, 99, 104, 108, 149-156, 158-161, 163, 164, 166-176, 244, 273, 295, 297, 307; e o cânone da alta cultura ✵ 98; e obscenidade ✵ 149-176; e o discurso da repressão ✵ 396; mulheres e romances sentimentais ✵ 105, 356
"Little Egypt" (dançarina exótica) e formas de dança ✵ 71
Littlefield, Ruth ✵ 78
Londres (Inglaterra) ✵ 74 n. 83
Loos, Adolf ✵ 197
Lopata Helena Z. ✵ 289, 292, 295
Lovejoy, A. O., ✵ 114
Lowenberg, June ✵ 140
Luckmann, Thomas ✵ 26
Lukas, J. Anthony ✵ 418
Lukes, Steven ✵ 141, 270
Lynn, Loretta ✵ 233 n. 52

MacDonald, Robert H. ✵ 157 n. 23, 178
MacGowan, Kenneth ✵ 48, 49 n. 12, 50 n. 17, 51, 55 n. 33, 88
MacKay, Clarence (diretor do Metropolitan Opera) ✵ 66
Manhattan Opera House ✵ 62
Manhattan ✵ 74, 100 n. 26, 190, 191, 193-196, 198, 200, 202, 203
Mão de obra goffmaniana ✵ 34, 285-287, 292, 293, 302
Mapes, Victor, novo teatro de ✵ 48
Mapplethorpe, Robert (fotógrafo) ✵ 107

Markus, Hazel ✵ 309 n. 6, 337
Marshall, T. H. ✵ 269, 274, 281, 403, 423
Martorella, Rosanne ✵ 262 n. 17, 278 n. 53, 281
Marx, Karl ✵ 339, 361 n. 78, 364, 372, 379, 332, 385, 400, 401, 407; e o conceito de sociedade civil ✵ 379
Marxismo ✵ 24, 25, 28, 103 n. 35, 110; como arma sociológica ✵ 115; ponto de vista sobre o trabalho doméstico no ✵ 287, 288, 294; sociologia pós-marxista ✵ 368
Massine ✵ 78 n. 96
Matemáticas, formas e capital cultural ✵ 270
Materialista, perspectiva da cultura ✵ 286, 290 passim; e consumismo ✵ 290; e produção cultural ✵ 285, 286
Mauss, Marcel ✵ 19, 21-23, 25, 37 n. 38, 301, 306; e fronteiras na teoria sociológica ✵ 23
McArthur, Benjamin ✵ 53 n. 29, 74, 88
McBurney, Robert ✵ 149
McCleod, (Rev.) T. B. ✵ 160
McGovern, George ✵ 398
McLachlan, James ✵ 165 n. 56, 178
Medicina ✵ 113-144 passim, 327-329; e o movimento dos alimentos naturais ✵ 116-118, 132-133, 137-140. Ver também Saúde
Meiselas, Susan ✵ 351 n. 50, 374
Melton, Howell (juiz) ✵ 322
Menestréis afro-americanos ✵ 71 n. 77
Merkel, Cindy ✵ 328, 329, 337
Mermet, Gérard ✵ 263 n. 18, 281
Mesnard, André-Hubert ✵ 256 n. 2, 281
Metropolitan Opera e Real Estate Co. (Nova York), e arte para lucrar ✵ 62, 63, 65, 66
Metropolitan Opera ✵ 57-67, 69, 72, 86, 87; caráter de elite da ✵ 58 n. 40; e balé ✵ 69, 77; escolha de repertórios ✵ 57-60; história da ✵ 61-67
Microchips de computador como obras de arte ✵ 107
Mídia e publicidade ✵ 262
Midiática, cultura ✵ 10, 31, 91-109, 104-108; e indústrias culturais nacionais ✵ 92-101; em ambientes urbanos ✵ 92, 104-108
Miller, Cheryl Allyn ✵ 295, 306
Miller, Laura ✵ 136, 146
Mills, C. Wright ✵ 245, 252
Minorias. Ver Etnicidade; Raça
Minow, Martha ✵ 405 n. 8, 407, 408, 409, 423
Mitos: como arquétipos contínuos na história ✵ 114; no discurso americano da liberdade ✵ 394, 395
Mobilidade social ✵ 269, 273, 274
Moda ✵ 26, 95, 104, 300; e práticas de emprego discriminatórias ✵ 326; gênero dos produtos culturais na ✵ 297
Moderna, dança. Ver Dança

Modernismo, e o movimento dos alimentos saudáveis ✻ 144; e o discurso da liberdade ✻ 386 n. 12, 405; nas artes ✻ 83, 185, 197, 271. Ver também Arte abstrata.
Mohr, John ✻ 207, 211 n. 16, 252, 257 n. 7, 277 n. 51, 280, 298, 305
Molohon, Kathryn T. ✻ 360 n. 76, 374
Mondrian, Piet ✻ 192, 197, 200, 206
Moore, Lillian ✻ 68 n. 66, 70 n. 73, 88
Moralidade ✻ 22, 46, 47, 113-144 passim, 149-176 passim, 383; e a noção da passagem moral ✻ 36, 417, 418, 419; e direito à liberdade ✻ 382; e formas de expressão física ✻ 71; e homens negros ✻ 352; e posições sobre a etnicidade ✻ 414; em diferenças regional e nacional ✻ 349; na sociedade civil ✻ 420; nas artes cênicas ✻ 45, 62, 69, 74, 75
Mordkin, Mikhail (dançarino) ✻ 69
Morgan, J. P. ✻ 72 n. 79
Motherwell, Robert ✻ 195
Movimentos sociais ✻ 136 n. 58, 146, 381; delsartismo ✻ 71 n. 78, 74 n. 84; movimento antimasturbação ✻ 124, 129, 130, 151, 157, 161, 164; movimento antiobscenidade ✻ 149-179; movimento de saúde feminina ✻ 74 n. 84; movimento dieta grahamita ✻ 123-144 passim; movimento direitos civis ✻ 10, 357, 358; movimento dos alimentos naturais ✻ 113-116, 121-126, 132-144; movimento ecológico ✻ 139, 140; movimento free-dress ✻ 71, 71 n. 78; movimento NIMBY ✻ 416, 417; movimento temperança ✻ 122; Nova Era ✻ 143; reforma sexual ✻ 152; sociedades para a supressão do vício ✻ 149-176 passim
Mozart, Wolfgang Amadeus ✻ 73 n. 82, 79 n. 96
Mulheres ✻ 9, 28-30, 34, 35, 38, 48, 52, 53, 72, 74 n. 84, 75, 77, 84, 100, 105, 113, 120, 128, 157, 190 n. 17, 191, 224, 228, 264, 285-287, 289-292, 295, 297, 298-304, 307-310, 312, 313, 315-330, 332-334, 351-356, 391, 403, 415; como desviantes ✻ 315, 350; e a produção de status ✻ 285-304; e as culturas de status ✻ 285-304; e as fronteiras sociais das ocupações ✻ 307-334; e novas formas de dança ✻ 68-81; e o discurso da liberdade ✻ 390. Ver também Feminismo; Gênero; Ocupações
Mulkay, Martin ✻ 95, 97
Museus ✻ 10, 12, 14, 16, 17, 31, 33, 34, 45, 51, 52, 56, 72, 78, 82, 83, 95, 97, 99, 100, 102, 106, 196, 197, 224, 255, 256-268, 273, 276-279, 295; como modelo para o discurso sobre dança estética ✻ 72, 73, 75, 82; curadores de ✻ 264; e perda do monopólio sobre a alta cultura ✻ 271; educação em ✻ 258, 258 n. 10, 264-268, 273-276; história e ciência, públicos de ✻ 258; papel dos ✻ 255--279; poder ritual da cultura em ✻ 341. Ver também Museus de Arte
Música ✻ 11, 12, 31, 33, 43-85 passim, 92, 93, 99, 101-104, 106, 174, 208, 210-212, 216-224, 227, 228, 232-238, 256, 262, 263, 271, 276, 297, 298, 353; clássica ✻ 217-221; clássica, audiências para ✻ 297; clássica, como alta cultura ✻ 56, 210, 211; clássica, como capital cultural ✻ 235; clássica, como modelo para ópera ✻ 68; críticas de, comercial ✻ 46; e a dominância masculina da cultura ✻ 300; e obscenidade ✻ 174; e tecnologia ✻ 92, 93; experimental ✻ 103, 264; gêneros ou estilos ✻ 210, 211, 216-221; jazz ✻ 11; público para ✻ 256; punk ✻ 103; rock ✻ 11; soul ✻ 101

Nash, Roderick Frazier ✻ 403
National Endowment for the Arts, e acesso dos pobres à educação ✻ 275 n. 48; e apoio para a dança ✻ 83; pesquisa da participação pública nas artes para a ✻ 208-249
Nazismo ✻ 397, 399
Needham, Rodney ✻ 310, 404
Negros. Ver Afroamericanos; Raça; Racismo
NESSV (Sociedade Para a Supressão do Vício da Nova Inglaterra) ✻ 150, 172-175
Netzer, Dick ✻ 279
Neuman, R. P. ✻ 157, 161, 164
New England Conservatory ✻ 60
New Theatre (cidade de Nova York) e dançarinos ✻ 69
New York Times Book Review ✻ 99
Newport (R. I.) ✻ 74
NIMBY movimentos (movimentos "não no meu quintal") ✻ 416
Nissenbaum, Stephen ✻ 121, 123, 125, 128, 129
Nova Inglaterra ✻ 43-85, 149-176 passim; circuito dos girlie shows na ✻ 351; hábitos dietéticos na ✻ 122-124. Ver também Boston
Nova York ✻ 14, 32, 48-84 passim, 96 n. 16, 100, 107, 122, 149, 159, 162, 164, 183-204; artes cênicas em ✻ 43-84 passim; artistas do metrô em ✻ 100; censura de livros em ✻ 158, 161; condições de vida em ✻ 412; e a campanha do NYSSV contra a obscenidade ✻ 149-176 passim; mundos da arte em ✻ 96 n. 16, 197; museus em ✻ 77, 84-85, 107, 196, 197; relações raciais em ✻ 419
Numbers, Ronald ✻ 125
Nurius, Paul ✻ 309
NYSSV (Sociedade Nova-iorquina para a Supressão do Vício) ✻ 149-176

O'Brien, Mary ✻ 353
O'Farrell, Brigid ✻ 242, 322
O'Neill, Rosetta ✻ 48, 69
Oakley, Ann ✻ 288
Obscenidade ✻ 32, 149-176
Ocupacional, *status*: e gosto musical ✻ 207-249; classificação ✻ 221; de visitantes de museus de arte ✻ 260
Ocupações ✻ 33, 34, 104, 120, 129, 187 n. 12, 190, 191, 208, 209, 213, 214, 218, 220-224, 228, 230, 232, 233, 237, 240-244, 263, 296, 298, 307, 318, 322, 330, 359; atores ✻ 46, 50, 51; caubóis, detetives e agricultores como mitos americanos ✻ 394; compositores gráficos ✻ 317; criados e corrupção sexual ✻ 161, 162; dançarinos ✻ 78-80; das mulheres como produtoras de cultura ✻ 34, 285-304; das mulheres, como operárias fabricando meias ✻ 330; das mulheres, e produção de status ✻ 285-304; das mulheres, em profissões artísticas ✻ 353; das mulheres, em trabalho doméstico não remunerado ✻ 287-289, 302 das mulheres, na lei ✻ 309, 326, 327; das mulheres, no ensino ✻ 298; designers ✻ 296; e apreciação de arte abstrata ✻ 183-204; e controle da cultura ✻ 104; e diferenças de gênero ✻ 285-304, 307-334; efeitos da realização educacional sobre ✻ 277; e padrões de escolha cultural ✻ 269; e subculturas étnicas ✻ 359; funcionários públicos ✻ 361; grafiteiros ✻ 100; livreiros e editores ✻ 150, 167, 171-173; mineiros de carvão ✻ 323, 331; músicos ✻ 56, 58-59, 101, 353; na medicina ✻ 117-118, 327-328; produtores culturais como classe especializada ✻ 296; professores e corrupção sexual ✻ 164, 169; publishers ✻ 172, 173, 296; trabalhadores em comunicação ✻ 308, 316-321, 330-332
Ohmann, Richard ✻ 99
Ópera de Boston ✻ 59 n. 41, 60, 64, 70 n. 71, 86; e associação do balé operístico com depravação ✻ 70 n. 71; e missão da ópera ✻ 60
Opera and Real Estate Corporation ✻ 66
Ópera ✻ 14, 31, 43-45, 57-70, 72, 74, 77, 79, 81--84, 86, 95, 98, 106, 187, 210, 211, 217, 235, 237, 238, 277; e balé ✻ 78-79; e o cânone da alta cultura ✻ 98; e o modelo de alta cultura ✻ 46-85
Orpheum Circuit e vaudevile ✻ 71
Orquestra Sinfônica de Boston ✻ 60, 62 n. 50
Orquestras ✻ 43-85 *passim*; como modelo para o discurso sobre a dança e o balé estéticos ✻ 69-81; sinfonia ✻ 31, 44 n. 3, 45, 47, 51, 56, 57, 60, 63, 65, 67, 73, 74, 95 n. 11, 99, 106, 187, 240, 256, 277, 341
Ortega y Gasset, José ✻ 183
Orwell, George ✻ 351, 352, 396
Osborne, C. L. ✻ 98
Osgood, James R. and Company (editora), e censura ✻ 172, 173
Ostrander, Susan A. ✻ 300
Ostrower, Francie ✻ 220, 221, 230, 235
Ovídio, censura de ✻ 150, 167

Padavic, Irene ✻ 323 n. 42
Page, Ruth (dançarina-coreógrafa) ✻ 78
Paris (França) ✻ 74 n.83, 103, 171, 262
Parsons, Talcott ✻ 117, 348, 380, 385
Pasadena (Calif.) ✻ 51
Passeron, Jean-Claude ✻ 230, 244, 273
Pastor, Tony ✻ 53
Paton, Richard ✻ 360
Patrocínio: e o mercado de arte ✻ 96, 97; das artes cênicas ✻ 43-85 *passim*; de museus ✻ 51, 255-279
Pavlova, Anna (dançarina) ✻ 69, 70
Pecquet, Claude ✻ 263
Peiss, Kathy ✻ 308, 354
Pelham, Laura Dainty ✻ 48
Persell, Carolyn Hodges ✻ 276
Peterson, Richard A. ✻ 11, 33, 101, 187, 207, 210, 220, 233, 269, 271
Picasso, Pablo ✻ 183, 184, 195
Pivar, David ✻ 126
Placide, Alexander (bailarino) ✻ 68 n. 66
Plays and Player's Club (Filadélfia) ✻ 49 n. 13
Poggi, Jack ✻ 48, 50, 54, 55
Polatnick, M. Rivka ✻ 353
Política cultural na França e nos EUA ✻ 256
Política e sociedade civil ✻ 379-381, 383, 386--390, 392, 393, 396, 398, 399, 406, 420
Política trabalhista e imigrantes ✻ 395
Pollock, Jackson (artista) ✻ 195
Pond Lecture Bureau e reservas para a dança ✻ 80 n. 97
Ponselle, Rosa (vocalista) ✻ 58 n. 41
Pop art ✻ 262, 278
Popular, cultura ✻ 10-17, 27, 31, 57, 91, 92, 95, 98, 99, 100 n. 26, 101, 102, 103, 105, 108, 116, 185 n. 8, 186, 269, 297, 350, 356, 396; conceito de ✻ 10-17, 91, 269; "materialismo" da ✻ 290, 297; ópera como ✻ 57. *Ver também* Midiática, cultura; Gravada, cultura
Pornografia ✻ 105, 161, 168, 169, 170, 175; e conflitos sobre os padrões culturais ✻ 369; ficção romântica como ✻ 105. *Ver também* Obscenidade
Porter, Rosemary Pedalino ✻ 409
Pós-abstrata, arte ✻ 278
Pós-estruturalismo ✻ 36

Pós-modernismo ✳ **27, 405**; e Bourdieu ✳ **276**; e crítica ✳ **344**
Post, C. W., e indústria de alimentos naturais comercial ✳ **132**
Poulantzas, Nicos ✳ **24**
Prestígio ✳ **298, 301, 302, 359, 360**; de artistas ✳ **97**; e formas de arte cênica ✳ **61, 62, 82**; e variações étnicas ✳ **359**
Price Waterhouse (empresa) ✳ **326**
Primeira Guerra Mundial ✳ **82, 399**
Prisões ✳ **150, 416**
Proctor, teatro de ✳ **75 n. 86**
Profissionais, categorias ✳ **212, 214**. *Ver também* Ocupações
Profissionalização em museus de arte ✳ **258, 264**
Prost, Antoine ✳ **274**
Prostituição. *Ver* Ocupações
Psicológicos, modelos de comportamento social ✳ **270**
Puccini ✳ **60**
Puritanismo ✳ **124, 384**

Raça ✳ **10, 12, 27, 29, 38, 43, 73, 118, 221, 221 n. 35, 227, 230, 231, 233, 234, 271, 397, 405, 411, 415**; e arte marginalizada em museus ✳ **262**; e gosto ✳ **43, 230, 231-234**; e mobilidade de classe ✳ **358**; e o discurso da liberdade ✳ **390**; e recepção do teatro negro ✳ **94, 95**; e *status* dos produtores culturais negros ✳ **100, 101**; na teoria democrática liberal ✳ **411, 412**; nas teorias pós-modernas ✳ **405**
Racismo ✳ **98, 358, 418**; contra afro-americanos ✳ **162**; de líderes sindicais ✳ **311**; na cidade de Nova York ✳ **419**; nas escolas de Boston ✳ **418, 419**
Rádio ✳ **65, 92, 226**
Radway, Janice ✳ **105, 356**
Rainwater, Lee ✳ **289**
Rapoport, Rhona ✳ **325**
Rapoport, Robert ✳ **325**
Rarnewolt, Debra ✳ **295 n. 29**
Reagan, Ronald, juízas nomeadas por ✳ **327**
Recepção, teoria da ✳ **105**
Reed, James W. ✳ **154**
Reformas dos direitos civis ✳ **10, 357**
Reinhardt, Max ✳ **75 n. 85**
Religião ✳ **22, 35, 63, 73, 143, 153, 234, 266 n. 25, 340 n. 3, 341, 343, 345, 353, 358, 360, 367 n. 99, 381, 382, 392 n. 16**; como distinta da sociedade civil ✳ **380** e a difusão do vício ✳ **164, 165**; e alimentos ✳ **119, 121-126, 132**; e estereótipos culturais ✳ **358**; e grupos de status ✳ **361**; e ordem moral ✳ **153**
Rembrandt ✳ **195**

Remuneração dos artistas profissionais ✳ **231, 241**
Renda ✳ **11-13, 55, 60, 63, 80, 209, 214, 223, 226, 227, 230, 231, 239, 241, 246, 247, 277, 298, 332, 333, 358**; como previsor de status ✳ **231 n. 51**; e gosto musical ✳ **230**; e ideologia de gênero ✳ **333**. *Ver também* Remuneração
Renoir, Auguste ✳ **184**
Rensselaer, Kilian Van ✳ **149**
Reprodução social ✳ **256, 270, 271, 328**. *Ver também* Bourdieu
Republicano, partido ✳ **398**
Reskin, Barbara ✳ **323**
Revistas ✳ **66, 69 n. 67, 74, 80, 92, 106, 143, 236, 329 n. 60, 386, 394, 395**
Revolução Francesa ✳ **153, 291**
Rico, Diana ✳ **102**
Riesman, David ✳ **207, 235, 290**
Riley, Terry (músico) ✳ **103**
Risse, Guenther ✳ **117**
Rituais ✳ **22, 36, 37, 286, 287, 302, 314, 330, 381, 417**; e consumo de alimentos ✳ **293, 294**; e manutenção de fronteiras ✳ **310 n. 7, 404, 413**
Ritual da cultura, poder do ✳ **293-295**
Robinson, John ✳ **188**
Robinson, Robert V. ✳ **257**
Rogers, Kenny (músico) ✳ **233 n. 52**
Roos, Patricia ✳ **317**
Rosaldo, M. Z. ✳ **353**
Rosenau, Pauline Marie ✳ **405**
Rosenberg, Charles ✳ **125**
Rosenzweig, Roy ✳ **116**
Roth, Philip ✳ **11, 12**
Rothman, David ✳ **122, 132**
Roupas ✳ **137, 297, 299, 325, 365**
Rousseau, Jean-Jacques ✳ **72 n. 82, 128**
Roy, William G. ✳ **165**
Rubin, Lillian ✳ **289**
Rurais, áreas e educação ✳ **137, 230, 249, 271 n. 40**; atividades artísticas em ✳ **48, 52, 227**; e status ocupacional ✳ **243, 244, 248**; mulheres nas ✳ **289, 291, 355**; práticas de lazer nas ✳ **263 n. 18**
Rush, Benjamin (médico e reformador da saúde) ✳ **122**
Rússia e construtivismo ✳ **192 n. 22, 205**

Sagrada, cultura ✳ **44, 44 n. 3**; conceito de ✳ **44 n. 3**
Sagrado caráter do trabalho de arte ✳ **31**; do "discurso da liberdade" ✳ **36**; dos símbolos de status, na classe trabalhadora ✳ **290**
Sagrado e profano (como noção) ✳ **22, 385 n. 1**
Sahlins, Marshall ✳ **119, 147**

San Diego (Calif.) ✲ 134
Sandel, Michael J. ✲ 406 n. 10
São Francisco (Calif.) ✲ 66
Saúde ✲ 72, 113-148 *passim*, 405; e a febre da cultura física ✲ 71-72; e alimento como símbolos culturais ✲ 113-148 *passim*; e os perigos do sexo para crianças ✲ 156; ideia de ✲ 116
Saulnier, Emmanuel ✲ 263, 281
Saussure, Ferdinand de ✲ 385 n. 11
Sayler, Oliver (crítico) ✲ 52 n. 27, 68, 73, 76 n. 89, 80, 80 n. 101, 86, 87, 88
Schubert ✲ 73 n. 82
Schumann ✲ 73 n. 82
Schumann-Heink, Ernestine (vocalista) ✲ 58 n. 41
Schutz, Alfred ✲ 114 n. 4, 147
Schwartz, Hillel ✲ 113, 122 n. 28, 124 n. 35, 125 n. 38 e 40, 128 n. 43, 130 n. 48, 147
Segregação de habitação ✲ 411, 415-419
Segunda Guerra Mundial ✲ 68, 134, 197, 258, 259, 274, 396; domínio da cena da arte moderna desde a ✲ 197; mercearias urbanas antes da ✲ 134
Sem-teto ✲ 350, 409, 416
Serviço Postal Americano ✲ 149
Sewell, William H. Jr. ✲ 153, 154, 176 n. 91, 178
Sexo como categoria social. Ver Gênero; Feminismo; Mulheres
Sexuais, preferências ✲ 414
Sexual, comportamento ✲ 122, 151; cânones do ✲ 113; diferenças de gênero no ✲ 302, 313; e a vulnerabilidade dos jovens ✲ 155--158, 167; e estereótipos culturais ✲ 352, 358; e o movimento antimasturbação ✲ 124, 129, 130, 151, 157, 161; efeitos sobre a saúde do ✲ 124, 141
Sexual, perseguição no local de trabalho ✲ 321, 322, 322 n. 38
Shakespeare, William ✲ 46, 47, 48, 73; como objeto de culto ✲ 52
Shawn, Ted ✲ 70 n. 74, 75, 88. Ver também Denishawn
Sheldon, Sidney ✲ 11, 12
Shelley, Percy Bysshe ✲ 73
Shils, Edward ✲ 211, 253
Shryock, Richard ✲ 117 n. 11, 140 n. 71, 147
Shubert, Organização ✲ 50, 54
Simbolismo ✲ 21-25, 26, 27, 28, 29, 30, 32, 33, 34, 35, 36, 37, 38, 39, 51, 79, 82, 91, 94, 100, 106, 113, 114, 126, 128, 134, 137, 139, 201, 297, 304, 310 n. 7, 399; de atividades sociais ✲ 286; de costumes alimentares ✲ 293; do alimento e do corpo ✲ 113-144; e a sociedade civil ✲ 379-399; e políticas cívicas ✲ 341
Simkus, Albert ✲ 11, 33, 187 n. 10, 207, 271

Simmel, Georg ✲ 345, 345 n. 22, 352, 353, 353 n. 53, 375
Sindicato, o ✲ 54, 54 n. 33; e padrões no teatro americano ✲ 47
Sindicatos ✲ 311, 318-322; discriminação sexual nos ✲ 318-323; racismo nos ✲ 311, 319
Sleeper, Jim ✲ 419 n. 30, 423
Smith, Joseph (dançarino) ✲ 70
Smith-Rosenberg, Carroll ✲ 122 n. 29, 124 n. 33, 125 n. 40, 129 n. 47, 147, 151, 152, 178, 355, 356, 375
Sociais, clubes ✲ 48, 49, 189 n. 15; e grupos de status ✲ 361; femininos ✲ 83; masculinos, e vaudeville ✲ 58 n. 40. *Ver também* Clubes e grêmios teatrais
Sociedade Americana da Temperança ✲ 122
Sociedade Francesa de Autores e Compositores ✲ 74
Sociedade Observadora e Guardiã ✲ 150
Sociologia ✲ 14, 15, 22, 25, 26, 27, 29, 36, 39, 43, 91, 119, 195, 339, 354, 368, 405, 412; como profissão, classificação do status dos sociólogos ✲ 14; método como problema intelectual em ✲ 115; tradições em ✲ 21-29, 43; versus democracia ✲ 403, 407, 414
Sokolow, Jayme ✲ 113, 121 n. 28, 124 n. 33 e 34
Solidariedade cívica ✲ 38, 379-402; grupo, e identidade pessoal ✲ 293; mecânica e orgânica. *Ver também* Durkheim
Solidariedade mecânica ✲ 406. *Ver também* Durkheim
SPPA (Pesquisa de Participação Pública nas Artes) ✲ 209, 210 n. 11, 215 n. 25, 234 n. 54, 236, 238, 239
Sprague, Homer ✲ 174, 174 n. 88, 179
St. Denis, Ruth (dançarina) e formas de dança ✲ 70, 71 n. 79, 74, 74 n. 83 e 85, 75, 75 n. 86, 88
Stanislavsky ✲ 52
Starr, Paul ✲ 117 n. 11, 118 n. 14, 140 n. 71, 147
Status ✲ 10, 11, 15, 24, 28, 30, 33-36, 37 n. 40, 38, 39, 43, 48, 53, 56, 70, 80-84, 100, 106, 119, 154 n. 17, 163, 168, 189, 207, 208, 208 n. 4, 209, 209 n. 10, 210, 212-216, 216 n. 25, 217, 218, 220--223, 223 n. 38, 224, 226, 226 n. 41, 227, 227 n. 43, 228, 230-238, 238 n. 63, 239, 241-243, 245-248, 256, 257, 259, 260, 264, 268, 270--273, 278, 285, 289-299, 301-304, 309, 310, 316, 319, 339, 342-347, 349-352, 355, 357-362, 364-367, 367 n. 99, 368, 370, 371, 380, 381, 391, 392, 404; e escolha racional ✲ 270; e formas cerimoniais de trabalho doméstico ✲ 292, 293; e moldura teórica para análise de distinção ✲ 342, 359, 360; e mulheres como produtoras de ✲ 224, 207, 228; e noções convencionais de estratificação ✲ 370; tendências históricas no ✲ 288. *Ver*

também Capital cultural
Stebbins, Genevieve (seguidora americana de Delsarte) ✶ 71 n. 78
Stella, Frank ✶ 200
Stendhal ✶ 255
Stephen, Leslie ✶ 113, 147
Stevens, Oliver (promoter) ✶ 172
Stevens, Thomas Wood ✶ 51
Stinchcombe, Arthur L. ✶ 32 n. 36, 153, 154, 176, 179
Stockhausen, Karlheinz ✶ 103
Stocking, George Jr. ✶ 114 n. 8, 147
Straight, George (músico) ✶ 233 n. 52
Subúrbios ✶ 17, 49 n. 12, 108, 190, 268, 275, 289
Sudoeste americano ✶ 96 n. 16
Suger, abade ✶ 261
Sullivan, William M. ✶ 26 n. 18
Suprema Corte ✶ 326
Surrealismo ✶ 278
Swartz, David ✶ 257 n. 7, 282
Swidler, Ann ✶ 9, 29 n. 31, 114 n. 4, 147, 369, 375

Tabus e formação de fronteiras ✶ 22, 151
Tally's Corner ✶ 351
Tangerine Dream (grupo musical) ✶ 103
Taylor, Joshua ✶ 255
Tchaikovsky, P. ✶ 79 n. 96
Teaford, Jon C. ✶ 162 n. 44, 179
Teatro Artístico de Moscou ✶ 52
Teatro Goodman (Chicago) ✶ 51, 52 n. 27
Teatro Hedgerow (Filadélfia) ✶ 49 n. 12
Teatro ✶ 43, 44, 45, 46, 47-59, 61-65, 68, 69, 71, 75, 78-84, 88, 94, 95, 99, 175, 256, 263, 297; cinemas, e os pobres ✶ 350; como modelo organizacional para a dança ✶ 76; e mudanças tecnológicas ✶ 81; negros e hispânicos ✶ 94. *Ver também* Clubes e grêmios teatrais
Tecnologia ✶ 32, 92, 93, 103, 109, 268 n. 30; alimentar ✶ 122, 128, 135, 136, 137, 142; e medicina ✶ 117
Televisão ✶ 13, 92, 104, 226, 227 n. 43, 238, 262, 320, 329, 367 n. 99, 386 n. 12; como cultura nuclear da mídia ✶ 92; e arte de vanguarda ✶ 99, 102, 103; poder ritual da ✶ 341
Teoria econômica, neoclássica ✶ 347, 348
Theatre Trust ✶ 62 n. 50
Thomas, Theodore (maestro) ✶ 64
Thompson, E. P. ✶ 27, 116, 148, 370 n. 106, 375
Thurber, Jeannette ✶ 64
Tocqueville, Alexis de ✶ 291 n. 20, 306, 404
Toscanini, Arturo ✶ 65
Trabalhadores em Comunicações Americanos ✶ 308, 317
Tradições étnicas e preservação vs. criação de cultura ✶ 95

Trall, Russell ✶ 129
Tribais, sociedades ✶ 300
Tucker, Benjamin ✶ 173 n. 86
Turismo ✶ 260, 261, 262 n. 17
Turner, Victor ✶ 121 n. 24, 148
Twain, Mark ✶ 98
Twentieth Century Club ✶ 46, 47 n. 7, 88

Useem, Michael ✶ 185, 207, 210, 235, 258, 259, 297
Urban, Joseph ✶ 59 n. 41
Urbana, cultura ✶ 31, 91-101, 104-108

Van Buren, Martin ✶ 128
Vanderbilt, Cornelius IV ✶ 66 n. 59
Vanderbilt, William ✶ 62, 63
Vanek, Joann ✶ 288
Vanguarda na arte e cultura ✶ 98-99, 102-103, 106-107, 275, 278; e de posição de gostos estabelecidos ✶ 272
Varèse, Edgard ✶ 103
Vaudeville ✶ 53, 58 n. 40
Veblen, Thorstein ✶ 33, 119, 207, 345, 407
Vechten, Carl Van ✶ 70 n. 74, 72
Vida econômica distinta da sociedade civil ✶ 379
Vídeo, e arte de vanguarda ✶ 103; em museus ✶ 258, vídeos musicais ✶ 99
Visuais, artes ✶ 31, 46, 208. *Ver* Arte
Vitoriana, moralidade ✶ 124, 151, 171; e casamento ✶ 355
Voluntárias, associações ✶ 300, 381, 406. *Ver também* Caridade; Clubes sociais; Movimentos sociais
Vuillamy, G. ✶ 101

Wacquant, Loïc ✶ 275
Wagner, Richard ✶ 57, 60, 61
Walkowitz, Judith ✶ 157
Warburg, Edward ✶ 77
Warhol, Andy ✶ 197
Warner, W. Lloyd ✶ 33
Washington, D.C. ✶ 104 n. 38, 162
Washington, George ✶ 390
Watergate ✶ 398
Waters, Mary ✶ 413, 414
Weber, Max ✶ 24, 45, 207, 339, 341, 345, 350, 361-364, 366, 367, 382, 407; em relação a Bourdieu ✶ 342 n.12, 344, 345, 365, 368
Weber, William, M. ✶ 45
Weiss, Michael J. ✶ 104 n. 39, 106 n. 45
Weiss, Robert ✶ 331
Westwood, Sallie ✶ 313, 322, 330, 334
White, Hayden ✶ 114
Whitman, Walt, censura de ✶ 32, 73, 150, 155, 167, 171-175

Whorton, James ✳ **125, 131**
Whyte, William H. ✳ **290**
Williams, Raymond ✳ **340, 343, 348**
Wilson, William J. ✳ **275, 357**
Wittgenstein, Ludwig ✳ **25**
Wolf Block (firma) ✳ **327**
Wolfe, Alan ✳ **17, 36, 37, 403**
Wolfe, Tom ✳ **350**
Woodard, Michael D. ✳ **358**
Woolgar, Steve ✳ **26**
Wright, Frank Lloyd ✳ **198, 245**
Wuthnow, Robert ✳ **315, 316**

Yarrow, Michael ✳ **313, 322, 330, 331**
Young, LaMonte ✳ **103**

Zappa, Frank ✳ **103**
Ziegfeld, Florenz ✳ **59 n. 41**
Zola, Irving ✳ **140**
Zolberg, Vera ✳ **34, 93, 96, 184, 255, 266**

✳ Índice remissivo

Fonte Calibri c 10.5 / 14.1, os subtítulos e títulos em Calibri bold.
Papel alta alvura 90g/m².
Impressão Cromosete Gráfica e Editora.
Data fevereiro/2015.

MISTO
Papel produzido a partir
de fontes responsáveis
FSC® C106054